合规小兵 / 著

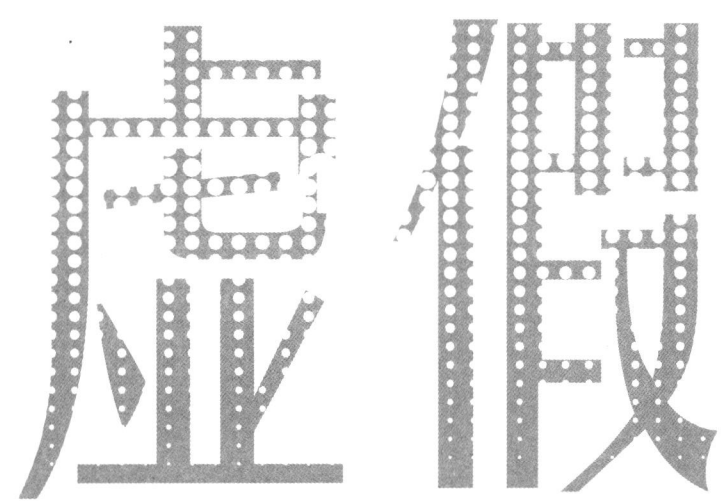

证券虚假陈述

民事责任

实务解析与操作指引

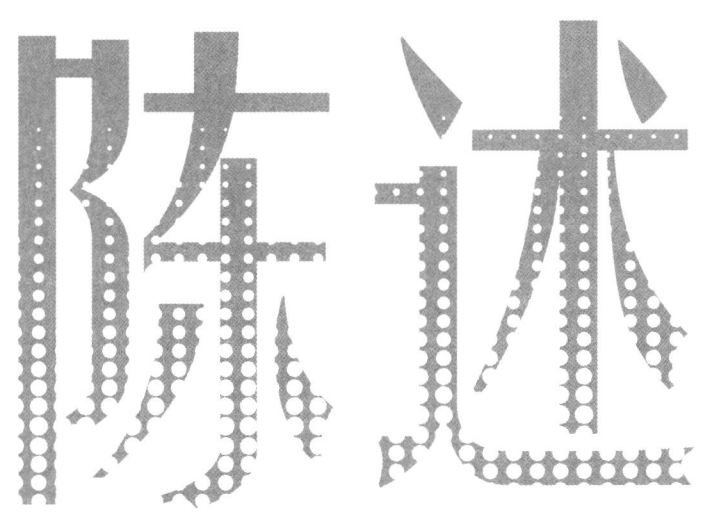

法律出版社 | LAW PRESS
—— 北京 ——

图书在版编目(CIP)数据

证券虚假陈述民事责任实务解析与操作指引／合规小兵著. -- 北京：法律出版社，2024
　　ISBN 978 – 7 – 5197 – 9020 – 2

Ⅰ. ①证… Ⅱ. ①合… Ⅲ. ①证券交易–民事责任–研究–中国 Ⅳ. ①D922.287.4

中国国家版本馆 CIP 数据核字（2024）第 072929 号

证券虚假陈述民事责任实务解析与操作指引 ZHENGQUAN XUJIA CHENSHU MINSHI ZEREN SHIWU JIEXI YU CAOZUO ZHIYIN	合规小兵 著	策划编辑 沈小英　陈　妮 责任编辑 陈　妮 装帧设计 汪奇峰　鲍龙卉

出版发行	法律出版社	开本	787 毫米×1092 毫米　1/16
编辑统筹	法治与经济出版分社	印张 21.25	字数 438 千
责任校对	李慧艳	版本	2024 年 5 月第 1 版
责任印制	吕亚莉	印次	2024 年 5 月第 1 次印刷
经　　销	新华书店	印刷	固安华明印业有限公司

地址：北京市丰台区莲花池西里 7 号（100073）
网址：www.lawpress.com.cn　　　　　　　销售电话：010 – 83938349
投稿邮箱：info@ lawpress.com.cn　　　　　客服电话：010 – 83938350
举报盗版邮箱：jbwq@ lawpress.com.cn　　　咨询电话：010 – 63939796
版权所有·侵权必究

书号：ISBN 978 – 7 – 5197 – 9020 – 2　　　　定价：98.00 元

凡购买本社图书，如有印装错误，我社负责退换。电话：010 – 83938349

撰 写 人

刁　忠	王亚飞	王融擎	牛元元	田　园
李　扬	杨骏啸	吴　鹏	张　斌（上海）	张　斌（北京）
张华华	张会会	陈亚男	武　彬	周卫青
郑如云	郑冰斌	项　宁	姜　成	徐良君
曹和和	游　冕	漆　潇		

自　　序

经过近两年的努力，这本集合了众多证券行业和法律行业青年才俊智慧的《证券虚假陈述民事责任实务解析与操作指引》终于即将面世，所有作者都感到非常欣慰和高兴。大家在一起创作的过程中，深刻体会到写书是一件非常磨炼意志的事。我们在办案和交流过程中经常会闪现无数想法，但要系统化地把这些内容呈现在一本书里，是一个漫长和艰辛的过程，从设计结构、细化目录、分配任务到收集素材、起草初稿、交叉核稿、听取专家意见，都要花费大量精力。本书的作者都是各自单位的中坚力量，在繁忙的工作之余利用宝贵的休息时间进行创作。

在本书即将付梓之际，我们终于体会到"千淘万漉虽辛苦，吹尽黄沙始到金"的意境。我们谨以此文作为自序，与读者分享关于本书创作的几个问题。

第一，我们为什么要创作本书？

本书作者团队主要来自于证券行业和法律行业，之所以能够走到一起主要是因为证券虚假陈述纠纷领域的一些重大变化。其实证券虚假陈述诉讼早已有之。最高人民法院在2003年已颁布《关于审理证券市场因虚假陈述引发的民事赔偿案件的若干规定》，在实践中也涌现出很多有影响力的虚假陈述案件，比如"银广夏事件"等。但是早年间证券虚假陈述民事案件均以行政处罚作为前置程序，能够进入诉讼程序的案件非常有限，且直接涉及中介机构责任的案件也比较少。

自2002年开始的20多年来，我国证券市场发生了巨大变化，除股票外，债券和其他证券品种越来越丰富，实践中因证券市场信息披露违规造成的风险事件也越来越多，原有的证券虚假陈述民事诉讼制度已难以解决日益增多的纠纷。2019年，最高人民法院发布债券纠纷审理座谈会纪要，取消了债券虚假陈述纠纷行政前置程序，一时间大量的债券虚假陈述纠纷涌向法院，而且呈现出标的额巨大、涉及中介机构繁多的特点。2022年1月，最高人民法院在时隔20年后重新颁布了《关于审理证券市场虚假陈述侵权民事赔偿案件的若干规定》，对很多问题作出了新规定。

然而徒法不足以自行，尽管证券法和司法解释都历经了多次修改，在具体案件审理中出现的问题仍然是千差万别。近年来，很多虚假陈述案件的判决结果引发了争议，例如，"五洋债案"中中介机构承担连带责任问题，"大连机床案"中银行间市场债务融资工具的法律适用问题，"中安科案"中比例连带责任案件的法理基础问题等，无一不是法律行业和证券行业讨论的热点。我们结合自己日常处置风险和办理案件过程中遇到的一些问题，结合工作中为解决问题进行的专门研究，便萌生了创作这么一本系统介绍证券虚假陈述纠纷解决的实务操作指引。

第二，本书的主要内容是什么？

本书紧密贴合"证券虚假陈述纠纷解决"这一主题，重点围绕虚假陈述侵权损害赔偿纠纷的处理进行分析。首先介绍了诉讼程序方面的问题。证券虚假陈述民事诉讼虽然属于侵权类纠纷，但是在管辖法院、受理条件等方面与一般侵权纠纷有所区别，而且近年来还出现了针对证券虚假陈述纠纷的仲裁程序，这些内容在本书中都有涉及。其次，在实体问题上，我们将实体问题分为虚假陈述、重大性、交易因果关系、损失、损失因果关系、过错等六个方面进行论述，主要介绍了每一个要件的法理基础，在实践中遇到的各类问题，以及在诉讼中针对这些要件的攻防策略。对一些热点案件中有关于虚假陈述构成要件的判断方式，我们也阐述了自己的见解以供读者参考。尤其是在过错方面，因为在证券虚假陈述纠纷中，过错主要是承销机构、保荐机构以及证券服务机构提出的抗辩，而在很多虚假陈述纠纷中，中介机构需证明自己没有过错才可免责，这是很多中介结构面临虚假陈述纠纷时非常头疼的问题。我们创作团队中具有证券行业工作经验的作者们不仅分析了法律规定以及法院对过错问题的看法，而且从实际业务操作角度出发，针对虚假陈述案件中中介机构的风险进行了深入阐述。我们向读者分享这些宝贵经验，希望读者从更多角度思考证券虚假陈述领域的问题，帮助具有中国特色的证券虚假陈述诉讼制度不断完善。

第三，本书的特点是什么？

本书的最大特点是创作团队的多元性。作者团队中既有多年从事金融争议解决的资深律师，也有常年在证券公司和其他金融机构各部门和岗位一线工作的专业人员，还有横跨两界的资深专家。创作团队的多元化保障了本书从多角度对证券虚假陈述纠纷的处理进行分析和论述，既有从民事诉讼攻防的角度的分析，也有从证券行业实务操作的角度进行的研究。确保本书不是单纯对已有法律和司法解释的解读，也不是仅站在中介机构角度对现行制度提出疑问，而是立足于解决纠纷和争议，深入分析证券虚假陈述领域在程序和实体上的现状和可能面临的问题，提出自己的思考和结论。这也是我们相信本书的原创内容可以给读者带来更多收获和启发的基础。

我们创作团队中的作者都是从业务一线的角度发现问题、提出问题及对问题的一系列思考，最终形成见解。由于每个人的工作经历、学历背景以及对特定问题的看法不同，故作者分工撰写的内容会有所侧重。虽经过最终统稿，但可能仍有不足之处。我们欢迎读者就本书的内容与我们作更多交流。

此外，证券虚假陈述纠纷的新情况也在不断增加，在本书完稿之后，我们又观察到新案件和新观点涌现。而且随着2022年司法解释颁布至今，一批新的案件判决结果会陆续呈现，我们也会跟踪最新进展。期待本书再版时能更完善和全面地展现证券虚假陈述纠纷解决的各个方面。

在本书付梓之际，感谢李元双、张军的付出，也特别感谢合规小兵的初创者、志愿者、支持者、关注者及本书的撰写人，是大家的共同携手，合规小兵才能走到现在，行稳致远。

是以为序。

合规小兵
甲辰年初夏

简称表

全称	简称
《中华人民共和国民法典》	《民法典》
《中华人民共和国侵权责任法》（已失效）	原《侵权责任法》
《中华人民共和国合同法》（已失效）	原《合同法》
《中华人民共和国民法通则》（已失效）	原《民法通则》
《中华人民共和国民法总则》（已失效）	原《民法总则》
《中华人民共和国证券法》（2019 年）	《证券法》
《中华人民共和国中国人民银行法》（2003 年）	《人民银行法》
《中华人民共和国公司法》	《公司法》
《中华人民共和国企业破产法》	《企业破产法》
《中华人民共和国民事诉讼法》（2023 年）	《民事诉讼法》
《中华人民共和国仲裁法》（2017 年）	《仲裁法》
《中华人民共和国信托法》	《信托法》
《中华人民共和国保险法》	《保险法》
《中华人民共和国产品质量法》	《产品质量法》
《中华人民共和国消费者权益保护法》	《消费者权益保护法》
《中华人民共和国证券投资基金法》	《证券投资基金法》
最高人民法院《关于审理证券市场虚假陈述侵权民事赔偿案件的若干规定》（法释〔2022〕2 号）	《虚假陈述若干规定》
最高人民法院《关于审理证券市场因虚假陈述引发的民事赔偿案件的若干规定》（法释〔2003〕2 号）（已失效）	原《虚假陈述若干规定》
《关于适用〈最高人民法院关于审理证券市场虚假陈述侵权民事赔偿案件的若干规定〉有关问题的通知》（法〔2022〕23 号）	《关于适用〈虚假陈述若干规定〉的通知》

续表

全称	简称
最高人民法院《关于证券市场虚假陈述侵权民事赔偿案件诉讼时效衔接适用相关问题的通知》（法〔2022〕36号）	《关于虚假陈述诉讼时效衔接的通知》
《全国法院民商事审判工作会议纪要》（法〔2019〕254号）	《九民纪要》
最高人民法院《关于证券纠纷代表人诉讼若干问题的规定》（法释〔2020〕5号）	《代表人诉讼若干规定》
最高人民法院《关于审理涉及会计师事务所在审计业务活动中民事侵权赔偿案件的若干规定》（法释〔2007〕12号）	《审计侵权赔偿若干规定》
最高人民法院《关于为深化新三板改革、设立北京证券交易所提供司法保障的若干意见》（法发〔2022〕17号）	《新三板司法保障若干意见》
最高人民法院《关于审理环境侵权责任纠纷案件适用法律若干问题的解释》（2020年修正）	《环境侵权责任纠纷司法解释》
《全国法院审理债券纠纷案件座谈会纪要》（法〔2020〕185号）	《债券座谈会纪要》
中国人民银行、中国银行保险监督管理委员会、中国证券监督管理委员会、国家外汇管理局《关于规范金融机构资产管理业务的指导意见》（银发〔2018〕106号）	《资管新规》
《证券公司及基金管理公司子公司资产证券化业务管理规定》（2014年）	《资产证券化业务管理规定》
《证券发行上市保荐业务管理办法》（2023年）	《保荐业务管理办法》
《证券公司投资银行类业务内部控制指引》（中国证券监督管理委员会公告〔2018〕6号）	《证券公司投行业务内控指引》
董事、监事和高级管理人员	董监高
中国证券监督管理委员会	证监会
原中国银行保险监督管理委员会[1]/原中国银行业监督管理委员会	原银保监会/原银监会
中国银行间市场交易商协会	银行间交易商协会
中国人民银行	人民银行
上海证券交易所	上交所
深圳证券交易所	深交所
北京证券交易所	北交所

---

〔1〕 2023年3月10日，十四届全国人大一次会议表决通过了关于国务院机构改革方案的决定。国家金融监督管理总局在原中国银行保险监督管理委员会基础上组建，不再保留中国银行保险监督管理委员会。

续表

全称	简称
全国银行间债券市场	银行间债券市场
全国中小企业股份转让系统	中小企业股转系统或新三板
全国中小企业股份转让系统有限责任公司	中小企业股转公司
中央国债登记结算有限责任公司	中央结算公司
中国证券登记结算有限公司	中证登公司
中证中小投资者服务中心有限责任公司	中小投服中心
中国证券投资者保护基金有限责任公司	中证投保基金
上海交通大学上海高级金融学院中国金融研究院	上海高金
深圳价值在线信息科技股份有限公司	深圳价值在线
《最高人民法院关于审理证券市场虚假陈述案件司法解释的理解与适用》（人民法院出版社2015年版），李国光主编、最高人民法院民事审判第二庭编著	《虚假陈述若干规定理解与适用》

目　　录

第一章　概　　述

第一节　案件概况与发展趋势 / 003
　　一、2018～2022年证券虚假陈述案件情况梳理 / 003
　　二、证券虚假陈述案件发展趋势分析 / 009
第二节　责任性质与竞合关系 / 012
　　一、现行立法中关于民事责任竞合的规定 / 012
　　二、虚假陈述侵权责任与其他民事责任的"竞合"关系辨析 / 013
第三节　证券类型、市场层次与交易方式 / 017
　　一、证券类型 / 017
　　二、证券市场层次 / 018
　　三、交易方式 / 022
第四节　起诉资格与责任主体 / 027
　　一、原告起诉资格 / 027
　　二、责任主体 / 030
第五节　法律规定及适用范围 / 037
　　一、证券虚假陈述民事责任的规范体系 / 037
　　二、不同规范的适用范围及适用关系 / 040

第二章　程　序　问　题

第一节　法院管辖 / 049
　　一、级别管辖与地域管辖的一般规定 / 049

二、特殊情形下管辖法院的确定 / 053

第二节　诉讼方式 / 056

一、单独诉讼、共同诉讼与示范判决机制 / 056

二、普通代表人诉讼 / 059

三、特别代表人诉讼 / 067

第三节　仲裁主管 / 070

一、证券虚假陈述纠纷的可仲裁性问题 / 070

二、证券虚假陈述纠纷仲裁协议问题 / 073

第四节　与监管的衔接 / 078

一、前置程序的废除及辐射效应 / 078

二、法院与监管机构的互动与协作 / 081

三、司法裁判与行政监管的关联、冲突与调和 / 082

第五节　刑民交叉 / 084

一、刑民交叉概述 / 084

二、刑民交叉案件的处理模式 / 084

三、证券虚假陈述刑民交叉实务探讨 / 086

第六节　诉讼时效 / 089

一、诉讼时效概述 / 089

二、证券虚假陈述中诉讼时效起算规则 / 091

三、中止与中断事由 / 096

第三章　实体构成要件：虚假陈述行为

第一节　虚假陈述的内涵与外延 / 103

一、概述 / 103

二、虚假记载 / 104

三、误导性陈述 / 106

四、重大遗漏 / 108

五、未按照规定披露信息 / 109

第二节　诱多型和诱空型虚假陈述 / 110

一、诱多型虚假陈述 / 110

二、诱空型虚假陈述 / 111

第三节　预测性信息 / 113

一、预测性信息的概念 / 113
二、预测性信息的披露标准 / 114
三、预测性信息的安全港规则 / 115
四、预测性信息构成虚假陈述的认定标准 / 116

第四章　实体构成要件：重大性与交易因果关系

第一节　实施日与揭露日 / 121
　　一、实施日的认定与实践 / 121
　　二、揭露日与更正日的认定与实践 / 124
第二节　重大性 / 131
　　一、重大性的"理性投资人标准"和"价格敏感性标准" / 131
　　二、《虚假陈述若干规定》关于重大性判断的标准 / 133
　　三、重大性与交易因果关系的认定 / 134
第三节　推定信赖原则及适用范围 / 136
　　一、推定信赖原则的内涵 / 136
　　二、证券虚假陈述案中因果关系的举证困境 / 137
　　三、推定信赖原则的现实意义及法理基础 / 138
　　四、推定信赖原则的适用范围 / 141
第四节　交易因果关系不成立的典型情形 / 147
　　一、交易时点不在法定期间 / 147
　　二、交易时知道或者应当知道存在虚假陈述 / 148
　　三、事件驱动型交易 / 148
　　四、交易本身构成证券违法行为 / 149
　　五、不具备交易因果关系的其他情形 / 150

第五章　实体构成要件：损失及损失因果关系

第一节　基准日与基准价 / 155
　　一、基准日的认定与实践 / 155
　　二、基准价的认定与实践 / 156
第二节　股票类虚假陈述的损失计算 / 157
　　一、损失的范围和类型 / 157

二、常见的损失计算方法及其利弊分析 / 159
第三节 债券的损失计算 / 163
 一、《债券座谈会纪要》发布前固定收益证券损失计算存在的问题 / 163
 二、《债券座谈会纪要》对损失计算方式的规定及争议 / 165
 三、《虚假陈述若干规定》生效后的固定收益证券损失计算问题探讨 / 168
第四节 剔除其他因素造成的投资者损失 / 172
 一、"损失因果关系"与其他因素造成的投资者损失的剔除 / 172
 二、法律规定的历史沿革 / 173
 三、"其他风险因素"的具体范围及适用 / 175
 四、"其他因素"的举证责任与查明途径 / 178
第五节 第三方机构参与确定损失因果关系 / 181
 一、第三方机构参与概述 / 181
 二、主要测算方法 / 181
 三、申请与选定第三方机构的方式 / 183

第六章 实体构成要件：过错

第一节 不同主体的归责原则 / 189
 一、我国证券虚假陈述归责原则的理论框架 / 189
 二、不同责任主体的归责原则 / 193
 三、关于我国虚假陈述归责原则导致的举证困境及反思 / 196
第二节 中介机构的职责配置与合理信赖 / 198
 一、证券公司的核心抗辩与实务认定 / 198
 二、会计师事务所的核心抗辩与实务认定 / 205
 三、律师事务所的核心抗辩与实务认定 / 210
 四、其他证券服务机构的核心抗辩与实务认定（评级机构等）/ 214
第三节 发行人有关责任人员的核心抗辩与实务认定 / 216
 一、董事、监事及高级管理人员的核心抗辩与实务认定 / 216
 二、独立董事及外部监事、职工监事的核心抗辩与实务认定 / 219

第七章 不同主体的责任分担

第一节 基本理论与实践现状 / 227

一、基本理论 / 227
　　二、实践现状 / 231
第二节　比例连带责任 / 232
　　一、现行立法关于"比例连带责任"的规定 / 232
　　二、近期司法实践关于"比例连带责任"的态度 / 235
　　三、结语 / 239
第三节　追首恶 / 240
　　一、理论与法律依据 / 240
　　二、案例分析 / 242
第四节　惩帮凶 / 246
　　一、理论与法律依据 / 246
　　二、案例分析 / 247
第五节　中介机构的责任分担 / 249
　　一、理论与法律依据 / 249
　　二、不同中介机构责任分担存在的问题 / 252
　　三、案例分析 / 255
第六节　内部人的责任分担 / 257
　　一、理论与法律依据 / 257
　　二、案例分析 / 258
第七节　内部追偿 / 262
　　一、理论与法律依据 / 262
　　二、实践现状 / 263

第八章　资产支持证券与银行间债券的特殊性

第一节　资产支持证券的特殊性 / 269
　　一、资产支持证券的法律性质和业务属性 / 269
　　二、资产支持证券的发行人身份 / 274
　　三、资产支持证券管理人的职责 / 276
　　四、资产支持证券财务顾问的职责 / 280
第二节　银行间债券的特殊性 / 285
　　一、法律适用的特殊性 / 286
　　二、机构市场对民事责任的影响 / 294

三、主承销商履职的特殊性 / 297

第九章　风险防范与应对的业务建议

第一节　信息披露的业务建议 / 307
　　一、针对发行人的信息披露业务建议 / 307
　　二、针对实际控制人、控股股东与董监高的信息披露建议 / 309
　　三、针对其他相关主体的信息披露业务建议 / 311
第二节　核查工作的业务建议 / 313
　　一、针对证券公司核查工作的业务建议 / 313
　　二、针对会计师事务所核查工作的业务建议 / 318
　　三、针对律师事务所核查工作的业务建议 / 319
　　四、针对其他证券服务机构核查工作的业务建议 / 320
第三节　诉讼仲裁的业务建议 / 321
　　一、纠纷发生前的提前应对建议 / 321
　　二、纠纷发生后的工作机制建议 / 324

第一章

概 述

第一节 案件概况与发展趋势

一、2018～2022年证券虚假陈述案件情况梳理

近年来，随着证券市场以信息披露为核心的监管改革的推进与证券虚假陈述责任纠纷规则的不断推出、完善，证券虚假陈述诉讼进入一个活跃甚至爆发的阶段。从案件数量上看，证券虚假陈述诉讼案件持续高发，实践中不乏针对特定上市公司特定虚假陈述行为发起的数以千计的批量式诉讼案件。而自2019年《证券法》确定中国特色证券集团诉讼规则后，更是前所未有地扩大了参与诉讼的投资者范围。从案件规模上看，证券虚假陈述诉讼案件的涉诉规模也不断激增。从案件所涉证券种类上看，证券虚假陈述诉讼案件由以股票类虚假陈述案件为主，逐步转向股票、债券、资产支持证券等多种证券虚假陈述案件并发的局面，也对法院的审理精细化水平提出了重大考验。

为全面、直观地展示近年来证券虚假陈述案件的发展情况，研判证券虚假陈述案件发展趋势，本节将对2018～2022年股票、债券和资产支持证券相关的证券虚假陈述案件进行数据统计、梳理与分析。[1]

（一）股票类虚假陈述案件

1. 案件数量情况概览

股票类虚假陈述案件是近年来最为频发的证券虚假陈述案件。根据检索统计，2018～2022年，全国法院共计作出5270份一审民事判决书、4033份二审民事判决书，占证券虚假陈述案件总量的绝大多数。

从趋势上看，股票类虚假陈述案件数量在2018年至2020年经历了集中爆发，法院作出的一审民事判决书的年均数量超过1600件。2021年至2022年，案件数量有了明显下降，

---

[1] 本节有关证券虚假陈述案件的数据统计均以威科先行法律数据库截至2022年12月10日的检索情况为准。如无特别说明，每一份一审判决书对应为一件案件。

对应法院作出的一审民事判决书数量分别为378件与34件。

当然,一审判决书数量的下降并不意味着股票类虚假陈述案件总量已达到下降拐点。2019年1月,上海金融法院首创证券纠纷示范判决机制,即在处理群体性证券纠纷中,选取具有代表性的案件先行审理、先行判决,通过发挥示范案件的引领作用,妥善化解其他平行案件的纠纷解决机制。[1] 此后,北京市高级人民法院、[2]浙江省杭州市中级人民法院[3]等纷纷借鉴。2020年,最高人民法院将该机制写入工作报告中,随后在全国范围内进行推广。此外,随着多元化纠纷解决机制的深入推进,法院调解结案的案件数量和案件占比也均有较为明显的提升。因此,一审判决书的数量呈现大幅减少的趋势可能系因示范判决机制的推行与调解结案数量的增长,并不意味着股票类虚假陈述纠纷数量的整体缩减。以上海金融法院证券虚假陈述纠纷案件数量为例。根据上海金融法院发布的《上海金融法院审判工作情况通报(2018—2021)》,2018~2021年收案证券虚假陈述责任纠纷12,003件,占总收案量的51.17%,其中2018年1259件,2019年3030件,2020年3336件,2021年4378件。[4] 可见,上海金融法院于2019年至2021年受理的证券虚假陈述案件数量已远超2018年水平。考虑到债券类与资产支持证券类虚假陈述案仍处于起步阶段(下文将详述),前述收案数据基本均为股票类虚假陈述案件,意味着股票类虚假陈述纠纷案仍处于集中爆发阶段。

2. 案件规模情况梳理

以2018~2022年共计5270份股票类虚假陈述纠纷案件的一审判决书为样本进行分析,案件标的金额在50万元以下的共计3431件,占样本案件总数的65.10%。其中,绝大多数案件的标的金额为0~10万元,共计2349件,占标的额50万元以下案件总数的68.46%,占样本案件总数的44.57%。因此,股票类虚假陈述纠纷案件的标的金额呈现出了较为鲜明的"小额、分散"的特征,与中国股票投资市场中个人投资者比例占比相对较高的情况密切相关。

然而,随着A股市场投资者机构化趋势的不断加强,个人投资者直接参与股票买卖并启动股票类虚假陈述诉讼的情况也将逐渐减少。[5] 从数据分析角度看,2018~2021年,

---

[1] 参见上海金融法院:《上海金融法院发布全国首个证券纠纷示范判决机制的规定》,载微信公众号"上海金融法院"2019年1月16日,https://mp.weixin.qq.com/s/1yBbGWNJ5_ivMhKpi2Q_8w。
[2] 2019年4月29日,北京市高级人民法院出台《关于依法公正高效处理群体性证券纠纷的意见(试行)》。
[3] 2019年10月25日,杭州市中级人民法院出台《关于证券期货纠纷示范判决机制的指导意见(试行)》。
[4] 参见上海金融法院:《上海金融法院审判工作通报(2018—2021)》,载上海金融法院网2022年6月28日,http://www.shjrfy.gov.cn/jrfy/gweb/xx_view.jsp?pa=aaWQ9NjU0OAPdcssPdcssz。
[5] 2013~2015年,A股市场中个人投资者的持股市值占比从72%上升至78%;2016~2018年,个人投资者的持股市值占比从78%下降至72%。随着2019年以来公募基金、私募基金规模的不断增长,A股市场的个人投资者比重逐渐减低。截至2021年年底,自由流通市值口径下A股中散户占比约36.1%,机构投资者占比约37.8%。参见智通财经:《A股机构化趋势显著:散户持股比降至36% Q1公募持股市值增达6万亿》,载和讯财经网,http://stock.hexun.com/2022-05-18/205968142.html;第一财经日报:《A股投资者30年变迁图:机构话语权提升,散户占比降至30%》,载和讯财经网,http://stock.hexun.com/2020-12-01/202528747.html。

标的额在50万元以下的股票类虚假陈述案件占同期案件总数的比例分别为62.07%、75.29%、63.28%和50.27%，呈现着较为明显的下降趋势。因此，小规模的索赔案件将伴随个人投资者投资模式的变化，而呈现出逐渐集中的趋势，个案规模也将相应增长。

除了个案规模不断增长外，随着示范案件机制与代表人诉讼机制的建立和完善，围绕某一上市公司的特定虚假陈述行为的案件规模也呈现出了前所未有的增长态势。例如，自2018年至2022年，上海金融法院陆续审理了大智慧系列虚假陈述案（涉及上海市第一中级人民法院、上海金融法院相关法律文书共计2537份，涉及诉讼请求增额达5.02亿元[1]）、方正科技系列虚假陈述案件（涉投资者1300余名，投资者获偿金额达7000万元[2]）、飞乐音响系列虚假陈述案件（截至开庭前涉案投资者约315名，涉及诉讼请求总金额1.46亿元[3]）等。2021年11月，广东省广州市中级人民法院审理的全国首例特别代表人诉讼案——"康美药业案"，案件涉及5.5万余名投资者，索赔规模达24.59亿元[4]。

3. 虚假陈述行为情况梳理

根据《虚假陈述若干规定》第4条的规定，虚假陈述行为包括虚假记载、误导性陈述、重大遗漏[5]。以2018~2022年共计5270份股票类虚假陈述纠纷案件的一审判决书为样本进行分析，最常见的虚假陈述行为系上市公司定期报告（年度报告/半年度报告/季度报告）中存在财务数据虚假记载，共计3792件，占样本总额的71.95%，主要体现为虚增收入和利润、虚增货币资金等。

重大遗漏也是较为常见的虚假陈述行为，共计2343件，占样本总额的44.46%。遗漏披露关联交易是上市公司较频发的重大遗漏行为，共计708件，占样本总额的13.43%。除遗漏披露关联交易外，常见的重大遗漏还包括未披露重大处罚事项（如"山西路桥案"[6]）、未披露重大投资（如"山东墨龙案"[7]）、未披露对外担保事项（如"*ST天业案"[8]）等。

误导性陈述在实践中比较少见，较知名的案例包括上海金融法院审理的"安硕信息

---

[1] 参见上海大智慧股份有限公司：《2018年三季度报告》，载上海证券交易所网，http://www.sse.com.cn/disclosure/listedinfo/announcement/c/2018-10-30/601519_2018_3.pdf。

[2] 参见人民法院报：《首创不断！上海金融法院的法治实践》，载中国法院网，https://www.chinacourt.org/article/detail/2020/07/id/5339512.shtml。

[3] 参见第一财经：《第一财经：首例证券虚假陈述代表人诉讼案在上海金融法院开庭审理》，载上海金融法院网2021年3月31日，http://www.shjrfy.gov.cn/jrfy/gweb/xx_view.jsp?pa=aaWQ9Mzg2MAPdcssPdcssz。

[4] 参见广东省广州市中级人民法院：《全国首例证券虚假陈述责任纠纷集体诉讼案一审宣判》，载广州审判网，https://www.gzcourt.gov.cn/xwzx/about/2021/11/12160421701.html。

[5] 原《虚假陈述若干规定》第17条规定的虚假陈述行为还包括"不正当披露"。2022年《虚假陈述若干规定》第4条将该类虚假陈述删除。

[6] 参见山西省太原市中级人民法院民事判决书，(2021)晋01民初854号。

[7] 参见山东省济南市中级人民法院民事判决书，(2021)鲁01民初1727号。

[8] 参见山东省济南市中级人民法院民事判决书，(2022)鲁01民初65号。

案"、[1]浙江省杭州市中级人民法院审理的"祥源文化案"[2]等。

4. 涉诉主体情况梳理

以 2018~2022 年共计 5270 份股票类虚假陈述纠纷案件的一审判决书为样本进行分析。2018 年 1391 件案件中，共涉及 60 名被告，其中上市公司 27 家，占被告总数的 45.00%。2019 年 758 件案件中，共涉及 87 名被告，其中上市公司 37 家，占被告总数的 42.53%。2020 年 2128 件案件中，共涉及 116 名被告，其中上市公司 40 家，占被告总数的 34.48%。2021 年 378 件案件中，共涉及 65 名被告，其中上市公司 30 家，占被告总数的 46.15%。2022 年 34 件案件中，共涉及 21 名被告，其中上市公司 8 家，占被告总数的 38.10%。由此可见，近年来股票类虚假陈述案件中，上市公司作为唯一被告的诉讼案件数量正在逐年下降，被诉主体的范围逐渐扩大。

除上市公司外，其他被诉主体的类型也在不断丰富。经检索，2018 年共计 3 家会计师事务所、2 家证券公司成为股票类虚假陈述案件被告，涉案达 200 余件。2019 年涉案会计师事务所、证券公司则双双增长为 5 家，涉案近 400 件。2020 年共计 3 家会计师事务所、6 家证券公司成为被告，此外 2 家律师事务所与 2 家评估机构也首次成为被告。

因此，从总体上看，股票类虚假陈述诉讼案件的被诉主体范围近年来经历了较明显的扩大趋势，从上市公司开始逐渐扩展至实际控制人、董监高，以及会计师事务所、证券公司、律师事务所、评估机构等中介机构。

5. 审理结果梳理

一般而言，投资者选择提起股票类虚假陈述责任诉讼时，均已掌握较明确的初步证据。因此，法院一般会部分或全部支持投资者的诉讼请求。

以 2018~2022 年共计 5270 份股票类虚假陈述纠纷案件的一审判决书为样本进行分析，法院共计在 4777 件案件中判决支持投资者全部或部分诉讼请求（占样本总额的 90.65%），在 489 件案件中驳回原告全部诉讼请求（占样本总额的 9.28%），在 4 件案件中判决驳回原告起诉（占样本总额的 0.08%）。

（二）债券类虚假陈述案件

1. 案件数量情况概览

相较于股票类虚假陈述案件，债券类虚假陈述案件起步较晚。经检索，2018~2022 年以来仅有 14 份债券虚假陈述案件的一审公开判决，包括"五洋债案"[3]"超日债案"[4]

---

[1] 参见上海金融法院民事判决书，(2019) 沪 74 民初 460 号。
[2] 参见浙江省杭州市中级人民法院民事判决书，(2020) 浙 01 民初 2052 号。
[3] 参见浙江省杭州市中级人民法院民事判决书，(2020) 浙 01 民初 1691 号。
[4] 参见江苏省南京市中级人民法院民事判决书，(2018) 苏 01 民初 584 号。

"致富债案"[1]"海印可转债案"。[2] 由此可见，债券类虚假陈述案件数量远不及股票类虚假陈述案件。

究其原因，一方面，我国债券市场相较于股票市场本身发展起步较晚，例如，直至2015年证监会才发布《公司债券发行与交易管理办法》，将公开发行债券的主体范围拓展至所有公司制法人，并取消公司债券公开发行的保荐制和发审委制度；另一方面，最高人民法院2003年颁布的原《虚假陈述若干规定》主要以股票类虚假陈述纠纷为模型，并未引入对债券类虚假陈述的讨论，也在一定程度上限制了司法实践中债券类虚假陈述案件的发生。

当然，随着最高人民法院2019年颁布《债券座谈会纪要》、2022年颁布《虚假陈述若干规定》以及近年来债券违约事件频发，债券类虚假陈述案件数量已有较大幅度的增长。但由于大部分案件仍处于审理阶段，法院尚未作出相应判决书或部分判决书未予公布，故在数据统计层面未完全显现。

2. 案件规模情况梳理

以公开检索与部分尚未公开的共计18份债券类虚假陈述案判决作为样本进行分析。案件标的金额在50万元以下的共计11件，其中有6件为"超日债案"、5件为"海印可转债案"，具有较高的个案特性。标的额在50万元以上的案件共计7件，包括较知名的"五洋债案""亿阳债案""富贵鸟债案"等，部分案件标的额可达到数亿规模。因此，虽然样本案件中标的额在50万元以上的案件占少数，但标的案件的平均规模仍达到300万元以上。

因此，相较于股票类虚假陈述案件"小额、分散"的特征，债券类虚假陈述案件的标的金额明显更高。该差异的主要原因在于债券市场的主要参与者为机构投资者而非个人投资者，[3] 资金实力与投资规模自然也高于个人投资者。部分债券（如银行间债券）甚至仅能由具有资金实力的机构投资者参与投资。

3. 被诉主体情况梳理

由于债券类虚假陈述纠纷产生时，发行人基本已陷入兑付不能的境地。投资者为最大程度争取赔偿，往往会选择将中介机构（尤其是证券公司、商业银行等具有较强资金实力的机构）作为共同被告提起诉讼。

以公开检索与部分尚未公开的共计18份债券虚假陈述案判决作为样本进行分析，仅"超日债案"和"海印可转债案"中原告只起诉了发行人，未波及其他中介机构。而在其他案件中，原告均将会计师事务所、证券公司、律师事务所等中介机构列为共同被告，并

---

[1] 参见北京市第二中级人民法院民事判决书，(2020) 京02民初49号。
[2] 参见广东省广州市中级人民法院民事判决书，(2020) 粤01民初14号。
[3] 截至2022年11月，机构投资者与个人投资者共同持有公司债券共计56,129.47亿元，其中自然人投资者仅持有61.51亿元，仅占总额的0.11%。参见上证债券信息网：《主要券种投资者持有结构》，载上证债券信息网2022年11月，http://bond.sse.com.cn/data/statistics/monthly/mainbond/。

进行重点追责。部分原告甚至仅起诉了会计师事务所，例如，"致富债案"[1]"富贵鸟债案"[2]。

4. 审理结果梳理

以公开检索与部分尚未公开的共计18份债券类虚假陈述案判决作为样本进行分析，法院仅在3件案件中直接驳回了原告的全部诉讼请求，包括"亿阳债案""康得债案""海印可转债案"。其中，由于"亿阳债案"与"康得债案"审理时，发行人已完成重整计划或仍在破产程序中，法院驳回原告诉讼请求的理由也与原告是否已在或即将在重整/破产程序中获得清偿相关。[3] 在"海印可转债案"中，法院驳回原告诉讼请求的理由则主要为该特定原告不成立交易因果关系。

此外，法院在余下15件案件中均支持了原告的全部或部分诉讼请求。

（三）资产支持证券类虚假陈述案件

虽然近年来我国的资产证券化（Asset-backed Securities，ABS）业务发展迅速，但在司法实践中尚未引发广泛的虚假陈述相关诉争。在司法实践中，虽已有投资者陆续针对资产支持证券发行中涉及的虚假陈述等问题起诉管理人要求承担赔偿责任，但目前仍未出现广受认可的生效裁判案例或针对性裁判规则。

经过公开检索，目前司法实践中仅有6件资产支持证券类虚假陈述案件，其中1件已有生效判决，4件因投资者损失不确定而被法院裁定驳回起诉。事实上，被法院驳回起诉的4件案件与已有生效判决的1件案件所涉资产支持专项计划与被告证券公司相同，属于同系列案件（均为"庆汇租赁案"）。此外，尚有1件已由法院作出一审判决，[4] 但已有当事人提起上诉，目前二审判决尚未作出。

从案件规模看，资产支持证券类虚假陈述案件的标的额较大。以前述6件案件作为样本统计，案件平均标的额已超过8000万元。

从行为种类看，已有的6件案件所涉虚假陈述行为主要涉及专项计划所附质押应收账款造假与基础资产造假。

从案件结果看，仅有1件"庆汇租赁案"已有生效判决：一审法院判决资产专项计划管理人向投资者全额赔偿其投资本金与收益损失，二审法院亦维持了该判决。

---

[1] 参见北京市第二中级人民法院民事判决书，(2020) 京02民初49号。
[2] 参见北京市第二中级人民法院民事判决书，(2020) 京02民初356号。
[3] 在"康得债案"中，一审、二审法院就证券公司、会计师事务所等中介机构的过错情况进行了具体分析，并明确认定证券公司作为主承销商不存在过错，无须承担责任。
[4] 参见上海金融法院民事判决书，(2020) 沪74民初1801号。

二、证券虚假陈述案件发展趋势分析

(一) 证券虚假陈述案件数量与规模持续增长

2018~2022年以来，证券虚假陈述案件处于持续爆发阶段，案件数量、规模均呈现出明显的增长态势。此外，伴随代表人诉讼、示范判决机制等诉讼制度的建立和完善，可以预期未来将有更多的投资者选择通过诉讼方式进行索赔，诉请金额也将不断增长。以上海金融法院为例，自2018年8月20日成立至2021年12月31日，上海金融法院受理各类金融案件23,456件；其中，证券虚假陈述责任纠纷占总收案量的51.17%，且收案数连年增长[1]。此外，广东省深圳市中级人民法院自2018年至2021年期间，年均新收证券虚假陈述责任纠纷案件也已超过1000件，相较于2017年的5件，呈现明显的集中爆发的特点[2]。

此外，2022年2月最高人民法院颁布的《虚假陈述若干规定》取消了刑事裁判与行政处罚的前置程序，投资者仅需提交"信息披露义务人实施虚假陈述的相关证据"即可提起诉讼。该规定降低了投资者提起诉讼的门槛，或将进一步导致证券虚假陈述案件数量的增长。

(二) 被诉主体范围扩大，"追首恶、惩帮凶"理念深化

2018年以前的证券虚假陈述案件中，上市公司或发行人几乎是证券虚假陈述案件的唯一被告，最多加上会计师事务所。而2018~2022年，证券虚假陈述被诉主体范围不断扩大，投资者在诉讼中更倾向于同时将证券公司、商业银行、会计师事务所、律师事务所等中介机构以及上市公司实际控制人、董监高列为共同被告。

究其原因，一方面，上市公司或发行人在陷入证券虚假陈述案件时，基本已陷入无法赔付的境地。为寻找新的、更具偿付能力的责任主体，投资者开始将矛头调转至中介机构。另一方面，近年来立法、司法政策和监管政策均强调"压实中介机构'看门人'责任"，《债券座谈会纪要》与《虚假陈述若干规定》的相继出台，亦为投资者向中介机构追责提供了依据。

此外，《虚假陈述若干规定》还落实了"追首恶、惩帮凶"的追责理念，为投资者追加发行人的控股股东、实际控制人、重大资产重组的交易对方以及其他帮助发行人实施虚假陈述的第三方为共同被告，提供了重要的指引和依据。可以预见的是，被诉主体多样化将成为证券虚假陈述案件的新常态。

---

[1] 参见王可：《上海金融法院通报近年审判工作情况：证券虚假陈述纠纷案件占比过半且连年增长》，载《中国证券报》2022年6月28日，A05版。

[2] 参见深圳市中级人民法院：《深圳中院发布虚假陈述责任纠纷审判白皮书及典型案例》，载微信公众号"深圳市中级人民法院"2022年5月26日，https://mp.weixin.qq.com/s/rhe6O_S64v-5OPrRKEHEQQ。

(三) 审理精细化程度提升，中介机构责任厘定与损失计算更加精准

虽然《证券法》仅概括规定中介机构等相关主体的"连带赔偿责任"，但司法政策与实践中已逐渐形成法院根据各方主体的过错情况具体厘定责任范围，尽可能实现"过罚相当"的司法规则。一方面，法院对各方主体的专业领域、角色定位以及职责范围有了更加深入的理解，有能力在此基础上准确判断相关主体的过错程度。例如，对于证券公司承担责任的问题，部分法院已基本可以较好地区分证券公司在证券发行阶段及上市后的持续督导阶段的职责差异，具体判断证券公司在不同履职阶段的过错程度[1]。又如，对于董事与独立董事的责任进行区分认定[2]。另一方面，法院在具体审判实践中也会结合虚假陈述案件的具体情况，包括虚假陈述信息的隐蔽性等对主体过错情况进行综合考量，避免"强人所难"。最后，在全额连带责任之外，司法实践中已逐渐形成"按比例承担连带责任"的裁判规则，通过限缩责任比例的方式，[3]在责任承担层面真正实现"过罚相当"。

此外，在审理中引入第三方专业机构进行精确的损失计算，也已成为法院审理证券虚假陈述案中较为常见的做法。上海金融法院首次在"方正科技案"中引入第三方专业支持，由中小投服中心作为专业机构就投资差额的损失计算及系统性风险的扣除出具损失核定意见[4]。广东省深圳市中级人民法院也经历了从早期以"算术平均法"计算损失到委托第三方按照科学方法进行统一核算的发展过程[5]。事实上，第三方专业机构的计算方法也在朝着专业化、精细化的方向不断发展。在"普天邮通案"中，上海金融法院委托上海交通大学中国金融研究院运用多因子计算模型，首创"收益率曲线同步对比法"对投资者损失进行核定，对影响股票价格的多种因素进行综合考虑和剔除，进一步提升了损失厘定的精准度[6]。

(四) 多元化纠纷解决机制推进，案件撤调率显著增长

2018年，最高人民法院与证监会联合颁布《关于全面推进证券期货纠纷多元化解机制

---

[1] 参见湖南省高级人民法院民事判决书，(2020) 湘民终262~264号；辽宁省大连市中级人民法院民事判决书，(2019) 辽02民初1795号；深圳市中级人民法院：《深圳中院发布虚假陈述责任纠纷审判白皮书及典型案例》，载微信公众号"深圳市中级人民法院"2022年5月26日，https://mp.weixin.qq.com/s/rhe6O_S64v-5OPrRKEHEQQ。

[2] 参见广东省广州市中级人民法院民事判决书，(2020) 粤01民初2171号。

[3] 比例连带责任最先由上海市高级人民法院在"中安科案"的二审判决中适用 [(2020) 沪民终666号判决书]。目前，多地法院已陆续采用该裁判规则对相关责任主体（尤其是中介机构）的损失赔偿范围进行具体厘定。

[4] 参见黄佩蕾：《2015—2019年上海法院证券虚假陈述责任纠纷案件审判情况通报》，载《〈上海法学研究〉集刊》2020年第8卷。

[5] 参见深圳市中级人民法院：《深圳中院发布虚假陈述责任纠纷审判白皮书及典型案例》，载微信公众号"深圳市中级人民法院"2022年5月26日，https://mp.weixin.qq.com/s/rhe6O_S64v-5OPrRKEHEQQ。

[6] 参见阮申正、郑倩：《上海金融法院证券群体性示范案件首次适用多因子量化模型精准认定投资者损失》，载微信公众号"上海金融法院"2020年12月28日，https://mp.weixin.qq.com/s/2YzIU-hIeSdau1_WQqESAg。

建设的意见》（法〔2018〕305号），提出加强证券期货调解工作，建立健全有机衔接、协调联动、高效便民的纠纷多元化解机制。随后，各地法院与监管机关纷纷响应，在推出相应落地政策的同时，也在司法实践中不断深化实践。

以上海、深圳两地法院为例。2017年至2019年，上海地区法院的证券虚假陈述案件的撤调率逐年上涨，由55.14%上涨至88.51%。其中，截至2020年4月20日，全国首例适用示范判决机制的"方正科技案"调撤率为98.49%，合计1311名投资者通过多元纠纷化解机制解决纠纷，调撤金额达1.62亿元。[1] 在2017年至2021年，通过诉前委派和诉中委托，深圳证券期货业纠纷调解中心等调解组织已成功调解证券虚假陈述责任纠纷7100余件，涉案金额31.3亿元，涉及投资者13,000余人，效果良好。[2]

---

[1] 参见黄佩蕾：《2015—2019年上海法院证券虚假陈述责任纠纷案件审判情况通报》，载《〈上海法学研究〉集刊》2020年第8卷。
[2] 参见深圳市中级人民法院：《深圳中院发布虚假陈述责任纠纷审判白皮书及典型案例》，载微信公众号"深圳市中级人民法院"2022年5月26日，https://mp.weixin.qq.com/s/rhe6O_S64v-5OPrRKEHEQQ。

第二节

责任性质与竞合关系

一、现行立法中关于民事责任竞合的规定

（一）民事责任竞合理论与我国的早期立法态度

法律责任竞合是指行为人的同一行为符合两个或两个以上不同性质的法律责任之构成要件，依法应当承担多种不同性质的法律责任的制度。[1] 相关理论一直是一个颇具争议的话题。在我国立法中，原《合同法》首次认可民事责任竞合原则。该法第122条规定："因当事人一方的违约行为，侵害对方人身、财产权益的，受损害方有权选择依照本法要求其承担违约责任或者依照其他法律要求其承担侵权责任。"最高人民法院同年颁布的《关于适用〈中华人民共和国合同法〉若干问题的解释（一）》（已失效）第30条进一步规定："债权人依照合同法第一百二十二条的规定向人民法院起诉时作出选择后，在一审开庭以前又变更诉讼请求的，人民法院应当准许。对方当事人提出管辖权异议，经审查异议成立的，人民法院应当驳回起诉。"

（二）现行法律关于民事责任竞合的规定

1.《民法典》的规定

《民法典》第186条规定："因当事人一方的违约行为，损害对方人身权益、财产权益的，受损害方有权选择请求其承担违约责任或者侵权责任。"《民法典》的上述立法延续了原《合同法》第122条的规定，采用了限制竞合的做法。相较于允许竞合及禁止竞合，限制竞合的规定能较好地平衡当事人利益和节约司法资源。当事人选择以侵权责任纠纷或违约责任主张权利时，应分别按照侵权责任、合同责任的规则进行裁判。[2]

---

[1] 参见王泽鉴：《侵权责任法释义》，法律出版社2010年版，第31页。
[2] 参见最高人民法院民法典贯彻实施工作领导小组主编：《中华人民共和国民法典总则编理解与适用》（下），人民法院出版社2020年版，第939~940页。

2. 证券虚假陈述侵权责任相关规定

就证券虚假陈述侵权责任能否与某一合同违约责任相竞合的问题，理论与实务界普遍认为存在可能性，但是具体在哪些情况能够发生竞合，或该侵权责任与哪些合同的违约责任可以发生竞合，尚存在一定争议。

有观点认为，原《虚假陈述若干规定》第29条"虚假陈述行为人在证券发行市场虚假陈述，导致投资人损失的，投资人有权要求虚假陈述行为人按本规定第三十条赔偿损失……"与《虚假陈述若干规定》第24条"发行人在证券发行市场虚假陈述，导致原告损失的，原告有权请求按照本规定第二十五条的规定赔偿损失"中"投资人有权"和"原告有权"的表述，均可视为对证券发行市场虚假陈述侵权行为与相关合同违约发生竞合可能性的肯定。

此外，《虚假陈述若干规定理解与适用》虽然未明确承认该条款包含"竞合"的内容，但也承认"在发行和交易两个市场上，进行证券交易的当事人不同，即证券交易对象不同。发行市场是发行人通过承销商等与投资人直接发生证券认购行为，即发行人与投资人形成直接的发行和认购法律关系……投资人在交易市场购买和出售证券，不再是与发行人（即上市公司）之间进行，而是交易市场上投资人自己之间发生的行为"，[1] 对发行行为和交易行为的合同关系进行了区分。

因此，在证券发行市场实施的虚假陈述行为可能同时构成违反证券发行文件中的"陈述与保证"等条款，从而同时构成违约。还有观点认为，将欺诈发行行为视为对"陈述与保证"的违反过于局限，可以适用《民法典》第500条"故意隐瞒与订立合同有关的重要事实或者提供虚假情况"的规定，将其视为侵权责任与违反先合同义务之缔约过失责任的竞合，然而这一"竞合"严格意义上并不属于《民法典》第186条规定的"违反合同约定"的情形，不能适用该条款主张权利。

二、虚假陈述侵权责任与其他民事责任的"竞合"关系辨析

（一）虚假陈述侵权责任与证券发行、承销合同责任的"竞合"关系辨析

在证券承销发行活动中，发行人在证券发行募集文件中通常会作出例如"确保不存在虚假记载或误导性陈述"等相关承诺与保证。在承销机构与投资者签署的证券认购合同中，虽然可能没有上述条款，但因承销机构签署的证券发行募集文件中往往会包含相关承诺保证，从而也间接在承销机构与投资者间就该等承诺达成合意。如前文所述，如果采纳证券发行市场竞合说，对发行人虚假陈述的责任竞合似乎没有争议，然而从实际效果上来看，则意义可能并不重大。以上市公开交易的证券而论，由于该类证券交易的频繁与活

---

[1] 李国光主编、最高人民法院民事审判第二庭编著：《最高人民法院关于审理证券市场虚假陈述案件司法解释的理解与适用》，人民法院出版社2002年版，第310~313页。

跃，即便存在虚假陈述，一级市场投资人遭受损失的机会也并不大。值得注意的是，如果上市公司定向发行股票，并不在原《虚假陈述若干规定》的适用范围内，而在《虚假陈述若干规定》生效后，那么可能涉及竞合问题。

本书认为，证券承销发行活动中的违约责任与侵权责任能否竞合需要区分侵权行为人的主观过错形态进行具体判断。在行为人主观状态为故意的情况下，可能构成竞合；而在主观状态为过失时因违约损失应小于侵权损失，即便存在竞合也并非全额竞合。

（二）虚假陈述侵权责任与债券合同责任的"竞合"关系辨析

关于债券合同违约责任与虚假陈述侵权责任竞合的争论，主要源于《债券座谈会纪要》第22条第2项的规定，"在一审判决作出前仍然持有该债券的，债券持有人请求按照本纪要第21条第一款的规定计算损失赔偿数额的，人民法院应当予以支持；债券持有人请求赔偿虚假陈述行为所导致的利息损失的，人民法院应当在综合考量欺诈发行、虚假陈述等因素的基础上，根据相关虚假陈述内容被揭露后的发行人真实信用状况所对应的债券发行利率或者债券估值，确定合理的利率赔偿标准"。另外，《债券座谈会纪要》第23条第2款还规定按照上述"还本付息"方式赔偿的，法院应当在判决中明确债券持有人交回债券的义务，以避免出现双重受偿的问题。

由此可见，《债券座谈会纪要》第22条第2项可能被理解为在债券合同中，发行人与投资者之间的违约责任与虚假陈述侵权责任发生竞合的典型情况。然而，需要注意的是，承销机构并非债券合同的当事人，其虚假陈述侵权责任的赔偿金额能否参照《债券座谈会纪要》第22条第2项的规定计算，仍存在争议。就现有的债券虚假陈述司法实践而言，被告一般基于《虚假陈述若干规定》角度提出抗辩：第一，《虚假陈述若干规定》规定证券虚假陈述损失应为投资差额损失，因此投资者损失应结合其买入、卖出价格与基准价情况进行差额计算。第二，《虚假陈述若干规定》已明确规定投资者的损失应以"实际损失为限"，即便不以投资差额进行计算，亦应以投资者买入债券成本为限，而非债券本息。被告的该等抗辩主张或在一定程度上将侵权责任与违约责任进行分离。但结合目前已有案例，法院似乎仍更倾向于参照《债券座谈会纪要》第22条第2项的规定计算投资者损失。

（三）虚假陈述侵权责任与资产支持证券专项计划资产管理合同的"竞合"关系辨析

1. 专项计划资产管理合同的性质

与原银保监会监管体系下的信贷资产支持证券、保险资产支持计划、资产支持票据等品种已明确为信托法律关系不同，企业资产支持证券（《资产证券化业务管理规定》规定的资产支持证券）的相关监管规定并没有明确企业资产支持证券的法律性质。

企业资产支持证券投资者涉及的合同法律关系即其与管理人签署的认购协议及标准条

款、计划说明书(以下合称"专项计划资产管理合同"),主要内容为投资者向管理人缴纳募集资金,管理人设立专项计划,并用募集资金向原始权益人购买基础资产。就管理人与原始权益人之间的法律关系而言,构成买卖合同或债权转让合同,一般不存在争议。而投资者(资产支持证券持有人)与管理人之间的法律关系,则存在一定争议。

有观点认为,就专项计划资产管理合同实质构成的法律关系而言,投资者与管理人构成信托法律关系。《九民纪要》第88条第2款规定的"其他金融机构开展的资产管理业务构成信托关系的,当事人之间的纠纷适用信托法及其他有关规定处理"的原则同样可以参照适用于企业资产支持证券。另有观点认为,信托业务为持牌金融机构专营的业务,除非法律另有规定,非持牌机构与投资者不能构成信托法律关系。因《资管新规》第3条明确规定"依据金融管理部门颁布规则开展的资产证券化业务……不适用本意见",故投资者与管理人只能根据合同约定构成委托合同关系。

2. 专项计划资产管理合同项下管理人的义务与违约责任

《资产证券化业务管理规定》第13条对管理人的义务作出了列举式规定,主要包括尽职调查、发行与存续期管理、支付基础资产购买资金、信息披露与专项计划的清算等。第42条则对管理人的信息披露义务进行了强调,即"管理人及其他信息披露义务人应当及时、公平地履行披露义务,所披露或者报送的信息必须真实、准确、完整,不得有虚假记载、误导性陈述或者重大遗漏"。实践中,上述各项义务往往通过在专项计划资产管理合同中约定而对投资人与管理人产生约束力。

就上述各项义务的法律性质和内容,取决于投资人和管理人之间形成的法律关系性质。如认为构成信托法律关系,管理人作为信托受托人,依据《信托法》第25条的规定,负有为受益人的最大利益处理信托事务的义务,即管理信托财产恪尽职守,履行诚实、信用、谨慎、有效管理的义务。如认为构成委托法律关系,依据《民法典》第922条的相关规定,负有"按照委托人的指示处理委托事务"的义务。需要注意的是,与债券发行人的本息兑付义务不同,无论是依据法律规定还是合同约定,管理人均没有足额兑付资产支持证券本金与预期收益的义务。

至于违反上述合同中的尽职调查义务或信息披露义务,造成投资者损失的,管理人应承担怎样的赔偿责任,专项计划资产管理合同通常仅概括约定"承担赔偿责任",而不作详细约定。在《资产证券化业务管理规定》等金融监管规定的层面,亦没有明文规定。在法律、司法解释规定的层面,如认为构成信托法律关系,无论是《信托法》还是《九民纪要》等,均未规定其法律后果。如认为构成委托法律关系,根据《民法典》第929条第1款的规定,"有偿的委托合同,因受托人的过错造成委托人损失的,委托人可以请求赔偿损失",即过错责任。至于赔偿损失的金额计算,关于资产支持证券目前仅有一例生效案例"庆汇租赁案",[1] 管理人被判决以未兑付本金与预期收益来计算损失金额。而如果将视野放宽至营业信托纠纷或其他资产管理合同纠纷，那么可以发现管理人的违约赔偿责任，实质与其"过错"形态高度相关，即根据过错程度承担损失全额赔偿责任，或按一定比例承担赔偿责任。

在举证责任方面，如认为构成信托法律关系，则根据《九民纪要》第94条的规定，管理人适用举证责任倒置规则，即作为受托人应当首先对其履行了法定义务、信托合同约定义务进行举证。如认为构成委托关系，则需要依据"谁主张，谁举证"的原则，由主张存在违约行为的一方承担举证责任。

3. 虚假陈述侵权责任与资产支持证券专项计划资产管理合同违约责任的竞合

关于专项计划管理人在虚假陈述侵权责任中的责任形态，无论是从《虚假陈述若干规定》确立的"追首恶"原则出发，还是从实质重于形式的角度出发，管理人均不适宜参照关于证券发行人的规定承担无过错责任，而是应当参照关于承销机构或证券服务机构的规定承担过错推定责任。此外，管理人的侵权责任与违反专项计划资产管理合同的尽职调查、信息披露等义务的违约责任构成竞合。

在司法实践中，投资者对资产支持专项计划管理人的追责模式呈现出多样化特点，既包括单独以违约责任或侵权责任进行追究的模式，也包括"违约责任＋侵权责任"混合追究模式。在"庆汇租赁案"中，法院即根据原《合同法》的规定以及发行文件的具体约定，对专项计划管理人的违约责任进行认定。在此情形下，双方争议的核心问题主要包括：第一，专项计划管理人是否存在违反发行文件约定的行为。第二，违约行为需具有重要性。第三，专项计划管理人是否存在过错。第四，投资者是否因违约行为遭受损失（因果关系）。而在"美吉特案"[2]中，上海金融法院则基于证券特别侵权的思路，对虚假陈述行为、重大性、交易因果关系、过错、损失、损失因果关系6项要件进行论证。

资产支持证券专项计划管理人实施虚假陈述侵权行为的，对投资者的侵权赔偿责任可能会与专项计划资产管理合同的违约责任相竞合。但需要注意的是，发生竞合违约责任所对应的合同义务并非"还本付息义务"，而应当是对专项计划财产的尽职调查与管理义务。但总体上而言，无论是向管理人主张违约责任，还是虚假陈述侵权责任，两类责任仅在具体证明标准、论证表述等方面存在细微差别，其他各方面基本一致，例如，管理人的责任范围均应当与其过错程度相匹配。

---

[1] 参见北京市高级人民法院民事判决书，(2021) 京民终533号。
[2] 参见上海金融法院民事判决书，(2020) 沪74民初1801号。

第三节

证券类型、市场层次与交易方式

一、证券类型

证券是根据法律规定发行的代表对特定财产的所有权和收益权的一种法律凭证，按证券所代表的权利性质分类，有价证券可分为股票、债券和其他证券三大类，本书主要介绍其中的股票、债券及资产支持证券。

（一）股票

股票是公司签发的证明股东所持股份的凭证，是公司依据《公司法》、《证券法》和国务院证券监督管理机构有关规定所规定的条件和程序发行，并在依法设立的证券交易所上市交易或者在国务院批准的其他全国性证券交易场所交易的有价证券。

股票既是股东持有公司股份的法律凭证，也是依法发行的可以上市流通转让的有价证券。因此股票同时兼具公司股权的属性和有价证券的属性。按股票持有人享有权利的不同，股票可以分为普通股和优先股。普通股股东在公司的经营管理、盈利及财产分配上享有一般股东权利，在利润分配、剩余财产的分配顺序上劣后于公司债权人及优先股股东。优先股股东优先于普通股股东以固定的股息获得利润分配，并在公司清算时优先于普通股股东分配剩余资产。但优先股股东一般不能参与公司经营管理，仅在涉及优先股股票所保障的股东权益时，可发表意见并享有相应的表决权。同时，优先股股票可以设置赎回条款，优先股股东可以根据赎回条款要求公司赎回。

（二）债券

债券是政府、金融机构、企业等机构为筹措资金，依法定条件及程序，在国家依法设立的债券交易市场发行与交易，并且承诺按一定利率支付利息并按约定条件偿还本金的债权债务凭证。

债券具有偿还性、流动性、安全性和收益性等特点。债券通常有固定利率，债券发行人须根据约定条件按期向债券持有人支付利息，并在约定的偿还期限届满后偿还本金。在约定的还本期限届满前，债券持有人亦可在债券市场上交易债券，以提前收回本息或赚取价差。

债券市场的参与方一般包括债券发行人、债券投资者、债券承销机构、证券服务机构。其中，债券发行人是资金的借入者即债务人。债券投资者即债券的买入方，也是资金的借出者即债权人。债券承销机构指为发行人的债券提供尽职调查和销售服务的机构，而债券服务机构指依据相关法律法规、执业规范和自律规则为债券发行提供尽职调查、审计、法律、信用评级等专业服务的中介机构。债券承销机构与债券服务机构通过勤勉、审慎、专业地开展核查工作，不断提升信息披露质量，防范欺诈发行、虚假陈述。

从1981年恢复国债发行开始，经过40多年发展，我国已经基本形成门类基本齐全、品种结构较合理、信用层次不断拓展的债券市场。目前我国债券主要包括政府债券、中央银行票据、政府支持机构债券、金融债券、企业信用债券、熊猫债券等类别。

（三）资产支持证券

资产证券化是指以基础资产未来产生的现金流为偿付支持，通过结构化设计进行增信，在此基础上发行资产支持证券实现融资的过程，其实质是发起人出售低流动性资产未来可回收的现金流以获得融资。具体而言，投资者认购资产支持证券后设立特殊目的载体（Special Purpose Vehicle，SPV），特殊目的载体支付资金向原始权益人购买具有可预测现金流的资产或资产组合作为基础资产，并以基础资产产生的现金流为限对投资者承担还本付息义务。资产支持证券的核心在于"破产隔离"，即专项计划资产独立于原始权益人、管理人、托管人及其他业务参与人的固有财产，以此实现基础资产与资产支持计划的参与方特别是原始权益人的风险隔离，原始权益人、管理人、托管人及其他业务参与人因依法解散、被依法撤销或者宣告破产等原因进行清算的，专项计划资产不属于其清算财产。

我国资产证券化始于2005年人民银行及原银监会发布的《信贷资产证券化试点管理办法》，该办法在对信贷资产证券化作出基本定位的基础上，从信贷资产证券化的发起机构、特殊目的载体、贷款服务机构、资金保管机构、证券发行与交易、信息披露、持有人权利等层面对信贷资产支持证券的运行进行规范，建构了资产证券化的基本制度框架。目前，我国的资产证券化业务主要包括人民银行及原银保监会主管的信贷资产证券化产品、中国证监会主管的企业资产证券化产品以及银行间交易商协会主管的资产支持票据产品。

二、证券市场层次

为满足不同规模企业的投融资需求，我国在证券发行、交易、监管等方面逐步建立了差异化、多层次的资本市场。在股权市场方面，主要由交易所市场、新三板市场以及区域性股权交易市场等构成，包括沪深主板、科创板、创业板、中小企业股转系统、北交所、区域性股权交易市场等。债权融资方面形成了以银行间债券市场、交易所债券市场、商业银行债券柜台市场为主的债券市场。

（一）主板、创业板、科创板市场

主板市场也称一板市场，是一个国家或地区证券发行、上市及交易的主要场所。主板市场发行人一般为具有较大资本规模、稳定盈利能力和优良业绩的大型公司。

1990 年 11 月 26 日及 1991 年 7 月 3 日，上交所（主板股票代码以 600 开头）和深交所（主板股票代码以 000 开头）正式成立并开业，标志着我国主板市场的初步形成。2004 年 5 月，深交所在主板市场内设立中小企业板块（股票代码以 002 开头），为主业突出、成长性强和科技含量高的中小企业提供直接融资平台。2021 年 4 月，中小企业板与主板正式合并。至此，囊括了中小企业板在内的中国主板市场格局正式形成。

2009 年，创业板于深交所设立并正式开板，股票代码以 300 开头。创业板以深入贯彻创新驱动发展战略，适应发展更多依靠创新、创造、创意的大趋势为宗旨，主要服务成长型创新创业企业。

2019 年 6 月 13 日，科创板于上交所设立并正式开板，股票代码以 688 开头。科创板面向世界科技前沿、面向经济主战场、面向国家重大需求，优先支持符合国家战略、拥有关键核心技术、科技创新能力突出、主要依靠核心技术开展生产经营，具有稳定的商业模式、市场认可度高、社会形象良好、具有较强成长性的企业。

此前一段时间，我国主板市场证券发行实行核准制，科创板及创业板发行上市实行注册制。核准制是指发行人经证券监管机构的实质审查并核准后方可在证券市场上发行证券。2023 年 2 月 17 日，证监会及交易所等发布全面实行股票发行注册制制度规则，实施 30 余载的核准制也正式退出历史舞台。注册制是一种不同于审批制、核准制的证券发行监管制度，它的基本特点是以信息披露为中心：发行人是信息披露第一责任人，负有充分披露信息并确保信息披露真实、准确、完整等义务；以保荐人为主的中介机构，负责运用专业知识和专门经验，对发行人的信息披露资料进行全面核查验证并作出专业判断；发行上市审核部门则主要通过提出问题、回答问题及其他必要的方式开展审核工作，督促发行人完善信息披露内容。

（二）中小企业股转系统（新三板）

中小企业股转系统是经国务院批准，依据《证券法》设立、为证券集中交易提供场所和设施、组织和监督证券交易的全国性证券交易场所，是继上交所、深交所之后第 3 家全国性证券交易场所。中小企业股转系统于 2012 年 8 月 22 日获证监会同意组建并于 2013 年 1 月 16 日正式揭牌运营。中小企业股转公司对挂牌公司实施分层管理，于 2016 年 6 月设立基础层、创新层，并于 2020 年 7 月设立了精选层。

2021年9月2日，习近平总书记在2021年中国国际服务贸易交易会全球服务贸易峰会的致辞中宣布设立北交所。2021年9月3日，北京证券交易所有限责任公司完成工商注册，为中小企业股转公司全资子公司，北交所正式成立。同年11月15日，北交所开市。

新三板市场是服务创新型、创业型、成长型中小企业的市场，着力于为中小企业提供融资平台。新三板市场根据挂牌公司特点，形成了差异化制度安排，如发行融资方面，按照"小额、快速、按需"的原则设计定向发行制度；交易方式上，首次在国内股票市场中引入做市商制度；投资者准入方面，结合中小企业风险相对高的特点，设置高于交易所市场的投资者适当性标准；在公司监管方面，根据企业质量和股权分散度等，实施市场分层管理和差异化监管安排。

北交所在新三板精选层基础上组建，总体平移了精选层各项基础制度，并进一步完善上市的具体要求、退市指标体系、转板制度、设置退市风险警示制度等，同步试点证券发行注册制。北交所主要服务创新型中小企业，聚焦"专精特新"，重点支持先进制造业和现代服务业等领域的企业。北交所的上市公司从符合条件的创新层公司产生。同时，北交所还建立了向上交所和深交所的转板机制，强化多层次资本市场的互联互通。

（三）区域性股权市场

区域股权市场是指由地方政府管理的，主要为所在省级行政区域内中小微企业提供股权、债权转让、并购、重组等相关服务的场外交易市场。

2012年8月证监会发布《关于规范证券公司参与区域性股权交易市场的指导意见（试行）》，首次确认区域股权市场是中国多层次资本市场体系的重要组成部分。我国首个区域性股权交易市场为天津股权交易所，系由天津市人民政府于2008年批准设立。截至2022年1月，证监会公示的备案名单显示全国共有区域性股权市场运营机构35家。区域性股权市场主要功能包括为未上市企业提供挂牌、展示、托管服务等。交易方式上，区域股权市场的股权交易不得采取集中竞价、连续竞价、做市商等集中交易方式进行，一般采用定价申报与协议转让。定价申报转让是指定价申报方申报包含买卖价格、买卖数量的交易指令，意向方根据定价申报方的申报价格和数量输入确认指令成交，交易系统对双方的交易指令不进行自动撮合。协议转让是指投资者就交易价格和数量达成协议后，双方通过交易系统进行约定申报交易。

（四）交易所债券市场

交易所债券市场是场内市场，是通过交易所的交易系统和中证登公司的后台结算系统完成债券交易和结算，资金清算由清算银行完成，机构投资者和个人通过券商进行债券交易结算的市场。1990年12月，上交所成立并开始办理国债业务，标志着交易所债券市场的正式诞生。目前，交易所债券市场主要包括上交所和深交所两个债券市场，托管机构分别对应为中证登公司上海分公司和深圳分公司。

交易所债券市场的市场参与者主要包括证券公司、保险、银行、财务公司、银行理财、公募基金、基金专户、企业年金、券商资管、信托、保险资管、私募基金、社会保险基金、个人等投资者，其中符合交易所规定条件的机构可以申请成为债券交易参与人，其他债券投资者可以作为证券公司的经纪客户参与债券交易。上交所和深交所债券品种包括国债、地方政府债券、政策性银行金融债券、政府支持机构债券、公司债券（含可交换公司债券、非上市公司非公开发行的可转换公司债券）、企业债券、资产支持证券等。

（五）银行间债券市场

银行间债券市场是场外市场，是指依托于中国外汇交易中心暨全国银行间同业拆借中心等在机构之间进行债券买卖和回购的市场。中国外汇交易中心是银行间债券市场唯一经人民银行认可的债券交易平台，中央结算公司、银行间市场清算所股份有限公司提供债券登记、托管、结算等服务。

银行间债券市场成立于1997年，人民银行为防止银行信贷资金通过交易所国债回购违规进入股市出台了《关于各商业银行停止在证券交易所回购及现券交易的通知》，要求商业银行全部退出交易所债券市场，并组建银行间债券市场。此后，银行间债券市场稳步发展，发行量、交易量和托管量在2001年首次超过交易所市场，目前已成为我国主要债券市场。

银行间债券市场的参与者主要包括在中国境内具有法人资格的商业银行及其授权分支机构、在中国境内具有法人资格的非银行金融机构和非金融机构、经人民银行批准经营人民币业务的外国银行分行3类。银行间债券市场交易的债券品种包括国债（财政部）、人民银行票据（人民银行）、地方政府债券（地方政府）、金融债券/同业存单（金融机构）、政府支持机构债（国铁集团、中央汇金公司）、企业债券（国有企业和地方政府融资平台）、资产支持证券/票据（银行、企业、保理公司等）等。目前，银行间债券市场的主要债券业务种类包括现券买卖、债券质押式回购、债券买断式回购、债券远期、债券借贷等。

（六）其他市场

柜台市场是指证券公司、银行等金融机构为与特定交易对手方在集中交易场所之外进行交易或为投资者在集中交易场所之外进行交易提供服务的场所或平台，主要包括商业银行柜台市场、证券公司柜台市场。

1. 商业银行柜台债券市场是指商业银行通过其营业网点、电子银行等渠道向投资者（包括个人和非金融机构）分销债券，与投资者进行债券买卖，并办理债券托管与结算等业务的市场。

2. 证券公司柜台市场是指证券公司通过证券公司柜台采取协议、报价、做市、拍卖竞价、标购竞价等方式发行、销售与转让私募产品的场外市场，证券公司可以为在其柜台市场发行、销售与转让的私募产品提供登记、托管与结算服务。

三、交易方式

鉴于不同市场的不同品种证券的交易方式存在较大区别，现区分交易所市场、银行间债券市场，对股票交易、债券交易的交易方式分别介绍如下。

（一）股票交易方式

《证券法》第38条规定，在证券交易所上市交易的证券应当采用公开的集中交易方式或者国务院证券监督管理机构批准的其他方式进行交易。目前，法律法规及监管规则并未对《证券法》规定的"公开的集中交易方式"作出明确定义，但从上市公司股份收购的相关法律规定及监管规则中可以一窥"公开的集中交易方式"的具体所指。根据《公司法》第162条的规定，上市公司因3种特殊情形收购本公司股份的，应当通过公开的集中交易方式进行。[1] 证监会《上市公司股份回购规则》则进一步明确，因该3种特殊情形回购股份的，应当通过集中竞价交易方式、要约方式进行，《上海证券交易所上市公司自律监管指引第7号——回购股份》《深圳证券交易所上市公司自律监管指引第9号——回购股份》亦作出了相同规定。由此，"公开的集中交易"在实践中一般系指集中竞价交易。此外，根据北交所、上交所、深交所交易规则的规定，目前证券市场交易方式中还有大宗交易、协议转让等其他非竞价交易和非集中交易作为补充。

1. 集中竞价交易

集中竞价交易是指交易主体通过证券交易所会员（证券公司），在交易时间向证券交易所的交易系统买卖申报，由证券交易所集中交易系统按照一定的成交规则集中进行撮合成交，交易结果数据公开的交易方式。

我国证券交易所目前采用两种集中竞价方式：集合竞价方式和连续竞价方式。集合竞价方式是指交易所在规定的时间段内接受投资者申报买卖委托后，将不同时间收到的申报一次性集中撮合并按照同一价格匹配成交的竞价方式。连续竞价方式是指对买卖申报逐笔连续撮合的竞价方式，当前竞价交易阶段未成交的买卖申报，自动进入当日后续竞价交易阶段。每一笔买卖申报进入交易所交易系统后，按照成交规则予以全部或者部分成交，不能成交者等待机会成交，交易连续不断进行。上交所和深交所的股票竞价时间详见表1。

---

[1]《公司法》第162条第1款规定："公司不得收购本公司股份。但是，有下列情形之一的除外：（一）减少公司注册资本；（二）与持有本公司股份的其他公司合并；（三）将股份用于员工持股计划或者股权激励；（四）股东因对股东会作出的公司合并、分立决议持异议，要求公司收购其股份；（五）将股份用于转换上市公司发行的可转换为股票的公司债券；（六）上市公司为维护公司价值及股东权益所必需。"第162条第4款规定："上市公司收购本公司股份的，应当依照《中华人民共和国证券法》的规定履行信息披露义务。上市公司因本条第一款第三项、第五项、第六项规定的情形收购本公司股份的，应当通过公开的集中交易方式进行。"

表1　上交所和深交所的股票竞价时间表

竞价方式	时间	备注
开盘集合竞价	9∶15至9∶25	9∶20至9∶25不接受撤单申报
连续竞价	9∶30至11∶30、13∶00至14∶57	—
收盘集合竞价	14∶57至15∶00	不接受撤单申报

在成交原则方面，我国证券集合竞价交易及连续竞价交易则均按证券竞价交易按价格优先、时间优先的原则撮合成交。

2. 大宗交易

大宗交易是指买卖申报的证券数量或金额达到规定的最低限额的证券单笔买卖申报，经过证券交易所确定后成交的交易方式。根据上交所和深交所的现行规则，进行大宗交易需要满足的条件详见表2。

表2　各交易所大宗交易条件表

品种	上交所	深交所	北交所
A股	单笔买卖申报数量应当不低于30万股，或者交易金额不低于200万元人民币		申报数量不低于10万股，或者交易金额不低于100万元人民币
B股	单笔买卖申报数量应当不低于30万股，或者交易金额不低于20万美元	单笔交易数量不低于3万股，或者交易金额不低于20万港币	—
基金	单笔买卖申报数量应当不低于200万份，或者交易金额不低于200万元		—
债券	债券及债券回购大宗交易的单笔买卖申报数量应当不低于1000手，或者交易金额不低于100万元	债券单笔交易数量不低于5000张，或者交易金额不低于50万元人民币	—

大宗交易申报方式包括意向申报、成交申报、固定价格申报、其他申报等。其中，深交所的大宗交易又可区分为协议大宗交易及盘后定价大宗交易。协议大宗交易是指大宗交易双方互为指定交易对手方，协商确定交易价格及数量的交易方式。盘后定价大宗交易是指证券交易收盘后按照时间优先的原则，以证券当日收盘价或证券当日成交量加权平均价格对大宗交易买卖申报逐笔连续撮合的交易方式。

交易价格上，有价格涨跌幅限制证券的协议大宗交易的成交价格，由买卖双方在该证券当日涨跌幅限制价格范围内确定。无价格涨跌幅限制股票、存托凭证协议大宗交易的价格不得高于该证券当日竞价交易实时成交均价的120%和最高价的孰低值，且不得低于该证券当日竞价交易实时成交均价的80%和最低价的孰高值。

3. 协议转让

协议转让是指在符合协议转让条件的前提下，由双方协商一致后签订协议，经交易所合规审核，在中证登公司登记进行非交易过户的股份转让。根据交易所上市公司股份协议转让业务办理指引等规则，具有以下情形之一的，可以办理协议转让：（1）转让股份数量不低于上市公司总股本5%的协议转让；（2）转让双方存在实际控制关系，或均受同一控制人所控制的协议转让，转让股份数量不受前项不低于5%的限制；（3）外国投资者战略投资上市公司涉及的协议转让；（4）法律法规、证监会及交易所业务规则认定的其他情形。

股份转让价格不低于转让协议签署日（当日为非交易日的顺延至次一交易日）公司股份大宗交易价格范围的下限，法律法规、交易所业务规则另有规定的除外；转让双方就股份转让协议签订补充协议，涉及变更转让主体、转让价格或者转让股份数量等任一情形的，股份转让价格不低于补充协议签署日（当日为非交易日的顺延至次一交易日）公司股份大宗交易价格范围的下限。

协议转让的转让方及受让方达成股份转让协议后，股份转让双方根据股份所属交易所，向上交所、深交所或北交所申请确认其股份转让合规性，取得证券交易所对股份转让的确认文件后，股份转让双方向结算公司申请办理股份转让过户登记，即完成协议转让。

4. 其他交易方式

（1）上市公司股份要约收购

根据《上市公司收购管理办法》的相关规定，要约收购是指收购人向一家上市公司的全体股东发出要约，在要约期内按照要约条件购买其持有的全部或部分股份，从而实现对上市公司控制权的收购。

就要约收购的价格，《上市公司收购管理办法》规定对同一种类股票的要约价格不得低于要约收购提示性公告日前6个月内收购人取得该种股票所支付的最高价格。要约价格低于提示性公告日前30个交易日该种股票的每日加权平均价格的算术平均值的，收购人聘请的财务顾问应当就该种股票前6个月的交易情况进行分析，说明是否存在股价被操纵、收购人是否有未披露的一致行动人、收购人前6个月取得公司股份是否存在其他支付安排、要约价格的合理性等。

根据发起要约的原因，可分为自愿要约和履行全面要约收购义务的强制要约。根据要约收购的股份数量不同，要约收购则可分为全面要约和部分要约。

（2）科创板股票盘后固定价格交易

2019年3月1日，上交所发布了《上海证券交易所科创板股票盘后固定价格交易指引》，科创板引入了盘后固定价格交易方式。2023年2月17日发布的《上海证券交易所交易规则》对科创板股票盘后固定价格交易进行明确。盘后固定价格交易是指在收盘集合竞价结束后，上交所交易系统按照时间优先顺序对收盘定价申报进行撮合，并以当日收盘价成交的交易方式。

（二）债券交易方式

1. 交易所债券交易方式

交易所债券交易包括匹配成交、点击成交、询价成交、竞买成交、协商成交 5 种交易方式，其中匹配成交规则与股票集中竞价交易规则基本相同，详见表3。

表3　交易所不同交易方式的交易时间表

交易方式		交易时间
匹配成交	集合匹配	9：15 至 9：25，其中 9：20 至 9：25 不接受撤销申报
	连续匹配	9：30 至 11：30、13：00 至 15：30
点击成交		9：00 至 11：30、13：00 至 20：00
询价成交		
协商成交		
竞买成交		9：00 至 10：00 为卖方提交竞买发起申报时间，10：00 至 11：30 为应价方提交应价申报时间

（1）匹配成交

匹配成交是指交易系统按照价格优先、时间优先的原则和交易所规则相关规定，对债券交易申报自动匹配成交并实行多边净额结算的交易方式。匹配成交采用集合匹配和连续匹配两种方式，集合匹配期间未成交的交易申报，自动进入连续匹配。

（2）点击成交

报价方发出报价，受价方点击该报价后由交易系统确认成交或者依据本规则相关规定通过交易系统自动匹配成交的交易方式。采用点击成交方式的，报价方既可以向全市场发出报价，也可以向报价方自行选定的部分债券投资者发出报价。

（3）询价成交

债券投资者作为询价方向做市商或者其他债券交易参与人发送询价请求，并选择一个或者多个询价回复确认成交的交易方式。债券投资者可以向做市商或者其他债券交易参与人发送询价请求。询价方选择询价回复并确认后，相关交易按照询价方确认的数量、价格、结算方式与结算周期成交。

（4）竞买成交

卖方在限定的时间内按照确定的竞买成交规则，将债券出售给最优应价的单个或者多个应价方的交易方式。竞买成交可以采用单一主体中标、多主体中标等方式。

（5）协商成交

债券投资者之间通过协商等方式达成债券交易意向，并向交易系统申报。经交易系统确认交易方式后，债券投资者委托债券服务机构或者自行寻找交易对手，按照债券交易成交原则就债券交易要素协商达成一致，最终由交易系统确认成交。

2. 银行间债券市场交易方式

现阶段，银行间债券市场的交易方式包括双边报价、请求报价、对话报价、匿名报价。除对话报价外，其他报价方式中的交易一方为做市机构。

（1）双边报价

双边报价是指在债券市场上，做市机构公开向其他市场参与者同时报出做市债券买入和卖出的价格及报价量，其他机构可直接点击成交的做市行为。

（2）请求报价

请求报价是指交易成员向做市商或尝试做市机构（至少5家）发送只含量、不含价的询价请求，做市机构匿名回复报价，系统按价格优先、时间优先原则展示做市机构的回复报价，由市场成员选择成交或拒绝达成交易。

（3）匿名报价

匿名报价是指市场参与主体向交易平台提交匿名订单，系统根据机构间双边授信条件（如需），按照价格优先、时间优先原则，对报价进行匿名匹配。

（4）对话报价

对话报价是指交易双方通过一对一交谈自行商定交易要素，以对话报价形式达成交易。

第四节

起诉资格与责任主体

《虚假陈述若干规定》第2条对原告提起证券虚假陈述侵权民事赔偿诉讼案件的受理条件进行了明确规定，第20条至第23条以专章对此类诉讼的责任主体作出了细化规定。此外，《代表人诉讼若干规定》对代表人诉讼案件的起诉受理条件作出了特别规定。

一、原告起诉资格

《虚假陈述若干规定》第2条规定了原告起诉的受理条件，与原《虚假陈述若干规定》相比，最大的变化是废除了虚假陈述行为已经有权机关认定的"前置程序"，即原告起诉获得受理的条件不包括证监会等金融监管部门已作出行政处罚决定或人民法院已作出刑事裁判文书。《虚假陈述若干规定》出台前，取消"前置程序"已逐步在最高人民法院发布的部分规范性文件及司法实践中出现。2015年12月，时任最高人民法院民事审判第二庭庭长杨临萍在《最高人民法院关于当前商事审判工作中的若干具体问题》文件中指出："根据立案登记司法解释规定，因虚假陈述、内幕交易和市场操纵行为引发的民事赔偿案件，立案受理时不再以监管部门的行政处罚和生效的刑事判决认定为前置条件。"2020年7月，《债券座谈会纪要》率先在债券领域废除了"前置程序"，该文件第9条明确指出："欺诈发行、虚假陈述行为人以债券持有人、债券投资者主张的欺诈发行、虚假陈述行为未经有关机关行政处罚或者生效刑事裁判文书认定为由请求不予受理或者驳回起诉的，人民法院不予支持。"

《虚假陈述若干规定》从正反两个方面废除了"前置程序"：第2条第1款从正面规定了原告起诉提交的证据或证明材料，不含行政处罚或刑事判决相关证明文件；第2款则从反面又明确规定"人民法院不得仅以虚假陈述未经监管部门行政处罚或者人民法院生效刑事判决的认定为由裁定不予受理"。"前置程序"虽已取消，但并不意味着证券虚假陈述纠纷的立案门槛与一般民事诉讼案件等同。对于上市公司、董监高、证券承销保荐机构、各类证券服务机构等被告而言，证券虚假陈述案件属于带有群体性质的重大案件，被告需要投入大量的精力和成本应诉。而且，随着目前司法案件公开化的发展，一旦立案，就可能被审判信息网、天眼查等企业信息服务软件、网络媒体等曝光，从而引发公众投资者、监管机构的关注，给各被告造成巨大的声誉影响。因此，在取消前置程序后，如果不对此类案件的起诉条件加以限制，一旦出现滥诉亦将不利于证券市场的健康发展。鉴于此，《虚假陈述若干规定》规定，原告起诉时，应当提交"信息披露义务人实施虚假陈述的相关证据"以及"原告因虚假陈述进行交易的凭证及投资损失等相关证据"。由此，证券虚假陈述纠纷的起诉受理门槛是高于一般民事诉讼的，原告在立案阶段就需要提交一定的证据，举证证明被告实施了虚假陈述行为且给原告造成了损失。

具体而言，《虚假陈述若干规定》规定的起诉受理条件包括以下几个要件。

1. 符合一般民事诉讼的起诉条件

无论是原《虚假陈述若干规定》，还是《虚假陈述若干规定》，均规定原告提起证券虚假陈述侵权民事赔偿诉讼，首先应符合民事诉讼法规定的一般民事诉讼的起诉条件。根据《民事诉讼法》第122条之规定，一般民事诉讼起诉必须符合下列条件：（1）原告是与本案有直接利害关系的公民、法人和其他组织；（2）有明确的被告；（3）有具体的诉讼请求和事实、理由；（4）属于人民法院受理民事诉讼的范围和受诉人民法院管辖。

2. 证明原告身份的相关文件

该要件与一般民事诉讼亦无区别，不再赘述。需要说明的是，对于基金、资产管理计划等产品投资起诉索赔的，《资管新规》明确管理人可以代表产品起诉。因此对于该规定生效后设立的产品，由管理人代表产品提起诉讼。《债券座谈会纪要》在关于诉讼主体资格的认定一节中明确，"通过各类资产管理产品投资债券的，资产管理产品的管理人根据相关规定或者资产管理文件的约定以自己的名义提起诉讼的，人民法院应当依法予以受理"。管理人代表产品提起诉讼的，应当提交管理人的营业执照、产品合同、产品登记备案证明等资料，以证明原告的起诉身份。

在实践中，部分资管产品可能选择先行将资管计划持有的证券原状分配给各投资者，接受原状分配的投资者是否有权就分配取得的证券提起证券虚假陈述诉讼，存在较大争议。江苏省高级人民法院在"北极皓天案"[1]的二审中，立足于证券是否可交易、投资者是否完成转让登记手续，认为"《债权转让协议》明确中金创新公司知悉该合同生效时，标的债权转让因交易所及券商系统限制原因暂时无法办理对应私募债券份额的转让登记手续。据此，中金创新公司虽与嘉实公司签订《债权转让协议》，但根据该协议及中金创新公司、中山证券公司诉讼中的确认，案涉债券并不能办理转让登记，也实际未完成转让登

---

[1] 参见江苏省高级人民法院民事判决书，（2021）苏民终2043号。

记手续。鉴于中金创新公司并非案涉债券持有人,且其在本案中所主张的以及相关刑事判决所认定的案涉债券欺诈发行事实发生在北极皓天公司(发行人)与嘉实公司(一级市场认购的投资者)之间,故其以北极皓天公司欺诈发行案涉债券导致其损失要求北极皓天公司及相关责任主体承担侵权责任的原告主体资格不适格,依法应驳回其起诉"。但值得关注的是,该案原告后续向最高人民法院提起再审申请,最高人民法院已对该案进行提审,该案的审理结果或将对案涉原告主体资格争议问题产生重要影响。

3. 信息披露义务人实施虚假陈述的相关证据

对于证券虚假陈述案件,原告在起诉立案前,需要举证证明被告实施了虚假陈述的侵权行为。对于相关证据的种类,《代表人诉讼若干规定》明确列举了"行政处罚决定、刑事裁判文书、被告自认材料、证券交易所和国务院批准的其他全国性证券交易场所等给予的纪律处分或者采取的自律管理措施"4种类型,这些理应亦适用于未采取代表人诉讼形式的普通虚假陈述案件。除此之外,对于普通虚假陈述案件而言,原告也可以提交监管部门作出的行政监管措施决定、自行收集的信息披露义务人发布的公告文件(如招股说明书、债券募集说明书、上市公司公告)等证据。

此处的难点是,原告举证证明存在虚假陈述行为需达到何种证明标准?有观点认为,"原告对被告实施了重大虚假陈述行为的起诉原因事实负有具体的主张责任,并应当提供相关证据加以证明;而对于虚假陈述行为被告的过错、交易因果关系、损失及损失因果关系等起诉原因事实,则应当放宽其具体化的要求,在起诉书中作出合乎逻辑的描述即可"[1]。本书认为,《虚假陈述若干规定》为保护投资者诉权已废除前置程序,如在起诉立案阶段对原告的证明存在侵权行为提出过高要求。

4. 原告因虚假陈述进行交易的凭证及投资损失等相关证据

损失是构成侵权责任的要件之一,也是原告提出诉讼请求的主要内容。无论是原《虚假陈述若干规定》还是《虚假陈述若干规定》,均要求原告在提起证券虚假陈述案件时提交进行交易的凭证及投资损失的相关证据。

对于股票类虚假陈述案件,原告应提交证券账户股票交易流水作为交易凭证,以证明购买了涉案股票及交易区间。但因此类案件损失计算的复杂性,特别是原告交易比较频繁的情况下,为了使人民法院比较清晰地了解原告诉讼请求中的损失金额等索赔要求,原告可以在起诉文件中提供其损失计算明细。对于债券类虚假陈述案件,根据交易方式的不同,原告可以分别提交不同的交易凭证:(1)如果是在债券发行阶段购买(一级市场交易)的债券,原告可以提交债券认购协议、打款凭证、证券账户对账单等凭证。(2)如果是在

---

[1] 周伦军:《证券服务机构承担虚假陈述民事赔偿责任的认定——李某某等诉中安科股份有限公司等证券虚假陈述责任纠纷案》,载最高人民法院中国应用法学研究所编:《人民法院案例选》第6辑,人民法院出版社2022年版。

债券上市交易阶段购买（二级市场交易）的债券，原告可以提交证券账户对账单等交易凭证。相比股票类虚假陈述案件，原告还须特别提交涉案债券因违约而未兑付本息的证明，以便证明其产生了损失。对于资产支持证券，原告可以提交认购协议、标准条款、计划说明书、打款凭证、专项计划管理人出具的份额登记证明等交易凭证证据。对于在证券交易所发行上市的资产证券化产品，可以去开户券商营业部打印对账单（能够显示投资者持仓的资产证券化产品情况），中证登公司也可以为投资者出具盖章的持仓信息证明。

需要说明的是，在司法实践中，各原告提交的证券交易情况材料往往并不完备，甚至难以作为损失计算的依据。在一般情形下，不完备的交易情况材料并不影响提起诉讼，但在案件推进到一定程度后，法院可能直接或应被告申请直接向证券结算公司调取投资者交易情况材料。

二、责任主体

责任主体是民事诉讼案件审理的核心问题之一，即案件的"被告"及其责任承担。《证券法》第 85 条、第 163 条规定的被告主要包括信息披露义务人、发行人的控股股东、实际控制人、董事、监事、高级管理人员和其他直接责任人员以及保荐人、承销的证券公司及其直接责任人员以及证券服务机构。除此之外，《虚假陈述若干规定》第 21 条、第 22 条还规定了重大资产重组的交易对方、帮助造假者（供应商、客户、金融服务提供方等）两类主体的责任。

（一）信息披露义务人、发行人的控股股东与实际控制人

1. 发行人及其他信息披露义务人

2014 年《证券法》第 69 条在信息披露主体上使用了发行人、上市公司的表述。2019 年《证券法》第 85 条则使用了"信息披露义务人"的表述，从主体的内涵和外延上都有所扩大。相应地，在出现信息披露违规时的责任主体上，也由发行人、上市公司的表述调整为"信息披露义务人"，对比详见表 4。

表 4 《证券法》规定对比表

2014 年《证券法》	2019 年《证券法》
第 63 条：发行人、上市公司依法披露的信息，必须真实、准确、完整，不得有虚假记载、误导性陈述或者重大遗漏。	第 78 条第 1 款和第 2 款：发行人及法律、行政法规和国务院证券监督管理机构规定的其他信息披露义务人，应当及时依法履行信息披露义务。 信息披露义务人披露的信息，应当真实、准确、完整，简明清晰，通俗易懂，不得有虚假记载、误导性陈述或者重大遗漏。

续表

2014年《证券法》	2019年《证券法》
第69条：发行人、上市公司公告的招股说明书、公司债券募集办法、财务会计报告、上市报告文件、年度报告、中期报告、临时报告以及其他信息披露资料，有虚假记载、误导性陈述或者重大遗漏，致使投资者在证券交易中遭受损失的，发行人、上市公司应当承担赔偿责任……	第85条：信息披露义务人未按照规定披露信息，或者公告的证券发行文件、定期报告、临时报告及其他信息披露资料存在虚假记载、误导性陈述或者重大遗漏，致使投资者在证券交易中遭受损失的，信息披露义务人应当承担赔偿责任……

根据《证券法》第78条的规定，信息披露义务人主要分为两大类。

（1）发行人。信息披露义务人中最典型的是"发行人"，包括发行证券时的发行人和发行证券后的发行人。[1] 发行证券时的发行人包括申请首次公开发行新股并上市的公司、债券发行人等。发行证券后的发行人包括上市公司、公司债券上市交易的公司、股票在国务院批准的其他全国性证券交易场所交易的公司等。

（2）法律、行政法规和国务院证券监督管理机构规定的其他信息披露义务人。其他信息披露义务人应是根据证监会要求，以自己的名义对外披露有关经营、财务、交易或其他"重大事件"的当事人，主要包括以下几类：①掌握重要信息的发行人、上市公司的控股股东、实际控制人；②发行人、上市公司收购人；③发行人、上市公司的破产管理人等。

值得注意的是，《虚假陈述若干规定》第21条规定了在重大资产重组的交易对方提供信息不实的情况下，原告可以要求交易对方与发行人等责任主体赔偿损失。但最高人民法院民二庭负责人就《虚假陈述若干规定》答记者问时，明确说明由于重大资产重组中的信息披露由上市公司负责，交易对方并非《证券法》所规定的"信息披露义务人"。但如果此时仅追究上市公司的责任，那么显然不符合普遍的公平认知。交易对方作为上市公司重大资产重组活动的参与者，掌握与标的公司有关的真实信息，交易对方违反提供真实信息的注意义务时，追究其责任符合侵权法一般原理。基于该原因，《虚假陈述若干规定》第21条作此规定。[2] 该等观点与此前的司法实践基本一致。辽宁省高级人民法院在"鞍重股份案"[3] 中虽未将提供虚假财务数据的资产重组交易方九好集团认定为信息披露义务人，但仍判决上市公司鞍重股份和提供虚假财务数据的资产重组交易方九好集团需共同向投资者赔偿损失。

从归责原则的角度，《证券法》对发行人等信息披露义务人采取的是严格的无过错责

---

[1] 参见王瑞贺主编：《中华人民共和国证券法释义》，法律出版社2020年版，第142~143页。

[2] 参见《最高人民法院民二庭负责人就〈最高人民法院关于审理证券市场虚假陈述侵权民事赔偿案件的若干规定〉答记者问》，载最高人民法院网2022年1月21日，https://www.court.gov.cn/zixun-xiangqing-343251.html。

[3] 参见辽宁省高级人民法院民事判决书，(2021) 辽民终1195号。

任原则,即只要是信息披露文件存在虚假记载、误导性陈述或者重大遗漏,致使投资者在证券交易中遭受损失的,信息披露义务人即应当承担赔偿责任。这是因为证券市场上投资者决策的"第一手资料"是信息披露义务人发布的信息,这也减轻了投资者维权的难度。

2. 发行人的控股股东与实际控制人

"追首恶"成为近年来理论界与实务界比较一致的观点。从证监会及其派出机构作出的多份行政处罚决定来看,上市公司的信息披露违法违规行为,往往是受到控股股东、实际控制人的组织、指示。如震惊市场的"康得新案",[1] 证监会认定钟某作为实际控制人、时任董事长,领导、策划、组织并实施了康得新公司的全部违法事项,是直接负责的主管人员。

加大对违法利用上市公司从事违法行为的控股股东、实际控制人的责任,在《证券法》和《虚假陈述若干规定》中均得到体现。该等追责理念有利于从源头上治理证券市场违规乱象,也在一定程度上可以避免上市公司及中小股东等受到二次伤害。

2014年《证券法》第26条规定控股股东、实际控制人承担的是过错责任,即"发行人的控股股东、实际控制人有过错的,应当与发行人承担连带责任"。2019年《证券法》则"升级"为与董监高、保荐承销机构等一致的"过错推定责任",即"应当与发行人承担连带赔偿责任,但是能够证明自己没有过错的除外"。如此,《证券法》将过错的举证责任由投资者转移给了控股股东、实际控制人,降低了投资者对控股股东、实际控制人的追责难度。

《虚假陈述若干规定》第20条第1款明确规定,发行人的控股股东、实际控制人组织、指使发行人实施虚假陈述的,原告可以单独直接起诉该控股股东、实际控制人要求进行赔偿。在司法实践中,投资者基于获得赔偿的考虑,往往会同时起诉发行人。因此,《虚假陈述若干规定》第20条第2款规定,发行人在承担赔偿责任后有权要求控股股东、实际控制人赔偿实际支付的赔偿款、合理的律师费、诉讼费用等损失。该等规定有利于发行人最大限度地向控股股东、实际控制人进行追偿。

(二)发行人的董监高及其他责任人员

按照一般民法原理,职务行为可以免于对外承担责任,对内承担责任的情形也限于"故意或重大过失"。《民法典》第1191条第1款规定,用人单位的工作人员因执行工作任务造成他人损害的,由用人单位承担侵权责任;用人单位承担侵权责任后,可以向有故意或者重大过失的工作人员追偿。根据《公司法》的规定,董监高为实际负责公司运营的管理者,应在履职过程中遵守法律、行政法规和公司章程。董监高对公司负有忠实义务和勤勉义务,如其损害公司或股东利益,应当承担赔偿责任。在前述规则的基础上,证券领域

---

[1] 参见证监会行政处罚决定书(康得新复合材料集团股份有限公司、钟玉),〔2021〕57号。

进一步突破了"职务行为对外免责"的一般民法理论。《证券法》第85条规定，发行人的董事、监事、高级管理人员和其他直接责任人员，应当与发行人承担连带赔偿责任，但是能够证明自己没有过错的除外。发行人、上市公司只是"拟制的法人组织"，其所实施的信息披露违法行为需要具体的人员来实施，从证券市场违法案例来看，董事长、独立董事、总经理、副总经理、财务负责人等也均是相关案例中频频出现的人员。在市场瞩目的"乐视网案"[1]中，投资者即将乐视网10余名董监高人员列为被告追责。

（三）保荐机构、承销机构及其直接责任人员

根据《证券法》第10条第1款的规定，发行人申请公开发行股票、可转换为股票的公司债券，依法采取承销方式的，或者公开发行法律、行政法规规定实行保荐制度的其他证券的，应当聘请证券公司担任保荐人。根据《保荐业务管理办法》第2条之规定，发行人申请首次公开发行股票，上市公司发行新股、可转换公司债券，公开发行存托凭证等，采取承销方式，应当聘请证券公司担任保荐机构。根据上述规定，在现行证券法规下，保荐机构即指具有保荐资格的证券公司。

根据《证券法》第26条第1款的规定，发行人向不特定对象发行的证券，法律、行政法规规定应当由证券公司承销的，发行人应当同证券公司签订承销协议。证券承销业务采取代销或者包销方式，《证券法》下由证监会监管的股票、公司债券等承销机构也仅指证券公司。对于在银行间债券市场发行的债券，承销机构包括政策性银行、商业银行、企业集团财务公司、证券公司等金融机构。

随着立案登记制推行，前置程序的逐步取消，加之很多案件中发行人及控股股东、实际控制人等"首要责任人"无力赔偿，越来越多的保荐承销机构、证券服务机构被卷入虚假陈述案件中，成为"共同被告"，引发了市场对合理认定证券公司等承销机构、证券服务机构责任的关注。为了合理认定保荐承销机构、证券服务机构等证券市场服务主体的责任，《虚假陈述若干规定》将上述机构的"过错"明确界定为"故意或重大过失"，并明确规定了免责抗辩事由。最高人民法院民二庭负责人就《虚假陈述若干规定》答记者问明确指出，本次司法解释修订在区分职责的基础上，分别规定了发行人的董监高、独立董事、履行承销保荐职责的机构、证券服务机构的过错认定及免责抗辩事由，体现各负其责的法律精神，避免"动辄得咎"，稳定市场预期。[2]

（四）证券服务机构

证券服务机构包括为证券的发行、上市、交易等证券业务活动制作、出具审计报告及

---

[1] 参见北京金融法院民事判决书，（2021）京74民初111号。
[2] 参见《最高人民法院民二庭负责人就〈最高人民法院关于审理证券市场虚假陈述侵权民事赔偿案件的若干规定〉答记者问》，载最高人民法院网2022年1月21日，https://www.court.gov.cn/zixun-xiangqing-343251.html。

其他鉴证报告、法律意见书、资信评级报告、资产评估报告、财务顾问报告等文件的会计师事务所、律师事务所、资信评级机构、资产评估机构、财务顾问等。根据《证券法》第163条之规定，证券服务机构也适用过错推定的归责原则，其制作、出具的文件有虚假记载、误导性陈述或者重大遗漏，给他人造成损失的，应当与委托人承担连带赔偿责任，但是能够证明自己没有过错的除外。与前述的承销机构、保荐机构一样，《虚假陈述若干规定》将证券服务机构的"过错"也限定为"故意或重大过失"，保持了法律体系的一致性，在此不再赘述。

（五）重大资产重组的交易对方，供应商、客户以及为发行人提供服务的金融机构等"帮助造假者"等特殊主体

对于责任主体，《虚假陈述若干规定》的一大亮点是，明确规定了重大资产重组的交易对方，供应商、客户以及为发行人提供服务的金融机构等"帮助造假者"两类特殊主体的责任。

1. 重大资产重组的交易对方

近年来，上市公司重大资产重组中频现造假案例，严重损害了投资者的合法权益，引发关注。如被称为"忽悠式重组"的"郭某等人违规披露、不披露重要信息案"中，郭某等人为了吸引风投资金投资入股，实现"借壳上市"等目的，组织公司员工通过虚构业务、改变业务性质等多种方式虚增九某集团服务费收入2.64亿元、虚增货币资金3亿余元；在九好集团与鞍重股份重大资产重组过程中，郭某等人向鞍重股份提供了含有虚假信息的财务报表；后郭某等人受到了行政处罚并被判刑。[1]

根据《上市公司重大资产重组管理办法》《上市公司信息披露管理办法》等相关规定，重大资产重组、再融资、重大交易有关各方等自然人、单位及其相关人员，属于法律、行政法规和中国证监会规定的"其他信息披露义务人"。《上市公司重大资产重组管理办法》第26条第2款规定："重大资产重组的交易对方应当公开承诺，将及时向上市公司提供本次重组相关信息，并保证所提供的信息真实、准确、完整，如因提供的信息存在虚假记载、误导性陈述或者重大遗漏，给上市公司或者投资者造成损失的，将依法承担赔偿责任。"根据最高人民法院法官对《虚假陈述若干规定》的解读，在上市公司重大资产重组中，交易对方掌握与标的公司有关的真实信息，如果发生财务造假，交易对方应当是始作俑者，也属于"首恶"的范畴。[2] 据此，《虚假陈述若干规定》第21条规定，公司重大资产重组的交易对方所提供的信息不符合真实、准确、完整的要求，导致公司披露的相关

---

[1] 详见2022年9月9日，最高人民检察院联合最高人民法院、公安部、中国证监会发布的五宗证券犯罪典型案例之案例二。

[2] 参见林文学、付金联、周伦军：《〈关于审理证券市场虚假陈述侵权民事赔偿案件的若干规定〉的理解与适用》，载《人民司法》2022年第7期。

信息存在虚假陈述，原告起诉请求判令该交易对方与发行人等责任主体赔偿由此导致的损失的，人民法院应当予以支持。

值得关注的问题是，在重大资产重组的交易对方提供虚假信息的情况下，对发行人责任的认定。如果发行人与交易对方合谋串通或知情而为，那么此种情况构成共同侵权，判令发行人与交易对方承担连带责任无疑是适当的。但如果发行人对交易对方提供的虚假信息的行为确实不知情，也处于"受害人"的地位，此时就应当慎重判令发行人承担责任。在发行人不知情的情况下，有观点认为因发行人承担无过错责任，发行人与交易对方构成不真正连带责任，若发行人承担责任，则可以向重组对方追偿[1]。也有观点认为，上市公司购买标的瑕疵属于上市公司和全体股东共同承担的商业风险，如果上市公司主观上没有侵害股东权利的主观意图，客观上尽到了对外部信息的审查义务，那么此时要求上市公司为他人的行为承担虚假陈述民事责任，不免有违侵权法的自己责任原则和基本的公平原则[2]。

2. 供应商、客户以及为发行人提供服务的金融机构等"帮助造假者"

在证监会及派出机构作出的诸多处罚案例中，发行人、上市公司的控股股东、实际控制人利用上下游供应商、客户虚构交易，虚增营业收入及利润的行为时常出现。此外，部分金融机构工作人员协助提供虚假函证，协助财务造假的情况也见诸报道。如某会计师事务所在为某上市公司作年度审计期间，被告人寇某担任某银行支行行长，指使时任支行办公室主任的被告人成某违反相关规定，向会计师事务所出具与客观事实不符的内容虚假的银行询证函，涉案金额共计8.6亿元，法院以违规出具金融票证罪判处寇某刑罚[3]。营造"风清气正"的资本市场环境，势必要追究此类"帮凶"的责任。

原《虚假陈述若干规定》第7条规定虚假陈述证券民事赔偿案件的被告，应当是虚假陈述行为人，列举了发行人或上市公司、实际控制人、承销商、保荐人等主体，但未列举"帮助造假者"的责任，只能从兜底条款"其他作出虚假陈述的机构或者自然人"中作出扩大解释。但由于供应商、客户，以及为发行人提供服务的金融机构本身并非直接发布信息的虚假陈述行为人，故仅从原《虚假陈述若干规定》的规定本身，难以对"帮助造假者"追究虚假陈述赔偿责任。从《证券法》《上市公司信息披露管理办法》等规定来看，也难以将"帮助造假者"界定为"其他信息披露义务人"。因此，从完善法规体系的角度，确实有必要对"帮助造假者"的责任追究作出明确规定。

原《侵权责任法》第9条第1款及《民法典》第1169条第1款均规定："教唆、帮助

---

[1] 参见安健、唐永生等：《重大资产重组中交易各方虚假陈述法律责任初探》，载微信公众号"德恒深圳"2022年5月19日，https://mp.weixin.qq.com/s/1Yx9CdjRLQGGjxu5JKTZsA。

[2] 参见张保生、周伟等：《新〈虚假陈述若干规定〉系列解读之十：特殊主体的责任》，载微信公众号"中伦视界"2022年3月2日，https://mp.weixin.qq.com/s/P6_r22S99ZjUDJh39gy8uw。

[3] 参见山东省淄博市中级人民法院刑事裁定书，（2020）鲁03刑终86号。

他人实施侵权行为的，应当与行为人承担连带责任。"为追究"帮助造假者"与发行人共同承担责任提供了上位法依据。《虚假陈述若干规定》第 22 条规定，有证据证明发行人的供应商、客户，以及为发行人提供服务的金融机构等明知发行人实施财务造假活动，仍然为其提供相关交易合同、发票、存款证明等予以配合，或者故意隐瞒重要事实致使发行人的信息披露文件存在虚假陈述，原告起诉请求判令其与发行人等责任主体赔偿由此导致的损失的，人民法院应当予以支持。

第五节

法律规定及适用范围

一、证券虚假陈述民事责任的规范体系

证券虚假陈述民事责任的规范体系在广义上以《证券法》等法律规定为核心，辅之以相关司法解释与司法文件对法律适用等具体问题加以明确。由于股票、债券与资产支持证券等不同证券类型、不同市场层次以及不同交易方式均具有其特殊性，相对应的民事责任构成要件亦应结合针对性的监管规范加以判断。

（一）法律

证券虚假陈述民事责任在性质上属于特殊侵权责任。除《民法典》"侵权责任编"的一般规定外，《证券法》第85条、[1] 第163条 [2] 是最主要的针对证券虚假陈述民事责任的规定。该两条分别规定了信息披露义务人，发行人的控股股东、实际控制人、董事、监事、高级管理人员和其他直接责任人员，保荐人、承销的证券公司及其直接责任人员，证券服务机构等不同责任主体的不同责任形态。

此外，《证券法》的其他相关条文亦对证券虚假陈述民事责任的具体问题与要件认定进行规定、明确，这些条文在纷繁复杂的证券虚假陈述案件中均可能被启用。例如，《证券法》第2条框定了该法规制的"证券"范围，第37条规定了不同的发行方式与交易场

---

[1]《证券法》第85条规定："信息披露义务人未按照规定披露信息，或者公告的证券发行文件、定期报告、临时报告及其他信息披露资料存在虚假记载、误导性陈述或者重大遗漏，致使投资者在证券交易中遭受损失的，信息披露义务人应当承担赔偿责任；发行人的控股股东、实际控制人、董事、监事、高级管理人员和其他直接责任人员以及保荐人、承销的证券公司及其直接责任人员，应当与发行人承担连带赔偿责任，但是能够证明自己没有过错的除外。"

[2]《证券法》第163条规定："证券服务机构为证券的发行、上市、交易等证券业务活动制作、出具审计报告及其他鉴证报告、资产评估报告、财务顾问报告、资信评级报告或者法律意见书等文件，应当勤勉尽责，对所依据的文件资料内容的真实性、准确性、完整性进行核查和验证。其制作、出具的文件有虚假记载、误导性陈述或者重大遗漏，给他人造成损失的，应当与委托人承担连带赔偿责任，但是能够证明自己没有过错的除外。"

所，该条文规定有助于判断相关具体案件是否属于"证券虚假陈述责任纠纷"。再如，《证券法》第 80 条与第 81 条具体列举了股票与债券市场的"重大事件"，相关标准与虚假陈述行为的"重大性"要件紧密相关。

（二）司法解释

《虚假陈述若干规定》于 2022 年 1 月 22 日实施。在原《虚假陈述若干规定》发布实施后，我国证券市场高速发展，证券种类、市场层次、交易方式均发生了质的变化。证券虚假陈述责任纠纷亦在近些年成为金融争议解决领域的热点与难点。在这一大背景下，《虚假陈述若干规定》进一步顺应司法发展、吸收实践智慧，充实、完善了证券市场民事责任制度，已然成为当下证券虚假陈述民事责任纠纷案件最重要的裁判依据之一。该解释全文共计 35 条，分为一般规定、虚假陈述的认定、重大性及交易因果关系、过错认定、责任主体、损失认定、诉讼时效、附则等 8 个部分，对当前证券虚假陈述纠纷案件的审理规则进行了相对全面的细化和明确。

除了《虚假陈述若干规定》这一最重要、最普适的司法解释外，最高人民法院也针对诸多具体问题制定特别规定。例如，就该类纠纷中的集体诉讼程序问题，《代表人诉讼若干规定》在《民事诉讼法》的普通代表人诉讼规定（第 56 条与第 57 条）、《证券法》的特别代表人诉讼规定（第 95 条）的基础上进一步提供规范依据。再如，就证券发行与交易活动中的审计侵权问题，最高人民法院也曾颁布《审计侵权赔偿若干规定》进行特别规定。[1]

（三）司法文件

由于该类纠纷近几年呈现井喷态势，裁判规则亟待更新。最高人民法院多次以会议纪要的形式提出审理证券虚假陈述责任纠纷新的司法精神。《九民纪要》设"关于证券纠纷案件的审理"专章，其中第一部分即为"关于证券虚假陈述"，对该类纠纷在当时实践中频现的程序与实体问题的处理作以明确。此外，针对具体的证券种类和市场层次，最高人民法院也发布了针对性的司法文件。就债券虚假陈述纠纷案件，《债券座谈会纪要》即结合债券的诸多特殊属性形成了特殊的裁判规则。就新三板改革、北交所设立等新兴热点问题，亦有《新三板司法保障若干意见》提供规范指引。

在《虚假陈述若干规定》发布实施的同时，最高人民法院与证监会联合发布《关于适用〈虚假陈述若干规定〉的通知》，其中就法院向监管机构调查收集证据、征求专业意见、引入相关专家与专业人士担任人民陪审员等作出配套规定，明确了司法与监管形成良性互动的精神。《关于虚假陈述诉讼时效衔接的通知》亦对《虚假陈述若干规定》取消前置程

---

[1] 需要注意的是，《虚假陈述若干规定》第 35 条明确"《最高人民法院关于审理涉及会计师事务所在审计业务活动中民事侵权赔偿案件的若干规定》与本规定不一致的，以本规定为准"。

序后部分类型案件诉讼时效的差异化起算或延长处理进行明确。

（四）监管规范

就狭义的角度而言，监管规范不直接属于证券虚假陈述民事责任的规范体系范畴。但证券市场乃至其他领域的监管规范均可能在不同程度上影响该类民事责任实体构成要件（主要是行为要件、过错要件及因果关系要件）的具体认定。

股票、债券与资产支持证券等不同证券类型以及不同市场层次、不同交易方式均对应不同的监管规范要求。对发行人等信息披露义务人而言，不同市场的信息披露要求不尽一致，信息性质的评判标准亦不相同。例如，按照"层层递进"的市场结构，主板市场的信息披露监管要求往往高于新三板市场。该等要求往往直接构成发行人的具体信息披露行为是否属于"虚假陈述"的判断标准。[1]《证券法》第80条与第81条区分规定了股票市场与债券市场的"重大事件"，亦对判断虚假陈述内容是否满足"重大性"要件起着至关重要的作用。对保荐人、承销机构、证券服务机构等中介机构而言，针对性的监管规范亦直接构成其法定的履职标准与要求。该等要求除因证券类型不同而不同外，还与发行方式（公开发行或非公开发行）、履职时点（识别对应适用的监管规范）密切相关。

除了对被告相关行为的标准作出明确规定外，监管规范有时亦会对原告（往往是机构投资者或专业投资者）的投资决策行为加以要求。最典型的情况是，若原告系私募证券投资基金管理人，则其交易行为应满足《私募投资基金监督管理暂行办法》及相关上位法规定[2]的投资决策要求。据此法院有可能会基于专业投资者未履行相应的投资决策程序，认为其未对发行人的信息披露产生信赖或自身存在投资不审慎的情形，进而影响案件交易因果关系要件、过错要件等的认定。在"祥源文化案"[3]中，浙江省高级人民法院即认为"关于虚假陈述赔偿的规定采用'市场欺诈'和'推定信赖'原则确定因果关系的目的在于保护我国证券市场中不具备专业投资知识的中小投资者，而对于专业投资机构，因其应当具备高于普通证券市场投资人的投资技能和专业研究分析能力，不能仅凭其买入受虚假陈述影响的股票即认定其投资损失与虚假陈述存在因果关系，应分析辨别其投资损失

---

[1] 除了监管规范的要求存在直接差异外，司法文件亦会明确法院审判时不同的把握尺度与标准。例如，《新三板司法保障若干意见》第8条规定："人民法院在认定虚假陈述内容是否符合《虚假陈述司法解释》第十条规定的重大性标准时，应当尊重创新型中小企业的创业期成长特点，对其信息披露质量的司法审查标准不宜等同于发展成熟期的沪深上市公司，做到宽严适度……"

[2] 例如，《私募投资基金监督管理暂行办法》第26条规定："私募基金管理人、私募基金托管人及私募基金销售机构应当妥善保存私募基金投资决策、交易和投资者适当性管理等方面的记录及其他相关资料，保存期限自基金清算终止之日起不得少于10年。"其上位法《证券投资基金法》第9条第2款规定："基金管理人运用基金财产进行证券投资，应当遵守审慎经营规则，制定科学合理的投资策略和风险管理制度，有效防范和控制风险。"

[3] 参见浙江省高级人民法院民事判决书，(2019) 浙民终1414号。

是受虚假陈述影响还是其他因素导致"[1]，专业投资机构的"注意义务对外一般表现为对上市公司公开文件的分析、对上市公司进行实地考察和提出可行性研究报告等，对内则表现为按照公司章程规定履行了相应的审批、讨论、决策程序等。如果没有证据证明专业投资机构尽到审慎注意义务，则不能当然依据'推定信赖'原则认定投资损失与虚假陈述之间存在因果关系"[2]。但需要说明的是，前述观点并未在司法实践中形成稳定共识，部分法院在案件中也明确表示即便是专业投资机构，也应平等适用《虚假陈述若干规定》规定的推定交易因果关系规则。在"乐视网案"[3]中，北京金融法院即旗帜鲜明地认为《虚假陈述若干规定》在适用范围上并未区分普通投资者和专业投资者。除一些特殊的市场外，专业投资者和普通投资者不应有所区别，专业投资者不应因其专业身份而受到歧视或更不利。

二、不同规范的适用范围及适用关系

（一）《证券法》及《虚假陈述若干规定》的适用范围

实践中，争议较大的是《证券法》《虚假陈述若干规定》的适用与规制范围。尤其是《虚假陈述若干规定》相较于原《虚假陈述若干规定》已大大扩张了适用范围，一经发布即引发热烈探讨。本书亦将该问题作为本部分的讨论重点，以证券类型、证券市场层次、证券发行方式、证券交易方式为脉络进行分析。其他规范的适用范围相对较为明确，亦未形成主流的争议问题，本部分不再展开。

就证券类型而言，《证券法》第2条即规定了该法规制的证券，其中第1款明确规定："在中华人民共和国境内，股票、公司债券、存托凭证和国务院依法认定的其他证券的发行和交易，适用本法……"《虚假陈述若干规定》第1条亦规定该司法解释得以适用的核心标准之一在于案涉金融产品系"证券"，仍然回归《证券法》条文的解释。因此，涉及股票、债券的虚假陈述案件在证券类型方面受《证券法》《虚假陈述若干规定》的规制自无争议，而涉及资产支持证券案件的法律适用问题则在行业实践中存在不同观点。有部分观点认为资产支持证券规定于《证券法》第2条第3款[4]中，其条文措辞恰可说明相关民事责任不能适用《证券法》的相关规定。而另有专家学者充分认可资产支持证券的证券属性[5]。全国人民代表大会、国务院以及证监会的法律法规和规范性文件亦将其纳入证券

---

[1] 浙江省高级人民法院民事判决书，（2019）浙民终1414号。
[2] 浙江省高级人民法院民事判决书，（2019）浙民终1414号。
[3] 参见北京金融法院民事判决书，（2021）京74民初111号。
[4] 《证券法》第2条第3款规定："资产支持证券、资产管理产品发行、交易的管理办法，由国务院依照本法的原则规定。"
[5] 参见郭峰等：《中华人民共和国证券法制度精义与条文评注》，中国法制出版社2020年版，第12页。

范畴阐述。[1] 最高人民法院法官撰写的《〈关于审理证券市场虚假陈述侵权民事赔偿案件的若干规定〉的理解与适用》一文中亦认可资产支持证券在发行与交易中若出现虚假陈述侵权，确定相应的民事责任应当适用《虚假陈述若干规定》。[2] 因此，资产支持证券受上述规定规制已经逐渐达成行业与司法共识。在"美吉特案"[3] 中，上海金融法院即适用《证券法》与《虚假陈述若干规定》对相关主体的责任等进行认定。具体的法律适用问题本书将于第八章进行详细论述。

就证券市场层次而言，《虚假陈述若干规定》第1条明确在"证券交易场所"发行、交易的证券可以适用该司法解释，并进一步明确了参照适用的证券市场层次，即"按照国务院规定设立的区域性股权市场"（俗称"四板"市场）。关于直接适用的证券，《虚假陈述若干规定》第34条对"证券交易场所"进行定义，具体包括"证券交易所、国务院批准的其他全国性证券交易场所"。据此，值得注意的是，除北京、上海、深圳三大证券交易所外，新三板市场明确属于"国务院批准的其他全国性证券交易场所"。[4] 而如何理解"其他全国性证券交易场所"的内涵与外延又引发了实践中的较大争议，其中的争论集中于"银行间债券市场"是否属于这一范畴，相关可否直接适用《虚假陈述若干规定》？就北京金融法院在一号案"大连机床案"的观点而言，法院似乎更加倾向于认为银行间债券市场属于《证券法》规定的全国性证券交易场所，并认为银行间债券的发行和交易，属于国务院依法认定的其他证券的发行和交易，依法应当适用《证券法》及其司法解释的规定。对于这一法律适用问题，本书将于第八章进行详细论述。关于参照适用的证券，主要包括"四板"市场发行、转让股权与可转债等。但就"参照"程度而言，本书认为应结合该市场证券的流动性等特征，甄别具体条文的适用基础。例如，《虚假陈述若干规定》第11条明确的交易因果关系推定原则，则不应在该市场证券的相关案件中直接援用。

就证券发行方式而言，非公开发行证券能否适用《证券法》的民事责任条文素有争议。原《虚假陈述若干规定》明确排除非公开发行证券的适用。[5] 但在司法实践中，部分法院已在非公开发行证券虚假陈述案件中适用原《虚假陈述若干规定》。在"保千里案"[6] 中，广东省高级人民法院在二审中即认为"虽然《证券虚假陈述若干规定》未对

---

[1] 例如，《中华人民共和国国民经济和社会发展第十二个五年规划纲要》第四十八章"深化金融体制改革"第二节"加快多层次金融市场体系建设"以及《国务院关于进一步促进资本市场健康发展的若干意见》第三部分"规范发展债券市场"等。

[2] 参见林文学、付金联、周伦军：《〈关于审理证券市场虚假陈述侵权民事赔偿案件的若干规定〉的理解与适用》，载《人民司法》2022年第7期。

[3] 参见上海金融法院民事判决书，(2020) 沪74民初1801号。

[4] 参见王瑞贺主编：《中华人民共和国证券法释义》，法律出版社2020年版，第66、192页。

[5] 参见李国光主编、最高人民法院民事审判第二庭著：《最高人民法院关于审理证券市场虚假陈述案件司法解释的理解与适用》，人民法院出版社2015年版，第48页。

[6] 参见广东省高级人民法院民事判决书，(2019) 粤民终2080号。

非公开发行股票的情形予以明确界定,但其通过兜底条款对证券发行市场和证券交易市场之外其他没有涵盖在内或者立法时难以完全预知的法律所应规范的所有可能与情形包括在该条款中,以适应社会情势的客观需要。依据该法条的规定,从立法本意出发,应理解《证券虚假陈述若干规定》所指的证券市场不限于证券发行市场和证券交易市场,即只要是依法设立的证券市场,均应在《证券虚假陈述若干规定》所指证券市场范畴"。从当前《虚假陈述若干规定》的条文来看,该规定统一适用于公募和私募,不再排除非公开发行证券的适用。但在《虚假陈述若干规定》发布施行后,仍有诸多实践观点认为非公开发行证券不受该司法解释的规制,原因在于:非公开发行认购人与发行人之间具有"面对面"交易性质而不应获得虚假陈述侵权制度的特别保护。[1]

　　本书认为,在当前《虚假陈述若干规定》的背景下解释非公开发行证券仍不适用相关司法解释乃至《证券法》的规定具有一定的障碍。质言之,即使认为"推定信赖原则"在非公开发行的语境下不具有适用基础,但实际上《虚假陈述若干规定》第12条已将该原则与被告更为广阔、开放的抗辩空间相互匹配规定。透过现象看本质,"推定信赖原则"在《虚假陈述若干规定》下已然可以在解释与适用上做到诉辩双方的利益平衡,无须再"一刀切"地认为非公开发行证券因此不能适用相应的法律条文与司法解释。

　　就证券交易方式而言,《虚假陈述若干规定》顺应审判实践的需要,不再排除大宗交易、协议转让的适用。[2]但仍然需要注意的是,该规定的部分条文在措辞上明确限制仅适用于"集中竞价的交易市场",例如,第27条与第28条关于投资差额损失计算的规定。在处理涉其他方式交易证券的案件中,法院很可能会就相关问题征求监管部门或自律组织的专业意见。[3]

(二)《证券法》与《民法典》的适用关系

　　由于证券虚假陈述责任的本质是侵权责任,因此《证券法》与《民法典》侵权责任编的相关规定应属特别法与一般法的关系。之所以要对《证券法》与《民法典》的适用关系进行特别分析,原因在于探寻司法实践中证券中介机构承担"非全额连带责任"的法理

---

[1] 诸多实践观点参见雷继平、王巍等:《系列解读之三:〈新虚假陈述司法解释〉是否适用于证券非公开发行等特殊情形》,载微信公众号"雷继平法律订阅"2022年1月25日,https://mp.weixin.qq.com/s/1lyFDu1UEwh6WyTPnYGegQ;夏东霞、杨婷等:《新〈虚假陈述司法解释〉系列解读之七:对债券虚假陈述责任纠纷的适用观察》,载微信公众号"金杜研究院"2022年2月24日,https://mp.weixin.qq.com/s/aRiX1H3m5Cn4amDLekjcGg。
[2] 参见林文学、付金联、周伦军:《〈关于审理证券市场虚假陈述侵权民事赔偿案件的若干规定〉的理解与适用》,载《人民司法》2022年第7期。
[3] 《关于适用〈虚假陈述若干规定〉的通知》第4条规定:"案件审理过程中,人民法院可以就诉争虚假陈述行为是否违反信息披露义务规定情况、对证券交易价格的影响、损失计算等专业问题征求中国证监会或者相关派出机构、证券交易场所、证券业自律管理组织、投资者保护机构等单位的意见。征求意见的时间,不计入案件审理期限。"

基础。

从合理性的角度来说，认定中介机构承担"非全额连带责任"的依据在于证券发行和交易实践中中介机构的职责范围往往并不会覆盖"虚假陈述"的全部内容，鲜少出现中介机构与信息披露义务人串谋（共同故意）造假的情况，相应的履职行为亦难以对投资者的损失产生100%的原因力。近年来，证券虚假陈述的司法实践亦对此不断作出探索与尝试。其中有影响力的案件包括"华泽钴镍案"（一审）、[1]"雅百特案"、[2]"中安消案"（二审）[3]认定审计机构、独立财务顾问等中介机构承担比例连带责任，以及"保千里案"[4]认定评估公司承担补充连带责任。相关案件的处理路径不尽相同，除了对2014年《证券法》第173条以及原《虚假陈述若干规定》第24条、第27条进行解释与适用外，"保千里案"还援引了原《侵权责任法》第12条（《民法典》第1172条）的有关规定进行说理。

就此，理论界与实务界已对"比例连带责任"或"补充连带责任"在当前规范体系下的证成提供了多种解释路径。有观点认为，证券虚假陈述责任在不同主体（尤其是中介机构的主观状态为过失的情况）之间的分配可以类比参考环境污染和生态破坏责任中对"半叠加的分别侵权行为"的处理模式，结合各方对损害的原因力大小精细化地认定责任分担。[5]另有观点则回归《民法典》条文，将《证券法》下"连带赔偿责任"的法理基础在《民法典》第1168条的共同侵权以及《民法典》第1172条按份责任型无意思联络的数人侵权模型下进行解释与再造，深度探讨责任事项、主观过错与原因力大小等因素的考量在《民法典》条文下的处理模式与解释路径。[6]

在实践的呼声下，《虚假陈述若干规定》并未对此作出直接的回应，或是考虑到司法解释不宜在文义上直接"冲撞"《证券法》的相关条文。但毋庸置疑的是，在证券虚假陈述案件中，结合具体情况认定中介机构承担部分责任系大势所趋，亦有其理论基础与借鉴依据。在法律与司法解释对此"留白"的背景下，期待将来在司法解释的"理解与适用"或相关指导性案例中看到对该问题的进一步释明与指引。

（三）《虚假陈述若干规定》与其他规范的适用关系

结合本书前文介绍，以《证券法》为首的法律、司法解释、司法文件乃至监管规范共同组成了当前证券虚假陈述责任的规范体系，不同法律法规与司法精神之间如何有机协调

---

[1] 参见四川省成都市中级人民法院民事判决书，(2019) 川01民初1626号。
[2] 参见山东省济南市中级人民法院民事判决书，(2021) 鲁01民初1330号。
[3] 参见上海市高级人民法院民事判决书，(2020) 沪民终666号。
[4] 参见广东省深圳市中级人民法院民事判决书，(2018) 粤03民初1834号。
[5] 参见郭雳、吴韵凯：《虚假陈述案件中证券服务机构民事责任承担再审视》，载《法律适用》2022年第8期。
[6] 参见张会会、游冕：《"中安科案"评析：比例连带责任和前置程序的新理解》，载微信公众号"天同诉讼圈"2021年5月31日，https://mp.weixin.qq.com/s/zCwRs1OHsO96CXO7nfq61g。

值得厘清。尤其是《虚假陈述若干规定》发布施行后，该规定与此前其他规范之间的适用关系引发了广泛的探讨。

《虚假陈述若干规定》主要是在《证券法》第85条与第163条等直接规定各主体民事责任条文的基础上，对虚假陈述行为、主观过错、因果关系以及损失计算等实体要件的认定进行了细化、补充规定，同时明确了案件管辖、诉讼时效等诸多程序问题的处理。至于《虚假陈述若干规定》与《九民纪要》《债券座谈会纪要》之间的适用关系，整体可以本着"新法优于旧法，特别法优于一般法"的法律适用原则来进一步审视。

就《虚假陈述若干规定》与《九民纪要》之间的适用关系而言，《九民纪要》中的部分规定已被《虚假陈述若干规定》明确修改，应不再予以适用。其中最应注意的是，《九民纪要》第85条关于"重大性要件的认定"在前置程序已被《虚假陈述若干规定》明确废除的背景下已丧失根基。理论上法院不应该再因案涉虚假陈述已经被监管部门行政处罚而"一刀切"地将其认定为相应行为满足重大性要件。在"汇嘉时代百货案"[1]中，虽然监管机关已对于汇嘉时代百货的虚假陈述行为进行行政处罚，但新疆维吾尔自治区高级人民法院仍基于《虚假陈述若干规定》第10条关于实质重大性的规定，认为虚假陈述未导致证券交易价格、交易量的明显变化，最终认定虚假陈述行为不满足重大性要件。此外，《九民纪要》关于证券虚假陈述案件的其他诸多规定在当前仍有其重要的适用价值。其中第84条关于"揭露日和更正日的认定"原则即为典型。该条明确规定："虚假陈述的揭露和更正，是指虚假陈述被市场所知悉、了解，其精确程度并不以'镜像规则'为必要，不要求达到全面、完整、准确的程度。"这一标准仍然是对《虚假陈述若干规定》第8条、第9条的直白、细化阐释，是法院在诸多虚假陈述案件中认定揭露日与更正日的重要依据。

就《虚假陈述若干规定》与《债券座谈会纪要》之间的适用关系而言，首先可以判断的是《债券座谈会纪要》明确可以适用于银行间债券市场，对债券市场的规制范围可能比《虚假陈述若干规定》更大。需要特别注意的是，《债券座谈会纪要》的诸多规定更侧重考量债券的特殊性（如第24条关于损失因果关系抗辩规则等），因此在具体案件中仍应予以重视。此外，《债券座谈会纪要》或许基于其会议纪要的性质，部分规定甚至相较《虚假陈述若干规定》更为贴合最新的司法精神。例如，其第六部分"关于其他责任主体的责任"的开端即强调应"严格落实债券承销机构和债券服务机构保护投资者利益的核查把关责任，将责任承担与过错程度相结合"。从这一角度来说，即使《虚假陈述若干规定》并未就中介机构的比例连带责任作出明确规定，该等裁判精神亦可以在《债券座谈会纪要》中找到依据。

---

[1] 参见新疆维吾尔自治区高级人民法院民事判决书，（2022）新民终1号。

在部分问题的处理方面，如何协调《虚假陈述若干规定》与《债券座谈会纪要》在实践中尚且存在争议。以"损失计算"为典例，部分观点认为《虚假陈述若干规定》第六部分"损失认定"规定投资差额损失计算方法仍以股票为蓝本，故即使是采取集中竞价交易的公开发行债券，仍应适用《债券座谈会纪要》第22条与第23条对债券投资损失进行计算。另有观点认为《虚假陈述若干规定》第26条至第28条仅限制集中竞价的交易方式，并未排除证券类型，因此采取集中竞价交易的公开发行债券应适用《虚假陈述若干规定》进行投资差额损失计算，但截至目前尚未检索到法院以投资差额计算债券虚假陈述损失的案件。然而可以达成共识的是，《虚假陈述若干规定》第25条明确"信息披露义务人在证券交易市场承担民事赔偿责任的范围，以原告因虚假陈述而实际发生的损失为限"。故对于在二级市场上买入债券的投资者，因虚假陈述遭受的基础投资损失应以购入的实际价格为限（并非票面金额）。如此处理才能防止投资者因虚假陈述侵权责任赔偿反而获得损失填补之外的利益。

第二章

程序问题

第一节

法 院 管 辖

证券虚假陈述侵权民事赔偿案件，由发行人住所地的省、自治区、直辖市人民政府所在的市、计划单列市和经济特区中级人民法院或者专门人民法院管辖。《最高人民法院关于证券纠纷代表人诉讼若干问题的规定》等对管辖另有规定的，从其规定。省、自治区、直辖市高级人民法院可以根据本辖区的实际情况，确定管辖第一审证券虚假陈述侵权民事赔偿案件的其他中级人民法院，报最高人民法院备案。[1]

一、级别管辖与地域管辖的一般规定

在管辖方面，《虚假陈述若干规定》延续了原《虚假陈述若干规定》第8条的做法，继续对证券虚假陈述案件进行提级管辖和集中管辖。《虚假陈述若干规定》第3条第1款规定，证券虚假陈述案件由发行人住所地的省、自治区、直辖市人民政府所在的市、计划单列市和经济特区中级人民法院或者专门人民法院管辖，从而确立了该类案件级别管辖和地域管辖的一般原则。

（一）级别管辖

《民事诉讼法》第19条规定："中级人民法院管辖下列第一审民事案件……（三）最高人民法院确定由中级人民法院管辖的案件。"最高人民法院依据该条规定，在《虚假陈述若干规定》中将证券虚假陈述案件确定为由中级人民法院或者专门人民法院（金融法院）管辖。由于已成立的上海、北京、成渝三家金融法院在级别上都是中级人民法院，因此不论投资者的诉讼请求金额大小，证券虚假陈述一审案件都限定由中级人民法院管辖，既排除了由基层人民法院管辖，又排除了由高级人民法院管辖。

从2002年的最高人民法院《关于受理证券市场因虚假陈述引发的民事侵权纠纷案件

---

[1] 参见《虚假陈述若干规定》第3条。

有关问题的通知》第5条[1]起，我国就确立了证券虚假陈述案件提级管辖的规则。彼时，最高人民法院考虑到此类案件的审理往往影响范围较大，并且在法律适用方面存在相当的难度，所以规定此类案件由中级人民法院管辖，从而排除由基层法院受理此类案件的可能性。[2] 从实践效果看，提级管辖在排除地方不当干预、集中优势审判资源、实现对证券纠纷案件的高效与公正审判、推动裁判尺度的统一等方面发挥了积极作用。[3] 当前，我国证券市场规模和投资者数量日益增长，证券虚假陈述案件影响范围广、专业程度高的特点依然突出，基层法院仍然缺乏审理此类案件的基本条件。因此，最高人民法院2021年在依法从严打击证券违法活动的背景下，对证券虚假陈述司法解释进行修订时，沿用了对此类案件进行提级管辖的安排。

（二）地域管辖

《虚假陈述若干规定》规定的证券虚假陈述侵权民事赔偿案件管辖法院为省会城市、自治区首府、直辖市、计划单列市[4]和经济特区[5]的中级人民法院和专门人民法院（金融法院）。新规沿用了原《虚假陈述若干规定》对虚假陈述案件进行集中管辖的安排，但相较于原《虚假陈述若干规定》，在地域管辖方面有以下3项变化。

1. 统一由发行人住所地有管辖权的法院管辖证券虚假陈述案件，管辖集中度进一步提升

证券虚假陈述案件属于侵权案件，根据《民事诉讼法》第29条的规定，可以由侵权行为地或者被告住所地人民法院管辖；但考虑到此类案件的特殊性和裁判结果的一致性，在提级管辖的同时，司法规定在地域管辖上不断限缩有管辖权的中级人民法院的范围。

首先，排除了按证券虚假陈述的侵权行为地来确定管辖法院。侵权行为地包括侵权行为发生地和侵权行为结果地。因虚假陈述遭受损失的投资者人数众多，且遍布全国各地，如果侵权行为地的法院有管辖权，就会导致全国许多法院都可以审理同一虚假陈述行为引发的案件，造成司法资源的极大浪费，且可能产生不同的诉讼结果，影响司法统一性。为此，无论是《虚假陈述若干规定》还是原《虚假陈述若干规定》都排除了按证券虚假陈述的侵权行为地来确定管辖法院的思路，而是采取"原告就被告"的一般管辖原则，按照被告住所地来确定管辖法院，以避免此类案件的审理在全国遍地开花和判决结果相互冲突的

---

[1] 最高人民法院《关于受理证券市场因虚假陈述引发的民事侵权纠纷案件有关问题的通知》第5条规定："各直辖市、省会市、计划单列市或经济特区中级人民法院为一审管辖法院……"
[2] 参见李国光主编、最高人民法院民事审判第二庭编著：《最高人民法院关于审理证券市场虚假陈述案件司法解释的理解与适用》，人民法院出版社2015年版，第148页。
[3] 参见最高人民法院民事审判第二庭编著：《最高人民法院证券纠纷代表人诉讼司法解释理解与适用》，人民法院出版社2021年版，第51页。
[4] 计划单列市，目前有大连、青岛、宁波、厦门和深圳。
[5] 经济特区，目前有深圳、珠海、汕头、厦门、海南、喀什和霍尔果斯。

可能性。[1]

其次，排除了多被告情形下投资者对管辖法院的选择权。原《虚假陈述若干规定》第9条[2]根据被告中是否有发行人进行区分，有发行人的由发行人住所地有管辖权的法院管辖，没有发行人的则由被告住所地有管辖权的法院管辖。证券虚假陈述案件中往往涉及众多被告，在发行人没有偿还能力的情况下，原告往往只起诉发行人之外的主体，依被告所在地确定管辖法院，可以主动选择其认为最有利的某个被告所在地法院起诉，以"拉管辖"，且不同的原告可以有不同的选择；被选择法院所在地以外的被告却只能依原告选择而疲于应诉，徒增负担。此外，法院之间有时也相互推诿、扯皮，导致案件陷入管辖权争议的程序旋涡中。针对上述弊端，《虚假陈述若干规定》直接"剥夺"了原告的管辖选择权，即无论原告选择起诉的被告中是否有发行人，一律由发行人住所地有管辖权的法院管辖。

在确定了由发行人住所地法院管辖的规则下，实务中常常对如何确定发行人住所地存在争议。最高人民法院《关于适用〈中华人民共和国民事诉讼法〉的解释》第3条规定："……法人或者其他组织的住所地是指法人或者其他组织的主要办事机构所在地。法人或者其他组织的主要办事机构所在地不能确定的，法人或者其他组织的注册地或者登记地为住所地。"该规定看似明确，但还是会导致争议。

第一，当发行人主张其主要办事机构所在地不是注册地时，其需要提交什么样的证据才能认定其主要办事机构所在地，提交公司董监高、财务等主要人员履职地点的相关证据或者印章保管地、纳税证明等是否足以确定。该问题没有法定标准，主要由法院自由裁量，而多地法院对该问题的认定普遍比较保守，常常对双方争议较大的情况认定为没有充分证据证明发行人的主要办事机构所在地，进而以发行人注册地为住所地。如最高人民法院在（2021）最高法民辖19号裁定书中认定，甘肃省高级人民法院仅以发行人官网公布的办公地址及联系电话确定主要办事机构所在地缺乏事实依据，进而裁定由发行人注册地有管辖权的法院审理该案。最高人民法院甚至在（2023）最高法民辖43号案中以发行人办公地点搬迁较为频繁（2017年11月11日搬迁后2020年1月3日又搬迁），不具有稳定性和确定的特征进而以注册地确定管辖。北京金融法院在（2022）京74民初1704号案中经法院工作人员现场走访确认，发行人主张的主要办事机构所在地无发行人办事机构及工作人员，故以注册地确定为该案发行人住所地。海南省高级人民法院在（2020）琼民辖终

---

[1] 参见李国光主编、最高人民法院民事审判第二庭编著：《最高人民法院关于审理证券市场虚假陈述案件司法解释的理解与适用》，人民法院出版社2015年版，第151页。

[2] 原《虚假陈述若干规定》第9条规定："投资人对多个被告提起证券民事赔偿诉讼的，按下列原则确定管辖：（一）由发行人或者上市公司所在地有管辖权的中级人民法院管辖。但有本规定第十条第二款规定的情形除外。（二）对发行人或者上市公司以外的虚假陈述行为人提起的诉讼，由被告所在地有管辖权的中级人民法院管辖。（三）仅以自然人为被告提起的诉讼，由被告所在地有管辖权的中级人民法院管辖。"

16号案中认定，发行人提交了其自行拍摄的办公地址照片和其召开多次股东大会的通知，但上述通知中仅写明某地为会议联系地址，发行人自行拍摄的照片亦不能证明上述地址是其主要办事机构所在地。

第二，当已经有案件进入诉讼，发行人变更主要办事机构所在地甚至注册地的，新起诉案件是否只能由变更后的地点有管辖权的法院管辖。"雅百特案"发行人变更名称（"江苏雅百特科技"变成"山东雅博科技"）及注册地址后，新起诉的案件即不再由南京市中级人民法院管辖，而改为由济南市中级人民法院管辖。

2. 增加由专门人民法院管辖证券虚假陈述案件

2018年上海金融法院、2021年北京金融法院和2022年成渝金融法院相继挂牌成立，分别管辖各自辖区的金融案件，自然也包括证券虚假陈述案件，《虚假陈述若干规定》对此增加由专门人民法院管辖此类案件，只是对既有状况进行的调整。最高人民法院对于上海金融法院、北京金融法院、成渝金融法院的管辖范围清晰明确，需要特别指出的是，成渝金融法院管辖重庆市以及四川省属于成渝地区双城经济圈[1]范围内的应由中级人民法院管辖的第一审金融民商事案件。

对于上述3家专门法院的设立，有两点趋势值得注意：一是上海金融法院、北京金融法院分别设立在上交所和北交所的所在地，可以充分发挥区域优势，以深化金融审判专业化改革，完善证券案件审判体制机制。当下，唯独深交所所在地尚无金融法院，未来可期。二是成渝金融法院是按照党中央关于成渝地区双城经济圈战略决策部署设立的，突破了传统的行政区划限制，旨在发挥审判职能作用，为经济圈建设营造良好的法治环境。可以憧憬，粤港澳大湾区、长三角城市群等也可能设立跨区域的金融法院。

3. 高级人民法院可增加辖区内管辖证券虚假陈述案件的中级人民法院，但须报最高人民法院备案

我国的上市公司区域分布不均衡，主要集中在东部沿海地区，加之证券虚假陈述案件投资者人数众多、案件量巨大，证券虚假陈述案件统一由发行人住所地有管辖权的法院管辖，势必造成东部沿海地区的省会城市、直辖市的中级人民法院不堪重负。因此，《虚假陈述若干规定》第3条第2款赋予了高级人民法院可以根据本辖区的实际情况确定辖区内管辖证券虚假陈述案件的中级人民法院的权力，同时为避免权力滥用，高级人民法院行使该权力须报最高人民法院备案。该款在《虚假陈述若干规定》征求意见稿中并无规定，是应对各省市证券虚假陈述案件数量不均衡的一种变通安排。

---

[1] 根据《成渝地区双城经济圈建设规划纲要》的规定，成渝地区双城经济圈规划范围包括：重庆市的中心城区及万州、涪陵、綦江、大足、黔江、长寿、江津、合川、永川、南川、璧山、铜梁、潼南、荣昌、梁平、丰都、垫江、忠县等27个区（县）以及开among州、云阳的部分地区，四川省的成都、自贡、泸州、德阳、绵阳（除平武县和北川县）、遂宁、内江、乐山、南充、眉山、宜宾、广安、达州（除万源市）、雅安（除天全县和宝兴县）、资阳等15个市，总面积18.5万平方公里。

2022年4月，浙江省高级人民法院依据该款调整了全省范围内管辖证券虚假陈述案件的范围：由杭州市中级人民法院管辖发行人住所地在杭州的证券虚假陈述案件，宁波市中级人民法院管辖发行人住所地在宁波、舟山的证券虚假陈述案件，温州市中级人民法院管辖发行人住所地在温州、丽水的证券虚假陈述案件，湖州市中级人民法院管辖发行人住所地在湖州、嘉兴的证券虚假陈述案件，绍兴市中级人民法院管辖发行人住所地在绍兴、台州的证券虚假陈述侵权案件，金华市中级人民法院管辖发行人住所地在金华、衢州的证券虚假陈述案件。2022年6月，江苏省高级人民法院依据该款指定由苏州市中级人民法院管辖发行人住所地在苏州的证券虚假陈述案件。

二、特殊情形下管辖法院的确定

（一）证券纠纷代表人诉讼

《虚假陈述若干规定》第3条第1款中明确将代表人诉讼作为其管辖规则的除外情形。《代表人诉讼若干规定》第2条规定："证券纠纷代表人诉讼案件，由省、自治区、直辖市人民政府所在的市、计划单列市和经济特区中级人民法院或者专门人民法院管辖。对多个被告提起的诉讼，由发行人住所地有管辖权的中级人民法院或者专门人民法院管辖；对发行人以外的主体提起的诉讼，由被告住所地有管辖权的中级人民法院或者专门人民法院管辖。特别代表人诉讼案件，由涉诉证券集中交易的证券交易所、国务院批准的其他全国性证券交易场所所在地的中级人民法院或者专门人民法院管辖。"

由此可见，《代表人诉讼若干规定》在级别管辖问题上与《虚假陈述若干规定》是完全一致的，二者的区别集中于地域管辖问题上。《代表人诉讼若干规定》由于制定在先，沿用原《虚假陈述若干规定》第8条的做法，规定原告对发行人提起代表人诉讼的，由发行人住所地有管辖权的法院管辖；原告仅对发行人以外的主体提起代表人诉讼的，由被告住所地有管辖权的法院管辖，即赋予了原告对管辖法院的选择权。需要指出的是，代表人诉讼尽管原告众多，实质上是一个案件，赋予原告对管辖法院的选择权，并不会导致代表人诉讼在全国遍地开花。

此外，《代表人诉讼若干规定》确立了特别代表人诉讼的专属管辖。特别代表人诉讼只能由涉诉证券集中交易的证券交易所所在地有管辖权的法院管辖，即三大证券交易所及中小企业股转公司所在地的上海金融法院、北京金融法院和广东省深圳市中级人民法院管辖。

（二）科创板、新三板、北交所上市的发行人

最高人民法院《关于上海金融法院案件管辖的规定》（2021年修正）第3条规定："在上海证券交易所科创板上市公司的证券发行纠纷、证券承销合同纠纷、证券上市保荐合同纠纷、证券上市合同纠纷和证券欺诈责任纠纷等第一审民商事案件，由上海金融法院

管辖。"因此，科创板股票的虚假陈述案件是专属管辖，只能由上海金融法院管辖。

最高人民法院《关于北京金融法院案件管辖的规定》第3条规定："在全国中小企业股份转让系统向不特定合格投资者公开发行股票并在精选层挂牌的公司的证券发行纠纷、证券承销合同纠纷、证券交易合同纠纷、证券欺诈责任纠纷以及证券推荐保荐和持续督导合同、证券挂牌合同引起的纠纷等第一审民商事案件，由北京金融法院管辖。"因此，在新三板公开发行并在精选层挂牌的股票虚假陈述案件，同样是专属管辖，只能由北京金融法院管辖。

《新三板司法保障若干意见》第5条规定："对北京证券交易所及其上市公司所涉案件集中管辖……为统一裁判标准，稳定市场司法预期，服务北京国家金融管理中心建设，参照《最高人民法院关于北京金融法院案件管辖的规定》第三条的规定，对北京证券交易所上市公司所涉证券发行纠纷、证券承销合同纠纷、证券上市保荐合同纠纷、证券上市合同纠纷、证券交易合同纠纷和证券欺诈责任纠纷等第一审金融民商事案件，由北京金融法院试点集中管辖。"因此，北交所上市股票的虚假陈述案件，也是专属管辖，由北京金融法院管辖。

（三）进入破产程序的发行人

《企业破产法》第3条规定："破产案件由债务人住所地人民法院管辖。"第21条规定："人民法院受理破产申请后，有关债务人的民事诉讼，只能向受理破产申请的人民法院提起。"因此，发行人进入破产程序后，起诉发行人的案件由破产法院管辖。但是，如果破产法院并非省会城市、自治区首府、直辖市、计划单列市或经济特区的中级人民法院或金融法院，该法院就不属于《虚假陈述若干规定》规定的对虚假陈述案件有管辖权的法院。

就上述管辖权冲突，最高人民法院《关于适用〈中华人民共和国企业破产法〉若干问题的规定（二）》（2020年修正）第47条第3款规定："受理破产申请的人民法院，如对有关债务人的海事纠纷、专利纠纷、证券市场因虚假陈述引发的民事赔偿纠纷等案件不能行使管辖权的，可以依据民事诉讼法第三十七条的规定，由上级人民法院指定管辖。"

通过指定管辖来解决上述管辖权冲突，就是具体案件具体分析，并没有划出统一标准，但可以从实际案例理解把握。比如，"康美药业案"在适用特别代表人诉讼程序后，依据《代表人诉讼若干规定》适用专属管辖，应由上海金融法院管辖，但最高人民法院针对该案发布了集中管辖通知，指定该案由破产法院所属省份的省会中级人民法院——广东省广州市中级人民法院管辖。可见，在全国首例特别代表人诉讼的情况下，最高人民法院还是指定由广州市中级人民法院管辖，可以理解其倾向是由破产法院管辖的，但又考虑到虚假陈述案件专业性强、破产法院可能不具备审判能力，最终指定了与破产法院同省的广州市中级人民法院管辖。

实务中还有一个争议较大的问题是，当证券虚假陈述责任纠纷中发行人仅为无独立请求权的第三人而非被告或有独立请求权的第三人时，是否认定为有关破产债务人的诉讼。对于该问题不同地区法院曾有不同的认定结论。[1] 本书倾向认为，发行人仅为无独立请求权的第三人不应认定为有关破产债务人的诉讼。

（四）司法集中管辖的特定企业

此处"司法集中管辖"指的是最高人民法院将特定企业及其关联企业的某些类型案件或一定标的额以上案件指定由一个法院集中审理。从理论界到实务界，对于司法集中管辖众说纷纭，争议在于司法集中管辖的法律依据。学界有一种解释路径，认为依据《民事诉讼法》第21条的规定，最高人民法院可以管辖在全国具有影响的案件，目前能够被司法集中管辖的企业肯定是具有全国影响力的；同时，最高人民法院认为其不适宜处理某些企业的一审案件，可以依据《民事诉讼法》第38条的指定管辖将这些企业的一审案件指定由某一法院审理，一般是该企业住所地的中级人民法院。

司法集中管辖通常是由最高人民法院发布通知类的文件实现，只有向法院起诉特定企业时才会被法院窗口指导。通过一些裁判文书的援引，能够体现此类文件的存在，比如，山东省青岛市中级人民法院（2021）鲁02民初2068号民事裁定书援引最高人民法院《关于将涉恒大集团有限公司债务风险相关诉讼案件移送广东省广州市中级人民法院集中管辖的通知》；山东省济南市中级人民法院（2021）鲁01民终10079号民事判决书援引最高人民法院《关于对华夏幸福基业控股股份公司及其关联公司相关诉讼执行案件集中管辖的通知》；河南省鹤壁市中级人民法院（2021）豫06民辖终53号民事裁定书援引最高人民法院《关于涉河南能源化工集团有限责任公司下属企业案件集中管辖的通知》；四川省西昌市人民法院（2021）川3401民初5710号民事裁定书援引最高人民法院《关于涉及苏宁电器集团公司债务诉讼案件集中管辖的通知》。

当证券虚假陈述案件中的发行人被司法集中管辖，就可能存在司法集中管辖法院与证券虚假陈述案件管辖法院不一致的情况下如何确定虚假陈述案件的管辖法院的问题。依据《民事诉讼法》第38条第2款的规定，两家法院可以协商解决，解决不了报请共同的上级法院指定管辖。但实践中，大概率是由司法集中管辖指定的法院管辖。

---

[1] 四川省高级人民法院在（2018）川民初74号案中认定在债务人进入破产程序后，与其有关的民事诉讼，包括其作为原告、被告或第三人的民事诉讼，不受地域、级别管辖规定的限制，只能向已受理破产申请的法院提起，由该法院集中管辖；《上海市高级人民法院破产审判工作规范指引（试行）》（沪高法民二〔2018〕9号）第44条规定："有关债务人民事诉讼的管辖。人民法院受理破产申请后，当事人提起的有关债务人的一审民事诉讼，由破产案件受理法院管辖，但债务人作为无独立请求权第三人参加诉讼的除外"；《江苏省高级人民法院破产案件审理指南》第7条规定："有关债务人民事诉讼的管辖。人民法院受理破产申请后、破产程序终结前，当事人提起的有关债务人的第一审民事诉讼，由受理破产申请的人民法院管辖，但债务人作为无独立请求权第三人参加诉讼的除外。"

第二节

诉 讼 方 式

一、单独诉讼、共同诉讼与示范判决机制

投资者因证券虚假陈述行为遭受损失，可以单独提起证券虚假陈述诉讼。多名投资者因同一证券虚假陈述行为遭受损失，具有同一种类的诉讼标的，依据《民事诉讼法》第55条[1]的规定，在法院认为可以合并审理并经各方当事人同意的情况下，也可以提起证券虚假陈述共同诉讼。证券虚假陈述案件中，投资者人数众多且遍布全国各地，极易形成群体性诉讼，影响社会稳定；投资者之间又有共通的案件事实和法律争点，需统一裁判标准以避免同案不同判。为公正高效地审理证券虚假陈述案件，妥善化解证券群体性纠纷，各地法院在不断探索过程中形成了示范判决机制。上海金融法院审理的"方正科技案"，即尝试采用了"示范判决+委托调解"的审判方式，取得了非常好的效果，这也是全国首例证券纠纷示范判决。[2]

2018年11月，最高人民法院与证监会联合下发《关于全面推进证券期货纠纷多元化解机制建设的意见》（法〔2018〕305号），正式确立了示范判决机制，该意见第13条规定："……对虚假陈述、内幕交易、操纵市场等违法行为引发的民事赔偿群体性纠纷，需要人民法院通过司法判决宣示法律规则、统一法律适用的，受诉人民法院可选取在事实认定、法律适用上具有代表性的若干个案作为示范案件，先行审理并及时作出判决；通过示范判决所确立的事实认定和法律适用标准，引导其他当事人通过证券期货纠纷多元化解机

---

[1]《民事诉讼法》第55条规定："当事人一方或者双方为二人以上，其诉讼标的是共同的，或者诉讼标的是同一种类、人民法院认为可以合并审理并经当事人同意的，为共同诉讼。共同诉讼的一方当事人对诉讼标的有共同权利义务的，其中一人的诉讼行为经其他共同诉讼人承认，对其他共同诉讼人发生效力；对诉讼标的没有共同权利义务的，其中一人的诉讼行为对其他共同诉讼人不发生效力。"
[2] 参见上海金融法院民事判决书，(2018) 沪74民初330号；上海市高级人民法院民事判决书，(2019) 沪民终263号。

制解决纠纷，降低投资者维权成本，提高矛盾化解效率。"之后，上海、北京、深圳的法院都对示范判决机制不断深化，完善"示范判决＋专业调解＋司法确认"的多元证券纠纷解决机制，并形成体系化的制度规定。[1] 下文根据各地法院规定，论述在虚假陈述案件中适用示范判决机制的一般规则和程序。

（一）相关概念

示范判决机制是指法院在处理虚假陈述等群体性证券纠纷中，选取具有代表性的案件先行审理、先行判决，通过发挥示范案件的引领作用，妥善化解平行案件的纠纷解决机制。在虚假陈述案件适用示范判决机制，具体可以从4个方面理解。

1. 适用条件

示范判决机制适用于群体性证券虚假陈述案件，即同类案件数量要超过10件，并且这些案件的原告都是因同一虚假陈述行为而遭受损失的投资者。这些案件都是在同一家法院审理，目前尚无两家或多家法院之间联动适用示范判决机制的先例。此外，示范判决机制是不适用于普通代表人诉讼和特别代表人诉讼的。

2. 案件分类

法院将这些案件分为示范案件和平行案件。示范案件是指其中具有代表性的案件，由法院选定，需能够体现这些案件中共通的事实和法律争议。如果一个示范案件不足以覆盖全部争议焦点或多种情形，那么可以选取多个示范案件。相应地，平行案件是指其中与示范案件有共通的事实争点和法律争议的其他案件。

3. 审理顺序

法院对示范案件先行审理、先行判决。示范判决机制的关键是要作出判决，而不是达成调解。因为只有通过判决的既判力，才能给这类案件的共通争议划定统一的裁判标准，以起到定分止争的引领作用；而调解是当事人协商一致的结果，体现的是当事人对自身权利的处分。法院可以基于示范判决，再综合运用和解、调解、判决等多种方式，多元化解平行案件。

4. 价值导向

法院适用示范案件的目的是公平公正、高效便捷地化解群体性证券纠纷。相对于普通民事案件的一案一审，要体现出其优势：一方面通过示范判决，统一共通争议的事实认定和法律适用，避免同案不同判；另一方面发挥示范判决的引领作用，既要运用多种方式化解平行案件，也要简化平行案件的审理程序。

---

[1] 2019年1月，上海金融法院发布了《关于证券纠纷示范判决机制的规定（试行）》；2019年4月，北京市高级人民法院发布了《关于依法公正高效处理群体性证券纠纷的意见（试行）》；2020年4月，广东省深圳市中级人民法院发布了《关于依法化解群体性证券侵权民事纠纷的程序指引（试行）》。

（二）示范案件审理与判决

1. 示范案件选定

就示范案件的选定标准，关键是要具有典型性。上海金融法院《关于证券纠纷示范判决机制的规定》第 5 条规定："选定的示范案件需同时具备以下条件：（一）具有群体性证券纠纷共通的事实争点和法律争点；（二）案件的事实争点和法律争点具有代表性；（三）示范案件的当事人或者其委托诉讼代理人具备一定的诉讼能力和专业经验。"第 6 条进一步规定："群体性证券纠纷中由国家机关或依法设立的公益性组织机构支持诉讼或提起诉讼且符合以上选定条件的，优先选定作为示范案件。"

司法实践中，对于示范案件的选定程序并没有严格限制，通常由法院根据案件情况灵活掌握。示范案件既可以由当事人主动向法院申请协商选定，也可以由法院根据案件审理需要依职权选定，最终决定权在法院。示范案件既可以是一个，也可以是多个，侧重于覆盖全部的共同争点，以应对平行案件中的不同情形。示范案件的原告出现死亡、丧失诉讼能力或者撤回起诉、与被告达成调解等情形导致案件不能继续审理的，法院则需要重新选定示范案件。

2. 示范案件审理方式

示范案件的审查重点自然是这类案件共同的事实和法律争议焦点，比如，虚假陈述是否具有重大性、"三日一价"、损失核定计算方法、承担赔偿责任的责任主体及中介机构的连带责任比例等。正如《上海金融法院关于证券纠纷示范判决机制的规定》第 17 条至 20 条所规定的，通常法官会以释明的方式，引导示范案件当事人围绕这些争议焦点展开：一是让当事人充分举证，法院也可以依职权调查取证，从而查明案件事实；二是让当事人充分辩论，不辩不明，尤其是在专业性极强的证券虚假陈述领域；三是要兼听则明，不仅要听取代理律师的意见，也要听取当事人本人的意见。

证券虚假陈述案件专业性强，示范判决牵一发而动全身，决定着全部平行案件的裁判标准，故法院作出的示范判决既要逻辑缜密、说理充分，又要有尽可能多的专业技术支持。在弥除有的法官专业知识不足方面，各地法院在现有民事诉讼大框架下采取了不少有益的举措：一是选用具有专业知识的人员作为专家陪审员，参与案件审理；二是当事人可以申请一至二名专家辅助人出庭，代表其在法庭上就专业问题发表的意见；三是建立损失核定机构名册，委托专业损失核定机构对投资者损失进行核定；四是加强与证券行业监管部门的联动，向交易所、登记结算机构、证监会等调取证据，并听取监管机关意见。

3. 示范判决效力

示范判决认定的标准是处理平行案件时的统一标准，在一定程度上具有既判力扩张的效果。根据上海、北京、深圳等地法院的司法实践，既判力的扩张，体现在以下三个方面：一是管辖权方面，示范案件的生效裁定确认法院有管辖权，平行案件的被告以相同理由提出管辖权异议的，法院释明后不再处理。二是事实认定方面，已为示范判决所认定的共通事实，平行案件的当事人无须另行举证。三是法律适用方面，示范判决生效后，已为示范判决所认定的共通的法律适用标准，平行案件可以直接适用。

（三）平行案件处理

示范判决生效后，平行案件的处理要调解优先，已立案受理的，在征得各方当事人同意的基础上，法院委托相关专业机构进行调解；尚未立案受理的，在当事人自愿的基础上，法院引导当事人自行进行和解。达成调解的，法院可以出具民事调解书或进行司法确认，从而赋予强制执行力。为了鼓励调解，各地法院还对调解的当事人给予一定的诉讼费减免。

对于无法达成调解的平行案件，法院也不能久拖不审，要及时审理及时判决。审判程序可以进行一定简化，各地法院有以下做法：一是引导当事人按照示范判决调整诉讼请求，补充提交证据和答辩意见，与示范判决保持一致；二是对平行案件采取集中开庭、合并审理、线上开庭等集约化、便捷化的开庭方式；三是裁判文书可以采取表格式、要素式等方式，在判决主文中确定赔偿总额，并将原告的姓名、应获赔偿金额等以列表方式作为民事判决书的附件。

二、普通代表人诉讼

普通代表人诉讼是依据《民事诉讼法》第 55 条、第 56 条，[1]《证券法》第 95 条第 1 款、第 2 款[2]的规定提起的诉讼，分为起诉时当事人人数确定的代表人诉讼和起诉时当事人人数不确定的代表人诉讼两大类。前者是指依据《证券法》第 95 条第 1 款提起的诉讼，起诉时原告的人数已经确定。后者是指依据《证券法》第 95 条第 2 款提起的诉讼，起诉时原告的人数尚未确定，法院在确定权利人范围后要发出公告，通知权利人进行登记，参加登记并审查通过的权利人即具有原告资格，属于"明示加入"的诉讼方式。《代表人诉讼若干规定》在第二部分共用了 27 条，详细规定了普通代表人诉讼的启动条件、权利登记、代表人确定及权限、审理与调解、判决与执行等相关内容。

---

[1]《民事诉讼法》第 56 条规定："当事人一方人数众多的共同诉讼，可以由当事人推选代表人进行诉讼。代表人的诉讼行为对其所代表的当事人发生效力，但代表人变更、放弃诉讼请求或者承认对方当事人的诉讼请求，进行和解，必须经被代表的当事人同意。"

[2]《证券法》第 95 条第 1 款规定："投资者提起虚假陈述等证券民事赔偿诉讼时，诉讼标的是同一种类，且当事人一方人数众多的，可以依法推选代表人进行诉讼。"第 95 条第 2 款规定："对按照前款规定提起的诉讼，可能存在有相同诉讼请求的其他众多投资者的，人民法院可以发出公告，说明该诉讼请求的案件情况，通知投资者在一定期间向人民法院登记。人民法院作出的判决、裁定，对参加登记的投资者发生效力。"

(一) 启动条件

依据《代表人诉讼若干规定》第5条[1]的规定,普通代表人诉讼的启动条件共有3项,缺一不可。

1. 原告人数在10人以上,且符合起诉条件和共同诉讼条件

符合起诉条件,就是依据《民事诉讼法》第122条的规定,要求原告是与本案有直接利害关系的主体,有明确的被告,有具体的诉讼请求和事实,属于法院受案范围和受诉法院管辖。符合共同诉讼条件,就是依据《民事诉讼法》第55条的规定,要求原告具有共同的或同一种类的诉讼标的。证券虚假陈述案件中,原告的诉讼标的属于同一种类,即因同一虚假陈述行为而引发的损失赔偿诉讼。

2. 确定2~5名符合条件的拟任代表人人选

这是为了解决代表人推选难的问题,原告在起诉前就要先自行协商确定拟任代表人的人选。代表人有以下限定:一是代表人人数必须是2~5人,既避免单一代表人缺乏监督,也避免代表人人数过多造成意见难以统一,影响诉讼程序推进;二是代表人必须是原告之一,自愿担任代表人,且具备一定的诉讼能力和专业经验,能勤勉尽责地履行代表人职责;三是代表人不能与被告有关联关系,否则可能影响其履行职责。[2]

3. 有初步证据能够证明虚假陈述侵权事实

初步证据包括行政处罚决定、刑事裁判文书、被告自认材料、证券交易所给予的纪律处分或采取的自律管理措施等,要能够达到初步证明虚假陈述行为存在且具备重大性的证明标准。需要注意的是,要求原告提交以上初步证据,并非回到原《虚假陈述若干规定》为证券虚假陈述诉讼设置的前置程序,而是为了防止原告滥诉,审慎启动普通代表人诉讼,从而将原告的举证责任适度提前。

对于符合以上3项启动条件的案件,法院要进行立案审查,并决定是否适用普通代表人诉讼程序。需要注意3个问题:一是法院要进行一定程度的实质审查,而非普通民事诉讼中的立案登记制;二是符合启动条件的,法院"应当"启动,防止法院怠于启动普通代

---

[1]《代表人诉讼若干规定》第5条规定:"符合以下条件的,人民法院应当适用普通代表人诉讼程序进行审理:(一)原告一方人数十人以上,起诉符合民事诉讼法第一百一十九条规定和共同诉讼条件;(二)起诉书中确定二至五名拟任代表人且符合本规定第十二条规定的代表人条件;(三)原告提交有关行政处罚决定、刑事裁判文书、被告自认材料、证券交易所和国务院批准的其他全国性证券交易场所等给予的纪律处分或者采取的自律管理措施等证明证券侵权事实的初步证据。不符合前款规定的,人民法院应当适用非代表人诉讼程序进行审理。"

[2]《代表人诉讼若干规定》第12条规定:"代表人应当符合以下条件:(一)自愿担任代表人;(二)拥有相当比例的利益诉求份额;(三)本人或者其委托诉讼代理人具备一定的诉讼能力和专业经验;(四)能忠实、勤勉地履行维护全体原告利益的职责。依照法律、行政法规或者国务院证券监督管理机构的规定设立的投资者保护机构作为原告参与诉讼,或者接受投资者的委托指派工作人员或委派诉讼代理人参与案件审理活动的,人民法院可以指定该机构为代表人,或者在被代理的当事人中指定代表人。申请担任代表人的原告存在与被告有关联关系等可能影响其履行职责情形的,人民法院对其申请不予准许。"

表人诉讼；三是不符合启动条件的，法院应按个别诉讼或共同诉讼的方式分别处理。

(二) 权利登记

对于起诉时当事人人数不确定的普通代表人诉讼，需要通过权利登记程序来确定原告的范围。依据《代表人诉讼若干规定》第6条至第11条的规定，权利登记程序具体如下。

1. 法院要在受理后30日内裁定确定权利人范围[1]

证券虚假陈述案件中，权利人的范围就是因同一虚假陈述行为而遭受损失的投资者范围，故法院不可避免地要在裁定中确定虚假陈述行为的实施日、揭露日或更正日、基准日等框定权利人范围的关键要素，与投资者的实体权利息息相关。该裁定一方面对参加登记的权利人发生效力；另一方面对未参加的权利人亦具有预决效力，可以说权利人的范围基本上等于可能获得赔偿的原告范围。因此，法院可以通过阅卷、调查、询问和听证等多种方式进行审查，以求准确认定权利人的范围。同时，原告、被告对认定的权利人范围有异议都可以就该裁定向上级法院申请复议，通过上级法院的复议程序，进一步避免认定差错。

2. 法院要在权利人范围确定后5日内发布权利登记公告[2]

此处的"5日内"，应当是从确定权利范围的裁定生效的次日起算，当事人未提出异议的，以异议期间届满之日起算；当事人提出异议的，以复议裁定送达之日起算。权利登记公告要包括6个方面内容：(1) 案件情况和诉讼请求；(2) 被告的基本情况；(3) 权利人范围及登记期间；(4) 拟任代表人的基本信息；(5) 申请自愿担任代表人的要求；(6) 人民法院认为必要的其他事项。此外，公告期间为30日，与《民事诉讼法》规定的一般公告送达期间相同。

3. 权利人在登记期间内向法院进行登记[3]

通常，登记期间是在公告期间基础上进行适当延长，由法院自行指定。最高人民法院

---

[1] 《代表人诉讼若干规定》第6条规定："对起诉时当事人人数尚未确定的代表人诉讼，在发出权利登记公告前，人民法院可以通过阅卷、调查、询问和听证等方式对被诉证券侵权行为的性质、侵权事实等进行审查，并在受理后三十日内以裁定的方式确定具有相同诉讼请求的权利人范围。当事人对权利人范围有异议的，可以自裁定送达之日起十日内向上一级人民法院申请复议，上一级人民法院应当在十五日内作出复议裁定。"

[2] 《代表人诉讼若干规定》第7条规定："人民法院应当在权利人范围确定后五日内发出权利登记公告，通知相关权利人在指定期间登记。权利登记公告应当包括以下内容：(一) 案件情况和诉讼请求；(二) 被告的基本情况；(三) 权利人范围及登记期间；(四) 起诉书中确定的拟任代表人人选姓名或者名称、联系方式等基本信息；(五) 自愿担任代表人的权利人，向人民法院提交书面申请和相关材料的期限；(六) 人民法院认为必要的其他事项。公告应当以醒目的方式提示，代表人的诉讼权限包括代表原告参加开庭审理，变更、放弃诉讼请求或者承认对方当事人的诉讼请求，与被告达成调解协议，提起或者放弃上诉，申请执行，委托诉讼代理人等，参加登记视为对代表人进行特别授权。公告期间为三十日。"

[3] 《代表人诉讼若干规定》第8条规定："权利人应在公告确定的登记期间向人民法院登记。未按期登记的，可在一审开庭前向人民法院申请补充登记，补充登记前已经完成的诉讼程序对其发生效力。权利登记可以依托电子信息平台进行。权利人进行登记时，应当按照权利登记公告要求填写诉讼请求金额、收款方式、电子送达地址等事项，并提供身份证明文件、交易记录及投资损失等证据材料。"

倡导依托电子信息平台进行权利登记，不少法院都已经在推广使用。权利人要在平台上登记相关信息并上传证明材料。有两种特殊情况：一是权利人未在登记期间内进行登记，其可以在一审开庭前进行补充登记，但为保障已进行诉讼程序的效力，补充登记的权利人要接受已进行的诉讼程序；二是权利人在权利登记公告发出前已经就同一虚假陈述行为提起诉讼的，可以申请撤诉并加入普通代表人诉讼，搭上便车。[1]

4. 法院在登记期限届满后 10 日内对登记的权利人进行审核[2]

登记期限届满，法院要对登记的权利人，按照裁定确定的权利人范围进行审查，在范围内的，确认其原告资格，不在范围内的，不确认其原告资格。审核完毕后，法院要将审核通过的权利人列入普通代表人诉讼的原告名单，并通知全体原告。[3]

（三）代表人的确定及权限

对于起诉时当事人人数不确定的代表人诉讼，《代表人诉讼若干规定》规定了"原告推选+法院指定"的代表人确定模式，既尊重原告的意思自治，也避免因代表人难以确定影响诉讼程序。如前所述，候选代表人有两种产生方式：一是原告起诉时协商确定的拟任代表人；二是权利登记时自愿申请担任代表人。谁能当选代表人，具体而言有以下 4 种情形。

1. 登记的权利人对起诉时拟任代表人的候选人没有提出异议，并且也没有人申请担任代表人

这表明在先起诉的原告与后面登记的原告对候选人是没有相反意见的，法院可以直接指定该候选人为代表人。

2. 登记的权利人对起诉时拟任代表人的候选人提出异议，或者有申请担任代表人

法院应当在原告范围审核完毕后，组织全体原告推选代表人。代表人的推选实行一人一票，每位代表人的得票数应当不少于参与投票人的 50%。代表人人数为 2~5 人，按照得票数排名确定，通过投票产生 2 名以上代表人的，为推选成功。首次推选不出的，法院应组织全体原告在得票数前 5 名的候选人中进行第二次推选。

3. 经过二次推选，仍然无法推出代表人的

为了不影响诉讼程序推进，提高诉讼效率，法院应当综合考虑投票情况、诉讼能力和

---

[1]《代表人诉讼若干规定》第 10 条规定："权利登记公告前已就同一证券违法事实提起诉讼且符合权利人范围的投资者，申请撤诉并加入代表人诉讼的，人民法院应当予以准许。投资者申请撤诉并加入代表人诉讼的，列为代表人诉讼的原告，已经收取的诉讼费予以退还；不申请撤诉的，人民法院不准许其加入代表人诉讼，原诉讼继续进行。"

[2]《代表人诉讼若干规定》第 9 条规定："人民法院在登记期间届满后十日内对登记的权利人进行审核。不符合权利人范围的投资者，人民法院不确认其原告资格。"

[3]《代表人诉讼若干规定》第 11 条规定："人民法院应当将审核通过的权利人列入代表人诉讼原告名单，并通知全体原告。"

利益诉请份额等因素，在候选人中指定代表人，当然要征得被指定代表人的同意。

4. 投资者保护机构参与诉讼的

区分两种情况：一是投资者保护机构作为原告参与诉讼；二是投资者保护机构接受投资者的委托，指派工作人员或者委派诉讼代理人参与诉讼。在投资者保护机构参加诉讼的情况下，法院可以指定投资者保护机构为代表人或者在被代理人的原告中指定代表人，从而免除前述原告推选的程序。

依据《代表人诉讼若干规定》第7条的规定，原告对代表人的授权，采取的是特别授权模式。代表人有权变更、放弃或承认诉讼请求，进行调解，提起或者放弃上诉，以及申请执行，故法院在发布的权利登记公告上，应当以醒目的方式予以提示。可以说，代表人可能直接决定了原告的诉讼结果，因此确定代表人后，法院应当进行公告。部分原告如不接受确定的代表人，作为相应的救济手段，其可以自公告之日起10日内向法院申请撤回权利登记，并可以另行起诉。

（四）审理与调解

1. 审理顺序

基于同一虚假陈述行为，可能并存普通代表人诉讼和个别诉讼。两类案件的审理顺序如何安排？《代表人诉讼若干规定》第23条[1]采取了"原则+例外"的模式。

"原则"是普通代表人诉讼在审理顺序上要优先于个别诉讼，先行审理普通代表人诉讼案件，其他个别诉讼案件中止审理。这是普通代表人诉讼裁判的既判力的扩张所决定的，也是为了避免两类案件同步进行，各自裁判，可能导致同案不同判。

"例外"是当个别诉讼案件具有典型性，能够实现"审理一个、解决一片"的审理效果时，可以先行审理该案件。对于如何做好二者的衔接，要根据实际情况灵活调整。如果原告之间意见分歧较小，能够顺利推进普通代表人诉讼程序，那么自然是适用普通代表人诉讼更有效率。但如果原告之间意见分歧较大，陷入代表人推选难等程序障碍中，或者在登记期间登记的权利人少，普通代表人诉讼无法一个案件解决大多数纠纷，那么此时可以通过审理典型案件以明确共同争议问题，促使投资者回归理性诉讼预期，从而有利于同类纠纷的化解。

2. 审理方式

虚假陈述案件专业性强，司法实践中，各地法院在民事诉讼框架下创新此类案件的审理方式，重点也在于弥补法官在证券和证券市场专业知识的短板。比如，选用具有专业知

---

[1]《代表人诉讼若干规定》第23条规定："除代表人诉讼案件外，人民法院还受理其他基于同一证券违法事实发生的非代表人诉讼案件的，原则上代表人诉讼案件先行审理，非代表人诉讼案件中止审理。但非代表人诉讼案件具有典型性且先行审理有利于及时解决纠纷的除外。"

识的人员作为专家陪审员参与案件审理;[1] 再如,当事人申请具有专业知识的人员作为己方的专家证人出庭辅助说明专业问题;又如,委托第三方专业机构对损失进行核定。

损失核定是个"老大难"问题,无论是买入均价的计算方法,还是系统性风险或非系统性风险的剔除,历来都是争议焦点。依据《代表人诉讼若干规定》第24条[2]的规定,法院可以依当事人申请或依职权委托专业的第三方机构进行损失核定。依当事人申请启动的,第三方机构可以由原被告双方共同选定或随机摇号确定;依法院职权委托的,第三方机构可以随机摇号确定。第三方机构出具的核定意见,性质上是鉴定意见,属于证据的一种,故要经过原被告的质证,必要时,第三方机构要派员出庭就核定意见接受双方当事人询问。

3. 变更诉讼请求或撤诉

原告对代表人的授权是特别授权,意味着代表人在诉讼过程中有权代表全体原告变更诉讼请求或撤诉。为了保护原告的权利,避免代表人不当实施以上两项重大诉讼行为,《代表人诉讼若干规定》第22条[3]设置了3道限制:一是代表人的通知义务。代表人变更诉讼请求或撤诉应当向法院提交书面申请并同时通知全体原告,不能口头申请或背地实施。二是原告的异议权。原告对代表人变更诉讼请求或撤诉有异议的,可以向法院提出异议。异议必须要以明示的方式做出,原告在收到代表人通知之日起10日内未明确表示异议的,视为无异议。三是法院的最终审查权。不同于普通民事诉讼中原告对自身诉讼权利的处置,在普通代表人诉讼中,法院要对代表人作出的变更诉讼请求或撤诉决定进行审查,在审查代表人行为是否损害原告的合法权利的基础上作出是否准许的最终裁定。

4. 调解

调解是证券纠纷多元化解机制中的重要一环,法院在审理普通代表人诉讼中更要着重进行调解。普通民事诉讼中,当事人可以自主决定是否进行调解以及是否接受调解方案,但在普通代表人诉讼中,代表全体原告与被告进行调解并作决定的是少数几名代表,需要解决代表人的个体意志与全体原告的共同利益是否一致,原告对调解方案是否有异议的问题。在这一问题上,既要通过调解有效化解无异议原告的纠纷,也要保护异议原告的自主

---

[1] 上海金融法院《关于证券纠纷代表人诉讼机制的规定(试行)》第34条规定:"根据案件审理的需要,可以选用具有专业知识的人员作为专家陪审员参与案件审理。"

[2] 《代表人诉讼若干规定》第24条规定:"人民法院可以依当事人的申请,委托双方认可或者随机抽取的专业机构对投资损失数额、证券侵权行为以外其他风险因素导致的损失扣除比例等进行核定。当事人虽未申请但案件审理确有需要的,人民法院可以通过随机抽取的方式委托专业机构对有关事项进行核定。对专业机构的核定意见,人民法院应当组织双方当事人质证。"

[3] 《代表人诉讼若干规定》第22条规定:"代表人变更或者放弃诉讼请求、承认对方当事人诉讼请求、决定撤诉的,应当向人民法院提交书面申请,并通知全体原告。人民法院收到申请后,应当根据原告所提异议情况,依法裁定是否准许。对于代表人依据前款规定提交的书面申请,原告自收到通知之日起十日内未提出异议的,人民法院可以裁定准许。"

在代表人与被告达成调解协议草案的前提下,《代表人诉讼若干规定》在第 18 条至第 21 条[1]规定了调解的程序和规则:(1) 代表人应当向法院提交调解申请书及调解协议草案,要特别说明调解协议草案对原告的有利因素和不利因素;(2) 法院要初步审查调解协议草案是否存在违反强制性规定、违背公序良俗以及损害他人合法权益的情形,并向原告发送通知,告知调解协议草案内容以及原告的异议权;(3) 法院要组织召开听证会,对调解协议草案进行讨论,异议原告可以出席听证会或以书面方式说明异议的具体内容及理由;(4) 代表人与被告要根据听证会的情况对调解协议草案进行修改;(5) 法院要将修改后的调解协议草案通知原告,并根据案件情况决定是否再次召开听证会;(6) 法院决定是否制作调解书,准备制作调解书的,应当通知提出异议的原告;(7) 异议原告可以在收到通知后 10 日内向法院提交退出调解的申请,限期未选择退出的,视为接受;(8) 申请退出的期限届满后,法院对接受调解的原告出具调解书,对退出调解的原告的案件继续审理。

(五) 判决与执行

1. 判决形式与补正[2]

普通代表人诉讼是一个案件,法院作出一份判决来处理全体原告的诉讼请求。若判决

---

[1] 《代表人诉讼若干规定》第 18 条规定:"代表人与被告达成调解协议草案的,应当向人民法院提交制作调解书的申请书及调解协议草案。申请书应当包括以下内容:(一) 原告的诉讼请求、案件事实以及审理进展等基本情况;(二) 代表人和委托诉讼代理人参加诉讼活动的情况;(三) 调解协议草案对原告的有利因素和不利影响;(四) 对诉讼费以及合理的公告费、通知费、律师费费用的分摊及理由;(五) 需要特别说明的其他事项。"

第 19 条规定:"人民法院经初步审查,认为调解协议草案不存在违反法律、行政法规的强制性规定、违背公序良俗以及损害他人合法权益等情形的,应当自收到申请书后十日内向全体原告发出通知。通知应当包括以下内容:(一) 调解协议草案;(二) 代表人请求人民法院制作调解书的申请书;(三) 对调解协议草案发表意见的权利以及方式、程序和期限;(四) 原告有异议时,召开听证会的时间、地点及报名方式;(五) 人民法院认为需要通知的其他事项。"

第 20 条规定:"对调解协议草案有异议的原告,有权出席听证会或者以书面方式向人民法院提交异议的具体内容及理由。异议人未出席听证会的,人民法院应当在听证会上公开其异议的内容及理由,代表人及其委托诉讼代理人、被告应当进行解释。代表人和被告可以根据听证会的情况,对调解协议草案进行修改。人民法院应当将修改后的调解协议草案通知所有原告,并对修改的内容作出重点提示。人民法院可以根据案件的具体情况,决定是否再次召开听证会。"

第 21 条规定:"人民法院应当综合考虑当事人赞成和反对意见、本案所涉法律和事实情况、调解协议草案的合法性、适当性和可行性等因素,决定是否制作调解书。人民法院准备制作调解书的,应当通知提出异议的原告,告知其可以在收到通知后十日内向人民法院提交退出调解的申请。未在上述期间内提交退出申请的原告,视为接受。申请退出的期间届满后,人民法院应当在十日内制作调解书。调解书经代表人和被告签收后,对被代表的原告发生效力。人民法院对申请退出原告的诉讼继续审理,并依法作出相应判决。"

[2] 《代表人诉讼若干规定》第 26 条规定:"判决被告承担民事赔偿责任的,可以在判决主文中确定赔偿总额和损害赔偿计算方法,并将每个原告的姓名、应获赔偿金额等以列表方式作为民事判决书的附件。当事人对计算方法、赔偿金额等有异议的,可以向人民法院申请复核。确有错误的,人民法院裁定补正。"

被告承担虚假陈述的赔偿责任，法院会在判决主文中确定全体原告的获赔总额和计算方法，并以附件的方式列明每名原告的姓名、获赔金额等。由于原告众多、各自损失不同、计算公式复杂，法院难免会出现数字计算差错且难以在校对时发现。对此，当事人对计算方法和赔偿金额有异议的，可以向法院申请复核，如果计算结果确有错误，法院要依据《民事诉讼法》第157条第1款第7项的规定，采用裁定方式，补正相应笔误。但需要指出，此处补正的仅仅是笔误，如果当事人不认同判决确定的计算方法本身，则要通过上诉程序来解决。

2. 判决上诉[1]

虽然代表人的特别授权范围有上诉权，但《代表人诉讼若干规定》规定是否上诉最终由原告自行决定。区分两种情形：一是代表人决定不上诉的，代表人应当在上诉期间届满前通知全体原告，原告自收到通知之日起15日内自行决定是否上诉。决定上诉的原告，要同时提交上诉状，法院收到上诉状后按其上诉处理；决定不上诉的原告，一审判决对其发生法律效力。二是代表人决定上诉的，代表人也应当在上诉期间届满前通知全体原告，原告自收到通知之日起15日内可以决定放弃上诉。决定放弃上诉的原告，应当通知法院，一审判决对其发生法律效力。

以下几点需要注意：一是原告的上诉期是从其接到代表人决定是否上诉的通知之日起算，上诉期为15日；二是如果二审改判，二审判决对不上诉的原告不具有既判力扩张，尽管存在冲突，这些原告也不能依据二审判决申请再审；三是在原告部分上诉、部分不上诉的情形下，代表人不宜再担任二审阶段的代表人，二审阶段要在上诉的原告中重新推选代表人；四是上诉的原告要自行缴纳上诉费。

3. 判决既判力扩张[2]

代表人诉讼制度的核心之一就是裁判在生效后发生既判力扩张，这是代表人诉讼制度预设的法律框架。《民事诉讼法》第57条第4款规定："人民法院作出的判决、裁定，对

---

[1] 《代表人诉讼若干规定》第27条规定："一审判决送达后，代表人决定放弃上诉的，应当在上诉期间届满前通知全体原告。原告自收到通知之日起十五日内未上诉，被告在上诉期间内亦未上诉的，一审判决在全体原告与被告之间生效。原告自收到通知之日起十五日内上诉的，应当同时提交上诉状，人民法院收到上诉状后，对上诉的原告按上诉处理。被告在上诉期间内未上诉的，一审判决在未上诉的原告与被告之间生效，二审裁判的效力不及于未上诉的原告。"

第28条规定："一审判决送达后，代表人决定上诉的，应当在上诉期间届满前通知全体原告。原告自收到通知之日起十五日内决定放弃上诉的，应当通知一审法院。被告在上诉期间内未上诉的，一审判决在放弃上诉的原告与被告之间生效，二审裁判的效力不及于放弃上诉的原告。"

[2] 《代表人诉讼若干规定》第29条规定："符合权利人范围但未参加登记的投资者提起诉讼，且主张的事实和理由与代表人诉讼生效判决、裁定所认定的案件基本事实和法律适用相同的，人民法院审查具体诉讼请求后，裁定适用已经生效的判决、裁定。适用已经生效裁判的裁定中应当明确被告赔偿的金额，裁定一经作出立即生效。代表人诉讼调解结案的，人民法院对后续涉及同一证券违法事实的案件可以引导当事人先行调解。"

参加登记的全体权利人发生效力。未参加登记的权利人在诉讼时效期间提起诉讼的，适用该判决、裁定。"最高人民法院《关于适用〈中华人民共和国民事诉讼法〉的解释》第80条规定："……未参加登记的权利人提起诉讼，人民法院认定其请求成立的，裁定适用人民法院已作出的判决、裁定。"因此，《代表人诉讼若干规定》在第29条同样规定了普通代表人诉讼的既判力扩张，即符合权利人范围但未参加登记的投资者提起诉讼，且主张的事实和理由与普通代表人诉讼生效判决、裁定认定的案件基本事实和法律适用相同的，法院审查其具体诉讼后，可以裁定适用已经生效的判决，并明确被告的赔偿金额（如有），该裁定一经作出立即生效。

4. 判决执行与分配

在普通代表人诉讼中，全体原告是一个利益整体，法院要适用统一标准，一视同仁。生效判决进入执行阶段，法院自然也要一碗水端平，从全体原告的整体出发，一方面要优先扣除因普通代表人诉讼而产生的诉讼费、公告费、通知费、律师费等共益费用；另一方面也要避免对个别原告提前清偿，或者对原告采取不同的清偿标准。因此，依据《代表人诉讼若干规定》第30条第2款的规定，法院应当编制分配方案并通知全体原告，分配方案要包括原告范围、债权总额、扣除项目及金额、分配的基准及方法、分配的受领期间等内容。相应地，如果原告对分配方案有异议，那么可以依据执行行为异议制度，通过执行异议和复议来进行救济。

三、特别代表人诉讼

特别代表人诉讼是依据《民事诉讼法》第55条、第56条，《证券法》第95条第3款[1]的规定提起的诉讼，由投资者保护机构作为代表人，为经证券登记结算机构确认的全体权利人进行的诉讼，属于"默示加入、明示退出"的诉讼方式，是中国特色证券集体诉讼。特别代表人诉讼是从普通代表人诉讼"递进"而来，因此具备普通代表人诉讼的一般特性，如无特殊规定，适用普通代表人诉讼的相关规定，下文主要介绍特别代表人的特别之处。

（一）以起诉时当事人人数不确定的代表人诉讼为前提

就起诉时当事人人数不确定的代表人诉讼与特别代表人诉讼的关系，即《证券法》第95条第2款和第3款的关系，最高人民法院在起草《代表人诉讼若干规定》时形成过"递进说""并行说""排斥说"三种意见。"递进说"是指前者是后者的程序前提，"并行说"是指二者可以分别启动，"排斥说"是指前者不能转化为后者。后在征求意见过程中，全国人民代表大会常务委员会法制工作委员会（以下简称全国人大常委会法工委）明确《证

---

[1]《证券法》第95条第3款规定："投资者保护机构受五十名以上投资者委托，可以作为代表人参加诉讼，并为经证券登记结算机构确认的权利人依照前款规定向人民法院登记，但投资者明确表示不愿意参加该诉讼的除外。"

券法》第95条第3款的立法原意是"递进说",最高人民法院最终亦采用"递进说"[1]。

根据《代表人诉讼若干规定》第32条第1款[2]的规定,投资者保护机构必须在投资者已提起当事人人数不确定的代表人诉讼的情形下,才能参加诉讼。这也意味着,投资者保护机构无法直接启动特别代表人诉讼,即使针对某些社会影响特别恶劣、严重侵害投资者权益的欺诈发行、财务造假等案件,也不能主动出击,只能在投资者提起当事人人数不确定的代表人诉讼后,中途加入。

(二) 投资者保护机构要受50名以上权利人的特别授权方可参加诉讼

根据《证券法》第90条第1款的规定,投资者保护机构是依照法律、行政法规或者国务院证券监督管理机构的规定设立的保护证券市场投资者利益的机构。证监会在《关于做好投资者保护机构参与证券纠纷特别代表人诉讼相关工作的通知》(证监发〔2020〕67号)中,明确由中小投服中心和中证投保基金负责特别代表人诉讼的职责。针对同一虚假陈述行为,两家投资者保护机构可能分别作为代表人都要启动特别代表人诉讼的情况,《代表人诉讼若干规定》第37条[3]对此规定应当由两家协商处理,协商不成的由法院指定其中一家。但从实际履行看,并不会出现这种情况,目前基本是由中小投服中心在履行该项职责。

投资者保护机构要受50名以上权利人的特别授权,方可加入诉讼中。需要准确理解此处的权利人:一是权利人认为其属于法院裁定确定的权利人范围即可,并不要求权利人在委托投资者保护机构之前已经向法院进行权利登记,或者要求权利人后续能够通过法院审查取得原告资格。二是权利人对投资者保护机构必须是特别授权。权利人要委托投资者保护机构作为其委托诉讼代理人,代理权限方面必须是特别授权,即投资者保护机构有权代为承认、放弃、变更诉讼请求,进行和解,提起上诉。三是权利人的人数在公告期间内要累计达到50人以上。对此,公告结束后补充登记的权利人,即便特别授权投资者保护机构,也不能计入数量;同时,即便权利人在后续诉讼过程中由于声明退出等原因导致数量不足50人,也不影响投资者保护机构的代表人资格。

(三) 投资者保护机构的选案标准和程序

我国证券市场违法行为频发,但目前投资者保护机构只启动了一起特别代表人诉讼,

---

[1] 参见最高人民法院民事审判第二庭编著:《最高人民法院证券纠纷代表人诉讼司法解释理解与适用》,人民法院出版社2021年版,第182页。

[2] 《代表人诉讼若干规定》第32条第1款:"人民法院已经根据民事诉讼法第五十四条第一款、证券法第九十五条第二款的规定发布权利登记公告的,投资者保护机构在公告期间受五十名以上权利人的特别授权,可以作为代表人参加诉讼。先受理的人民法院不具有特别代表人诉讼管辖权的,应当将案件及时移送有管辖权的人民法院。"

[3] 《代表人诉讼若干规定》第37条规定:"针对同一代表人诉讼,原则上应当由一个投资者保护机构作为代表人参加诉讼。两个以上的投资者保护机构分别受五十名以上投资者委托,且均决定作为代表人参加诉讼的,应当协商处理;协商不成的,由人民法院指定其中一个作为代表人参加诉讼。"

即"康美药业案"。鉴于特别代表人诉讼的重大性，投资者保护机构内部是有一定的选案标准的，并非投资者提出申请就照单全收。为此，中小投服中心制定了《中证中小投资者服务中心特别代表人诉讼业务规则（试行）》。根据该业务规则第16条的规定，起诉时当事人人数不确定的代表人诉讼，且符合下列情形的，投服中心可以参加特别代表人诉讼：(1) 有关机关作出行政处罚或刑事裁判等；(2) 案件典型重大、社会影响恶劣、具有示范意义；(3) 被告具有一定偿付能力；(4) 中小投服中心认为有必要的其他情形。

除了上述选案标准，中小投服中心还在选案程序上进行严格把控。根据上述业务规则，首先，中小投服中心要对符合选案标准的案件进行预研究，并形成预研报告。预研报告要包括公司基本信息及经营情况，违法事实及被处罚内容，适格原告范围以及需考虑的其他因素。如有必要，中小投服中心还可能启动重大案件评估机制，由评估专家充分讨论预研报告内容，结合国家经济金融形势、资本市场改革发展、具体案件情况、社会舆情等独立发表意见。其次，中小投服中心结合重大案件评估会意见，决定是否参加特别代表人诉讼。此外，中小投服中心作为中国证监会管理的下属单位，[1] 要及时将决定参加特别代表人诉讼等重要情况向证监会报告，接受其管理。

（四）权利人的"默示加入、明示退出"

特别代表人诉讼适用专属管辖，由涉诉证券集中交易的证券交易所所在地的中级人民法院或专门人民法院管辖，故先受理的法院如果没有特别代表人诉讼的管辖权，应当将案件移送给有管辖权的法院。代表人诉讼方式的转变，导致代表人、权利人加入方式等发生重大变化，有管辖权的法院要重新发布权利登记公告，除了普通代表人诉讼要求的内容外，更要说明投资者保护机构的基本情况、对投资者保护机构的特别授权、投资者声明退出的权利及期间、未声明退出的法律后果等。

特别代表人诉讼启动后，投资者保护机构根据公告确定的权利人范围，向证券登记结算机构调取全部权利人名单，并向人民法院进行权利登记，无须权利人自行进行权利登记。投资者明确表示不愿意参加特别代表人诉讼的，应当在公告期间届满后15日内向法院声明退出。未声明退出的，视为同意特别代表人诉讼。这就是特别代表人诉讼中权利人"默示加入、明示退出"的规则。需要注意的是"声明"的退出方式，意味着权利人要通过头口或书面的方式向法院表明其选择退出的意思表示，该意思表示送达法院即发生退出的效力，法院不能拒绝。对于声明退出的投资者，法院不再将其登记为特别代表人诉讼的原告，由其选择是否另行提起诉讼。

---

[1] 2023年3月10日，十四届全国人大一次会议表决通过、批准关于国务院机构改革方案。该方案将证监会对有关投资者保护职责划入国家金融监督管理总局，中小投服中心后续身份地位变化有待观察。

第三节

仲裁主管

仲裁是诉讼之外另一种重要的争议解决方式，在保密性、专业性等方面有着较为明显的特色和优势。近年来，很多行业主管部门和仲裁机构将金融争议仲裁作为业务发展方向，成立了专门的金融仲裁部门，还聘用很多金融行业人士充实到仲裁员名单中。在实践中，很多私募基金类纠纷和信托纠纷等金融争议案件都通过仲裁解决。但是根据《仲裁法》第4条规定的自愿原则，当事人采用仲裁方式解决纠纷，应当双方自愿，达成仲裁协议。而证券虚假陈述纠纷在最早期主要是股票类虚假陈述纠纷，投资者人数众多，而且多为在二级市场购入股票，往往以群体性纠纷呈现，很难逐一与上市公司或者其他责任主体达成仲裁协议。所以，此前很少有通过仲裁解决的证券虚假陈述纠纷。

近年来，随着资本市场不断发展，证券种类不断增加，加上行政前置程序取消等制度安排，证券虚假陈述纠纷类型和数量也处于快速增长阶段，各方通过多元化争议解决方式解决纠纷的需求也日渐增加。中共中央办公厅、国务院办公厅印发的《关于依法从严打击证券违法活动的意见》首次提出"开展证券行业仲裁制度试点"，证监会在2021年也发布了《关于依法开展证券期货行业仲裁试点的意见》，为以仲裁方式解决虚假陈述纠纷奠定了基础。另外，各方在证券发行募集文件或者受托管理协议中记载仲裁条款的情况逐渐增多，使很多案件具备了通过仲裁方式解决的基本条件。但是因为证券仲裁制度尚处于试点过程中，而虚假陈述类纠纷又具有高度专业性和复杂性，所以仍有很多问题需要进一步研究与观察。

一、证券虚假陈述纠纷的可仲裁性问题

虽然诉讼和仲裁都是具有法律效力的争议解决方式，但是仲裁可以解决的纠纷类型是受到法律限制的，并不是所有纠纷都可以通过仲裁解决。《仲裁法》第2条规定，平等主体的公民、法人和其他组织之间发生的合同纠纷和其他财产权益纠纷，可以仲裁；第3条

规定，婚姻、收养、监护、扶养、继承纠纷以及依法应当由行政机关处理的行政争议，不能仲裁解决。证券虚假陈述纠纷属于侵权纠纷，主要发生在证券投资者与发行人以及相关中介机构之间，起因是证券持有人因虚假陈述交易证券导致的财产损失赔偿问题，属于财产权益纠纷。而且证券虚假陈述纠纷一般不涉及婚姻家庭关系方面的法律事实，所以符合《仲裁法》第2条规定的"其他财产权益纠纷"的范畴，可以仲裁。但是因为我国仲裁制度和资本市场发展历史较短，相关法律法规一直处于不断发展和完善的阶段，导致实践中对虚假陈述纠纷是否可以仲裁的问题长期存在模糊之处，在个案处理上也存在一定争议。

（一）法律法规层面对虚假陈述纠纷可仲裁性规定的长期缺失

早在我国证券市场初创阶段，证券纠纷的仲裁解决方式就出现在有关交易规则文件中。上交所于1990年颁布《上海证券交易所交易市场业务试行规则》，其中第十二章名称即为"仲裁"，规定了不同类型的证券纠纷可由交易所或者主管机关进行仲裁。随后上交所进一步制定了《仲裁实施细则》。但是当时我国尚无完整的仲裁法律制度，前述规则中关于一裁终局等规定与当时的法律法规相矛盾，并未有效实施。而且即便在前述规则中也只规定了证券商之间以及证券商与委托人之间的纠纷可以仲裁，显然不能涵盖证券虚假陈述引发的纠纷。

1993年国务院颁布的《股票发行与交易管理暂行条例》第79条规定，与股票的发行或者交易有关的争议，当事人可以按照协议的约定向仲裁机构申请调解、仲裁。这是在行政法规中首次出现证券仲裁的制度安排，其中规定的可仲裁纠纷范围也较大，似乎可以将股票市场引发的虚假陈述纠纷纳入可仲裁纠纷的范畴。然而，我国首部《仲裁法》制定于1994年，首部《证券法》制定于1998年，两部法律中未再出现关于证券仲裁的规定。可资对比的是，同时期制定的《产品质量法》《消费者权益保护法》等法律中关于争议解决的途径都明确规定了仲裁，这就导致证券纠纷能否仲裁成为有争议的问题。虽然证监会与国务院原法制办公室曾经于2004年共同印发《关于依法做好证券、期货合同纠纷仲裁工作的通知》，但是该通知特别强调"上市公司与证券市场公众投资人之间纠纷的仲裁，另行研究确定"，这一规定显然将证券虚假陈述纠纷排除在适用范围之外。直至证监会在2021年颁布的《关于依法开展证券期货行业仲裁试点的意见》中明确虚假陈述民事赔偿纠纷属于证券仲裁的范围，才确定了虚假陈述纠纷的可仲裁性。

（二）司法实践对于证券虚假陈述纠纷可仲裁性的态度变化

虽然行政法规和主管部门规范性文件曾对证券仲裁制度作出规定，但是根据司法实践，某一类纠纷是否可以仲裁，主要还是由法院在民事诉讼活动中进行审理并作出判断，或者由最高人民法院制定司法解释、指导性文件加以明确。最高人民法院近年来陆续出台了《债券座谈会纪要》和《虚假陈述若干规定》，其中均没有涉及仲裁问题。但是随着虚假陈述纠纷案件的不断涌现，部分法院已经针对案件的可仲裁性问题作出了判断，由此也可以窥见司法实践对于这一问题态度的变化过程。

证券虚假陈述纠纷属于侵权责任纠纷，而对于侵权纠纷能否仲裁的问题，曾经存在较大争议。1991年《民事诉讼法》第111条第2项规定，依照法律规定，双方当事人对合同纠纷自愿达成书面仲裁协议向仲裁机构申请仲裁、不得向人民法院起诉的，告知原告向仲裁机构申请仲裁。该项规定当事人可以约定仲裁的纠纷范围限定为"合同纠纷"，导致长期以来司法实践认为侵权纠纷不可以仲裁。虽然1994年《仲裁法》规定合同纠纷之外的"财产权益纠纷"也可以仲裁，但是也没有明确侵权纠纷是否属于财产权益纠纷，致使该问题长期存在争议。虽然《民事诉讼法》在2012年修订时（2023年修订时此亦无变化）不再将仲裁范围限定在合同纠纷，最高人民法院也曾经在个案中认定因合同引发的侵权纠纷也应当根据仲裁协议解决，但是长期以来形成的制度惯性还是会影响法院对此问题的态度。例如，北京市高级人民法院曾经在（2021）京民辖终210号裁定中认为："关于某证券公司主张本案请求权基础基于《募集说明书》产生，《募集说明书》中已经约定争议解决方式为仲裁，因此不属于法院管辖。本院认为，本案系因证券虚假陈述引发的民事赔偿案件，认购人某公司以发行人某公司、主承销商及债券受托管理人某证券公司等为被告诉至一审法院，要求承担欺诈发行、虚假陈述民事责任的侵权纠纷，不属于仲裁条款所涉及的纠纷……"这一裁定强调证券虚假陈述纠纷的侵权纠纷性质，显示出法官对于侵权纠纷能否仲裁，以及能否受到合同仲裁条款约束的问题仍持谨慎态度。

随着证券虚假陈述纠纷案件数量急剧增加，加上行业主管部门也不断推动证券仲裁制度的建立和完善，尤其是在证监会和国务院原法制办公室共同发文将虚假陈述民事赔偿纠纷纳入证券仲裁范围后，司法实践中越来越多的法院认可证券虚假陈述纠纷可以仲裁，且受到当事人之间已经达成的仲裁条款的约束。例如，同样是北京市高级人民法院在（2022）京民终74号民事裁定中认为："关于某信托公司主张本案为侵权之诉，不受仲裁管辖条款约束的上诉意见，法院认为，根据法律规定，因当事人一方的违约行为，侵害对方人身、财产权益的，受损害方有权选择依法要求其承担违约责任或者侵权责任。现某信托公司主张某证券公司，某会计师事务所、某律所、某评估公司承担侵权责任，但该侵权系因当事人履行合同义务所造成，亦即该侵权系因合同而产生，与一般侵权行为不同。《募集说明书》已明确，相关争议应提交某仲裁委员会仲裁，其系当事人的意思自治，并未排除当事人基于合同侵权提起的诉讼不适用，在该仲裁条款未经有权机关确认无效的情况下，当事人均应受该仲裁条款的约束。"这一裁判观点与此前案件裁判理由的侧重点明显不同，此前法院强调证券虚假陈述纠纷属于侵权纠纷，而该案中强调证券虚假陈述纠纷属于因合同产生的侵权纠纷，与一般侵权行为不同，因此可以根据合同中的仲裁协议进行仲裁。这种转变体现了法院对于证券虚假陈述责任纠纷是否可以仲裁态度的明显变化。

但是也需要注意到，法院上述态度变化，还没有得到最高人民法院的明确认可与支持。而且认为证券虚假陈述纠纷可以根据当事人之间已存在的仲裁协议进行仲裁的裁判意见，绝大部分是由北京地区法院作出的。主要原因在于 2022 年之前，很多原告基于各种考虑，通常会以某些被告（主要是中介机构）住所地在北京作为连接点，选择在北京地区法院起诉，导致北京地区法院受理的证券虚假陈述纠纷案件数量猛增。因此，北京地区法院也针对证券虚假陈述纠纷的仲裁问题作出了大量裁判。而在《虚假陈述若干规定》施行后，原告只能向发行人住所地有管辖权的法院起诉，因此其他地区法院自 2022 年开始才会大量面对类似问题，加上涉及仲裁条款效力案件有严格的报核程序，所以很多法院还未就此问题表明自身态度。因此，北京地区法院就此问题的态度变化能否代表法院系统的主流意见，还需要进一步观察。但是考虑到证监会和国务院原法制办公室已经明确将证券虚假陈述赔偿责任纠纷纳入证券仲裁试点范围中，加上目前国家对于多元化争议解决机制的建立也持鼓励和支持态度，所以证券虚假陈述纠纷仲裁也是未来解决纠纷的一个重要方式，相信也会得到法院系统的全面认可。

二、证券虚假陈述纠纷仲裁协议问题

根据《仲裁法》规定的自愿原则，当事人申请仲裁的前提是必须存在有效的仲裁协议。仲裁协议一般分为两种：第一种是双方在进行商业交易活动时已经就未来可能发生的争议约定仲裁解决；第二种是争议发生后双方另行达成协议，将争议解决方式约定为仲裁。实践中第二种事后达成仲裁协议的情况非常少见，因为一旦发生争议，各方当事人很难再就争议解决方式达成一致。这在证券虚假陈述纠纷中也是一样的，遭遇损失的投资人很难在发生损失后再与发行人和其他责任主体就争议解决方式单独磋商。而且投资人经常会向多个主体索赔，在此种情况下想让多方在事后达成仲裁协议的可能性更低。所以，在虚假陈述纠纷中涉及的仲裁协议，一般属于第一种即事先已经达成的仲裁协议。但是在纠纷发生时，因为仲裁协议的内容、记载方式等因素，各方当事人经常对仲裁协议是否存在，仲裁范围是否包括案涉争议等问题有着不同理解。实践中发生的情况多是，原告向法院提起证券虚假陈述纠纷诉讼后，被告主张双方已经存在有效的仲裁协议，案涉纠纷不属于法院主管范围为理由，提出管辖权异议，要求法院裁定驳回原告起诉。此时，法院首先要解决各方之间是否存在有效的仲裁协议，以及案涉争议是否属于仲裁协议所覆盖范围等问题，然后根据前述问题的结果决定驳回原告起诉或者继续实体审理。

（一）股票类虚假陈述纠纷的仲裁协议

目前司法实践中发生的股票类虚假陈述案件，绝大多数是投资人在二级市场上购买股票后因虚假陈述被揭露而导致的损害赔偿纠纷。在这类股票交易中，投资者通过交易所的集合竞价系统完成股票买卖，所以不存在面对面签订合同的行为。更关键的是，投资者在二级市场股票交易中并不是直接与发行人发生合同关系，自然不可能在交易过程中与发行人或者其他主体就股票交易行为达成仲裁协议。所以在股票类虚假陈述纠纷中当事人之间存在仲裁协议的情形很少，仅在一些特殊交易方式进行的股票交易中会存在仲裁协议问题。例如，在山东省高级人民法院（2022）鲁民终872号案件中，发行人通过中小企业股转系统定向发行股票，投资人认购股票后引发因虚假陈述引发争议并诉至法院，并将发行人以及承销的证券公司、会计师事务所及有关人员一并列为被告，发行人以存在仲裁协议为理由提出抗辩，要求驳回起诉。法院认为："鑫秋公司与同德普惠投资中心签订的《认购合同》明确约定，涉案2500万股股票系鑫秋公司通过中小企业股转系统定向发行的股票，同德普惠投资中心以现金方式认购其中300万股股票，并对双方权利义务作出约定。因此，鑫秋公司与同德普惠投资中心发生涉案股票买卖行为的合意及具体买卖条件与条款均系以《认购合同》为基础，双方均应遵守合同约定。根据《认购合同》第八条约定，鑫秋公司与同德普惠投资中心已约定争议解决机构为某仲裁委员会，鑫秋公司等亦在一审时对此提出抗辩，故一审法院据此驳回同德普惠投资中心的起诉并无不当。"

除前述根据合同约定的仲裁协议外，发行人公司章程中亦有可能存在仲裁协议。因为投资人无论以何种方式购买股票，均依法成为发行人的股东。《公司法》第5条规定，公司章程对公司、股东、董事、监事、高级管理人员具有约束力。因此，如果公司章程中有仲裁条款，可能也会影响到股票类虚假陈述案件的主管问题。例如，在"昆明机床港股证券虚假陈述纠纷案"[1] 中，投资者将发行人及相关中介机构诉至法院，云南省高级人民法院指出，"昆明机床公司章程第二百七十四条：'本公司遵从下述争议解决规则：（一）凡境外上市外资股股东与公司之间，境外上市外资股股东与公司董事、监事、总经理或者其他高级管理人员之间，境外上市外资股股东与内资股股东之间，基于公司章程、《公司法》及其他法律、行政法规规定的权利义务发生的与公司事务有关的争议或者权利主张，有关当事人应当将此类争议或者权利主张提交仲裁解决。……（二）申请仲裁者可以选择中国国际经济贸易仲裁委员会按其仲裁规则进行仲裁，也可以选择香港国际仲裁中心按其证券仲裁规则进行仲裁。申请仲裁者将争议或者权利主张提交仲裁后，对方必须在申请者选择的仲裁机构进行仲裁'的内容"。据此，云南省高级人民法院认为："杨某作为昆明机床港股投资人，上述章程内容对其具有约束力。杨某就其购买的昆明机床港股上市股票，与昆机公司产生的上述纠纷，以及与沈机公司、西藏紫光公司、中德证券产生的相关责任纠纷，均应提交仲裁解决。综上，杨某无权基于其购买的昆明机床港股上市股票，提起证券虚假陈述民事赔偿诉讼，一审法院裁定驳回杨映川起诉并无不当，本院予以维持。"

（二）债券类虚假陈述纠纷的仲裁协议

债券类虚假陈述纠纷涉及仲裁协议情形相对较多，因为债券本身是一种代表债权的凭

---

[1] 参见云南省高级人民法院民事裁定书，（2020）云民终194号。

证，即使投资人从二级市场购入债券，交易对手方虽然不是发行人，但是获得的是基于发行人因债券发行而与投资人形成的合同债权，而合同内容体现在发行募集文件中。债券募集说明书中均存在认购或持有债券视为同意募集说明书内容的记载，常见表述如"投资者认购或持有本期债券视作同意债券受托管理协议、债券持有人会议规则及债券募集说明书中其他有关发行人、债券持有人、债券受托管理人等主体权利义务的相关约定"。部分债券募集说明书在"重大事项提示"记载"债券持有人认购、购买或以其他合法方式取得本期债券均视作同意并接受本公司为本次债券制定的《债券受托管理人协议》《债券持有人会议规则》等对本期债券各项权利义务的规定"；部分募集说明书会在"发行概况"中记载："认购、购买或以其他合法方式取得本期债券的投资者被视为作出以下承诺：本期债券持有人认购、购买或以其他合法方式取得本期债券均视作同意公司与债券受托管理人签署的本期债券的《债券受托管理协议》项下的相关规定；本期债券持有人认购、购买或以其他合法方式取得本期债券均视作同意并接受公司为本期债券制定的《债券持有人会议规则》并受之约束。"这些内容产生的法律后果是，认购债券的投资者将受到募集说明书相关内容的约束，自然也包括争议解决条款。因此，如果债券发行募集文件中含有仲裁协议，与该债券有关的虚假陈述争议就可能要以仲裁方式解决。

但是债券发行募集文件的篇幅一般都比较长，仲裁协议的表述也略有不同，可能引发的争议也会有所不同。

第一种仲裁协议对于仲裁事项的表述较为宽泛，例如，某债券说明书"第四节 增信机制、偿债计划及其他保障措施"第七部分"发行人违约责任及解决措施"载明：本次债券违约和救济的争议解决机制受中国法律管辖并按照中国法律解释；发行人、债券受托管理人及债券持有人对因本次债券违约和救济引起的或与违约和救济有关的任何争议，应首先通过协商解决。如果协商解决不成，可将争议提交某仲裁委员会进行仲裁。这一表述除了债券违约事项之外，将"与违约和救济有关的任何争议"均纳入仲裁范围。而多数债券虚假陈述纠纷均是发生在债券违约之后，或者债券未到期时虚假陈述被揭露而引发的，加上发行募集文件中都会有发行人或者其他中介机构承诺信息披露真实的内容，所以投资者很难主张债券类虚假陈述纠纷与债券违约和救济无关。例如，在北京金融法院（2021）京74民初295号案中，法院即根据前述约定认为"债券投资人持有本案所涉债券，视为其同意《募集说明书》载明对发行人、债券受托管理人的约束，前述仲裁条款即对其产生法律约束力"。

第二种仲裁协议情况相对较为复杂，很多募集说明书会在"违约责任与争议解决"部分以及"债券受托管理人"部分均记载仲裁协议，并牵涉到主体和争议等较为具体的内容，导致虚假陈述引发的赔偿纠纷是否属于仲裁范围的问题发生争议。

例如，某债券募集说明书在"增信机制、偿债计划及其他保障措施"标题下"违约责任及解决措施"部分约定,"《债券受托管理协议》项下所产生的或与《债券受托管理协议》有关的任何争议,首先应在争议各方之间协商解决。如果协商解决不成,那么在发行人和债券受托管理人同意的情况下,经任何一方要求,争议将交由中国国际贸易仲裁委员会(以下简称贸仲)按照申请仲裁时某仲裁委员会有效的仲裁规则在北京进行仲裁。双方同意适用仲裁普通程序,仲裁庭由3人组成,仲裁裁决是终局的,对发行人和债券受托管理人双方均有约束力。在'债券受托管理人'约定中,凡通过认购、受让、接受赠与、继承等合法途径取得并持有本次债券的投资者,均视作同意《债券受托管理协议》的条款和条件,并由债券受托管理人按《债券受托管理协议》的规定履行其职责。该节第二部分《债券受托管理协议》的主要内容第(十)法律适用和争议解决约定,《债券受托管理协议》项下所产生的或与《债券受托管理协议》有关的任何争议,首先应在争议各方之间协商解决。如果协商解决不成,双方同意,经任何一方要求,争议将交由贸仲按照申请仲裁时贸仲有效的仲裁规则在北京进行仲裁。双方同意适用仲裁普通程序,仲裁庭由3人组成。仲裁裁决是终局的,对甲乙双方均有约束力。"

上述募集说明书虽然在两个地方都记载了仲裁协议,但是从文字表述上看显然都是基于与债券受托管理有关的内容,包括"《债券受托管理协议》项下所产生的"和"与《债券受托管理协议》有关的"争议。这一范围明显比"因本次债券违约和救济引起的或与违约和救济有关的任何争议"要狭窄一些。在司法实践中,当发行人或者其他中介机构提出主管异议时,原告经常抗辩称募集说明书记载的仲裁协议仅适用于受托管理阶段的争议,与债券虚假陈述侵权损害赔偿责任无关。而目前有些司法裁判中直接支持了被告的主张,例如,北京市高级人民法院在(2022)京民终415号民事裁定书中即认为:"根据查明的事实,《募集说明书》中载明,投资者认购或持有本期债券视作同意《债券受托管理协议》、债券持有人会议规则及债券《募集说明书》中其他有关发行人、债券持有人、债券受托管理人等主体权利义务的相关约定。《债券受托管理协议》项下所产生的或与《债券受托管理协议》有关的任何争议,将交由贸仲按照申请仲裁时贸仲有效的仲裁规则在北京进行仲裁。中国国际金融股份有限公司、亚太(集团)会计师事务所(特殊普通合伙)、东方金诚国际信用评估有限公司、北京观韬中茂律师事务所关于虚假陈述责任承担的声明也为《募集说明书》的一部分。根据上述约定,西藏暖流资产管理有限公司作为债券投资人持有本案所涉债券,应当视为其同意《募集说明书》载明对发行人、债券受托管理人的约束,前述仲裁条款即对其产生法律约束力。故西藏暖流资产管理有限公司要求中国国际金融股份有限公司、亚太(集团)会计师事务所(特殊普通合伙)、东方金诚国际信用评估有限公司、北京观韬中茂律师事务所承担赔偿责任应通过仲裁程序解决,提交贸仲进行仲裁。"然而该裁判结果和理由引发了非常大的争议,因为裁判理由中没有论述原告提出的虚假陈述侵权之诉与仲裁事项和仲裁范围的对应性,也没有论述不是债券受托管理协议当事人的其他中介机构（包括律师事务所、会计师事务所等）也受到仲裁协议约束的理由。

　　客观来说，从前述募集说明书的文字记载来看，这样的仲裁协议针对的仲裁事项的范围是相对明确的，当事人提交仲裁的争议事项至少应当与《债券受托管理协议》有关。《债券受托管理协议》是规范债券发行人、受托管理人和债券持有人三方主体在债券存续期间的权利义务的合同，其内容显然不完全等同于债券所代表的债权债务关系本身。而债券虚假陈述侵权责任很难说是基于《债券受托管理协议》产生的侵权纠纷。即便因为《债券受托管理协议》中可能涉及债券存续期间持续信息披露的内容，或许可以作为将虚假陈述纠纷纳入"《债券受托管理协议》项下所产生的"或"与《债券受托管理协议》有关的"争议。但是如果投资者主张的虚假陈述发生在债券发行募集阶段，甚至虚假陈述内容就存在于募集说明书中，那么该虚假陈述引发的纠纷显然难以解释为因《债券受托管理协议》产生或者与之有关。上文所引述的司法案例中并未详细说明为何发行阶段的虚假陈述引发的争议也属于仲裁范围，不无遗憾，期待司法机关在类似案件中进一步厘清上述争议。

第四节

与监管的衔接

在大势所趋之下,《虚假陈述若干规定》第 2 条明确废除了前置程序,即人民法院受理虚假陈述民事赔偿案件不再以行政或刑事处理为前提条件。该等变化所带来的影响不仅在于民事诉讼的提起和受理阶段,更涉及虚假陈述行为的举证、重大性和揭露日的认定等问题。此类问题过去在不同程度上直接取决于行政监管的认定,但近年来已渐渐发展为该类案件的焦点。在此背景下,司法如何与监管形成良好的互动与协作,监管的认定将在何种程度上影响法院的判断,以及二者存在冲突时如何调和亦是民事案件中值得探讨与研究的问题。

一、前置程序的废除及辐射效应

(一) 前置程序的存废

1. 前置程序的设立

原《虚假陈述若干规定》第 6 条第 1 款规定:"投资人以自己受到虚假陈述侵害为由,依据有关机关的行政处罚决定或者人民法院的刑事裁判文书,对虚假陈述行为人提起的民事赔偿诉讼,符合民事诉讼法第一百零八条[1]规定的,人民法院应当受理。"按照该规定,法院受理虚假陈述民事案件需以该虚假陈述行为已经被行政处罚决定或者刑事裁判文书认定为前提(前置程序)。前置程序的设置是为了契合我国证券市场早期阶段的发展状况。

2. 前置程序的并存

2015 年 5 月施行的最高人民法院《关于人民法院登记立案若干问题的规定》第 1 条规定:"人民法院对依法应该受理的一审民事起诉、行政起诉和刑事自诉,实行立案登记制。"

---

[1] 指 1991 年《民事诉讼法》第 108 条,现为《民事诉讼法》第 122 条。

部分案件,在虚假陈述行为未经行政或刑事处理的情况下,法院直接受理案件。[1] 但当时诸多案件仍继续适用原《虚假陈述若干规定》关于起诉条件的规定,主要理由是,原《虚假陈述若干规定》中对该类案件的立案受理条件作出了特别规定,该规定现行有效,并未明文予以废止,法院在审理活动中仍应遵循。[2]

3. 前置程序的废除

2020年7月最高人民法院发布的《债券座谈会纪要》第9条明确废止了债券领域虚假陈述民事案件的前置程序。同时,《代表人诉讼若干规定》第5条将适用代表人诉讼程序审理的所有证券虚假陈述民事案件起诉要求放宽到"被告自认材料、证券交易所和国务院批准的其他全国性证券交易场所等给予的纪律处分或者采取的自律管理措施等证明证券侵权事实的初步证据"。

在此背景下,即使在未被明确废止前置程序的股票领域非代表人诉讼中,司法实践也在逐步放松对前置程序的理解,认为只要有一个被告受到行政处罚或刑事判决认定存在虚假陈述,那么对未受行政和刑事处理的其他被告的起诉也不应驳回,[3] 而此前司法实践中一般处理方式是裁定驳回投资者对其他被告的起诉。[4]

2021年7月中共中央办公厅、国务院办公厅发布《关于依法从严打击证券违法活动的意见》,明确要求"修改因虚假陈述引发民事赔偿有关司法解释,取消民事赔偿诉讼前置程序"。由此,《虚假陈述若干规定》第2条从正反两方面对虚假陈述民事案件的起诉条件进行了明确,彻底废除了前置程序,要求人民法院不得仅以虚假陈述未经行政处罚或者生效刑事判决的认定为由不予受理。

最高人民法院民二庭负责人就该规定答记者问时提到废除前置程序的考虑是,"前置程序也存在投资者诉权保障不足、权利实现周期过长等问题"。[5] 除此之外,前置程序的废除可能也与我国证券市场现阶段发展需要重点打击证券欺诈活动以及我国法院对证券欺

---

[1] 例如,浙江省高级人民法院民事裁定书,(2017)浙民终72号;安徽省高级人民法院民事裁定书,(2016)皖民终412号;江苏省高级人民法院民事裁定书,(2016)苏民辖终442号;江苏省高级人民法院民事裁定书,(2016)苏民辖终386号。

[2] 例如,浙江省高级人民法院民事裁定书,(2016)浙民终366号;上海市高级人民法院民事裁定书,(2017)沪民终390号;江苏省高级人民法院民事裁定书,(2017)苏民终817号;江苏省高级人民法院民事裁定书,(2016)苏民终1364号;北京市高级人民法院民事裁定书,(2016)京民辖终116号;最高人民法院民事裁定书,(2018)最高法民申1402号;最高人民法院民事裁定书,(2018)最高法民申5080号。

[3] 例如,辽宁省大连市中级人民法院民事判决书,(2019)辽02民初1794号;上海市高级人民法院民事判决书,(2020)沪民终666号。

[4] 例如,广东省高级人民法院民事裁定书,(2017)粤民终1037号;江苏省南京市中级人民法院民事裁定书,(2018)苏01民初1708号。

[5] 参见人民法院新闻传媒总社:《最高人民法院民二庭负责人就〈最高人民法院关于审理证券市场虚假陈述侵权民事赔偿案件的若干规定〉答记者问》,载最高人民法院网2022年1月21日,https://www.court.gov.cn/zixun-xiangqing-343251.html。

诈民事案件的专业化审理水平大幅提升有关。

(二) 前置程序废除后的辐射效应

前置程序的废除所带来的影响远不只限于虚假陈述民事案件的程序阶段，对该类案件的实体审理也将产生极大的辐射效应，本节试举例说明如下。

1. 虚假陈述行为问题

关于虚假陈述行为的举证问题，为了防范前置程序取消之后原告没有事实根据的滥诉行为，《虚假陈述若干规定》第2条要求原告起诉时须提交"信息披露义务人实施虚假陈述的相关证据"。

但是，证券虚假陈述行为具有较高的隐秘性和专业性，一般需要经过证监会稽查、处罚等行政部门大量的调查、听证等行政程序，或者需要经过侦查、审查起诉、审判等司法程序，才能作出违法或犯罪的认定。在没有行政处罚和刑事判决甚至没有监管机构的任何负面评价的情况下，原告通常只能根据被告公开披露的信息或者他人揭露的信息提起诉讼，从而很可能存在大量的主观臆测，难以提供具体的虚假陈述侵权事实，极易造成司法资源的浪费和被告的诉累。该问题的解决一方面需要依靠法院的专业化审查；另一方面需要发挥法院和监管部门的协同作用，必要时还可能需要对"相关证据"进行限缩或者进一步界定。

关于虚假陈述行为的类型问题，此前因为前置程序的存在，所以原《虚假陈述若干规定》仅从表现形式对虚假陈述行为区分为了虚假记载、误导性陈述、重大遗漏以及未按照规定披露信息4种。但在没有行政处罚和刑事判决等前置程序，仅由法院在民事案件中独立审查的情况下，有必要以信息类型作为划分依据设置不同的行为认定标准，即《虚假陈述若干规定》第6条设置的预测性信息安全港原则。

2. 重大性问题

此前由于前置程序的存在，即便行政违法行为与民事侵权行为不具有等同性，司法实践中支持被告提出的虚假陈述行为不具有重大性抗辩的案例[1]也极少。《九民纪要》第85条明确指出："……对于一方提出的监管部门作出处罚决定的行为不具有重大性的抗辩，人民法院不予支持，同时应当向其释明，该抗辩并非民商事案件的审理范围，应当通过行政复议、行政诉讼加以解决。"

在《虚假陈述若干规定》废除前置程序且重新确立了"重大性"的形式要件和实质要件的背景下，《九民纪要》的上述规定将失去作用，被告对该要件的抗辩空间得到极大提

---

[1] 例如，湖南省高级人民法院民事判决书，(2012) 琼民二终字第40号；湖北省武汉市中级人民法院民事判决书，(2016) 鄂01民初6421号；江苏省高级人民法院民事判决书，(2016) 苏民终732号；重庆市第一中级人民法院民事判决书，(2018) 渝01民初291号。

升。司法实践中，上海金融法院审理的"安徽华信案"、[1]新疆维吾尔自治区高级人民法院审理的"汇嘉百货案"[2]的裁判意见均表明，虽然虚假陈述被监管部门作出行政处罚，但如果相关证券价格或交易量在揭露日后并未明显下跌，表明该虚假陈述未导致证券交易价格、交易量的明显变化，故该虚假陈述不具有重大性。

3. 揭露日问题

不管是原《虚假陈述若干规定》还是《虚假陈述若干规定》均采用公式化的拟制方法来规定虚假陈述侵权行为的因果关系和损失要件，这些都以虚假陈述揭露日或更正日的认定为前提，而且《虚假陈述若干规定》基于前置程序的废除相应地将诉讼时效的起算时间也改为从揭露日或更正日起算，而揭露或更正行为此前大多与行政处罚的立案调查日或处罚事先告知日密切相关，在没有行政处罚和刑事判决的情况下，将难以再简单类型化地确认揭露日或更正日，这就要求法院更深入地理解揭露日或更正日的意义，从个案出发针对性地认定揭露日或更正日。

二、法院与监管机构的互动与协作

取消前置程序后，为了更好地发挥法院与监管机构的协同作用，最高人民法院和证监会联合发布了《关于适用〈虚假陈述若干规定〉的通知》，就法院与监管机构之间的互动与协作事宜进行了规定。

（一）法院与监管机构的互动

1. 通报制度

《关于适用〈虚假陈述若干规定〉的通知》第1条明确指出："人民法院受理证券市场虚假陈述侵权民事赔偿案件后，应当在十个工作日内将案件基本情况向发行人、上市或者挂牌公司所在辖区的中国证券监督管理委员会（以下简称中国证监会）派出机构通报，相关派出机构接到通报后应当及时向中国证监会报告。"

司法实践中，已经有法院落实该通报制度。但是，通报之后，监管机构是否会向法院作出回复甚至对被告作出调查，尚无定论。

2. 调查取证制度

《关于适用〈虚假陈述若干规定〉的通知》第2条第2款明确指出："人民法院和中国证监会有关部门或者派出机构在调查收集证据时要加强协调配合，以有利于监管部门履行监管职责与人民法院查明民事案件事实为原则。在充分沟通的基础上，人民法院依照《中华人民共和国民事诉讼法》及相关司法解释等规定调查收集证据，中国证监会有关部门或者派出机构依法依规予以协助配合。"

---

[1] 参见上海金融法院民事判决书，（2021）沪74民初1895号。
[2] 参见新疆维吾尔自治区高级人民法院民事判决书，（2022）新民终1号。

该规定并非创设性规定，《民事诉讼法》本就赋予了法院依职权调取证据的权利。司法实践中，在该规定发布之前，法院就曾在审理虚假陈述民事案件过程中向证监会派出机构调查收集证据，包括监管机构调查过程中获得的发行人或中介机构的工作底稿、监管机构对相关人员的询问笔录、监管机构的调查认定结论等。该规定发布之后，监管机构对法院的调查取证可能会更加配合。

（二）法院与监管机构的协作

1. 征求意见制度

《关于适用〈虚假陈述若干规定〉的通知》第 4 条规定，案件审理过程中，人民法院可以就诉争虚假陈述行为违反信息披露义务规定情况、对证券交易价格的影响、损失计算等专业问题征求中国证监会或者相关派出机构、证券交易场所、证券业自律管理组织、投资者保护机构等单位的意见。

其中，虚假陈述行为对证券交易价格的影响可能更多的是征求证券交易所的意见，损失计算更多的是征求投资者保护机构或其他第三方专业机构的意见，但是对于违反信息披露义务规定情况则需要征求中国证监会或者相关派出机构等监管部门或相关规定制定主体的意见。

2. 参与审理制度

《关于适用〈虚假陈述若干规定〉的通知》第 5 条规定，法院要依法积极开展专家咨询和专业人士担任人民陪审员的探索，证监会派出机构和有关部门要做好相关专家、专业人士担任人民陪审员的推荐等配合工作。

由此，将来在虚假陈述民事案件中，监管机构的专业人士可能直接作为人民陪审员参与案件的审理，进一步提升该类案件审理的专业化水平。

三、司法裁判与行政监管的关联、冲突与调和

（一）司法裁判与行政监管的关联

取消前置程序后，证券虚假陈述民事案件的司法裁判不再必须以行政监管的处理结果或相关行政诉讼的结果为审理依据，《关于适用〈虚假陈述若干规定〉的通知》第 3 条更是直接规定："人民法院经审查，认为中国证监会有关部门或者派出机构对涉诉虚假陈述的立案调查不影响民事案件审理的，应当继续审理。"但是这并不意味着司法裁判与行政监管各行其道、互不相关。

相反，不少法院在审查诉争证券虚假陈述行为是否具备违法性、中介机构是否具有过错等要件时仍然会看重监管机构的意见，即是否对诉争行为相关主体作出过行政处罚、监管措施甚至纪律处分等。本书认为，就行为要件而言，行政违法行为不等于民事侵权行为，即使诉争行为被认定为违法行为，仍要审查该行为是否属于信息披露违法行为，是否

具备重大性要件；就过错要件而言，鉴于监管措施和纪律处分所针对的行为违法或违规程度以及采取的目的，法院不应当以监管措施或纪律处分直接认定中介机构或有关人员存在《虚假陈述若干规定》第13条规定的故意或重大过失情形，司法实践中亦有同样认定。[1]

相应地，实践中亦存在司法裁判审理认定中介机构存在未勤勉尽责的过错并据此判决中介机构承担虚假陈述民事赔偿责任之后，监管机构对中介机构作出了行政处罚。

可预见到，未来司法裁判可能不再将行政监管的处理结果奉为圭臬，司法裁判与行政监管之间的关联或许更多地是互相参考。

（二）司法裁判与行政监管的冲突

前置程序的存在，除了可以避免原告滥诉，减轻法院工作压力，节省有限司法资源之外，还可以避免司法裁判与行政监管之间的结果冲突。

取消前置程序之后，对于已经作出行政处罚的案件，前置程序的废除与否并无实质影响；对于已经立案调查甚至已经作出行政处罚事先告知书但尚未作出行政处罚的案件，如果法院裁定中止诉讼或者形式上未出裁定但实质上中止审理，前置程序的废除亦无本质区别；对于尚未立案调查，或者已经立案调查且法院未停止审理的案件，理论上完全可能出现法院认定被告行为违法而监管机构始终未予处罚甚至调查后以违法事实不成立而决定结案的情况，也可能出现法院认定被告行为不违法而监管机构却作出行政处罚的情况。这样的直接冲突可能就会影响司法裁判或行政监管的公信力。

（三）司法裁判与行政监管的调和

如何调和尚无行政处罚的案件中出现的司法裁判和行政监管之间的冲突，对于已经针对发行人或其他任一被告立案调查甚至已经作出行政处罚事先告知书的案件，法院大多采取实质中止审理的方式。但该方式可能违背了废除前置程序的初衷之一，即缩短投资者权利实现的周期。

本书认为，对于不管是尚未立案调查还是已经立案调查但尚未作出处罚的案件，调和司法裁判与行政机关之间可能的冲突还是回归法律规定、查明的法律事实、各自的职责以及加强前述介绍的互动、协作制度为宜，而且该互动、协作制度还可能起到中断行政处罚追诉时效的法律效果。

---

[1] 参见浙江省杭州市中级人民法院民事判决书，(2021) 浙01民初2158号。

第五节 刑民交叉

一、刑民交叉概述

刑民交叉是指刑事案件与民事案件在法律事实、法律主体方面存在完全重合或者部分重合，从而导致案件的刑事诉讼与民事诉讼之间在程序处理、责任承担等方面相互交叉、渗透。刑民交叉并非专业法律术语，而是对司法实践中刑事诉讼程序和民事诉讼程序存在交集的一种形象且客观的描述。

最早对刑民交叉案件作出原则性规定的是最高人民法院发布的《人民法院审判民事案件程序制度的规定（试行）》（1979年2月2日发布），其第6条第6项规定："民事案件中需要追究刑事责任的。民事案件通过调查审理，发现有需要追究刑事责任的，可按刑事附带民事或先刑事后民事处理。"

随着经济发展，刑民交叉案件多见于经济犯罪。为更好处理刑民交叉案件，自1985年以来，司法机关先后发布了《关于及时查处在经济纠纷案件中发现的经济犯罪的通知》《关于在审理经济纠纷案件中发现经济犯罪必须及时移送的通知》《关于审理存单纠纷案件的若干规定》《关于在审理经济纠纷案件中涉及经济犯罪嫌疑若干问题的规定》《关于审理非法集资刑事案件具体应用法律若干问题的解释》《关于审理民间借贷案件适用法律若干问题的规定》。其中，《关于在审理经济纠纷案件中涉及经济犯罪嫌疑若干问题的规定》对刑民交叉案件处理做了较为全面的规定。

《九民纪要》则对处理刑民交叉案件予以进一步明确，其他相关规定亦相应修改。

二、刑民交叉案件的处理模式

刑民交叉案件与一般民事案件或刑事案件相比，稍显复杂。司法实践中，对刑民交叉案件的处理有以下几种模式。

(一) 先刑后民

根据《关于及时查处在经济纠纷案件中发现的经济犯罪的通知》（已废止）的规定，"各级人民法院在审理经济纠纷案件中，如发现有经济犯罪，应按照1979年12月15日最高人民法院、最高人民检察院、公安部《关于执行刑事诉讼法规定的案件管辖范围的通知》，将经济犯罪的有关材料分别移送给有管辖权的公安机关或检察机关侦查、起诉，公安机关或检察机关均应及时予以受理"。该通知率先确立了对刑民交叉案件审理的刑事优先规则，对此后审理民刑交叉案件产生了重大影响。

《关于在审理经济纠纷案件中涉及经济犯罪嫌疑若干问题的规定》第11条、第12条规定："人民法院作为经济纠纷受理的案件，经审理认为不属经济纠纷案件而有经济犯罪嫌疑的，应当裁定驳回起诉，将有关材料移送公安机关或检察机关。人民法院已立案审理的经济纠纷案件，公安机关或检察机关认为有经济犯罪嫌疑，并说明理由附有关材料函告受理该案的人民法院的，有关人民法院应当认真审查。经过审查，认为确有经济犯罪嫌疑的，应当将案件移送公安机关或检察机关，并书面通知当事人、退还案件受理费；如认为确属经济纠纷案件的，应当依法继续审理，并将结果函告有关公安机关或检察机关。"

《九民纪要》第129条第1款规定："2014年颁布实施的《最高人民法院最高人民检察院公安部关于办理非法集资刑事案件适用法律若干问题的意见》和2019年1月颁布实施的《最高人民法院最高人民检察院公安部关于办理非法集资刑事案件若干问题的意见》规定的涉嫌集资诈骗、非法吸收公众存款等涉众型经济犯罪，所涉人数众多、当事人分布地域广、标的额特别巨大、影响范围广，严重影响社会稳定，对于受害人就同一事实提起的以犯罪嫌疑人或者刑事被告人为被告的民事诉讼，人民法院应当裁定不予受理，并将有关材料移送侦查机关、检察机关或者正在审理该刑事案件的人民法院。受害人的民事权利保护应当通过刑事追赃、退赔的方式解决。正在审理民商事案件的人民法院发现有上述涉众型经济犯罪线索的，应当及时将犯罪线索和有关材料移送侦查机关。侦查机关作出立案决定前，人民法院应当中止审理；作出立案决定后，应当裁定驳回起诉；侦查机关未及时立案的，人民法院必要时可以将案件报请党委政法委协调处理。"第130条规定："人民法院在审理民商事案件时，如果民商事案件必须以相关刑事案件的审理结果为依据，而刑事案件尚未审结的，应当根据《民事诉讼法》第150条第5项的规定裁定中止诉讼。待刑事案件审结后，再恢复民商事案件的审理。"

(二) 刑民并行

《关于审理存单纠纷案件的若干规定》《关于在审理经济纠纷案件中涉及经济犯罪嫌疑若干问题的规定》《关于审理民间借贷案件适用法律若干问题的规定》等法律法规，在对基于同一事实的刑民交叉案件坚持刑事优先规则的基础上，对于审理非基于同一事实的刑民交叉案件明确了刑民并行规则，刑民并行规则是对先刑后民规则的必要补充。对于如何认定刑民案件构成"同一事实",刘贵祥大法官认为:"总体上看,民事案件与刑事案件的主体相同,且案件基本事实存在竞合或者基本竞合的,可以认定民事案件与刑事案件构成'同一事实'。"[1]

《九民纪要》第128条明确指出:"同一当事人因不同事实分别发生民商事纠纷和涉嫌刑事犯罪,民商事案件与刑事案件应当分别审理,主要有下列情形:(1)主合同的债务人涉嫌刑事犯罪或者刑事裁判认定其构成犯罪,债权人请求担保人承担民事责任的;(2)行为人以法人、非法人组织或者他人名义订立合同的行为涉嫌刑事犯罪或者刑事裁判认定其构成犯罪,合同相对人请求该法人、非法人组织或者他人承担民事责任的;(3)法人或者非法人组织的法定代表人、负责人或者其他工作人员的职务行为涉嫌刑事犯罪或者刑事裁判认定其构成犯罪,受害人请求该法人或者非法人组织承担民事责任的;(4)侵权行为人涉嫌刑事犯罪或者刑事裁判认定其构成犯罪,被保险人、受益人或者其他赔偿权利人请求保险人支付保险金的;(5)受害人请求涉嫌刑事犯罪的行为人之外的其他主体承担民事责任的。审判实践中出现的问题是,在上述情形下,有的人民法院仍然以民商事案件涉嫌刑事犯罪为由不予受理,已经受理的,裁定驳回起诉。对此,应予纠正。"

(三) 先民后刑

先民后刑一般指法院在审理民商事纠纷时,发现涉嫌刑事犯罪,继续审理民事纠纷,刑事部分待民事部分处理完后再审。相关法律依据是《民事诉讼法》第153条第1款第5项:"有下列情形之一的,中止诉讼:(五)本案必须以另一案的审理结果为依据,而另一案尚未审结的。"

审判实践中,主要有以下两类案件:一是与知识产权相关的案件。此类案件要确认是否构成犯罪,一般需先对有关知识产权的权属进行民事判断,此类案件的专业性导致公安机关在侦查上的困难,适用先民后刑解决,不仅能够减少不必要的程序,而且有利于实现诉讼效益的最大化。二是其他确权案件。如在一般财产权和股权引起的刑民交叉案件中,刑事审判首先必须对侵犯对象的权属进行民事确认,才能视归属情况确定行为人在刑事上是否构成犯罪以及是否启动刑事诉讼程序。此类案件中对民事部分的审理结果将直接影响刑事判决的认定,否则可能因为案件事实不清造成冤假错案。

三、证券虚假陈述刑民交叉实务探讨

近年来,法学界热衷于研究刑民交叉,有的探究其基础理论,有的从事比较分析。辩证来讲,刑事案件大多会涉及民事,经济犯罪必将涉及民事,依照张明楷教授观点,"刑民交叉"只具有视觉和经验上的内容,如果作为概念使用,外延太广,各方理论研究也必

---

[1] 刘贵祥:《关于金融民商事审判工作中的理念、机制和法律适用问题》,载"法律适用"微信公众号2023年2月6日,https://mp.weixin.qq.com/s/zBNKNfewx5Xtn_k7SGivLA。

将是自说自话，无法形成严谨概念和系统性理论。[1] 本书着眼实务，不做概念界定和论理分析，探讨证券虚假陈述刑民交叉领域以下常见问题。

（一）证券虚假陈述案件是先刑后民还是刑民并行

根据《九民纪要》的规定，"同一事实"不能作为绝对的判断标准，仅"涉众型"和必须以刑事案件审理结果为依据的证券虚假陈述案件存在应当先刑后民的情况。

在前置程序取消的背景下，证券虚假陈述案件即便涉及刑事，也并非必须以刑事案件的审理结果为依据。

对于投资者起诉证券服务机构的证券虚假陈述案件，目前法院裁判多数倾向于刑民并行。法院一般认为，首先，此类民事案件与刑事案件审理的责任主体并不完全一致，也非完全基于同一事实。投资者起诉所依据的事实除了发行人（或其实际控制人、法定代表人、高管等）涉及欺诈发行证券或违规披露、不披露重要信息外，还涉及证券服务机构是否尽到勤勉尽责义务，在提供服务过程中是否存在过错，主体并不必然相同。其次，是否构成刑事犯罪与是否承担民事赔偿责任是两种法律体系下的不同评价标准。两种审判程序并行运用能给予投资者更为有力的保护，也符合《证券法》及相关司法解释精神。例如，"胜通债案"中，青岛市中级人民法院一审认为该案符合最高人民法院《关于在审理经济纠纷案件中涉及经济犯罪嫌疑若干问题的规定》第11条规定的情形，故驳回投资者的起诉。但山东省高级人民法院二审以后撤销了青岛市中级人民法院的裁定并指令青岛市中级人民法院审理本案。[2] 与此前裁判的"盛运债案"[3] 结果完全不同。

（二）是否必须提起刑事附带民事诉讼

刑事附带民事诉讼制度的设计，可以理解为一种纠纷的"一体化"解决方式，即将某一危害行为的刑事责任和民事责任问题在一个诉讼程序中予以解决。这种"一体化"地解决由同一事实引发的多个纠纷的思路，可以较好地实现解决纠纷的效率价值，对附带民事诉讼的原告而言，可减轻举证负担，也能降低诉讼成本。但实践中提起附带民事诉讼的较为少见，特别是在欺诈发行债券的刑事案件中，投资者一般为机构，公安机关立案侦查后，投资者有较大的观望情绪。一方面，各投资者意见往往不一致，出于不想增加公司诉讼数量及维护公司声誉的考虑，较少提起附带民事诉讼；另一方面，在投资者未提起附带民事诉讼的情况下，不影响侦查机关追赃，发行人及其实际控制人仍能倾尽全力返赃退赃。

值得讨论的问题是，附带民事诉讼提起与否效果是否一样？提起附带民事诉讼，是否

---

[1] 张明楷：《刑法学中的概念使用与创制》，载《法商研究》2021年第1期。
[2] 参见山东省青岛市中级人民法院民事裁定书，（2021）鲁02民初2234号；山东省高级人民法院民事裁定书，（2022）鲁民终972号。
[3] 参见安徽省合肥市中级人民法院民事裁定书，（2020）皖01民初2383号。

影响另行起诉？关于提起附带民事诉讼的效果，被害人可借此明确身份及损失金额，以防发还赃款时少还或不还。关于另行起诉，通说认为，在刑民交叉案件中应最大限度保护被害人的合法权益，即刑事追赃与民事诉讼不应该是非此即彼的关系，在保护被害人的合法权益方面应是相互补充的关系。因而，在通过刑事追赃、返赃退赃不能弥补被害人全部损失的情况下，被害人可另行提起民事诉讼。另外，提起附带民事诉讼还有一个优势是在刑事诉讼中确认了受害事实，受害人在其后另行提起的民事诉讼中可以减轻举证责任。

（三）关于刑民交叉情况下代表投资者起诉

目前在证券虚假陈述刑民交叉案件中已出现多重诉讼情况，发行人等因涉嫌诈骗罪或欺诈发行罪或违规披露、不披露信息罪等进入刑事诉讼程序，证券公司作为受托管理人或资产管理专项计划管理人代表（部分）投资者提起民事诉讼，（部分）投资者起诉包括证券公司在内的证券服务机构。在此情况下，证券公司应对整个刑民交叉案件充分考量。证券公司代表投资者提起诉讼主要考虑保全被告资产，快速进入执行程序以挽回投资者损失，或是为了缓解来自投资者的压力。从实效上看，案件进入刑事程序，被告相应资产已被刑事查封冻结，进入执行程序亦无财产可供执行（有担保的除外）；而投资者一旦提起诉讼，可能进一步宣告证券公司的代表起诉毫无意义，且耗费大量人力财力。鉴于此，证券公司应依法积极主动充分参与刑事案件，通过刑事诉讼程序尽最大可能为投资者挽回损失，以此赢得投资者的理解，缓解压力的同时，也可以降低将来或有的投资者起诉索赔额度。

（四）关于刑事案件和民事案件的赔偿责任认定变化

在刑事判决对刑事责任主体进行追赃，民事判决其他责任主体承担民事责任的情形下，应对追赃与民事责任的认定和执行进行协调，以解决被害人可能双重受偿的问题。证券虚假陈述刑民交叉案件中，以往一般是刑事案件先完结，投资者（刑事被害人）就未获偿部分提起民事诉讼，在民事案件判决和执行过程中对刑事案件受偿部分扣减，但随着投资者维权意识增强，《债券座谈会纪要》和《虚假陈述若干规定》等规定出台，加之各地金融审判专业化程度大幅提升，民事案件往往先于刑事案件完结，目前已有多起此类案件，此时可能就要在民事裁判中对投资者未来可能通过刑事获得退赃的部分采取提前确定处理方式。

第六节

诉讼时效

一、诉讼时效概述

（一）诉讼时效及实务要点

1. 诉讼时效是指权利人在法定期间内不行使权利，义务人有权抗辩不履行其义务的法律制度[1]。

《民法典》分别规定了普通诉讼时效、特别诉讼时效和最长诉讼时效。普通诉讼时效的期间为3年，自权利人知道或者应当知道权利受到损害以及义务人之日起计算。"权利人知道或者应当知道"的内涵，不仅包括权利人知道或者应当知道损害事实的发生，而且也包括权利人知道或者应当知道义务人是谁，否则要求权利人在不知道权利被谁侵害时承担诉讼时效期间届满的法律后果，对权利人显然有失公允。

特别诉讼时效，即权利人行使权利的诉讼时效适用其他法律的另行规定，例如，《保险法》规定人寿保险的被保险人或者受益人向保险人请求给付保险金的诉讼时效期间为5年，自其知道或者应当知道保险事故发生之日起计算。

最长诉讼时效系自权利受到损害之日起20年，而无论权利人是否知晓权利受到损害以及是否知晓相对义务人。不过，有特殊情况的，人民法院可以根据权利人的申请决定延长。关键在于对特殊情况的判断，并且须有权利人的申请。[2] 特别诉讼时效和最长诉讼时效不在本节讨论之列。

---

[1]《民法典》第192条第1款规定："诉讼时效期间届满的，义务人可以提出不履行义务的抗辩。"
[2]《民法典》第188条规定："向人民法院请求保护民事权利的诉讼时效期间为三年。法律另有规定的，依照其规定。诉讼时效期间自权利人知道或者应当知道权利受到损害以及义务人之日起计算。法律另有规定的，依照其规定。但是，自权利受到损害之日起超过二十年的，人民法院不予保护，有特殊情况的，人民法院可以根据权利人的申请决定延长。"

2. 实务要点

（1）基于证券虚假陈述侵权行为产生的请求权诉讼时效从权利人知道或者应当知道其权利受损和确定具体侵权行为人时起算。"权利人知道或者应当知道"的对象是针对利益遭受损失的事实和具体的侵权行为人而言，而非指对主张权利依据的知晓，亦不论权利人在当时主观上是否知道其已依法享有该请求权。但对于如何认定（推定）权利人知道或者应当知道其权利受损和侵权行为人，我国法律规则发生过变化，详见后述。

（2）作为投资者的原告应当特别关注诉讼时效剩余期间。作为被告，在一审答辩时优先关注时效抗辩权，人民法院不主动适用诉讼时效的规定。

（3）一般在一审期间提出诉讼时效抗辩。若一审期间因为各种原因没有提出诉讼时效抗辩，二审期间提出诉讼时效抗辩基本不会获得法院支持，除非系基于二审期间发现的"新证据"能够证明对方当事人的请求权已过诉讼时效期间。若在一审、二审期间均未提出诉讼时效抗辩，以诉讼时效期间届满为由申请再审或者提出再审抗辩的，人民法院不予支持。最高人民法院在（2022）最高法民申103号案中即认为，申请人一审时经一审法院依法传唤，无正当理由拒不出庭参加诉讼，一审法院依法缺席审理，未主动适用诉讼时效进行裁判，适用法律并无不当；二审过程中，申请人未提供关于诉讼时效已过的新证据，二审法院未再就诉讼时效进行审理，适用法律亦无错误，裁定驳回再审申请。

（二）证券虚假陈述诉讼时效规则演变

总体上看，证券虚假陈述责任纠纷案件诉讼时效的规则演变有两个重大变化，一是与当时一般民事诉讼所使用的普通诉讼时效规则保持一致，诉讼时效期间从两年延长至3年；二是诉讼时效起算点从"行政处罚公布日"或"刑事判决生效日"起算变更为从"揭露日"或"更正日"起算。具体演变情况详见表5。

表5 证券虚假陈述责任纠纷案诉讼时效规则演变表

规则名称	适用条款	主要规定	效力
原《民法通则》（1987年1月1日，2009年修正）	第七章诉讼时效 第135条 第137条	1. 普通诉讼时效两年 2. 自知道或应当知道权利被侵害时起算	已废止
原《虚假陈述若干规定》（2003年2月1日）	第5条	自公布作出行政处罚决定之日或刑事判决生效之日起算	已废止
原《民法总则》（2017年10月1日）	第九章诉讼时效 第188条	1. 普通诉讼时效3年 2. 自知道或应当知道权利受到损害及义务人之日起算	已废止

续表

规则名称	适用条款	主要规定	效力
《民法典》（2021年1月1日）	第九章诉讼时效第188条	1. 普通诉讼时效3年 2. 自知道或应当知道权利受到损害及义务人之日起算	现行有效
《虚假陈述若干规定》（2022年1月22日）	第32条	以揭露日或更正日起算	现行有效

二、证券虚假陈述中诉讼时效起算规则

（一）诉讼时效起算规则的发展历程

证券虚假陈述责任纠纷中诉讼时效的起算时点，司法实践中经历了3个阶段：第一阶段系股票、债券统一适用相同起算规则（2003年之前）；第二阶段系股票、债券分别适用不同起算规则（2003~2022年）；第三阶段系回归股票、债券统一适用相同起算规则（2022年1月至今）。

1988年随着国库券流通转让和股票市场的出现，证券中介机构应运而生，当时的证券承销商不仅是代销的角色，还须负责发行人兑付不能时的先行垫付义务，[1] 证券承销商实质为债务加入方或发行人的增信保障方，有其历史特殊性。1998年银行间债券市场开始建立后，债券市场走向招标发行和无纸化或电子化，也开启了债券市场化之路。第一阶段企业债发行主体主要是国家重点项目、国家发展和改革委员会（以下简称国家发展改革委）重点项目以及其他信用好、有国家产业政策支持的项目，债券纠纷主要集中在违约兑付交收，涉及诉讼时效问题主要适用当时适用的《民法通则》有关诉讼时效的规定，并未细分股票或债券。

第二阶段，2003年颁布的原《虚假陈述若干规定》第5条[2]规定，诉讼时效自"行政处罚公布日"或"刑事判决生效日"起算。案件中存在多个被告的，"以最先作出的行政处罚决定公告之日或者作出的刑事判决生效之日，为诉讼时效起算之日"。该规定将诉

---

[1] 1994年4月29日最高人民法院经济审判庭《关于代理发行企业债券的金融机构应否承担企业债券发行人债务责任问题的复函》（已废止）说明：如果债券推销人金融机构代企业债券发行人垫款向企业债券持有人兑付本息时，该推销人金融机构则成为债券持有人，亦应向企业债券的发行人和（或）担保人主张民事权利。

[2] 原《虚假陈述若干规定》第5条规定："投资人对虚假陈述行为人提起民事赔偿的诉讼时效期间，适用民法通则第一百三十五条的规定，根据下列不同情况分别起算：（一）中国证券监督管理委员会或其派出机构公布对虚假陈述行为人作出处罚决定之日；（二）中华人民共和国财政部、其他行政机关以及有权作出行政处罚的机构公布对虚假陈述行为人作出处罚决定之日；（三）虚假陈述行为人未受行政处罚，但已被人民法院认定有罪的，作出刑事判决生效之日。因同一虚假陈述行为，对不同虚假陈述行为人作出两个以上行政处罚；或者既有行政处罚，又有刑事处罚的，以最先作出的行政处罚决定公告之日或者作出的刑事判决生效之日，为诉讼时效起算之日。"

讼时效的起算时间与立案前置条件的规定钩稽适用。原《虚假陈述若干规定》第5条、第6条[1]的规定，可以理解为立案条件和诉讼时效起算点是一致的。但是不少观点认为，原《虚假陈述若干规定》系以公开市场股票的发行与交易为模型设计的规则，难以适用于债券市场，特别是难以适用于不具有公开发行、集中交易特点，在法律关系上更类似于交易主体特定的合同关系的私募债券。[2]

股票或债券适用不同规则的实务之辩始于"11超日债案"，并延展至公募债与私募债适用不同规则之辩。在"11超日债案"[3]中，江苏省高级人民法院对原《虚假陈述若干规定》的适用范围作出了详细的论述，即原《虚假陈述若干规定》既适用于"股票"也适用于"债券"，其排除适用的是"证券市场以外的交易"及"协议转让"。私募债最典型的交易方式之一就是协议转让，江苏省高级人民法院在该案中明确原《虚假陈述若干规定》不适用"协议转让"的债券起到重要的示范指引作用。

最高人民法院发布的《债券座谈会纪要》第9条规定："债券持有人、债券投资者以自己受到欺诈发行、虚假陈述侵害为由，对欺诈发行、虚假陈述行为人提起的民事赔偿诉讼，符合民事诉讼法第一百一十九条[4]规定的，人民法院应当予以受理。欺诈发行、虚假陈述行为人以债券持有人、债券投资者主张的欺诈发行、虚假陈述行为未经有关机关行政处罚或者生效刑事裁判文书认定为由请求不予受理或者驳回起诉的，人民法院不予支持。"这是最高人民法院首次明确股票或债券适用不同规则。取消前置条件后，债券类虚假陈述案件诉讼时效规则必然发生变更：诉讼时效回归时效的普通规定，即"自知道或应当知道权利受到损害及义务人之日起算"。

第三阶段，《虚假陈述若干规定》规定虚假陈述诉讼案件的诉讼时效统一自揭露日或更正日起算，揭露日与更正日不一致的，以在先的为准。[5] 诉讼时效制度设立的意义主要在于督促权利人及时行使权利，《虚假陈述若干规定》将诉讼时效回归至《民法典》规定的普通诉讼时效"知道或应当知道"更符合设立诉讼时效的初心，亦更满足司法实践的需要。

---

[1] 原《虚假陈述若干规定》第6条规定："投资人以自己受到虚假陈述侵害为由，依据有关机关的行政处罚决定或者人民法院的刑事裁判文书，对虚假陈述行为人提起的民事赔偿诉讼，符合民事诉讼法第一百零八条规定的，人民法院应当受理。投资人提起虚假陈述证券民事赔偿诉讼，除提交行政处罚决定或者公告，或者人民法院的刑事裁判文书以外，还须提交以下证据：（一）自然人、法人或者其他组织的身份证明文件，不能提供原件的，应当提交经公证证明的复印件；（二）进行交易的凭证等投资损失证据材料。"
[2] 参见2019SACKT020证券业协会2019年重点课题研究优秀课题报告：《债券违约情景下承销商虚假陈述民事责任及风险防范研究》（研究单位：湘财证券股份有限公司、北京市天同律师事务所，课题负责人：周卫青，课题成员：辛正郁、邓晓明、范圣兵、何海锋、项宁、游冕、李征宇）第一章第三节"第三，私募债券在法律适用上的特殊性"。
[3] 参见江苏省高级人民法院民事判决书，(2018) 苏民终789号。
[4] 指2017年《民事诉讼法》第119条，现为《民事诉讼法》第122条。
[5] 《虚假陈述若干规定》第32条第1款规定："当事人主张以揭露日或更正日起算诉讼时效的，人民法院应当予以支持。揭露日与更正日不一致的，以在先的为准。"

（二）诉讼时效起算规则的实务指引

《虚假陈述若干规定》之所以将揭露日或更正日作为诉讼时效起算点，系因权利人在前述日期已知道或应当知道其权利受到虚假陈述侵权行为的损害及虚假陈述行为人。本部分将从诉讼时效起算日角度对揭露日、更正日的认定规则作简要介绍，详细内容则可参见本书第四章第一节"实施日与揭露日"部分。

1. 揭露日一般认定规则

《虚假陈述若干规定》第8条第1款规定："虚假陈述揭露日，是指虚假陈述在具有全国性影响的报刊、电台、电视台或监管部门网站、交易场所网站、主要门户网站、行业知名的自媒体等媒体上，首次被公开揭露并为证券市场知悉之日。"关于揭露日和更正日的认定标准，最高人民法院早在《九民纪要》第84条中进行了阐述："虚假陈述的揭露和更正，是指虚假陈述被市场所知悉、了解，其精确程度并不以'镜像规则'为必要，不要求达到全面、完整、准确的程度。原则上，只要交易市场对监管部门立案调查、权威媒体刊载的揭露文章等信息存在着明显的反应，对一方主张市场已经知悉虚假陈述的抗辩，人民法院依法予以支持。"

前述"存在着明显的反应"和《虚假陈述若干规定》第8条第2款中"公开交易市场对相关信息的反应"可理解为投资者将监管立案调查或权威媒体揭露的信息与发行过程中的陈述行为进行匹配和钩稽，从而修正或调整投资行为，进而使证券交易价格、交易频次或交易量等交易指标均出现大幅波动。在不考虑其他因素的情况下，诱多型虚假陈述被揭露后证券价格一般大幅下跌；诱空型虚假陈述被揭露后证券价格则一般大幅上涨。

在实务中，揭露日的一般认定规则需把握3个核心要素：其一，虚假陈述信息被公开的时点是否为首次（又称"首次性"）；其二，虚假陈述信息被公开的广度要求全国范围内传播（又称"广泛性"）；其三，虚假陈述信息被公开的深度要求对证券交易产生实质影响（又称"警示性"）。

2. 推定揭露日

根据《虚假陈述若干规定》第8条第3款的规定，推定揭露日有两种情形：（1）监管部门以涉嫌信息披露违法为由对信息披露义务人立案调查的信息公开之日；（2）证券交易场所等自律管理组织因虚假陈述对信息披露义务人等责任主体采取自律管理措施的信息公布之日。海南省海口市中级人民法院在（2020）琼01民初86号案中，即认定"2019年1月12日，新大洲公司发布《新大洲控股股份有限公司关于公司被中国证券监督管理委员会立案调查的风险提示公告》，首次向投资者公布因其涉嫌信息披露违法违规被中国证券监督管理委员会立案调查的消息，故认定2019年1月12日为虚假陈述揭露日"。

除前述推定情形外，《虚假陈述若干规定》第8条第3款的但书还规定"当事人有相反证据足以反驳的除外"。从被告角度可以理解为有证据证明权利人在推定揭露日之前已经知晓虚假陈述被公开揭露且被证券市场知悉,以抗辩诉讼时效起算点早于推定揭露日、诉讼时效已届满或者抗辩权利人在已被充分警示后仍进行交易不成立因果关系,或者进行损失扣减或未及时采取有效措施避免损失扩大的责任减免。

在前述(2020)琼01民初86号案中,被告新大洲公司辩称"本案中应予考虑的另一情形是……新大洲公司于2018年10月16日发布的《关于对深圳证券交易所2018年半年报问询函回复的公告》中已完整披露了上述京粮担保事项。因此,鉴于新大洲公司已于揭露日之前揭示了案涉部分担保事项,已通过该等事项的揭示提示投资者、起到了一定的警示作用,故在衡量新大洲公司的损失赔偿数额时,应予酌情考虑扣减"。虽然法院并未明确采纳该观点,但在确定最终赔偿数额时认定"投资者投资股票的损失受多方面因素影响"。

3. 特殊认定情形

(1)自行更正日

根据《虚假陈述若干规定》第9条的规定,"虚假陈述更正日,是指信息披露义务人在证券交易场所网站或者符合监管部门规定条件的媒体上,自行更正虚假陈述之日"。但该时间点若早于推定的揭露日,满足核心要素之"首次性",投资者此时"知道或应当知道",则可据此起算诉讼时效。虚假陈述行为所掩盖的事实真相被披露,无论是被他人揭露,还是自行公告更正,均向证券市场发出了警示信号,提醒投资者重新判断证券价值,进而对市场价格产生影响,因此揭露或更正无本质区别,均应起算诉讼时效。

(2)媒体报道日

在移动互联网蓬勃兴起的当今,新闻媒体尤其是自媒体在舆论引导方面路径更广泛、平台更多元、传播更快捷。媒体关于虚假陈述的报道往往能引起市场和监管部门的高度关注,特别是跟踪报道或后续报道,有利于发掘背后"内幕"、全面揭露虚假陈述完整的事实,或通过大量转载,形成舆论关注中心,起到很强的风险警示作用,使投资者"知道或应当知道",从而使媒体报道日被认定为揭露日。广东省广州市中级人民法院在(2020)粤01民初980号案中即认为,应以自媒体质疑康美药业财务造假的2018年10月16日为案涉虚假陈述行为的揭露日。理由为:一是自媒体质疑报道的主要内容,与证监会行政处罚认定的财务造假性质、类型基本相同;二是自媒体揭露内容引发了巨大的市场反应;三是虽然揭露文章仅是首发在自媒体而非官方媒体,但在移动互联网蓬勃兴起的当今,发表在自媒体的文章亦有可能会迅速引起较多媒体关注和转载。

需要注意的是,根据《虚假陈述若干规定》第8条的规定,若揭露媒体为报刊、电台或电视的,须为全国性的权威媒体;若揭露媒体为网站、自媒体的,须为主要门户网站或行业知名自媒体,这是"广泛性"要素的应有之义。在(2021)京民终780号案件中,北京市高级人民法院指出"本案中2017年7月11日央视财经频道发布视频新闻,明确指出乐视网财务数据可能存在虚假记载……应当认定央视财经作为全国性的新闻媒体，对乐视网涉及的虚假陈述内容系全国范围媒体内的首次揭露……2015 年 6 月 30 日凤凰财经网发布的《刘姝威再轰乐视：涉嫌隐瞒公司盈亏》、2016 年 6 月 7 日新浪财经发布关于乐视网财务谜团问题的报道，均未达到虚假陈述'首次被公开揭露'的认定标准"。

（三）新旧诉讼时效起算衔接规则

《虚假陈述若干规定》于 2022 年 1 月 22 日起施行，且适用于其施行后尚未终审的案件，故在理论上可能导致在原《虚假陈述若干规定》项下未超过诉讼时效，但在《虚假陈述若干规定》项下却超过诉讼时效的案件出现。就此，最高人民法院作出了《关于虚假陈述诉讼时效衔接的通知》，对于《虚假陈述若干规定》施行前已被作出行政处罚的案件，诉讼时效按原《虚假陈述若干规定》第 5 条的规定计算；对于《虚假陈述若干规定》施行前已被立案调查但未被作出行政处罚的案件，自立案调查日至《虚假陈述若干规定》施行之日已经超过 3 年，或者按照揭露日或更正日起算至《虚假陈述若干规定》施行之日诉讼时效期间已经届满或不足 6 个月的，从《虚假陈述若干规定》施行之日起诉讼时效继续计算 6 个月。相应未终审案件诉讼时效起算衔接规则详见表 6。

表 6　未终审案件诉讼时效衔接规则表

未终审案件具体情形			衔接规则
2022 年 1 月 22 日之前作出行政处罚			自行政处罚公布之日起算 3 年，最迟 2025 年 1 月 21 日诉讼时效届满
2022 年 1 月 22 日之前未作出行政处罚	2019 年 1 月 22 日之前已被立案调查		2022 年 7 月 22 日诉讼时效届满
	2019 年 1 月 22 日至 2022 年 1 月 22 日之前已被立案调查	揭露日或更正日在 2019 年 7 月 22 日之前	
		揭露日在 2019 年 7 月 22 日之后	自揭露日起算 3 年
	2022 年 1 月 22 日之前未被立案调查		
备注：之前和之内不包含当日，之后包含当日。			

关于诉讼时效衔接争议较大的问题是，对于《虚假陈述若干规定》施行前已经被作出监管措施或纪律处分、刑事判决的案件是否适用"六个月"宽限期的规定。本书认为，新司法解释施行前被作出监管措施或纪律处分的案件，不管是从文义解释、体系解释还是目的解释，均明显不属于《关于虚假陈述诉讼时效衔接的通知》规定的适用"六个月"宽限期的任一情形，而且投资者对该类案件也没有诉讼时效的信赖利益，所以不应当适用"六

个月"宽限期。近期司法实践作出的一例裁判文书即采纳了该观点。[1] 但对于新司法解释施行前被作出刑事判决的案件，本书基于立法目的解释倾向于认为适用6个月宽限期的规定。设置6个月宽限期的原因在于，新旧司法解释在诉讼时效方面的规定发生了明显变化，为避免出现投资者因未及时主张权利而无法得到救济的情况发生，充分保护投资者的诉讼权利和合法民事权利。而就保护投资者的期待利益方面而言，此前已经作出行政处罚和已经作出刑事判决没有差别。

三、中止与中断事由

（一）中止适用及实务指引

《民法典》第194条规定："在诉讼时效期间的最后六个月内，因下列障碍，不能行使请求权的，诉讼时效中止：（一）不可抗力；（二）无民事行为能力人或者限制民事行为能力人没有法定代理人，或者法定代理人死亡、丧失民事行为能力、丧失代理权；（三）继承开始后未确定继承人或者遗产管理人；（四）权利人被义务人或者其他人控制；（五）其他导致权利人不能行使请求权的障碍。自中止时效的原因消除之日起满六个月，诉讼时效期间届满。"

实务中，提出诉讼时效中止的虚假陈述案件比较少，因为《民法典》规定的中止情形，在证券虚假陈述案件中可能适用的仅有不可抗力和其他行权障碍。"其他"条款一般作为兜底条款，目前实操性不强。在（2019）最高法民申3624号案中，再审申请人申请再审理由如下："原判决诉讼时效认定错误，存在障碍时应适用诉讼时效中止的规定。第一，根据《中华人民共和国证券法》第六十七条，《上市公司信息披露管理办法》第三十条、第三十二条，沙钢股份公司的前身高新张铜股份有限公司未对郭某被逮捕和判刑做持续公告，从而造成了当事人行使请求权的障碍；第二，本案郭某的刑事判决书未在裁判文书网进行公开，属于不可抗力。"最高人民法院认为，"刑事判决的生效具有对世效力，应当推定包括再审申请人在内的相关投资人知晓该判决的存在且在判决生效之日起知晓自身权利受到侵害。不可抗力是指'不能预见、不能避免且不能克服的客观情况'，本案中刑事判决书未在裁判文书网上公开并不符合不可抗力的情形，不属于适用诉讼时效中止的情形"。

（二）中断适用及实务指引

诉讼时效中断是指在诉讼时效期间内，发生了中断事由导致诉讼时效期间从中断、有关程序终结时起重新计算。依据《民法典》第195条的规定，有4种法定中断事由：（1）权利人向义务人提出履行请求；（2）义务人同意履行义务；（3）权利人提起诉讼或

---

[1] 参见福建省福州市中级人民法院民事判决书，（2022）闽01民初1740号。

者申请仲裁；（4）与提起诉讼或者申请仲裁具有同等效力的其他情形。

在证券虚假陈述案件中，考虑到投资者数量多且人数不确定性、诉讼标的属于同一类型、连带责任的普遍性，《虚假陈述若干规定》对此作出了特殊规定，以完善司法审判实践，具体包括以下几个方面。

1. 承担连带责任的证券虚假陈述责任人，一人发生诉讼时效中断事由，诉讼时效中断的效力及于其他连带责任人。

2. 部分投资者提起人数不确定的普通代表人诉讼，诉讼时效中断的效力及于所有具有同类诉讼请求的权利人。在"飞乐音响案"[1]中，提起诉讼的投资者只有34名，后登记参加诉讼的有315名。若按《民法典》第195条的规定，未起诉的投资者，其诉讼时效不会因其他投资者起诉而发生中断，而《虚假陈述若干规定》从司法实践的现实出发，对众多未起诉的投资者给予了特别保护，更加充分地维护投资者的诉讼权利。北京金融法院在"乐视网案"[2]中即适用该款规定，认定案件因代表人诉讼的启动而发生时效中断的法律效果。

3. 未登记、撤回登记、退出诉讼等，仍发生诉讼时效中断的效力。根据《虚假陈述若干规定》第33条第2款、第3款的规定，在普通代表人诉讼中，未向人民法院登记权利的投资者，其诉讼时效自权利登记期间届满后重新开始计算。向人民法院登记权利后申请撤回权利登记的投资者，其诉讼时效自撤回权利登记之次日重新开始计算。投资者保护机构依照《证券法》第95条第3款的规定作为代表人参加诉讼后，投资者声明退出诉讼的，其诉讼时效自声明退出之次日起重新开始计算。充分体现了司法和人民法院对当事人自由处分自己的诉权的尊重，平衡了司法效率和诉权保障。

---

[1] 参见上海市高级人民法院民事判决书，(2021) 沪民终384号。
[2] 参见北京金融法院民事判决书，(2021) 京74民初111号。

实务风险提示 PRACTICAL RISK WARNING

就管辖法院而言，司法实践中争议较大的问题是，对于破产法院与有权审理虚假陈述的法院不一致的情况下如何确定管辖法院，这个问题在债券虚假陈述民事赔偿案件中尤为突出。据了解，北京金融法院受理的 17 沪华信 MTN001 虚假陈述案件，在《虚假陈述若干规定》施行后，由北京市高级人民法院裁定移送了上海金融法院审理，而非受理发行人破产的上海市第三中级人民法院；而《虚假陈述若干规定》施行后北京金融法院受理的 18 华阳经贸 CP001、19 方正 D1 虚假陈述案件，北京金融法院则裁定移送了受理发行人破产的北京市第一中级人民法院。通过对以上案例的分析可知，一方面，出现不同结论的原因在于 17 沪华信 MTN001 虚假陈述案件中发行人并非被告或者有独立请求权第三人而仅仅是无独立请求权第三人，北京金融法院和北京市高级人民法院认为这种情况不属于《企业破产法》规定的与破产债务人有关的诉讼。另一方面，当发行人是证券虚假陈述案件的被告时，北京金融法院和北京市高级人民法院倾向于由破产法院审理此类案件。但需要说明的是，以上案例还无法得出各地法院就该管辖权冲突问题的通行做法。此外，还需要提示的是，同一个发行人涉及的同一系列证券虚假陈述民事赔偿案件可能因为发行人注册地的变化而改变后续案件的审理法院。

就仲裁主管而言，相关规则尚不明确，司法实践也处于探索阶段。假设认可证券虚假陈述责任纠纷具有可仲裁性以及仲裁约定有效，主管异议能否得到支持可能一方面取决于法院的态度，即放宽要求还是从严把握；另一方面取决于仲裁条款的具体内容以及约束的主体范围。据了解，上海金融法院审理的 15 华信债虚假陈述案件中，鉴于 15 华信债募集说明书约定"本期债券发行及存续期间所产生的任何争议……协商不成的，任一方有权向上海国际经济贸易仲裁委员会提请仲裁……仲裁裁决是终局的，对发行人及投资者均具有法律约束力"，上海金融法院驳回了原告起诉，认为应当由上海国际经济贸易仲裁委员会主管本案。然而，上海市高级人民法院撤销了该一审裁定，认为应当由上海金融法院继续审理本案。

就刑民交叉而言，司法实践中无论是先刑后民还是民刑并行，抑或先民后刑，没有统一定论，往往要具体案件具体判断。例如，在安徽省合肥市中级人民法院受理的"16 盛运 01 案"中，原告将发行人作为被告之一，而发行人因被其他被告举报而被安庆市公安局以涉嫌欺诈发行债券立案侦查。安徽省合肥市中级人民法院审查后认为，鉴于本案与该刑事案件属同一事实，因而依法将本案移送公安机关处理，故驳回原告起诉。

就诉讼时效而言，实践中可能争议较大的两个问题分别是：第一，对于《虚假陈述若干规定》施行前没有行政处罚也没有立案调查只有警示函或纪律处分的案件是否适用 6 个月的宽限期。对此，本书认为，从《关于虚假陈述诉讼时效衔接的通知》的文义解释（主语说）、体系解释、目的解释等方面都能一致得出，没有行政处罚也没有立案调查的案件不适用 6 个月宽限期。福建省福州市中级人民法院审理的"紫荆股份案"即采纳了该观点。第二，债券投资者在发行人破产程序中申报破产债权是否中断诉讼时效。对此，本书认为，一般破产裁定所附的无争议债权表或者重整计划等文件会明确投资者申报的是金融债权，也就是对发行人的合同债权，而不包括虚假陈述侵权债权。实际上，未经实体审理破产法院和管理人也无法确认投资者对发行人是否享有虚假陈述侵权债权及具体金额。因此，申报破产债权可能无法达到中断证券虚假陈述侵权诉讼时效的法律效果。

第三章

实体构成要件：
虚假陈述行为

第一节

虚假陈述的内涵与外延

一、概述

随着注册制改革的日趋深入，证券发行审核方式从核准制逐渐过渡到注册制。注册制以信息披露制度为核心和基石，通过对证券市场作出全面、充分、有效的信息披露，来保障投资者自主作出投资决策。虚假陈述的本质是信息披露义务人对信息披露义务的违反，也就是信息披露的违法行为。我国《证券法》第78条第1款、第2款规定，发行人及法律、行政法规和国务院证券监督管理机构规定的其他信息披露义务人，应当及时依法履行信息披露义务。信息披露义务人披露的信息，应当真实、准确、完整，简明清晰，通俗易懂，不得有虚假记载、误导性陈述或者重大遗漏。这是对于信息披露义务的原则性规定，可以简要概括为真实性、准确性、完整性和及时性原则。

真实性原则是信息披露制度的首要标准，它不仅是民商事法律诚实信用原则在证券领域最直接的体现，更是一个健康、有效市场对信息披露最基本的要求。有效市场更多地也指市场信息的有效性。因此，真实性原则也就成为证券市场向有效方向迈进的最基本要求，企业及相关信息披露义务人应当在坚持客观、真实的基础上公开相关信息，保证所公布的信息真实可靠，不存在虚假记载。

准确性原则要求信息披露主体在披露相关信息时要保证所披露信息的准确性：一方面要保证信息在表达方式上简明清晰、通俗易懂，避免语义模糊、表述不清等容易使人产生误解的情形。另一方面在披露信息内容上要体现信息的本质，不能通过片面的或者有选择性的披露误导投资者产生理解上的偏差，进而作出错误的投资决策。

完整性原则要求信息披露主体将其应当披露的事项均进行披露，保持所披露事项的充分、完整，不能存在重大遗漏。虽然投资者在作出投资决策时，对公司所公布的各类信息的重要性和侧重点有不同的认识，但对于投资者整体来说，企业应该公开所有可能会影响证券价格的重大信息。如果企业在公布信息时出现重大遗漏，即使公布的信息存在很多真实的内容，但是也可能误导投资者作出错误的选择，导致投资者不信任经营者。

及时性原则主要体现在信息披露的时效性。证券市场形势瞬息万变，证券价格会随着时间进展发生各种变化。因此，信息的及时性对于投资者来说至关重要。《证券法》以及证监会、交易所的很多规定都对信息披露的时间作出了要求。例如，证监会在《上市公司信息披露管理办法》中明确规定上市公司应及时（"及时"指自起算日起或触及披露时点的两个交易日内）披露的各项重大事项，以确保投资者能够及时获悉上市公司相关重大事项的信息。

二、虚假记载

虚假记载是信息披露违法情形中最为常见的类型之一。《虚假陈述若干规定》第4条第2款规定，虚假记载是指信息披露义务人披露的信息中对相关财务数据进行重大不实记载，或者对其他重要信息作出与真实情况不符的描述。虚假记载违反了《证券法》对信息披露真实性的要求，而真实性是信息披露制度的重要基础，企业及相关信息披露义务主体应当确保对外披露的信息真实可靠，才能确保投资者的投资决策是基于企业的真实经营情况和财务状况作出的。

从虚假记载的内容和具体事项来看，虚假记载主要分为两种：一种是对财务数据信息的虚假记载，另一种是对其他重要事项的虚假记载。其中，涉及财务信息造假案件是所有信息披露违法案件中占比最高的一类案件，其表现方式通常包括虚增收入、虚增利润、虚增负债及费用等。对其他重要事项的虚假记载，主要包括公司的经营方针和经营范围的重大变化，公司的董事、1/3以上监事、经理等人员变动情况，公司实际控制人变动情况，公司涉及的重大诉讼情况等。

虚假记载可能发生于首次公开发行股票（Initial Public Offerings，IPO）、再融资、并购与重组、债券发行以及企业的日常经营等过程中，也可能存在于IPO或再融资的申请文件、上市公司定期报告、重大资产重组方案报告书、债券募集文件等各项材料中。下面分别介绍几类典型的虚假记载的表现形式。

（一）IPO信息披露不实

无论是此前的核准制还是当前的注册制，《证券法》对首次公开发行股票都规定了较严格的条件，除了要求发行人具有一定的经济实力，有比较完整的公司治理体系之外，一些板块还要求有发行人具备持续的盈利能力等。有些企业为达到首次公开发行股票的条件，不惜伪造、篡改企业的财务数据信息，以实现上市目的。对于IPO阶段的信息披露不实，如果企业原本不符合发行上市的条件，通过财务造假的方式骗取了发行核准，那么不仅可能构成信息披露违法，更可能会构成欺诈发行，从而面临更严重的法律后果。以"欣泰电气案"[1]为例，发行人欣泰电气在 IPO 阶段报送的申请文件中，对 2011 年 12 月 31 日、2012 年 12 月 31 日以及 2013 年 6 月 30 日的应收账款、经营活动产生的现金流金额、应付账款、预付账款、货币资金等多项财务数据进行虚假记载，最终被证监会认定构成 2014 年《证券法》第 189 条规定的"发行人不符合发行条件，以欺骗手段骗取发行核准"，并对发行人及相关责任人员予以行政处罚。

（二）债券发行信息披露不实

目前，我国债券市场的发行制度主要包括审批制、核准制、注册制和备案制 4 种类型。不同的债券品种适用不同的发行制度。但无论哪一种发行制度都对企业发行债券制定了相应的发行条件，只有符合债券发行条件的企业才能对外发行相应品种的债券。与 IPO 信息披露不实类似，如果企业在债券募集发行阶段信息披露不实，不仅构成虚假陈述，还可能会涉嫌欺诈发行证券罪。以"胜通债案"[2]为例，发行人山东胜通集团股份有限公司于 2014 年 10 月至 2017 年 11 月，分别在深交所和银行间债券市场发行了公司债券和债务融资工具（包括中期票据、短期融资券等）。证监会认定发行人通过复制真实账套后增加虚假记账凭证生成虚假账套及虚构购销业务等方式虚增主营业务收入，并通过直接修改 2016 年年度、2017 年年度经审计后的合并会计报表的方式虚增利润，4 年期间累计虚增主营业务收入 615.40 亿元，累计虚增利润总额 119.11 亿元，债券募集说明书和企业年度报告存在虚假记载，构成信息披露违法。同时，根据主承销商发布的公告，公安机关已对发行人及其实际控制人等涉嫌欺诈发行证券罪进行立案侦查。

（三）重大资产重组信息披露不实

除《证券法》外，《上市公司重大资产重组管理办法》第 4 条针对上市公司实施重大资产重组的信息披露亦作出明确规定，要求有关各方必须及时、公平地披露或者提供信息，保证所披露或者提供信息的真实、准确、完整，不得有虚假记载、误导性陈述或者重大遗漏，这就将重大资产重组的标的公司也纳入了信息披露义务人的范畴。同时，《虚假陈述若干规定》第 21 条规定，公司重大资产重组的交易对方所提供的信息不符合真实、准确、完整的要求，导致公司披露的相关信息存在虚假陈述，原告起诉请求判令该交易对方与发行人等责任主体赔偿由此导致的损失的，人民法院应当予以支持。在"中安科案"[3]中，中安科公司通过向中恒汇志投资有限公司发行股份的方式，购买其持有的中安消公司 100% 股权并募集配套资金。作为标的公司的中安消公司虚增评估值和营业收入，导致上市公司中安科公司披露的重大资产重组文件存在虚假陈述的行为，法院认定中安科

---

[1] 参见证监会行政处罚决定书（丹东欣泰电气股份有限公司、温德乙、刘明胜等 18 名责任人员），〔2016〕84 号。
[2] 参见证监会行政处罚决定书（山东胜通集团股份有限公司、王秀生等 6 名责任主体），〔2021〕58 号。
[3] 参见上海市高级人民法院民事判决书，（2021）沪民终 870 号。

公司和中安消公司均构成虚假陈述，并判决中安消公司与中安科公司就投资者损失承担连带赔偿责任。

三、误导性陈述

误导性陈述是指信息披露义务人通过特定的信息处理手段，或者信息表达上存在缺陷，导致向市场传递了偏离信息本质的瑕疵信息，进而使投资者作出错误投资决策的行为。《虚假陈述若干规定》第4条第3款规定，误导性陈述是指信息披露义务人披露的信息隐瞒了与之相关的部分重要事实，或者未及时披露相关更正、确认信息，致使已经披露的信息因不完整、不准确而具有误导性。

作为信息披露违法情形的一种，误导性陈述具有如下特征：一是真实性，即误导性陈述所依据的信息素材是真实的，而非虚构的。一般理解，误导性陈述是对《证券法》关于信息披露准确性要求的违反，其所披露的信息是以真实事实为基础，只是通过信息裁剪、混淆概念等不适当的信息处理手段，导致投资者认知偏离了事实。披露信息所依赖的事实是否真实存在，是误导性陈述与虚假记载的最大区别之一。二是多义性，即对披露的信息可以有多重理解或解释。构成误导性陈述的信息，往往存在语言暗示、模糊性或歧义性表述等，通过这种似是而非打"擦边球"的方式，使公众从不同角度可能得出不同的理解。如果披露的信息仅有一种解释的可能，那么不属于误导性陈述的范畴。2019年《证券法》修订，首次对信息披露提出"简要清晰、通俗易懂"的要求，实质就是为了避免公众投资者对于表述模糊、语义晦涩难懂的信息作出错误的理解。三是隐蔽性或非显见性，即披露信息内容的不准确或瑕疵不容易被发现，并非显而易见。误导性陈述并非向投资者提供虚构的信息，或者未对投资者披露应当披露的事项，而是通过技术上的处理，在所披露的信息中隐藏了容易造成理解偏差的要素信息，以此对投资者进行误导。当存在误导性陈述时，从表面上看投资者作出投资决策是自主分析、自主决策的过程，而实际上投资者是在信息发布者的诱导下，对证券价值作出了与实际情况不同的判断。因此，相较于虚假记载和重大遗漏，误导性陈述往往更具有隐蔽性和不易判断的特点，这也给监管机关和司法机关对误导性陈述的认定带来一定挑战。

结合法律规定和司法案例，本书将误导性陈述的表现类型归纳为3种。

1. 语义模糊型

此种误导性陈述，指信息披露义务人通过语言暗示或使用模棱两可、易生歧义的表述等，使投资者产生联想或者猜测，诱使投资者作出错误决策。例如，在"匹凸匹案"[1]中，匹凸匹金融信息服务（上海）股份有限公司原名为上海多伦实业股份有限公司，其于

---

[1] 参见证监会行政处罚决定书（匹凸匹金融信息服务（上海）股份有限公司、鲜言），〔2017〕52号。

2015年5月11日发布更名系列公告，披露拟将公司名称变更为匹凸匹金融信息服务（上海）股份有限公司，拟将公司经营范围变更为"互联网金融信息服务（金融许可业务除外）"等，并获得控股股东多伦投资（香港）有限公司的承诺，将取得www.p2p.com的域名使用权，但实际上公司既无更名准备，更名后也无任何转型互联网金融的行动，只是利用中小投资者对公司名称的高度关注，使用了与热门概念"P2P"发音高度接近的"匹凸匹公司"字样，误导投资者对公司经营范围、主要经营业务产生错误认知，其实际控制人鲜某反而在准备出售公司股份，并通过虚假申报等多种手段，制造投资者积极买入匹凸匹公司股票、市场对公司转型普遍乐观的假象，进一步造成对投资者的误导。

2. 选择性披露型

该类误导性陈述也称片面披露型，是指信息披露主体隐瞒了与披露信息相关的部分重要事实，或者避重就轻对披露信息的相关事实进行选择性披露，使投资者对所披露的信息形成片面的错误理解。在著名的"长生生物案"[1]中，长生生物虽然就百白破联合疫苗抽检效价不合格事实进行了披露，但其重点披露的是问题疫苗所占销售额比重较小、对人体无危害性等有利信息，未全面披露疫苗已经全面停产、启动召回程序、相关监管部门已介入等不利事实，避重就轻淡化市场关注，属于典型的选择性披露型。

3. 夸大宣传型

市场影响较大的另一误导性陈述案件是"万家文化案"[2]，根据证监会对该案作出的行政处罚决定书，与万家文化（后已更名为浙江祥源文化股份有限公司）已签订《股份转让协议》的龙薇传媒在自身境内资金准备不足，相关金融机构融资尚待审批，存在极大不确定性的情况下，以空壳公司收购上市公司，且贸然予以公告，对市场和投资者产生严重误导。在该案中，龙薇传媒作为一家注册资金仅200万元的公司，于成立后一个多月即以30.6亿元股权受让款收购万家集团持有的万家文化29.135%的股权，收购方案中自有资金仅6000万元，其余均为借入资金，杠杆比例高达51倍。在如此高杠杆率的情况下，该公司在对外披露时称已经获得银行贷款，给投资者营造出收购方已经获得充足的资本储备，可以顺利实施该收购行为，但在与银行谈判失败后未及时对外披露相关情况，导致公众作出错误的判断，最终该事实被公之于众，万家文化股票价格迅速下跌，给投资者带来了巨大损失。

在作出投资判断前，市场投资者对其接收到的信息存在一个理解分析和逻辑推演的过程，而不同投资者受制于不同的身份背景、知识经验以及思维方式等，针对同一披露信息的理解和判断可能存在很大不同。那么，应当如何判断披露的信息是否构成误导呢？又应

---

[1] 参见证监会行政处罚决定书（长生生物科技股份有限公司、高俊芳、张晶等18名责任人员），〔2018〕117号。

[2] 参见证监会行政处罚决定书（万家文化），〔2018〕32号。

当如何与投资者的个人投资失误相区分呢？对此，本书认为：一方面可以参考证券市场的基本常识、普遍认知或者认可的经验法则来判断披露的信息是否存在误导性，这也是最高人民法院在《债券座谈会纪要》中所传达出的司法精神和审理思路。在证券虚假陈述纠纷案件中，如果投资者所作出的理解和判断与证券市场的基本常识和普遍认知相悖，那么这种由于个人认知偏差导致的错误投资决策，应被排除在误导性陈述之外。另一方面可以借鉴英美侵权法上的"理性人标准"（reasonable person standard）来作为认定标准。所谓"理性人"并不是指特定的个人，而是指法律抽象出来的具有一般知识技能和判断能力的一般意义上的人，因此这一标准是从客观角度作出的判断。在具体案件中，可以假定一名具有一般投资经验和风险判断能力的理性投资者，在同样情况下或者相似地位下通常会作出的判断，如果有很大的可能性作出与原告相同的判断，那么披露的信息应当构成误导性陈述；如果仅有微弱的可能性作出相同判断，那么则不构成误导性陈述，而只是其个人投资判断失误而已。

四、重大遗漏

重大遗漏也是信息披露违法情形中较为常见的一种，其是对《证券法》有关信息披露完整性、充分性要求的违反。《虚假陈述若干规定》第4条第4款规定，重大遗漏是指信息披露义务人违反关于信息披露的规定，对重大事件或者重要事项等应当披露的信息未予披露。通过上述规定可以看出，重大遗漏包含两个核心要件：一是信息应当公开而未公开；二是未公开的信息应当具有重大性。第一个要件较为容易理解，而对于第二个重大性要件，则是一个相对复杂的问题。

我国《证券法》和诸多监管规定，如《上市公司信息披露管理办法》《公司债券发行与交易管理办法》等，都对重大性问题进行了规定。以《证券法》为例，其采取概括式和列举式相结合的方式，要求信息披露义务主体在证券发行阶段应当披露"投资者作出价值判断和投资决策所必需的信息"，在持续披露阶段对投资者披露"对证券价格产生较大影响的重大事件"，重大事件主要包括公司的经营方针和经营范围的重大变化、公司的重大投资行为、公司订立重要合同、提供重大担保、从事关联交易、公司发生重大债务、重大亏损、重大诉讼、实际控制人持股变动等。

在全国首例特别代表人诉讼"康美药业案"[1]中，上市公司康美药业不仅存在严重的财务造假行为，同时信息披露还存在重大遗漏。经证监会调查和人民法院审理查明，康美药业在2016年1月1日至2018年12月31日，在未经过决策审批或授权程序的情况下，累计向控股股东及其关联方提供非经营性资金11,619,130,802.74元，用于购买股票、替

---

[1] 参见广东省广州市中级人民法院民事判决书，(2020)粤01民初2171号。

控股股东及其关联方偿还融资本息、垫付解质押款或支付收购溢价款等用途。就该等控股股东及其关联方非经营性占用资金的关联交易情况，康美药业在2016~2018年的年度报告中均未予披露，存在重大遗漏。最终，法院判决康美药业对52,037名投资者的投资损失承担损害赔偿责任，康美药业的实际控制人、部分董事以及为康美药业提供服务的会计师事务所对投资人损失承担连带赔偿责任，部分董事、监事、高级管理人员在一定比例范围内对投资人损失承担连带赔偿责任。

五、未按照规定披露信息

我国《证券法》对信息披露义务主体披露信息的期限、方式等都做出了要求。一方面是保证披露信息的时效性，便于投资者及时了解企业经营状况，作出投资决策；另一方面是防止有人利用信息优势进行内幕交易。因此，"未按照规定披露信息"也是信息披露违法的一种类型。《虚假陈述若干规定》第5条规定，未按照规定披露信息是指信息披露义务人未按照规定的期限、方式等要求及时、公平披露信息。

第二节 诱多型和诱空型虚假陈述

一、诱多型虚假陈述

最高人民法院在《虚假陈述若干规定》中首次从司法解释层面明确区分"诱多型"和"诱空型"两个类型的虚假陈述行为，但《虚假陈述若干规定》本身并未对上述两种虚假陈述行为的定义和内涵加以详述。上海市律师协会发布的《律师代理投资者证券市场民事赔偿案件业务操作指引》(2012)第4条第2款将"诱多型虚假陈述"定义为"虚假陈述行为人故意违背事实真相发布虚假的积极利多消息，或者隐瞒实质性的利空消息不予公布或及时公布，以使投资者在股价向上运行或处于相对高位时，持有积极投资心态进行追涨买入、在虚假陈述被揭露或被更正后股价下挫导致投资损失的行为"。有学者则认为"诱多型"虚假陈述表现为，信息披露义务人发布了具有重大性的虚假利好消息，导致相关的股价高于真实价值，投资人受此影响、以虚高价格买入证券遭受了损失。[1] 由于早年的证券虚假陈述责任纠纷多发生于股票领域，因此上述规定仅对股票交易进行了描述。本书认为针对债券领域的诱多型虚假陈述亦可以参考相同的认定思路。

区分诱多和诱空型虚假陈述在认定交易因果关系和投资者的损失等方面有着重要的意义。有学者认为《虚假陈述若干规定》就"诱多型"和"诱空型"虚假陈述均进行了规定，相较于此前的司法解释更为全面合理，法院在推定交易因果关系之前，必须对虚假陈述的类型作出判断，才能借此确定合理的交易方向，从而推定交易因果关系。《虚假陈述若干规定》第27条和第28条也区分了买入和卖出股票产生损失两类情形来对损失的计算方式进行规定。

值得说明的是，证券市场涉及的信息类型众多，并非所有的信息或隐瞒均可以非此即

---

[1] 参见彭冰：《证券虚假陈述民事赔偿中的因果关系——司法解释的新发展评析》，载《法律适用》2022年第5期。

彼地归类为"诱多型"和"诱空型",实践中还存在不会对投资者交易产生积极或消极影响的"中性消息"。例如,在"银基烯碳案"[1]中,针对隐瞒对外投资的虚假陈述行为,辽宁省高级人民法院认为"因为受投资的对象、性质等多种因素的影响,投资行为并不会必然导致股票的涨跌。因此,该隐瞒对外投资虚假陈述行为是一个既不会创造供求关系,也不会影响到股票价格的中性消息。换言之,投资虚假陈述行为不会影响一般投资者做出错误的投资决定"。针对该案件里的中性虚假陈述消息,法院从交易因果关系等角度驳回了原告提出的诉讼请求。

二、诱空型虚假陈述

诱空型虚假陈述是指"虚假陈述者发布虚假的利空信息,或者隐瞒实质性的利好信息不予公布或者不及时公布,使得投资者在股价向下运行或相对低位时卖出股票,在虚假陈述被揭露或者被更正后股价又上涨而投资者遭受损失的行为"[2]。具体行为模式主要包括两种:一是积极发布虚假利空信息。虚假陈述行为人可能主动发布虚假的利空信息而构成诱空型虚假陈述。该种行为模式往往以过失的形式出现,具体体现为因会计差错导致财务数据不真实、不准确。二是消极隐瞒实质利好信息。虚假陈述行为人可能消极隐瞒实质的利好信息而构成诱空型虚假陈述。诱空型虚假陈述案件的虚假陈述行为人具有多样性,除发行人与上市公司外,上市公司控股股东、实际控制人、上市公司大股东等主体同样负有信息披露义务,而这些主体具有消极隐瞒实质利好信息的激励,隐瞒披露对上市公司并无益处,但可以使其他信息披露义务人经济上获益。[3]

此前,原《虚假陈述若干规定》没有规定诱空型虚假陈述民事责任的构成要件与损害赔偿规则。在原《虚假陈述若干规定》制定之时,考虑到证券市场上做空操纵行为较多,但诱空虚假陈述极为罕见,而且在同一规定中规范两种影响方向完全相反的行为立法技术难度较大,因此原《虚假陈述若干规定》仅将诱多型虚假陈述作为规制对象,未将诱空型虚假陈述纳入调整范围。[4] 2022年《虚假陈述若干规定》弥补了这一缺憾,对诱空型虚假陈述作出了规定,并明确了投资差额损失的计算方法。

虽然司法实践中少有投资者以诱空型虚假陈述为由提起诉讼,但在2022年《虚假陈述若干规定》出台之前,也已有部分案例对此进行了分析、探讨。在"京博控股案"[5]

---

[1] 参见辽宁省高级人民法院民事判决书,(2019)辽民终455号。
[2] 李国光、贾纬编著:《证券市场虚假陈述民事赔偿制度》,法律出版社2003年版,第145页。转引自樊健:《我国证券市场"诱空型"虚假陈述民事责任研究》,载《证券法律评论》2017年卷。
[3] 参见黄江东、李子为:《"诱空型"虚假陈述案件相关法律问题研究》,载《证券法苑》2021年第34卷。
[4] 参见张保生、周伟等:《新〈虚假陈述若干规定〉系列解读之四:诱空型虚假陈述》,载微信公众号"中伦视界"2022年2月14日,https://mp.weixin.qq.com/s/aRsIYw9yXjNu_rmLYWpPbw。
[5] 参见山东省高级人民法院民事判决书,(2015)鲁商终字第327号。

中,山东省高级人民法院认为,根据虚假陈述对市场影响、对投资人主观判断和投资行为的影响,证券法理论将虚假陈述分为诱多型和诱空型。诱多型虚假陈述是指虚假陈述行为人故意违背事实真相发布虚假的利多信息,或者隐瞒实质性的利空信息不予公布或不及时公布等,以使投资人在股价处于相对高位时,持有积极投资心态并进行"投资"追涨的行为。诱空型虚假陈述是指虚假陈述行为人发布虚假的消极利空信息,或者隐瞒实质性的利好信息不予公布或不及时公布等,以使投资人在股价向下运行或处于相对低位时,因受其虚假陈述影响持有消极心态而卖出股票,在虚假陈述被揭露或者被更正后股价上涨而使投资人遭受损失的行为。诱空型虚假陈述揭露后,如果投资者在揭露日之前因低价卖出股票产生投资损失,则虚假陈述行为人应予赔偿。

在"彩虹精细化工案"[1]中,广东省高级人民法院认可深圳市中级人民法院在一审中的论述,分6种情形对诱空型虚假陈述的因果关系认定问题进行了讨论,并指出在诱空的情形下,有两种情形可以主张由虚假陈述行为人赔偿:(1)在虚假陈述行为实施日前即持有,并在虚假陈述行为实施日后、揭示日(揭露日或更正日,下同)前卖出股票而发生亏损的投资者,将因没有享受到本应享有的信息红利而受到利益损害,故该部分投资者的前述损失与虚假陈述行为有因果关系,可以要求行为人赔偿;(2)在实施日后揭示日前买入,又在该时段内卖出股票受到损失的投资者,虽然从买入时间上看,晚于应当披露的时间,但其损失亦由利好消息未能在其持股期间公布,系因虚假陈述行为人补救措施不及时所致,投资者亦没有享受到本应享有的信息红利而受到利益损害,故该部分投资者可以要求行为人赔偿。

在《虚假陈述若干规定》明确了诱空型虚假陈述这一虚假陈述类型后,诱空型虚假陈述责任纠纷案件将有法可依,未来诱空型虚假陈述纠纷案件数量或将呈增长趋势,期待司法实践不断完善诱空型虚假陈述的情形认定、责任承担、损失核定等问题。

---

[1] 参见广东省高级人民法院民事判决书,(2015)粤高法民二终字第1057号。

第三节 预测性信息

一、预测性信息的概念

预测性信息，习惯上也称为"软信息"，区别于表述客观可证实的历史性事件的"硬信息"。一般认为预测性信息包括对利润、收入、亏损等财务事项的预测，对未来经营计划与目标的陈述等。[1] 对于投资者而言，该信息比定期强制披露的信息更能反映公司的潜力，从而影响投资者的决策；对于信息披露者而言，披露预测性信息是争取投资者的重要手段，同时也极有可能利用制度漏洞损害投资者利益。[2]

此前，在我国关于证券虚假陈述责任的相关规定中，没有对预测性信息作明确规定。但《虚假陈述若干规定理解与适用》指出，预测性信息一般包括以下五个方面的内容：（1）对利润、收入（或亏损）、每股盈利（或亏损）、资本成本、股利、资金结构或者其他财务事项预测的陈述；（2）公司管理层对未来经营计划与目标的陈述，包括有关发行人产品或服务的计划与目标；（3）对未来经济表现的陈述，包括管理者对财务状态分析与讨论中的任何陈述；（4）任何对上述事项所依据的假设前提及相关事项的陈述；（5）任何证券管理机构可能要求对上述事项预测与估计的陈述。[3]

2022年《虚假陈述若干规定》第6条[4]规定了预测性信息的安全港规则及其例外，

---

[1] 参见张保华：《上市公司预测性信息披露制度研究》，载《法律适用》2003年第4期。
[2] 参见李有星、康琼梅：《论证券信息自愿披露及免责事由》，载《社会科学》2020年第9期。
[3] 参见李国光主编、最高人民法院民事审判第二庭编著：《最高人民法院关于审理证券市场虚假陈述案件司法解释的理解与适用》，人民法院出版社2015年版，第202页。
[4] 《虚假陈述若干规定》第6条规定：原告以信息披露文件中的盈利预测、发展规划等预测性信息与实际经营情况存在重大差异为由主张发行人实施虚假陈述的，人民法院不予支持，但有下列情形之一的除外：（1）信息披露文件未对影响该预测实现的重要因素进行充分风险提示的；（2）预测性信息所依据的基本假设、选用的会计政策等编制基础明显不合理的；（3）预测性信息所依据的前提发生重大变化时，未及时履行更正义务的。前款所称的重大差异，可以参照监管部门和证券交易场所的有关规定认定。

一定程度上填补了相关制度空白。仅从该条的规定来看，预测性信息指"信息披露文件中的盈利预测、发展规划等预测性信息"。

可以看出，预测性信息至少具有以下几个特点：一是对未来情况的前瞻性陈述，而非描述现在或过去已发生的客观事实；二是具有一定的主观性，虽然有部分客观依据支持，但预测的结论仍有赖于主观判断；三是具有不确定性，未来的实际情况与当下的预测情况可能会有偏差；四是具有公开性，相关的预测信息会公开披露给投资者。

二、预测性信息的披露标准

经查阅梳理包括《首次公开发行股票注册管理办法》《上市公司证券发行注册管理办法》《上市公司治理准则》《上市公司重大资产重组管理办法》、交易所上市规则、公开发行证券的公司信息披露内容与格式准则等在内的多个相关规定，本书初步总结预测性信息的如下披露标准。

1. 遵循基本原则

无论是深交所、上交所主板上市规则，还是创业板、科创板的上市规则，均明确规定如果公司披露预测性信息及其他涉及公司未来经营和财务状况等信息，应当合理、谨慎、客观。

2. 明确提示风险

披露预测性信息时，应充分披露相关信息所涉及的风险因素，以明确的警示性文字提示投资者可能出现的风险和不确定性。例如，对于招股说明书中披露盈利预测报告，监管机构甚至直接规定了声明内容："本公司盈利预测报告是管理层在最佳估计假设的基础上编制的，但所依据的各种假设具有不确定性，投资者进行投资决策时应谨慎使用。"

3. 列明合理依据

相关预测性信息应当具有充足的合理依据，并在一定情况下，还需经过会计师事务所等专业机构审核。例如，盈利预测说明应包括编制基准、所依据的基本假设及其合理性、与盈利预测数据相关的背景及分析资料等。

4. 尽量控制差异

虽然相关规定允许预测性信息与未来实际发生情况之间存在差异，但仍然对相关差异有所限制。更进一步地，对于差异较大的情形，监管规定还作出了更加严格的规范，并规定了相应法律后果。如《上市公司证券发行注册管理办法》第79条第1款、第2款规定：上市公司披露盈利预测，利润实现数如未达到盈利预测的80%的，除因不可抗力外，其法定代表人、财务负责人应当在股东大会以及交易所网站、符合证监会规定条件的媒体上公开作出解释并道歉；证监会可以对法定代表人处以警告。利润实现数未达到盈利预测50%的，除因不可抗力外，证监会可以采取责令改正、监管谈话、出具警示函等监管措施。

《上市公司重大资产重组管理办法》亦有根据80%、50%的标准区分法律责任的相关规定。这要求发布预测性信息的公司应尽量控制该差异的大小，否则将可能面临道歉、行政处罚甚至承担证券虚假陈述责任的风险。

实践中同样有观点认为，我国现有信息披露规则已明确区分了预测性信息与事实性陈述的披露要求。一方面，预测性信息的披露以"合理、谨慎、客观、准确"为原则，并不完全适用通常意义上"真实、准确、完整"的标准；另一方面，信息披露规则允许预测业绩与实际业绩存在一定差异，即便存在较大差异也不必然构成信息披露违法。[1]

三、预测性信息的安全港规则

多年前就有学者对我国的自愿披露免责事由进行了广泛讨论，尤其对自愿披露预测性信息的免责事由进行了研究，预测性信息是自愿披露信息中的重要部分，制定预测性信息自愿披露的免责事由至关重要。[2] 有不少学者主张参考"安全港规则"。[3]

"安全港规则"也被称为前瞻性信息披露的安全港制度，是指信息披露者自愿披露前瞻性信息的行为虽然给投资者造成了损失，但由于一些"情形"的存在而不被认定为违法行为，无须承担赔偿责任。前瞻性信息与已经得到证实的、客观确定的历史性事实不同，比如基于数据统计分析对公司的利润、收入或亏损、每股盈利或亏损等财务事项预测的陈述，即预测性信息。[4]

通过不同的法律和判例，"安全港规则"确定了不同的免责事由及标准。对于披露者，美国《1933年证券法》（The Securities Act of 1993）安全港规则中明确的豁免标准主要是："有意义的警示性声明"和非重大性标准。警示性声明是针对预测性信息而言的，即提醒投资者所披露的信息属于预测性信息，具有相应的风险。但这样的风险提示很容易变成一种格式条款，成为披露者逃避责任的手段，于是安全港规则要求该警示必须是有意义的。美国判例法为"有意义的警示性声明"创设了具体的评判标准，它要求：警示语言必须具有针对性，与重要的风险因素相联系，语言清晰且显而易见。[5] 非重大性标准衍生自信息披露整体的重大性标准，针对所有的自愿披露信息，如果披露主体披露的仅仅是不会给投资者带来明显影响的非重大信息，在提供证据证明后，即使披露的信息存在一定的瑕疵，

---

[1] 参见张保生、周伟等：《新〈虚假陈述若干规定〉系列解读之三：预测性信息安全港规则》，载微信公众号"中伦视界"2022年2月11日，https://mp.weixin.qq.com/s/OFIKTND7KwXbRILprKscAw。

[2] 参见李有星、康琼梅：《论证券信息自愿披露及免责事由》，载《社会科学》2020年第9期。

[3] 参见张保华：《上市公司预测性信息披露制度研究》，载《法律适用》2003年第4期；李晓钟：《美国预测性信息披露制度的形成及其借鉴》，载《前沿》2007年第12期；陈帆：《论我国上市公司预测性信息披露制度的完善》，载《中财法律评论》2012年第4期。

[4] 参见李有星、康琼梅：《论证券信息自愿披露及免责事由》，载《社会科学》2020年第9期。

[5] 参见李先波、戴华丰：《美国对有意义的警示性语言的规制》，载《时代法学》2011年第6期。转引自李有星、康琼梅：《论证券信息自愿披露及免责事由》，载《社会科学》2020年第9期。

也不需要承担证券欺诈责任。[1]

在多年的讨论之后，《虚假陈述若干规定》第 6 条规定了我国证券虚假陈述责任纠纷中的安全港规则及其例外。结合前文所述的披露标准，如果发行人进行了充分的风险提示、具有合理的预测依据、及时履行了更正义务、合理控制了差异，则即使原告以信息披露文件中的盈利预测、发展规划等预测性信息与实际经营情况存在重大差异为由主张发行人实施虚假陈述，人民法院也将不予支持。但由于《虚假陈述若干规定》出台时间较短，目前尚未检索到公开的适用安全港规则的案例，该规则在司法实践中将如何具体应用，仍有待进一步观察。

四、预测性信息构成虚假陈述的认定标准

关于预测性信息构成虚假陈述的认定标准，此前有学者认为，预测性信息具有天然的不确定性，信息披露义务人在对未来信息作出披露时自身就存在认识的局限，故仅因陈述内容与将来发生的事实存在内容不一致就自动认为其构成虚假陈述显然并不合理。预测作出时是否经历了充分的调查分析、预测的结论是否存在合理理由、承诺人是否真诚相信承诺会兑现等过程性因素才应该是该种情况下的考察重点。[2]

司法实践中，在《虚假陈述若干规定》明确安全港规则之前，已有一些法院关注并探讨预测性信息，为安全港制度的进一步落地提供了历史土壤和实践基础。

在"飞乐音响案"[3]中，上海市高级人民法院认为相较于客观事实陈述，对预测性信息能否构成虚假陈述，应作更加严格、审慎的认定，飞乐音响公司发布的相关业绩预增公告虽然被认定为不准确，但在飞乐音响公司已就影响该预测实现的因素进行明确风险提示的情形下，并不能当然认定其构成虚假陈述。在"中航三鑫案"[4]中，广东省深圳市中级人民法院也持有类似观点：对预测性信息借鉴了国外证券法上的"安全港规则"，将义务人在信息披露文件中对影响盈利预测信息实现的因素是否进行了充分的风险提示、预测性信息所依据的基本假设及选用的会计政策等编制基础是否合理等方面纳入考虑范畴。[5]在"长征天成案"[6]中，贵州省高级人民法院认为，作为信息披露的预测性信息是一种主观的评价与估计，陈述该信息之人常常依据现有的数据来证实其陈述的准确性。

---

[1] 参见李有星、康琼梅：《论证券信息自愿披露及免责事由》，载《社会科学》2020 年第 9 期。
[2] 参见程茂军：《上市公司信息披露法律规制研究——以中小投资者信息需求为视角》，中国法制出版社 2019 年版，第 189~192 页。转引自龚澄渝：《公开承诺的法律定位与责任框架——论〈证券法〉第八十四条第二款的适用》，载《金融法苑》2021 年第 1 期。
[3] 参见上海市高级人民法院民事判决书，(2021) 沪民终 384 号。
[4] 参见广东省深圳市中级人民法院民事判决书，(2019) 粤 03 民初 2031 号。该案系广东省深圳市中级人民法院发布的 10 起 2020 年度全市法院典型案例之一。
[5] 参见广东省深圳市中级人民法院民事判决书，(2019) 粤 03 民初 2031 号。
[6] 参见贵州省高级人民法院民事判决书，(2020) 黔民终 616 号。

预测性信息所作的虚假陈述也会产生民事赔偿责任,关键在于预测性信息是否建立在合理的基础上且以诚信方式披露或确认。在"金亚科技案"[1]中,四川省成都市中级人民法院则明确指出:预测性信息是否构成虚假陈述应从是否进行充分警示、预测依据是否明确、充分且合理、与实际业绩出现较大差异时是否及时修正三个方面进行判断。

可以看出,虽然2022年之前国内没有明确的安全港规则,但上述案例的论述大体上围绕《虚假陈述若干规定》安全港规则的例外情形展开,即预测性信息构成虚假陈述的三种情形:一是相关信息披露文件未对影响该预测实现的重要因素进行充分风险提示;二是预测性信息的编制基础明显不合理;三是预测性信息所依据的前提发生重大变化时未及时履行更正义务。当然,实践中预测性信息的呈现方式是多元化的,虽然《虚假陈述若干规定》初步制定了预测性信息虚假陈述认定标准与相关规则,但是法律的生命在于实践,尤其是对于证券法律制度来说,法律制度还要伴随证券市场的不断发展才能展现出其作用。未来的信息披露实操及司法实践必然将不断地探索、拓展三种情形的深度与边界,不断地完善符合我国国情的本土化的安全港制度。

---

[1] 参见四川省成都市中级人民法院民事判决书,(2021)川01民初5152号。

实务风险提示 PRACTICAL RISK WARNING

　　本章节在厘清证券虚假陈述的种类和构成方式以及认定标准的基础上，为部分事项实操风险作以下提示。

　　在取消行政前置程序后，证券虚假陈述责任纠纷案件中的虚假陈述行为是否存在往往是当事人首先面临的争议焦点，也是原告首先需要证明的事项。对于监管机构已经对发行人或者其他主体作出了相关信息披露的监管措施甚至行政处罚的情况下，被告一般难以再就虚假陈述是否存在提出有效抗辩。但是对于没有行政监管措施认定的情况下，原告举证能否证明虚假陈述的存在面临较大争议。其中有以下几点值得注意：

　　第一，对于财务数据等以数字、金额等方式披露的信息，信息披露义务人要注意核查数据统计口径、评估方式等数据形成过程，避免披露的数据信息与已经在先披露的信息或者其他方式公开的信息发生表面上的矛盾和冲突。因为数字上的差异是较为容易识别的，尤其是财务数据和资产价值等数据，本身就是比较重要的信息。如果这类数据出现了不同的记载，很容易被指责为存在虚假陈述。而实践中有些数字上的不一致是因为统计口径、评估方法或者因新发生的事实对数据进行的调整。信息披露义务人在面对这些差异时要及时发现原因，有关中介机构在核查过程中也应重点注意这些数字上的差别。

　　第二，要注意将信息披露的内容与通过公开渠道可以查询到的其他信息做交叉验证对比。对于发行人和上市公司而言，很多信息除了在证券市场信息披露制度下需要披露，也会通过例如企业信用信息公示平台、人民银行征信中心等系统对外进行公示。如果这些系统中记载的信息，例如对外担保情况、高管变化情况等与证券市场信息披露有差别，也会被指责为存在虚假陈述。

　　第三，要重视预测性信息披露的合理性，避免预测性信息被认定为虚假陈述。预测性信息被纳入虚假陈述的范畴，这是《虚假陈述若干规定》的一项重要制度，也对于信息披露义务人披露的预测性信息提出了更高的要求。当然该制度不可能要求预测性信息与未来发生的事实完全相同。但是这不是信息披露义务人可以随意预测的挡箭牌，仍然要坚持一定原则，其中最重要的原则就是合理性。此合理性涵盖诸多方面，包括但不限于：作出预测性信息的基础信息系合理获取并经合理分析，对未来情形及趋势的合理判断以及对风险的合理判断和提示。其中，对风险的合理判断和提示尤为重要，发行人和上市公司需将作出预测性信息的前提和可能出现的风险情况全面准确披露到位，并且在后续发生客观情况变化时及时作出更正和调整，避免预测性信息被指责为虚假陈述。

第四章

实体构成要件：
重大性与交易
因果关系

第一节 实施日与揭露日

投资者证明其是在虚假陈述实施日及以后，揭露日或者更正日之前买入该证券是投资者在虚假陈述民事赔偿案中获得损失赔偿的基本条件。据此，虚假陈述行为实施日和揭露日（更正日）是认定信息披露义务人是否需要承担民事赔偿责任的关键时间点。

一、实施日的认定与实践

虚假陈述实施日是指虚假陈述行为作出或发生之日。根据《虚假陈述若干规定》第7条的规定，如果发行人或上市公司发布公告（如招股说明书、年报、募集说明书等）存在虚假记载或误导性陈述，该公告发布日即为实施日；如果信息披露义务人不履行或迟延履行信息披露义务，那么发行人依法应当履行信息披露义务期限届满后的第一个交易日为实施日。但是，因实践中证券虚假陈述行为的类型多样，实施日的具体认定方式也各有不同。

（一）积极作为型虚假陈述的实施日认定

证券虚假陈述行为可以分为积极作为型和消极沉默型，积极作为型虚假陈述主要是虚假记载和误导性陈述，消极沉默型虚假陈述行为则主要包括重大遗漏和不正当披露。

积极作为型虚假陈述是实践中最常见的类型，即发行人或上市公司主动发布虚假的、具有误导性的信息。原《虚假陈述若干规定》只简单定义了实施日的概念。2022年发布的《虚假陈述若干规定》采用列举方式明确了实施日的认定标准，厘清了实践中的争议问题。根据第7条第2款的规定，发行人在监管部门指定或认可的媒体或交易场所网站发布含有虚假信息的公告文件，以公告发布日为实施日；通过接受传媒采访、召开发布会等方式发布虚假信息的，以该虚假陈述的内容在具有全国性影响的媒体上首次公布之日为实施日。信息披露公告或者媒体报道在交易市场收市后发布的，实施日为该日后的第一个交易日。

在积极作为型虚假陈述行为中，信息披露义务人披露的信息存在虚假记载或误导性陈述，投资者与信息披露义务人对实施日鲜少存在争议，但仍有部分投资者将虚假陈述行为实施日和与虚假陈述相关的上市公司其他行为实施日相混淆。

在"鞍山重机案"[1]中，针对鞍山重机公司虚假记载财务数据的虚假陈述行为实施日，投资者主张为《重组预案》发布之日即2015年11月14日，理由是投资者是基于鞍山重机公司发布重组公告行为的误导，对鞍山重机公司股票的价值作出了错误判断。辽宁省沈阳市中级人民法院与辽宁省高级人民法院均认为虚假陈述行为是鞍山重机在《重大资产置换及发行股份购买资产并募集配套资金暨关联交易报告书》中虚假的财务记载，而并非资产重组本身。但是，二审法院同时认为鞍山重机公司的行为是否构成虚假陈述行为，应以相应的行政处罚决定书或者刑事判决书为先决条件。《重组预案》未被《行政处罚决定书》认定为信息披露违法，因此《重组预案》公告日也不会被认定为该案虚假陈述行为的实施日。

前置程序取消之前，在确定积极作为型虚假陈述行为实施日时，不仅需要区分证券虚假陈述行为实施日与违法行为实施日，还需要明确是否存在在先的行政处罚决定书或刑事判决书认定信息披露行为违法。若不存在，该信息披露行为的实施日也不会被认定为虚假陈述行为实施日。但在《虚假陈述若干规定》取消行政处罚或刑事裁判等前置程序后，新规则会带来不同的审判实践。

（二）消极沉默型虚假陈述实施日

消极沉默型虚假陈述，即信息披露义务人未依法履行信息披露义务，应该披露的事项未予披露。在证券虚假陈述纠纷案件中，消极沉默型虚假陈述行为实施日一般是信息披露法定期限的届满日或发生遗漏的信息公告日。根据《虚假陈述若干规定》第7条第3款的规定，因未及时发布确认或更正信息构成误导性陈述，或者未及时披露重要事项构成重大遗漏的，实施日为该信息法定披露期限届满后的第一个交易日。

在"大福控股案"[2]中，大福控股未披露对外提供担保和涉及公司重大诉讼事项的信息，其中针对未披露重大担保事项的虚假陈述，投资者主张虚假陈述行为实施日为2014年5月16日，即大福控股对陈某提供担保当日。一审法院辽宁省大连市中级人民法院认为大福控股于2014年5月16日未履行相关决策程序对外提供担保，亦未进行公开披露，依法属于应立即报告和公告之披露情形，故该日是大福控股最早作出虚假陈述之日，应确认该日为虚假陈述行为实施日。后大福控股向辽宁省高级人民法院提起上诉。二审法院根据《上市公司信息披露管理办法》（2007年）的规定，认为"及时"是指自起始日或者达到

---

[1] 参见辽宁省沈阳市中级人民法院民事判决书，（2018）辽01民初551号。
[2] 参见辽宁省大连市中级人民法院民事判决书，（2018）辽02民初860号。

信息披露时点的两个交易日内，"立即"应为合理期限内及时公告。结合大福控股所实施的虚假陈述行为，二审法院认为大福控股虚假陈述的实施日应当为自起算日起或者触及披露时点的两个交易日内，故应确认 2014 年 5 月 21 日为虚假陈述行为实施日（注：5 月 17 日、18 日为法定休息日）。

在"银基烯碳案"[1] 中，辽宁省沈阳市中级人民法院同样认为确定消极沉默型虚假陈述行为实施日的关键在于信息披露的法定期限。在法定期限内没有进行公告的，则是消极沉默型虚假陈述，法定期限届满的最后一天即为消极沉默型虚假陈述行为实施日。该案法院认定银基烯碳新材料公司投资行为及借款行为应在协议签署后两个交易日内披露。而银基烯碳新材料公司未在法定期限内予以披露，故投资虚假陈述行为和借款虚假陈述行为的实施日分别为上述法定期限的最后一日，即 2015 年 11 月 12 日和 2016 年 4 月 28 日。

由此可知，在确定消极沉默型虚假陈述行为的实施日时，首先应当确定该信息的法定披露期限。如果法律已明确规定上市公司或其他信息披露义务人的信息披露时间点，那么该信息披露时间节点届满后第一个交易日为虚假陈述行为实施日。比如，若法律规定信息披露义务人应在协议达成两日内依法进行公告，则协议达成的第三日即为虚假陈述行为实施日。若法律未明确规定上市公司或其他信息披露义务人信息披露的具体时间点，实践中一般要求重大事项发生当日起两个交易日内进行披露。例如，《证券法》第 81 条第 1 款规定的"应当立即公告"，没有明确规定具体的披露时间点，且《上市公司信息披露管理办法》亦未对"立即"进行解释。前述"大福控股案"的二审法院辽宁省高级人民法院认为"立即"应当参照《证券法》第 78 条中"及时"的含义，解释为"自起算日起或者触及披露时点的两个交易日内"。

（三）多个实施日的认定

在一般情况下，证监会对发行人作出的《行政处罚决定书》会载明虚假陈述发生的时间，该情况下实施日的认定一般没有争议。但实践中，存在多个虚假陈述行为或虚假陈述行为发生在一段时间内无法确定具体时间的情况，包括多个虚假陈述行为是相同事件，以及多个虚假陈述行为属于不同事件等情形。

在多个虚假陈述行为属于相同事件时，信息披露义务人虽实施了多次虚假陈述行为，但该行为系连续的同一事件，一般将首次发生虚假陈述行为之日认定为实施日。在"亚太实业案"[2] 中，亚太实业公司发布的 2010 年年报、2011 年年报、2012 年年报、2013 年年报以及 2015 年年报均存在虚假记载，其多个虚假陈述行为为连续状态。故海南省海口市中

---

[1] 参见辽宁省沈阳市中级人民法院民事判决书，(2018) 辽 01 民初 1013 号。
[2] 参见海南省海口市中级人民法院民事判决书，(2016) 琼 01 民初 124 号。

级人民法院认为应当将其首次实施虚假陈述行为之日 2011 年 4 月 22 日（2010 年年报发布之日）认定为虚假陈述行为实施日。

在多个虚假陈述行为属于不同事件时，证监会行政处罚决定书往往也认定存在多个独立的信息披露违法违规行为。在该情况下需区分认定每个虚假陈述行为的实施日。在"武昌鱼案"[1]中，武昌鱼公司实施了两项独立的虚假陈述行为：一是在 2006 年 3 月 7 日，武昌鱼公司控股子公司中地公司、武昌鱼公司控股股东华普集团与 MB 签订《关于销售华普中心的框架协议》，但武昌鱼公司未根据《证券法》《上市公司信息披露管理办法》的规定及时披露该重大事件。二是在 2006 年 5 月 30 日，武昌鱼公司控股子公司中地公司签收北京东开公司诉华普公司、中地公司合资合作开发房地产合同纠纷案的应诉材料，武昌鱼公司未对该重大事件履行及时披露义务。湖北省武汉市中级人民法院认为武昌鱼公司涉及的两个虚假陈述行为属于不同事件，应当分别认定不同的实施日。

当虚假陈述行为发生在一段时间内但无法确定首次发生的具体时间时，认定虚假陈述实施日存在一定难度。在"上海绿新案"[2]中，证监会在对上海绿新作出的行政处罚决定书中仅认定：2012 年至 2014 年，上海绿新时任董事长王某连续多次与上海绿新发生资金往来且金额巨大构成关联交易且未进行披露，而未明确上海绿新与王某之间的关联交易的首次发生时间。上海金融法院基于截至 2012 年 2 月 29 日上海绿新与王某之间的交易金额已累计达到 30 万元以上，此时上海绿新即负有公告义务，进而认定 2012 年 1 月 1 日为实施日。

二、揭露日与更正日的认定与实践

（一）揭露日与更正日概述

虚假陈述揭露日或更正日是虚假陈述认定的另一关键时间点，直接关系投资者是否符合索赔条件。例如，在诱多型虚假陈述中，在揭露日或者更正日之前已经卖出证券，或在揭露日或者更正日及以后进行的投资均排除在索赔资格之外。

虚假陈述揭露日是指虚假陈述在具有全国性影响或为公众广泛熟悉的网站、电视、报刊、自媒体等媒体上，首次被公开揭露并为证券市场知悉的日期。虚假陈述更正日是指发行人或上市公司等信息披露义务人在监管指定或认可的媒体或者证券交易场所网站，自行更正虚假陈述内容的日期。更正日需信息披露义务人主动自行更正，揭露日则可以是信息披露义务人之外的主体进行揭露。

虚假陈述揭露日或更正日应当是揭示或更正对证券市场发出强烈警示信号之日。虚假陈述被揭露或更正往往经历一段较长的过程，包括上市公司被证监会采取监管措施或自律

---

[1] 参见湖北省武汉市中级人民法院民事判决书，（2014）鄂武汉中民商初字第 00061 号。
[2] 参见上海金融法院民事判决书，（2018）沪 74 民初 288 号。

组织采取相关处分、发行人被证监会立案调查、上市公司主动更正、证监会作出行政处罚事先告知书、证监会作出行政处罚决定书等。上述行为均可能揭露或更正虚假陈述行为，以哪个行为时点为揭露日或更正日在实践和理论往往存在重大争议，也是案件审理的重难点。

（二）揭露日与更正日的特征

结合《虚假陈述若干规定》的规定，揭露日有以下基本特征：一是揭露或更正媒体的权威性（广泛性），即虚假陈述应在全国范围发行或者播放的媒体上被揭露或更正；二是揭露或更正时间的首次性，即被揭露或更正的虚假陈述行为首次为公众所知；三是揭露或更正内容的相关性，即被揭露或更正的虚假陈述行为应与行政处罚决定书或法院认定的虚假陈述事实性质、类型基本相同。

揭露或更正媒体的权威性。揭露日或更正日的意义在于对投资者发出强烈的警示信号，使投资者重新评估股票价值以作出下一步投资决策，故只有通过权威媒体才能确保信息的真实性、可靠性和广泛性。相较于原《虚假陈述若干规定》，《虚假陈述若干规定》对于揭露或更正媒体的权威性要求均有所放宽。就揭露而言，《虚假陈述若干规定》增加规定虚假陈述在"监管部门网站、交易场所网站、主要门户网站、行业知名的自媒体"等媒体上被首次揭露并为证券市场知悉之日，亦可认定为揭露日。事实上，在《虚假陈述若干规定》实施前，部分法院已在案例中以自媒体质疑上市公司财务造假之日为虚假陈述行为的揭露日。就更正而言，《虚假陈述若干规定》则将更正媒体规定为"证券交易场所的网站或者符合监管部门规定条件的媒体"，相较于原《虚假陈述若干规定》规定的"中国证券监督管理委员会指定披露市场信息的媒体"亦有一定程度的放宽。

揭露或更正时间的首次性。认定揭露日或更正日的重要目的之一是推定投资者的投资决定是否系因信赖虚假陈述而作出。基于"推定信赖原则"与"欺诈市场理论"，虚假陈述对市场产生影响始于虚假陈述实施日，终于虚假陈述揭露日或更正日。而在虚假陈述被首次揭露或更正后，市场投资者应已知悉虚假陈述行为的存在，且虚假陈述行为对投资者决策的误导也应随之结束。此外，自虚假陈述行为被首次揭露或更正起，投资者持有或卖出证券才会受到虚假陈述行为的影响而产生损失。如果不能确定首次揭露或更正时间，则投资者损失无法计算。因此，虚假陈述行为的揭露日或更正日需具备首次性，进而从实施日到揭露日/更正日形成一个封闭周期，以最终确定符合索赔条件的投资者。

揭露或更正内容的相关性。虚假陈述被揭示的内容应当与证监会行政处罚决定书或法院等认定的虚假陈述事实的性质、类型基本相同，能够使投资者知悉虚假陈述行为而重新对股票价值进行评估。但《九民纪要》第84条明确规定，该等揭露和更正只需达到虚假陈述被市场所知悉、了解的程度即可，而不以"镜像规则"为必要，即不要求达到全面、完整、准确的程度。

（三）司法实践中对揭露日与更正日的几种常见认定方式

1. 揭露日的几种常见认定方式

（1）以监管部门立案调查公告日为揭露日

监管部门宣布对相关信息披露义务主体立案调查，往往会在证券市场中引发较高关注，此时投资者一般已可判断虚假陈述行为的存在并重新调整投资决策（比较集中地反映于公告立案调查后相关证券的价格、交易量变化情况）。《虚假陈述若干规定》第8条第3款更是明确规定，除当事人有相反证据足以反驳以外，应将"监管部门以涉嫌信息披露违法为由对信息披露义务人立案调查的信息公开之日"认定为虚假陈述揭露日。

根据公开检索，目前各地法院至少在"博元投资案""益盛药业案""山东墨龙案""登云股份案""上海绿新案""京天利案""上海家化案""青海春天案""上海物贸案""新中基案""勤上光电案""海润光伏案"等约40起案件中将监管部门的立案调查日作为揭露日。在认定揭露日时，法院除分析立案调查公告对虚假陈述行为的首次揭露功能外，一般还会结合市场反应情况进行具体论述，该等论证思路亦与《虚假陈述若干规定》第8条第2款规定的"人民法院应当根据公开交易市场对相关信息的反应等证据，判断投资者是否知悉了虚假陈述"相契合。以下对部分案件认定情况作简要梳理。

在"登云汽配案"[1]中，广东省广州市中级人民法院即认定案涉《调查通知书》的首次公开报道之日为虚假陈述的揭露日。理由如下：第一，《调查通知书》被更早地在具有全国影响的媒体上公开报道，符合关于"首次被公开揭露"的要求。第二，证券监管机构立案调查是行政监管力度和手段非常强烈的行政行为。且证监会只有在掌握的证据比较充分的情况下，才会对信息披露等违法违规嫌疑主体立案调查。因此，登云汽配公司公告其收到《调查通知书》对投资者来说是警示性较强的信息，对投资者的投资决策具有重要影响，符合有关揭露日的客观要求。第三，从理性投资人的角度，当股民知道证券监管机构《调查通知书》的相关信息时，应当充分预计到登云汽配公司的行为很可能涉及信息披露违法，从而对投资决策产生重要影响，并防范相关投资风险。

在"保千里案"[2]中，广东省深圳市中级人民法院认为，保千里公司于2016年12月29日第一次发布因涉嫌信息披露违法违规被证监会立案调查的公告，公告虽未对其违法行为进行具体描述，但公告表明是因为涉嫌信息披露违法违规导致被监管部门立案调查，立案调查事项与其后证监会处罚决定书一致。从目前国内实践来看，上市公司或发行人被证券监管部门立案调查是非常重大的事项，对被立案调查的上市公司股价构成重大利空，首次发布公告对股民具有较大心理影响，对投资者的投资决策具有重大影响。从实际情况来看，保千里公司股票走势也证明该情况，保千里公司在2016年12月29日首次发布立案调

---

[1] 参见广东省广州市中级人民法院民事判决书，(2017) 粤01民初211号。

[2] 参见广东省深圳市中级人民法院民事判决书，(2018) 粤03民初561、566、567号。

查公告当天股票跌停。最终，法院采纳原被告双方主张，认定该案的揭露日为立案调查公告日即 2016 年 12 月 29 日。

在"京天利案"[1] 中，北京市高级人民法院认为：第一，在立案调查之后，证监会对京天利及相关人员出具行政处罚决定书。行政处罚决定书认定的事项与京天利于 2015 年 6 月 23 日发布的《调查通知书暨复牌公告》的内容对应一致，符合虚假陈述"首次被公开揭露"的要求。第二，根据相关规定和实践，证监会及其派驻机构只有在获得证据较充分的情况下，才能对发行人或上市公司立案调查。故该公告对投资者具有重要警示性，对投资者决策有重要影响，符合虚假陈述关于"揭露"的要求。第三，该公告与其后实际情况一致，且已提示"请广大投资者注意投资风险"。第四，自京天利发布上述公告起连续 12 个交易日内，京天利股票连续 12 个交易日跌停，足以证明对投资者和市场具有重大警示作用。因此，该案虚假陈述揭露日应为发布《调查通知书暨复牌公告》的公告日。

（2）以媒体文章刊载之日为揭露日

以媒体文章刊载之日作为虚假陈述揭露日是近年来司法实践中出现的新的认定思路，亦得到了《虚假陈述若干规定》的确认。法院在论证媒体文章刊载之日为揭露日时，往往会综合考虑文章内容与虚假陈述行为的一致性、文章引发的市场反应情况以及是否得到证券市场的广泛关注等情况。

在"康美药业"[2] 案中，广东省广州市中级人民法院即认定应以自媒体质疑康美药业财务造假的 2018 年 10 月 16 日为案涉虚假陈述行为的揭露日。法院认定的理由主要包括：一是自媒体质疑报道的主要内容与证监会行政处罚认定的财务造假性质、类型基本相同。特别是质疑报道中关于康美药业在货币资金等科目存在较大造假的猜测，在之后证监会作出的行政处罚决定中得到了证实，满足揭露行为的一致性要件。二是自媒体揭露内容引发了巨大的市场反应。康美药业股价在被自媒体质疑后短期内急速下挫，走势与上证指数、行业指数的走势存在较大背离，可以认定市场对于自媒体的揭露行为作出了强烈反应，说明自媒体揭露行为对市场显现出很强的警示作用，满足揭露行为的警示性要件。三是虽然揭露文章仅是首发在自媒体而非官方媒体，但在移动互联网蓬勃兴起的今天，发表在自媒体的文章亦有可能迅速引起较多媒体关注和转载。从本案来看，相关文章确实被多家媒体转载，并直接导致康美药业的百度搜索指数和资讯指数暴增，成为舆论关注重心，满足揭露行为的广泛性要求，达到了揭露效果。

在"海印股份案"[3] 中，就海印股份公告拟与许某太及今珠公司合作开展用于防治非洲猪瘟的今珠多糖注射液产业化运营的相关事项，在 2019 年 6 月 14 日之前已有多家权

---

[1] 参见北京市高级人民法院民事判决书，(2017) 京民终 666 号。
[2] 参见广东省广州市中级人民法院民事判决书，(2020) 粤 01 民初 2171 号。
[3] 参见广东省广州市中级人民法院民事判决书，(2020) 粤 01 民初 14 号。

威媒体对合同方不拥有专利权,海印股份工作人员确认今珠多糖不是疫苗,农业农村部表示未受理过任何针对非洲猪瘟病毒的预防治疗药物或疫苗以及今珠多糖可有效防治非洲猪瘟缺乏科学依据等事项进行陆续报道。基于前述情况,广东省广州市中级人民法院认为至2019年6月14日权威媒体已经揭露海印股份此前发布的54号公告存在虚假陈述,且所揭露的内容是虚假陈述的基础和核心,足以对理性投资者产生警示作用,促使其重新判断股票价值、注意证券市场投资风险。而从交易市场的反应来看,案涉证券于6月14日至6月18日连续大幅下跌,证明揭露信息已对证券市场产生了实质性影响,最终法院认定2019年6月14日为虚假陈述行为的揭露日。

(3)以行政处罚事先告知书公告日为揭露日

以行政处罚事先告知书作为揭露日是在前置程序时代较为常见的揭露日认定规则,但在《九民纪要》已明确规定虚假陈述揭露不要求满足"镜像规则"以及《虚假陈述若干规定》第8条将载有信息披露违规内容的立案调查通知书出具之日规定为揭露日的情况下,后续将行政处罚事先告知书公告日作为揭露日的案件或将大量减少。以下仅以一则案例作简要介绍:

在"大智慧案"[1]中,原告和被告立信会所主张揭露日为大智慧公司发布关于收到处罚事先告知书公告之日,大智慧公司主张揭露日为证监会上海监管局(以下简称上海证监局)现场检查结果的整改报告公告日。上海市第一中级人民法院认为,虚假陈述行为被揭露的影响将会对市场和投资者产生警示作用,提示投资者重新评估该证券价值。因此,揭露日的认定应综合考虑揭露内容、股价波动情况、交易量变化、揭露方式等多重要素,并重点关注揭露与案涉虚假陈述行为是否一致,是否足以警示投资者投资风险。2015年1月23日,大智慧公司对上海证监局现场检查结果的整改报告进行公告,该公告虽针对2013年年报,但重点是针对上海证监局行政监管措施所采取的整改措施,与证监会行政处罚决定认定的财务问题无法完全对应,且该公告对具体问题均注明整改完成,对投资者警示风险的作用不足。大智慧公司于2015年11月7日收到处罚事先告知书的公告揭露了全面的虚假陈述行为,与后续正式作出的行政处罚决定书内容基本一致,对于投资者重新评估股票价值起到足够的警示作用。故该案揭露日为处罚事先告知书公告日。

2. 更正日的常见认定方式

由于更正日的认定标准为信息披露义务人(虚假陈述行为人)自行更正虚假陈述之日,因而司法实践中法院一般以上市公司发布更正公告之日为更正日。就司法实践中常见的财务数据虚假陈述案件,发行人或上市公司一般通过发布《财务报告会计差错更正公告》《核查公告》等专门公告的方式予以更正。在"尔康制药案"[2]中,湖南省高级人民

---

[1] 参见上海市第一中级人民法院民事判决书,(2017)沪01民初376号。
[2] 参见湖南省高级人民法院民事判决书,(2020)湘民终262~264号。

法院即认定：尔康制药公司于 2017 年 11 月 23 日在巨潮资讯网公开发布《关于媒体报道自查报告的公告》，明确指出"本次公司自查发现的问题使公司 2016 年度财务报告出现重大会计差错，对 2016 年度的业绩造成一定的影响，净利润预计将减少 231,030,762.00 元"，并提醒"广大投资者注意投资风险"。该公告首次对尔康制药公司 2016 年年度报告存在的信息不实的违规行为予以披露，并对不实的数据进行了预估自行更正，对投资风险进行提示，足以对理性投资者起到注意投资风险的警示作用。其公布平台巨潮资讯网系上市公司使用的、全国性的权威信息披露媒体。从市场反应看，从 2017 年 11 月 23 日报告发布之后，尔康制药公司的股价连续 4 个交易日跌停，证明该报告的公布确实对证券交易产生了实质性影响。尔康制药公司作出上述更正行为的日期，符合司法解释关于更正日的规定。

此外，仍存在争议的是，如发行人或上市公司仅在更正公告或其他定期报告中直接补正信息，但未向投资者特别说明此前的公告存在虚假陈述时，该更正公告作出之日是否可以作为更正日？

部分法院认为更正公告如果仅对既往虚假陈述信息进行修正，而并未直接向证券投资者披露存在虚假陈述行为，则不应以该公告发布之日作为虚假陈述的更正日。在"山东墨龙案"中，最高人民法院即认为由于山东墨龙公司的虚假陈述行为是在真实财务数据基础上通过调整会计估计操纵盈余的舞弊行为，申请人贺某健虽然主张应当以山东墨龙公司发布的业绩预告修正公告为更正日，但并未就此提供相关的事实依据能够证明交易市场已经通过修正公告了解山东墨龙公司舞弊的情况，或者就此提供有说服力的诉讼理由，故法院最终未将该公告发布之日认定为更正日。

部分法院则结合公告后的股票价格变化情况，认为在定期报告中直接披露修正后的信息亦可以让投资者知悉投资风险，足以向投资者揭示虚假陈述的存在。但由于更正形式与规定不符，法院将公告发布之日认定为揭露日。在"中毅达案"[1] 中，上海金融法院即认为中毅达公司已通过调整第四季度营业收入的方式对第三季度报告中的虚假记载予以修正，并说明了相关原因，虽然其阐述不够具体、明确，但结合相关数据调整以及原因说明，能够反映 2015 年第三季度报告中的营业收入数据存在错误，错误的原因在于将不符合收入确认原则的款项记载为公司营业收入，故投资者可以知悉 2015 年第三季度报告中存在虚假记载情形。结合 2015 年年报发布后，中毅达公司股票有异于同期上证 A 股指数、上证 B 股指数的大幅下跌情况，法院进一步认定 2015 年年报对虚假陈述的揭示已足以警示市场，提醒投资者谨慎投资。同时，由于中毅达公司并未按规定采用临时报告披露更正后的财务数据，故上海金融法院认为中毅达公司在 2015 年年报中将第三季度虚增营业收入在第四季度营业收入中直接冲抵不符合财务数据的更正要求，但该行为可以披露中毅达公司

---

[1] 参见上海金融法院民事判决书，(2018) 沪 74 民初 996 号。

存在虚假记载行为,进而将 2016 年 4 月 16 日认定为虚假陈述揭露日。

(四) 多个揭露日的认定

证监会实施日和揭露日共同框定了具有索赔资格的投资者范围。针对多项虚假陈述行为,对揭露日认定的不同方式对投资者的索赔范围及索赔金额有较大影响,在司法实践中容易产生争议。有案例认定虚假陈述行为最早揭露之日为揭露日,如"科融环境案";有案例则针对不同的虚假陈述行为认定单独的揭露日,如"北汽蓝谷案"。

《虚假陈述若干规定》回应司法实践中的争议,明确规定虚假陈述行为持续存在的,揭露日为首次公开揭露并为证券市场知悉的日期;存在多个虚假陈述行为并且相互独立的,对其揭露日应分别认定。该规定考虑了不同性质的多项虚假陈述行为首次被揭露对投资者警示作用的差异,具有合理性。

但是,如果各项虚假陈述行为之间存在重叠,则需判断某些期间的交易行为具体是受哪一项虚假陈述行为影响。例如,在诱多型虚假陈述中,投资者如果在实施日 A 到实施日 B 期间买入证券,并在揭露日 A (在实施日 B 之后) 到揭露日 B 期间卖出证券,如果主张受虚假陈述行为 A 的影响买入,则具有索赔资格,但如果主张受虚假陈述行为 B 影响的买入,则失去索赔资格。因此,主张受到哪一项虚假陈述行为影响买入证券,直接影响投资者是否具有索赔资格。在此情况下,关于投资者交易决策依据的举证责任如何分配,将留待司法实践探索。

第二节 重大性

一、重大性的"理性投资人标准"和"价格敏感性标准"

证券虚假陈述民事赔偿责任一般认为是一种特殊的侵权责任,在构成要件上仍符合侵权责任的四个构成要件,但具体构成要件的认定源于法律、司法解释的特别规定,与一般侵权责任相比存在明显特殊性。证券虚假陈述责任的四个构成要件包括:(1)存在虚假陈述行为(涵盖重大性);(2)行为人主观方面存在过错;(3)给被侵权人造成了损失;(4)虚假陈述行为与损失之间具有因果关系(包含交易因果关系和损失因果关系)。

关于"虚假陈述行为"要件,只有对重要信息的虚假陈述才会导致虚假陈述民事责任,对于不重要的披露事项,即便披露的信息存在瑕疵也不会导致赔偿责任,也即虚假陈述的"重大性"要件。只有对投资者进行投资决策具有重大影响的虚假陈述行为才具有可赔偿性。是否满足重大性要件,直接决定了原告的索赔是否具有事实基础,是案件被驳回还是进入下一步的前提条件。因此,以什么样的标准判断虚假陈述行为是否具有"重大性"至关重要。

重大性的认定标准在理论和实践中形成"理性投资人标准"和"价格敏感性标准"两大主流观点。"理性投资人标准"认为理性的投资人在买卖股票时认为相关事项是重要的,则该事项即具备重大性。"价格敏感性标准"认为只要某种公开信息可以影响到证券市场价格,那么该信息就属于重大信息。该标准主要适用于持续性信息披露阶段。

在"银基烯碳案"[1]中,证监会在行政处罚决定书中认定银基烯碳有三项虚假陈述行为:2015年年报虚假记载、未披露重大对外投资事项、未披露重大对外借款事项等。一审法院辽宁省沈阳市中级人民法院认为:"本案投资虚假陈述行为所隐瞒未披露的信息属于对外投资信息,任何投资行为都有风险,都存在赢利与亏损的可能,在其投资效益显现

---

[1] 参见辽宁省沈阳市中级人民法院民事判决书,(2018)辽01民初1013号。

出来之前，任何人都无法准确地预测该投资行为的最终结果。该信息的披露，并不必然会导致股票价值的变化和股票价格的波动，因此该信息本身属于中性的信息，并不属于重大利空消息。银基烯碳新材料案未发布的信息，即使实际对外发布，也不会影响理性投资人对股票价值的判断，并作出交易股票的操作。因此，原告的投资行为与被告投资虚假陈述行为不具有交易上的因果关系。"二审法院辽宁省高级人民法院和再审法院最高人民法院都支持了一审法院关于对外投资信息属于中性信息不具有重大性的判断。

具体到本案中隐瞒投资的虚假陈述行为，其实可以从揭露日的股价变化或者交易量变化来判断其是否具有重大性。但是如果没有价格和交易量明显变化，则在认定重大性之后，如何确定交易方向来推定因果关系，这仍要依赖于法官在个案中作出细分审查和公正裁量。对于中性虚假陈述，还需要进一步研究。

在法律规定层面，《证券法》在界定重大事件时采取了"价格敏感性标准"，同时在第80条、第81条不完全列举了可能对股票、债券交易价格产生较大影响的重大事件。

而在证监会监管规则层面，《上市公司信息披露管理办法》同时采取了"价格敏感性标准"和"理性投资人标准"。第12条第1款规定，只要对投资人投资决策和判断有重要影响的事项都应当披露。第22条规定，可能对股票、债券及其衍生品种交易价格产生较大影响的事项，信息披露义务人都应当立即披露。

在司法解释和司法指导性文件层面，《虚假陈述若干规定理解与适用》明确，原《虚假陈述若干规定》采"理性投资人标准"，其第17条第4款规定，误导性陈述是指虚假陈述行为人作出使投资者产生错误判断对其投资决策和行为产生重大影响的陈述。2015年最高人民法院《关于当前商事审判工作中的若干具体问题》指出，重大性的主要衡量标准可以从信息披露违法违规行为对股票及其他证券的交易价格和交易量的影响来进行认定。可见，该规定更倾向于"价格敏感性标准"。

《九民纪要》的文字表述中似采取了"理性投资人标准"，其于第85条规定，重大性是指可能对投资者进行投资决策具有重要影响的信息。《九民纪要理解与适用》认为，美国对于虚假陈述重大性在传统上采纳理性投资人标准，但可操作性不强，实际上是法官的标准。从各国经验和趋势来看，重大性越来越采纳客观性标准，通过证券交易价格和交易量来判断重大性。美国、欧洲目前在实践中都使用客观性指标来判断。[1]《九民纪要》倾向于采取"理性投资人标准"作为判断重大性的抽象标准，同时将虚假陈述行为对证券交易价格、交易量的影响作为判断信息是否具有重大性的重要证明和考量因素。

---

[1] 参见最高人民法院民事审判第二庭编著：《〈全国法院民商事审判工作会议纪要〉理解与适用》，人民法院出版社2019年版，第448页。

二、《虚假陈述若干规定》关于重大性判断的标准

《虚假陈述若干规定》第 10 条列举了虚假陈述存在重大性的常见情形：一是《证券法》第 80 条第 2 款、第 81 条第 2 款规定的重大事件；二是监管规范性文件要求披露的重大事件或者重要事项；三是虚假陈述的实施或揭露导致相关股票或其他证券的交易价格或者交易量产生显著变化。

《虚假陈述若干规定》明确取消证券虚假陈述责任纠纷前置程序后，在披露义务人未经行政处罚或刑事判决的情形下，原告起诉需要证明存在虚假陈述行为，同时还要证明虚假陈述行为具有重大性，但在抽象的"理性投资人标准"或"价格敏感性标准"之下，原告举证面临一定的困难。

鉴于此，在重大性标准的具体判断标准层面，《虚假陈述若干规定》第 10 条第 1 款第 1 项、2 项规定了法律法规关于重大事件或者重要事项信息披露的规定可以作为虚假陈述行为重大性的判断依据。该规定实际上减轻了原告的举证责任，未来在证券虚假陈述责任纠纷中，原告可以援引信息披露的相关规定作为主张虚假陈述行为具有重大性的依据，标准相对明确、具体。

在重大性标准的抽象判断标准层面，最高人民法院没有坚持以往倾向于采用"理性投资人标准"，转而采用"价格敏感性标准"，可能是考虑到证券交易价格及交易量的变化更加直接、客观，以此作为判断重大性标准更具有可操作性。

根据《虚假陈述若干规定》的规定，"价格敏感性标准"对原被告双方均有利。从原告角度来看，根据第 10 条第 1 款第 3 项的规定，"价格敏感性标准"为虚假陈述行为重大性的兜底条款，法律法规未规定的披露事项以及达不到第 10 条第 1 款第 1 项、第 2 项相关规定的重大事件标准的披露事项，在导致相关证券的交易价格或者交易量产生明显的变化的情况下，也可以认定为具有重大性。从被告角度来看，根据第 10 条第 2 款的规定，针对原告依据第 10 条第 1 款第 1 项、第 2 项主张具有重大性的虚假陈述行为，被告可以提交证据进行反证，即通过证明虚假陈述并未导致证券交易价格或者交易量明显变化，否定虚假陈述行为的重大性。

在上海金融法院审理的"安徽华信案"[1]中，上海金融法院作出判决认为，发行人存在多项诱多型虚假陈述行为，包括未按规定披露关联交易、虚增营业收入和利润，法院对每个实施日后以及揭露日后股票价格的走势进行了分析，发现在虚假陈述行为实施日后股票价格不涨反跌，而在虚假陈述行为揭露日后股票价格不跌反涨，在揭露日后至基准日间，股票价格虽有下跌但跌幅小于同期大盘。法院经分析认为，发行人的股价主要受证券市场系统风险和资产重组失败等因素影响，虚假陈述行为并未导致股价明显变化，最终认

---

[1] 参见上海金融法院民事判决书，(2021) 沪 74 民初 1895 号。

定虚假陈述行为不具有重大性。

该案尤其值得关注的是，其一，该案的发行人同样受到了证监会的行政处罚。其二，证监会认定的发行人财务造假行为的金额极大，其虚增的收入、利润均达到了上亿元甚至上10亿元的级别。上海金融法院在本案中认定虚假陈述行为没有重大性，在《虚假陈述若干规定》之前的司法实践中是罕见的。

三、重大性与交易因果关系的认定

确定了虚假陈述具有重大性后，《虚假陈述若干规定》实际上依据欺诈市场理论推定了投资者对虚假陈述的信赖。在该理论假定下，既然虚假信息具有重大性，其就必然反映在相关证券的市场价格中。积极作为型虚假陈述直接影响了交易价格，不作为的虚假陈述则维持了虚假的价格，投资者在此后交易了相关证券，无论该投资者是否知晓该虚假陈述的内容，也无论该投资者是否真正信赖该虚假陈述，因为其交易行为是按照市场价格进行的，必然就受到了虚假陈述的影响。

在这一逻辑下，市场本身是否有效其实并不重要，重要的是虚假陈述是否会影响到交易价格或者交易量。因此，即使是非公开交易的市场，或者流动性没有那么强的市场，只要能够证明虚假陈述影响了交易价格或者交易量，也可以推定信赖。基于此，《虚假陈述若干规定》将适用范围扩展到证券交易场所（包括中小企业股转系统），并规定合法的区域性股权市场中发生的虚假陈述民事赔偿案件也可以参照适用本规定。

在推定信赖之后，交易因果关系的推定其实还要满足三个条件：虚假陈述的存在，原告交易的是与虚假陈述直接关联的证券，原告的交易方向正确。其中前两个条件比较简单，本书重点讨论第三个条件：交易方向正确。

之所以会产生交易方向问题，是因为《虚假陈述若干规定》将虚假陈述区分为诱多型虚假陈述和诱空型虚假陈述。在诱多型虚假陈述下，信息披露义务人编造了虚假的利好消息或者隐瞒了重大利空消息，诱使投资者以虚高的价格买入股票；在诱空型虚假陈述下，信息披露义务人编造了虚假的利空消息或者隐瞒了重大利好消息，诱使投资者以虚低的价格卖出了股票。原告的交易方向应当与虚假陈述的类型相一致，才能推定信赖。否则，在信息披露义务人编造虚假利好消息时，原告却卖出了股票，显然难以说明原告系因知悉并信赖该虚假陈述而作出前述投资决策，也就不能推定其交易与虚假陈述存在因果关系。

原《虚假陈述若干规定》只规定了诱多型虚假陈述下的因果关系推定，对诱空型虚假陈述没有规定。此次《虚假陈述若干规定》对诱多型虚假陈述和诱空型虚假陈述都作出了规定，更为全面合理。因此，法院在推定交易因果关系之前，必须首先对虚假陈述的类型作出判断，才能借此确定合理的交易方向，从而推定交易因果关系。从判断依据层面看，法官可以根据虚假陈述的内容作出判断。此外，在以价格影响确定重大性的情况下，法院还可以借助交易价格的变动方向来判断。在实施日价格上升的，或者在揭露日价格下降的，多数为诱多型虚假陈述；在实施日价格下跌，或者在揭露日价格上涨的，可能为诱空型虚假陈述。至于在实施日和揭露日价格变动一致，都上升或者都下降的，则可以根据交易量的变化、证券市场整体价格变动情况来辅助判断是诱多型还是诱空型虚假陈述。

不过，《虚假陈述若干规定》对虚假陈述类型的划分，也带来一个问题，即虚假陈述的类型可能并不是非白即黑，只有诱多或者诱空两种类型。实践中确实有一些信息是利好还是利空很难判断，诸如董事、高管任免等公司治理相关的信息。该等信息与经济利益无关，不涉及公司未来经营结果的变化，本身难说是利好还是利空。另外还有一些与经济利益的信息，也很难判断其对公司是利好还是利空，各方投资者的判断可能不尽相同。假设多空双方力量均衡，则其价格可能维持不变，虽然交易量可能大涨，证明其具有重大性，却很难判断其是诱空型还是诱多型虚假陈述，也就很难判断其交易方向。在此情况下，部分法院即认为该种情况下应直接认定不存在交易因果关系。在"上海绿庭案"[1]中，虚假陈述事项为上市公司绿庭投资未及时披露借款与对外投资事项，原被告双方对未披露的事项为利好还是利空消息各执一词。上海金融法院认为利好和利空是消息发布时投资者对公司将来的经营状态可能性的一种判断，消息中提及的业务最终是否获利，与该消息发布对证券市场发生的即时利好或利空的影响也并非同一概念。在原被告就利好或利空问题无法达成一致的情况下，上海金融法院最终认定正常经营行为不能因具有经营风险就视为利空消息，相关信息的揭露未引起股价的明显变化，应认定不存在交易因果关系。

---

[1] 参见上海金融法院民事判决书，(2019) 沪74民初3486号。

第三节 推定信赖原则及适用范围

一、推定信赖原则的内涵

推定信赖原则是证券虚假陈述民事侵权案件中特有的因果关系假定，亦是一种举证责任安排。推定信赖原则作为一项特殊制度安排，被法学家和实务工作者广为认同。在此，本书将对推定信赖原则作出通俗解释，并加以探讨。

（一）特有的因果关系假定

《虚假陈述若干规定》第11条规定：原告能够证明下列情形的，人民法院应当认定原告的投资决定与虚假陈述之间的交易因果关系成立：（1）信息披露义务人实施了虚假陈述；（2）原告交易的是与虚假陈述直接关联的证券；（3）原告在虚假陈述实施日之后、揭露日或更正日之前实施了相应的交易行为，即在诱多型虚假陈述中买入了相关证券，或者在诱空型虚假陈述中卖出了相关证券。

由此可知，推定信赖原则是指凡在虚假陈述实施日之后、揭露日或更正日之前交易特定证券的投资者，推定其作出交易决策的主要是基于对虚假陈述的信赖，因虚假陈述的误导而作出了不利于自己的交易决策。推定信赖原则的作用在于构建投资者交易与虚假陈述行为之间的因果关系，进而为损失归因、归责作出铺垫。因此在某种程度上，可以说推定信赖实际上是推定交易因果关系成立。

推定信赖不同于合理信赖，而是基于合理信赖关系推定成立的法律事实。凡《证券法》规定的信息披露义务人均必须真实、准确、完整地披露有关信息，不得有虚假记载、误导性陈述或者重大遗漏，投资者对信息披露义务人通过法定途径披露的信息享有合理信赖之利益，这是《证券法》的应有之义。合理信赖重在阐明信息接收者与披露者之间应然的信赖关系，而推定信赖则是拟定实然的法律事实，即投资者交易决策主要是受到了虚假信息的误导。

如何准确理解推定信赖原则？本书认为可以拆分为三个关键要素，阅知、信赖和推定。阅知，即投资者对于信息披露义务人所披露的文件已经阅读并知悉。信赖，即投资者对于披露文件是高度信赖并以此作为投资决策的依据。推定，即投资者对虚假信息的阅知和信赖这一认知判断过程是一种法律假设，而这种推定并非绝对不可动摇的，如果被告有相反的证据，可以推翻这种推定。

就推翻推定交易因果关系的情形，《虚假陈述若干规定》第12条作出了具体规定，具体情形包括：原告在交易时知道或者应当知道存在虚假陈述，或者虚假陈述已经被证券市场广泛知悉；原告的交易行为是受到虚假陈述实施后发生的上市公司的收购、重大资产重组等其他重大事件的影响；原告的交易行为构成内幕交易、操纵证券市场等证券违法行为的等。

由此可知，该规定第11条、第12条正反两方面相互补充，构成了《虚假陈述若干规定》关于交易因果关系的完整规则体系。

（二）举证责任安排

推定信赖原则还是一种举证责任安排。"谁主张，谁举证"是《民事诉讼法》规定的举证责任分配的一般原则，法律和司法解释有特别规定的除外。在虚假陈述案件中，原告只需证明交易行为发生在虚假陈述实施日之后、揭露日或更正日之前，法院即可认定投资决策与虚假陈述之间存在因果关系，原告无须证明其阅读并信赖虚假陈述而作出了交易决策。如果被告认为不存在交易因果关系，那么需要提供相应的证据。

司法实践中，还有法院从推定交易因果关系的立法目的和法理基础出发，认为对其投资决策负有审慎注意义务的专业机构投资者（如私募基金管理人）应当先提供其交易决策的依据材料等证明其履行了审慎注意义务。

二、证券虚假陈述案中因果关系的举证困境

因果关系是侵权责任的构成要件之一，证券虚假陈述作为特殊的侵权也不能例外，但是因果关系在证券虚假陈述案件中有其特殊性。

（一）证券虚假陈述案件中的因果关系具有间接性

传统的侵权案件多数都表现为有形的、器质性损害，侵权行为与结果之间有直观的、显性的因果关系，通过一般人理性即可识别。而证券虚假陈述案件中虚假陈述行为的动机和直接目的并非诱使投资者作出特定交易行为，也并不直接导致投资者蒙受损失的后果，往往是发行人为了满足证券发行条件、业绩对赌要求或者避免股价大跌或大涨，故意发布不真实、不完整或者具有误导性的信息。在现代无纸化交易的证券市场中，投资者的交易对手是素未谋面的其他投资者，投资者与虚假陈述行为人并没有发生直接的交易关系。虚假陈述行为造成了骗取证券发行或者扭曲证券定价的结果，而投资者基于已经发布的信息和现有证券价格水平，作出了买卖决策，从虚假陈述行为到投资者遭受损失之间有一条很

长的事实链条。[1] 因此虚假陈述行为与投资者交易决策之间的因果关系具有显著的间接性。

（二）投资者无法证明对消极不作为虚假陈述的信赖

在消极不作为的虚假陈述案件中，信息披露义务人应公开而未公开或未及时公开，或者披露文件中遗漏重大事项，投资者无从证明其对虚假陈述的信赖，因为人们无法证明对未披露的信息不存在的信赖。

（三）投资者阅读信息并作出决策是一种内在心理活动

投资者对于虚假陈述信息的信赖是一种主观心理活动，很难有外在证据可以证明。专业的机构投资者投资决策相对客观、严谨，往往通过实地调研、内部评议、审批等形式遴选投资标的，投资过程有相应的书面记录。但是个人投资者作出投资决策的过程相对简单、快捷，往往不会留下痕迹。因此，在诉讼过程中，个人投资者想要证明其交易决策受到了虚假陈述的误导是非常困难的。

（四）证券虚假陈述案件中的因果关系具有多因一果性的特点

在任一时点，对于理性投资者而言，影响其交易决策的因素有很多。宏观经济环境、行业政策、企业经营状况和未来前景，以及投资者本身的认知、信息渠道和风险偏好等都会影响其交易决策。证券市场是一个充满噪声的市场，与特定证券无关的信息有时也会影响证券的价格。即便投资者阅读了发行人的披露文件，促使其作出交易决策的主要动因仍然可能不是对虚假陈述信息的坚定信赖，而是其他原因。虚假陈述信息只是影响投资者交易决策的原因之一，既可能是主要原因，也可能是次要原因，甚至可能是没有显著影响的轻微原因。正因如此，《虚假陈述若干规定》将虚假陈述内容的重大性作为构成要件，且被告提交证据足以证明虚假陈述并未导致证券价格和成交量显著变化的，法院应当认定虚假陈述内容不具有重大性。在多因一果情况下，只有虚假陈述能够对市场价格和投资者决策形成相当的误导效果，才能追究民事赔偿责任，否则损失赔偿的依据就不够充分。

因为证券虚假陈述案件中的因果关系有上述特征，一般投资者在诉讼案件中想要证明其主要依据对虚假陈述的信赖而作出决策是非常困难的。如果坚持由投资者对交易因果关系承担举证责任，那么投资者的举证责任很重。

三、推定信赖原则的现实意义及法理基础

（一）推定信赖原则的现实意义

虚假陈述是长期困扰证券市场发展的顽疾之一，不仅严重损害投资者的合法权益，也

---

[1] 参见李国光主编、最高人民法院民事审判第二庭编著：《最高人民法院关于审理证券市场虚假陈述案件司法解释的理解与适用》，人民法院出版社2015年版，第243页。

妨碍资本市场的健康发展。在证券市场发展早期，虚假陈述行为尤为普遍和肆意。由于对虚假陈述行为危害性认识不足，早期鲜有投资者通过诉讼维护自身合法权益。即便有个别投资者提起诉讼，由于法律制度不健全，也难以在诉讼中提出充分的法律依据和事实根据。

1998年"姜某诉红光实业等24名被告虚假陈述损害赔偿案"，在证监会已经认定上市公司虚假陈述的情况下，上海市浦东新区人民法院以"原告损失与被告的违规行为之间无必然的因果关系，且姜某所称其股票纠纷案件不属于法院受理范围"为由，决定不予受理[1]。而在2001年最高人民法院即以尚不具备受理及审理条件为由发布通知，要求各地法院暂不受理涉及内幕交易、欺诈、操作市场等行为的民事赔偿案件。

以美国证券市场为例，早期的信息披露也极不规范。在19世纪70年代，美国当时的法律并不要求上市公司披露财务报告。后来一些投资银行家和经纪人坚定推行财务报告制度，纽约证券交易所才开始要求所有上市公司披露财务报告[2]。1911年堪萨斯州颁布第一个蓝天法案，旨在保护公众投资者不受欺诈，后来各州纷纷效仿。美国《1933年证券法》才规定证券发行必须在美国证券交易委员会注册，并按规定格式定期披露财务信息。

完善的信息披露制度是证券市场健康发展的基础，也是保护投资者合法权益的必然要求。信息披露制度的目的在于保护投资者的知情权，保证投资者在没有虚假信息干扰情况下作出投资决定。在证券发行注册制改革的大背景下，完善信息披露制度和加强监督执法显得更为重要。我国2019年《证券法》修订的特色之一就是将"信息披露"和"投资者保护"设置专章予以集中性规定。这充分表明随着实践的发展，我国立法者和证券监管机构对信息披露和投资者保护的重视程度显著提高。

1. 推定信赖原则有利于加大对投资者的保护力度，减轻投资者在虚假陈述案中的举证负担

回顾我国《证券法》以及司法解释的修订历史，投资者诉讼维权的渠道日渐完善和畅通。证券虚假陈述案件中的因果关系对于原告来说很难从正面予以证明，如果不对举证规则作出调整，那么广大受害投资者就很难获得诉讼赔偿。虽然推定信赖原则可能会使一些不因信赖虚假陈述而交易的投资者加入索赔队伍中，但由此造成的司法误差与大量投资者得不到应有赔偿相比，显然微不足道。而且，《虚假陈述若干规定》第12条也给被告留下了推翻推定交易因果关系的机会。因此将交易因果关系的举证责任向虚假陈述行为人倾斜，更加合理，更好地体现了证券市场的公平正义。

---

[1] 参见黄振中编著：《美国证券法上的民事责任与民事诉讼》，法律出版社2003年版，第7页。
[2] 参见[美]约翰·S. 戈登：《伟大的博弈——华尔街金融帝国的崛起》，祁斌译，中信出版社2005年版，第197页。

2. 推定信赖原则可以加大对虚假陈述行为的制裁力度，提高证券市场信息披露的质量，塑造更加公开透明的证券市场

信息不对称是证券市场的一种天然缺陷，发行人及其董事、监事和高管人员，与公众投资者相比，在信息获取上具有天然的优势。对于虚假陈述行为只追究刑事和行政责任，制裁力度是不够的，公权力机关在纠正证券不法行为上具有被动性和滞后性。在民事诉讼中，投资者可以作出便利的安排，有利于投资者积极维护自己的权利，加大对虚假陈述行为的制裁，使虚假陈述行为人承担得不偿失的经济后果。

（二）推定信赖原则的法理基础

因果关系的推定在我国法律体系中并非孤例，我国《民法典》中关于环境污染侵权案件，也有推定因果关系的规定，"因污染环境、破坏生态发生纠纷，行为人应当就法律规定的不承担责任或者减轻责任的情形及其行为与损害之间不存在因果关系承担举证责任"。证券虚假陈述案件与环境污染侵权案件的共同特点是受害者人数多而分散，而且原告在举证上处于天然的弱势地位。针对此类危害社会公共利益的案件，在举证责任上作出便利弱势一方的设计，也是维护公共利益的需要。

1. 欺诈市场理论

欺诈市场理论认为，虚假陈述行为人欺诈的是整个市场，虚假陈述导致证券价格并没有如实地反映其真实的内在价值；投资者参与特定证券的交易是基于对证券市场公开、公平、公正的信赖，在不明真相情况下以错误的价格达成了交易，付出了不必要的代价。投资者只需证明虚假陈述对证券价格有显著影响，即可认定投资者的损失与虚假陈述行为之间存在因果关系。[1] 由被告来证明因果关系不成立。

适用欺诈市场理论原告要证明以下5个要素：（1）被告公开作出了虚假或者误导性的陈述；（2）这些虚假或误导性的陈述是重大的；（3）证券交易所在的市场是充分而健全的；（4）虚假或者误导性陈述足以导致一个正常投资者对证券价值作出误判；（5）原告是在从虚假陈述至真相揭露之间的这段时间买卖证券的。[2]

在欺诈市场理论下，投资者是否实际阅知虚假陈述信息已经无足轻重，而且该理论还解决了消极不作为虚假陈述案中原告无法举证的难题。

原《虚假陈述若干规定》借鉴欺诈市场理论规定了推定交易因果关系条款，并在实践中取得了良好的效果。《虚假陈述若干规定》则将推定交易因果关系条款进一步调整、完

---

[1] 在欺诈市场理论提出之前，美国投资者在证券虚假陈述诉讼案中也面临极端的举证困难，极少数能够胜诉。另外，美国《联邦民事诉讼法》较早规定了集团诉讼制度，在证券纠纷集团诉讼之下，如果按照传统侵权理论，要逐一核实单个投资者交易决策是否出于对虚假陈述的信赖，对法院来说不堪重负。

[2] 美国联邦第九巡回法院最早提出了市场欺诈理论。联邦第六巡回法院在审判实践中作了进一步阐释。参见朱锦清：《证券法学》（第3版），北京大学出版社2011年版，第160页。

善，使之更加合理。

2. 有效市场假说

市场欺诈理论有一个前提假设——有效市场假说，即市场是有效的，能够消化一切有利或不利的公开信息，给予特定证券以相对合理的定价。该理论认为在健全有效的证券市场中，一切有价值的信息都已经反映在股价走势之中，其中包括企业当前和未来的价值。

根据市场对信息的反应程度不同，有效市场假说将市场分为弱式有效市场、半强势有效市场、强式有效市场。在弱式有效市场中，证券价格只能反映历史上一系列交易价格和成交量所隐含的信息，投资者试图通过分析历史价格来预测未来走势是徒劳的，股票技术分析将会无效，基本面分析尚且能够帮助投资者挖掘投资机会。在半强式有效市场中，证券价格只能充分反映全部业已公开的与公司有关的信息，证券价格会随着信息的公布及时调整至合理价位，技术分析和基本面分析都将会失去作用，内幕交易者在信息公开前先人一步进行交易能够获得超额利润。在强式有效市场中，证券价格会反映一切与公司有关的信息，包括公开的和未公开的，内幕交易也不能使投资者获得超额利润。显然，强式有效市场是一种没有现实基础的理想状态，绝大部分投资者是通过公开披露文件获得投资信息的，无法依据未披露的信息进行交易。

在有效市场假说出现之前的道氏理论的假设之一便是"市场指数会反映每一条信息"。道氏理论研究的对象是整体市场，而非单一证券，有效市场假说则是从微观角度阐述证券价格是多种影响因素合成的结果。

虽然有效市场假说存在很多争议，但无疑为证券分析提供了一个重要视角，即在一个有效的市场中，证券价格是投资者综合各种已知信息通过市场博弈而形成的一种相对均衡的结果，价格不是随机变动的符号，而是蕴含了已知商业信息的结晶。

有效市场假说和欺诈市场理论简化了虚假陈述案中的因果关系论证路径，为推定信赖原则提供了理论支撑。在半强式有效市场中，证券价格能够反映与证券相关的全部公开信息，投资者有理由相信实时价格反映了证券当时的合理价值。虚假陈述的出现破坏了证券市场的有效性，或者说扭曲了证券市场的定价功能，使特定证券偏离了其应有的均衡状态和合理价格区间。虚假陈述影响之下的证券价格本身就蕴含了欺诈的成分，投资者做出交易就意味着基于合理信赖的欺诈交易达成。等到虚假陈述被揭露或更正，市场再度恢复有效性，证券价格回归至合理区间，虚高的股价下跌或者被蓄意压制的股价上涨，在此期间被误导的投资者遭受的损失应由实施欺诈行为的人赔偿。

四、推定信赖原则的适用范围

原《虚假陈述若干规定》强调证券发行的公开属性，通过市场来界定适用范围，市场范围限定在"发行人向社会公开募集股份的发行市场，通过证券交易所报价系统进行证交易的市场,证券公司代办股份转让市场以及国家批准设立的其他证券市场",并将证券市场以外的交易以及证券市场中通过协议转让方式达成的交易排除适用。《虚假陈述若干规定》不再强调证券发行的公开属性,证券市场的范围扩大到"证券交易所、国务院批准的其他全国性证券交易场所",从表述上看并未将协议转让排除适用,并且按照国务院规定设立的区域性股权市场也可以参照适用。《虚假陈述若干规定》相对于原《虚假陈述若干规定》扩大了适用范围,相应地也扩大了推定信赖原则的适用范围。

《虚假陈述若干规定》与原《虚假陈述若干规定》两版司法解释都没有对推定信赖原则的适用范围作出专门性规定。但从现有规则来说,《虚假陈述若干规定》的适用范围即推定信赖原则的适用范围。因此,无须再从司法解释条文上单独解读推定信赖原则的适用范围。但是值得思考的是,资本市场虚假陈述的类型是多于能够适用推定信赖的案件类型的,如果将司法解释的适用范围等同于推定信赖的适用范围,则会限缩司法解释的适用范围,进而缩小法院对虚假陈述案件的受理范围,不利于司法上对虚假陈述案件做出灵活性、分层化的处理。未来随着立法技术和司法水平的提高,期待立法上可以对推定信赖原则作出专门的适用性规定,进一步扩大司法解释的适用范围,便于司法机关在处理不同市场的虚假陈述案件时,能够作出更加灵活、精确的裁判。篇幅所限,本书仅就推定信赖原则的几种适用情形进行探讨。

(一)推定信赖原则是在欺诈市场理论和有效市场假说的基础上发展出来的法律原则,那么是否应将市场有效性作为适用标准

此前关于新三板市场能否适用原《虚假陈述若干规定》就有不少学术上的争议,有学者认为新三板市场有效性和流动性不足,不应该适用欺诈市场理论,应由投资者证明自己确实信赖了虚假陈述而从事交易行为。[1] 但在司法实践中多个法院认定新三板市场虚假陈述案件应适用原《虚假陈述若干规定》。上海金融法院在"上海新绿案"[2] 中认为"虽然新三板市场在流动性及定价机制上与主板市场存在差异,但新三板市场在信息披露规则、法律适用依据等方面的特征与主板市场具有共性,因此新三板市场属于《虚假陈述若干规定》所称的证券市场"。《虚假陈述若干规定》发布后,部分学者亦认为在将重大性作为构成要件的情况下,即使是非公开交易的市场或者流动性不强的市场,只要能够证明虚假陈述能够影响成交价格和成交量,就可以推定信赖。[3]

弱式有效市场与半强式有效市场之间并不存在明显的界线。将市场有效性作为推定信赖原则的适用标准,实践操作难度较大,因为判断一个市场是否有效,并没有客观的、可

---

[1] 参见樊健:《我国证券市场虚假陈述民事责任理论与实践的新发展》,法律出版社2021年版,第11~14页。
[2] 参见上海金融法院民事判决书,(2018)沪74民初125号。
[3] 参见耿利航:《欺诈市场理论反思》,载《法学研究》2020年第6期。转引自彭冰:《证券虚假陈述民事赔偿中的因果关系——司法解释的新发展评析》,载《法律适用》2022年第5期。

量化的标准。另外，即使健全有效的市场也可能在特定时间段失去有效性。

《虚假陈述若干规定》所假设的行为场景是充分竞争的证券市场，关于损失认定的规则是以集中竞价为模型确立的。在有效性较低的市场中，投资者遭受欺诈后同样面临因果关系举证难题，适用推定信赖原则对于被告来说也不会导致明显不公平。问题在于，如果适用了推定信赖原则，也就是适用了《虚假陈述若干规定》，就要以"三日一价"规则来核定损失。然而，在我国目前法律规则下，如果以市场有效性不足将部分证券虚假陈述民事案件排除在《虚假陈述若干规定》的适用范围外，那么可能导致投资者失去有效的维权途径。因此，上海金融法院在"上海新绿案"[1]中的论证可以说是切中肯綮，即以信息披露规则、法律适用依据等方面与主板市场具有共性为依据认定新三板市场属于原《证券虚假陈述若干规定》所称的证券市场。同理，《虚假陈述若干规定》将适用范围扩大至按国务院规定设立的区域性股权市场，也具有合理性。

（二）非公开发行市场虚假陈述案件能否适用推定信赖原则

《虚假陈述若干规定》与原《虚假陈述若干规定》相比，去除了公开发行的表述，为非公开发行市场适用推定信赖原则打开了空间。然而，目前各地法院司法实践尚且没有达成一致性的裁判标准。在"罗平锌电案"[2]中，投资者陈某通过某基金与罗平锌电签署《认购协议》从而购买了罗平锌电非公开发行的股票。据此，云南省高级人民法院认为"证券市场内、外发生的侵权行为，其行为方式和目的都不尽相同，对市场和投资者产生的影响、造成的损失也不同"，因而不应适用《虚假陈述若干规定》。而在"圣达威私募债案"[3]中，福建省厦门市中级人民法院则适用《虚假陈述若干规定》作出了判决。而在"乐视网案"[4]中，北京金融法院重点就非公开发行股票和公开发行股票的区别进行论述，指出"公开发行相对更侧重投资者保护，而非公开发行相对更侧重融资效率"，并强调在考察交易因果关系时，不能忽略前述差异。在非公开发行中的信息披露，重在让市场了解公司再融资的启动、进展和结果情况，而非向市场公开披露发行人经营和财务状况。在投资者不是非公开发行股票认购者、非公开发行文件中披露的经营和财务相关虚假陈述已在先披露以及非公开发行股票限售期在揭露日前已届满的情况下，北京金融法院认定非公开发行股票中的欺诈行为与二级市场投资者的投资交易不存在交易因果关系。

本书总体认为在司法解释规定的证券市场上开展的非公开发行应当适用《虚假陈述若干规定》，但也应结合案件实际情况对交易因果关系作个案判断。首先，在非公开发行市场，投资者对发行人披露的文件仍然具有合理信赖，法律法规并未规定投资者须基于自己

---

[1] 参见上海金融法院民事判决书，(2018) 沪 74 民初 125 号。
[2] 参见云南省高级人民法院民事判决书，(2022) 云民终 1605 号。
[3] 参见福建省厦门市中级人民法院民事判决书，(2021) 闽 02 民初 1481 号。
[4] 参见北京金融法院民事判决书，(2021) 京 74 民初 111 号。

的独立尽调方可投资。其次，以股票非公开发行为例，发行价格是与二级市场证券价格挂钩的，并非发行人与发行对象任意协商的结果，《上市公司证券发行注册管理办法》第56条第1款规定："……发行价格应当不低于定价基准日前二十个交易日公司股票均价的百分之八十。"最后，非公开发行股票，也是在一定范围内询价、竞价的结果，并非一对一磋商。《上市公司证券发行注册管理办法》第58条第1款规定，除特定情况下董事会可以提前确定全部发行对象外，上市公司应按照竞价方式确定发行价格和发行对象。

（三）协议转让或大宗交易能否适用推定信赖

本书第一章第三节介绍了协议转让与大宗交易的证券交易方式，其中部分意向性大宗交易也符合"面对面交易"的特征。协议转让发生在特定的交易主体之间，是买卖双方通过私下协商交易条款，并共同向交易所和中证登公司申请办理过户登记的交易方式。虽然交易协商环节发生在交易场所之外，但并不能将协议转让简单视为场外交易。《上市公司流通股协议转让业务办理暂行规则》第2条明确规定："上市公司流通股协议转让必须在证券交易所进行，由上海证券交易所、深圳证券交易所和中国证券登记结算有限责任公司集中统一办理。严禁进行场外非法股票交易和转让活动。"从规定的本意来看，协议转让仍被视为在交易所场内进行的交易，交易所会对交易双方的申请文件进行形式审查。交易所出具合规确认文件后，交易双方才能去登记公司办理过户登记。另外，根据上海、深圳、北京3个交易所的协议转让业务指引，协议转让的价格上下限比照大宗交易的规定执行。而根据三地交易所的交易规则，大宗交易的申报价格在当日价格涨跌幅范围内确定。因此，协议转让的价格是以二级市场股票价格为基准并在涨跌幅范围内协商确定的，与集中竞价的价格申报范围一致。

原《虚假陈述若干规定》明确排除适用协议转让。在司法实践中，部分法院也认为在"面对面"交易中，投资者不应适用原《虚假陈述若干规定》规定的推定交易因果关系。广东省高级人民法院在其二审的"保千里案"[1]中即指出"对于向特定投资者发行股票、协议转让等'面对面'证券交易，投资者不仅信赖上市公司披露的信息进行交易，还会通过实地调研等方式对投资可行性进行分析，同时由于投资门槛高、期限长，投资者均为专业投资者，应负有更高的注意义务"。《虚假陈述若干规定》则没有沿袭过去的做法，而是删除了相关的表述。即便如此，司法实践对该等"面对面"交易是否适用推定交易因果关系也仍存在争议。北京金融法院在"乐视网案"[2]中认为"在证券交易市场，信息披露义务人实施的虚假陈述致使投资者因此交易证券并遭受损失的，因交易关系发生在投资者之间，信息披露义务人并非投资者交易活动的相对人，无论交易方式是集中竞价交易还是

---

[1] 参见广东省高级人民法院民事判决书，(2019) 粤民终2080号。
[2] 参见北京金融法院民事判决书，(2021) 京74民初111号。

协议转让，都构成合同当事人之外的第三方实施欺诈行为"。基于此，北京金融法院认为通过"公开竞价方式之外"的其他"在证券交易场所发行、交易证券过程中"通过合法方式购入且有交易因果关系的证券均应纳入索赔范围。而上海金融法院在"阿波罗案"[1]中则认为，"证券侵权中依据欺诈市场理论、旨在保护不特定投资者合法权益而确立的因果关系推定原则……特定投资者，应对行为人实施的操纵证券交易市场行为与其遭受的损失之间存在因果关系进行举证"。由此可见，即便《虚假陈述若干规定》已作出部分修改，但协议转让是否适用推定信赖原则仍为未来诉讼中的重大争议问题。

（四）机构投资者能否适用推定信赖

以公募基金、私募基金、证券公司、保险资管等机构为代表的机构投资者是证券市场的重要参与者，这些机构有着严格的内部控制体系、独立调研能力和专业的交易技能。然而这些是否意味着机构投资者不应适用推定信赖原则？在部分虚假陈述案件中，被告抗辩称机构投资者比普通投资者负有更高的注意义务，不应适应推定信赖原则。

诚然，从规则制定初衷来看，推定信赖原则确实是司法机关为了解决中小投资者在民事诉讼中的举证困难而作出的特殊安排。但是在欺诈市场理论和有效市场假说之下，法院改变了交易因果关系的论证路径，信赖的对象已经从虚假陈述变成了公开市场价格，投资者根据公开市场价格交易即可推定信赖。在美国 Basic Incorporated v. Levinson 案中，关于交易因果关系成立的推定，适用于包括机构投资者在内的任何投资者。[2]

在投资决策过程中，机构投资者确实比普通投资者有更强的甄别能力，负有更高的注意义务。但这种注意义务并不要求机构投资识别一切虚假陈述信息，而且这种注意义务是针对资金来源方即机构的股东或委托人而言的，应负审慎勤勉之义务，保护资金的安全，并非针对发行人而言。经检索公开案例，目前国内至少有3个机构投资者被推翻交易因果关系的案例，包括"银广夏案""中兵红箭案""祥源文化案"。在"银广夏案"[3]中，法院基于大成基金的举证和陈述，认定大成基金购买银广夏股票在相当程度上依赖的是媒体报道、股票分析人员的点评及研究员和相关投资人员实地调研的结果，而且行为表明其未能合理运用自身专业知识和专业技能对银广夏股票的投资价值进行判断，投资行为确有重大不合理性，进而否定交易因果关系。在"中兵红箭案"[4]中，原告提交了证券公司的《研究报告》和母公司所作的《入池研究报告》，法院因而认定其投资决策的依据是《研究报告》和《入池研究报告》，虚假陈述并非其交易决策的信赖基础。在"祥源文化

---

[1] 参见上海金融法院民事判决书，（2021）沪74民初146号。
[2] 参见樊健：《我国证券市场虚假陈述民事责任理论与实践的新发展》，法律出版社2021年版，第19页。
[3] 参见宁夏回族自治区高级人民法院民事判决，（2007）宁民商终字第74号。
[4] 参见湖南省高级人民法院民事判决书，（2021）湘民终867号。

案"[1]中，原告的买入行为延续到虚假陈述揭露日以后，在披露日以后仍然大举买入，法院因此认为其并非基于对虚假陈述的合理信赖而投资。值得注意的是，以上3个案件的法院都没有简单根据原告的机构投资者身份判定其不应适用推定信赖原则，而是结合其交易行为的某些特征否定了交易因果关系。

---

[1] 参见浙江省高级人民法院民事判决书，(2019) 浙民终1414号。

第四节

交易因果关系不成立的典型情形

《虚假陈述若干规定》第12条使用列举方式规定了人民法院应当认定虚假陈述与原告投资不存在交易因果关系的4种情形，另外增设了兜底条款，即"原告的交易行为与虚假陈述不具有交易因果关系的其他情形"。与原《虚假陈述若干规定》第19条相比，《虚假陈述若干规定》关于交易因果关系不成立的表述更加科学、完善，在具体情形中增加了事件驱动型交易情形，扩展了被告免责的空间。

一、交易时点不在法定期间

原告的交易行为发生在虚假陈述实施日之前，或者在揭露日或更正日之后的，显然虚假陈述与原告投资行为之间没有交易因果关系，促使投资者形成投资决策的是其他原因，而非虚假陈述。

推定交易因果关系成立的交易期间是"原告在虚假陈述实施日之后、揭露日或更正日之前实施了相应的交易行为，即在诱多型虚假陈述中买入了相关证券，或者在诱空型虚假陈述中卖出了相关证券"。原《虚假陈述若干规定》强调卖出行为须在虚假陈述揭露日或更正日之后，如果投资者在揭露日或更正日之前卖出证券，法院应认定因果关系不成立。这是由于原《虚假陈述若干规定》并没有区分交易因果关系和损失因果关系，将二者聚合在一个条文中。实际上，投资者在揭露日或者更正日之前卖出标的证券，并不否定此前的买入行为与虚假陈述之间构成交易因果关系，只是其损失与虚假陈述没有因果关系。

在实践中，有些投资者对特定证券的跟踪和投资是长期的，交易行为也是长期的、连续的、反复的，可能在数年时间内多次买卖某只证券。如果投资者部分交易行为落入了法定期间，那么其余交易行为在法定期间之外，司法上是否会分段处理，将法定期间内的交易行为认定存在交易因果关系，而在法定期间之外的交易认定不存在交易因果关系？针对这种情形，司法解释目前尚无规定。但从已有的案例来说，多段交易行为可能会动摇推定信赖成立的基础，对原告产生不利的后果。"祥源文化案"[1]中原告在虚假陈述揭露日之后仍有买入行为，最终整个交易行为被法院认定并非基于合理信赖而投资，类似案例还包括"哈工智能案"[2]。

因此，对于原告来说，最为有利的做法是避免暴露法定期间之外的交易行为。而对于被告来说，则要尽力挖掘原告在法定期间之外的交易行为，竭力证明原告的投资决策别有原因，而非仅仅受到了虚假陈述的误导。

二、交易时知道或者应当知道存在虚假陈述

投资者在交易时如果知道存在虚假陈述，则其作出交易决策之时已经将相应的风险因素考虑在内，包括证券价格虚高的风险和虚假陈述被揭露后暴跌的风险。这是投资者自甘风险的行为，并非受到虚假陈述的误导而交易，应当认定交易因果关系不成立。证券法意义上的交易因果关系不是简单的引起与被引起的关系，还要求主观上具有合理信赖。

《虚假陈述若干规定》关于投资者明知或应知情形的表述是"原告在交易时知道或者应当知道存在虚假陈述，或者虚假陈述已经被证券市场广泛知悉"，与原《虚假陈述若干规定》"明知虚假陈述存在而进行的投资"相比，表述更加合理。新旧两版司法解释关于交易因果关系不成立的举证责任都在于被告一方，而原《虚假陈述若干规定》要求被告证明原告"明知"虚假陈述而进行投资，对被告来说举证责任有失衡之嫌。根据《虚假陈述若干规定》的规定，被告除了直接证明原告知道虚假陈述以外，通过一些客观证据能够证明原告应当知道虚假陈述的，也可以认定交易因果关系不成立。

此外，"虚假陈述已经被市场广泛知悉"也成为推翻交易因果关系的事由。如何证明虚假陈述被市场广泛知悉？根据有效市场理论，一切信息均反映在证券价格之中，被告可以从证券价格方面论证。在揭露日或更正日之前，如果证券价格已经对虚假陈述作出了相当程度的反应，则可视为虚假陈述被市场广泛知悉。

三、事件驱动型交易

资本市场参与者的投资偏好是千差万别的，有些投资者倾向于根据上市公司发生的重大事件而进行交易，试图借助资本市场对重大事件的过度反应而博取交易价差。此类交易属于事件驱动型交易。在虚假陈述实施日与揭露日或更正日之间，上市公司发生诸如兼并收购、重大资产重组、签署重大合同、勘探发现、发生重大事故等情形的，往往会引起股

---

[1] 参见浙江省高级人民法院民事判决书，(2019)浙民终1414号。
[2] 参见江苏省高级人民法院民事判决书，(2018)苏民申400号。

票价格和成交量的显著变化。事件驱动型交易投资者看重的是重大事件对股价的冲击效应，而并非上市公司基本面的价值分析。这类交易虽然发生在虚假陈述实施日之后、揭露日或更正日之前，但显然与虚假陈述的关系并不大，在此期间发生的重大事件才是促使投资者形成交易决策的主要原因或近因，因此无法认定虚假陈述与投资者交易之间存在交易因果关系。

事件驱动型交易是《虚假陈述若干规定》新增的认定交易因果关系不成立的具体情形，为被告免责抗辩打开了更大的空间。在原《虚假陈述若干规定》中，法定期间内引起股价波动的重大事件只能作为核定投资者损失的定量因素，但在《虚假陈述若干规定》中却成为决定交易因果关系成立与否的定性因素。

四、交易本身构成证券违法行为

《虚假陈述若干规定》第12条第4项规定，原告的交易行为构成内幕交易、操作证券市场等违法行为的，法院应当认定交易因果关系不成立。这一款与原《虚假陈述若干规定》的表述"属于恶意投资、操作证券价格的"相比更加规范，且内涵扩大至证券违法行为。但对于未明确列举的证券违法行为的具体范围，实践中仍存在较大争议。

例如，《虚假陈述若干规定》发布后较多实务观点认为，诸如证券市场中多见的"结构化发行"也应构成前述证券违法行为。[1] 但在《虚假陈述若干规定》实行后判决的"大连机床案"[2] 中，即便原告已承认其"安排其担任投资顾问的资管产品购入案涉债券，实际从事了案涉债券的营销工作，并收取了发行人返费"，北京金融法院也并未据此否认交易因果关系，然而认定原告在认购案涉债券时，虚假陈述行为并未揭露，其认购行为与案涉虚假陈述行为具有因果关系。该案也一度引发关于"证券违法行为"内涵与边界的广泛讨论。

但总体上而言，如果投资者的交易构成违法行为，则其交易动机本身就具备违法性，投资决策并不是建立在对公开披露文件的合理信赖之上。民事诉讼的任务是保护当事人的合法权益，而不是非法利益，任何人不应当因违法行为而获利，因此这种情形下投资者的诉求不应得到法律的保护。

---

[1] 参见周卫青、杨骏啸等：《解读〈虚假陈述若干规定〉之七：因果关系与损失》，载公众号"天同诉讼圈"2022年1月28日，https://mp.weixin.qq.com/s/xwZIsntkllhgR5u3QmzgLA；雷继平、王巍：《证券虚假陈述责任新探（三）：交易因果关系的"推定"与"推翻"》（下篇），载公众号"金杜研究院"2022年10月26日，https://mp.weixin.qq.com/s/v1afYGlLvAPounUGjG-4WA；杨伟国、雷欣珂、申萱：《〈新虚假陈述司法解释〉评述系列（五）：对债券虚假陈述纠纷的影响》，载公众号"方达律师事务所"2022年1月27日，https://mp.weixin.qq.com/s/6NMoUgbbAl3V9IwNrsbSNg。

[2] 参见北京金融法院民事判决书，(2021) 京74民初1号。

五、不具备交易因果关系的其他情形

兜底条款为被告举证原告投资与虚假陈述之间不存在交易因果关系留下更大的空间。实践中有些特殊情形已经被法院采纳用以推翻推定信赖，常见情形有以下两种：

（一）原告在虚假陈述揭露日或更正日以后继续买入

在"祥源文化案"[1]"哈工智能案"[2]"国创能源案"[3]中，原告均因为在揭露日或更正日后继续买入证券，而被法院认为虚假陈述行为本身并不影响原告的买入行为，进而认定整体交易行为与虚假陈述之间不存在交易因果关系。按照正常逻辑，在虚假陈述揭露日或更正日后，理性投资者应该卖出离场，至少不应再继续买入扩大风险敞口。从交易技巧上分析上述原告的行为或可理解，低吸摊薄持仓成本，择机卖出止损，然而这种做法在诉讼当中将会使原告处于不利地位。

（二）原告的投资决策有明确的其他依据

如果原告的投资是基于特殊的交易安排或者根据其他信息来源作出投资决策，则可以推翻推定信赖。在"中兵红箭案"[4]中，原告在一审胜诉后不满判赔比例又提起上诉。二审中原告向法院提交了购买股票的情况说明，主要内容是原告购买中兵红箭股票的资金来源是母公司的划拨资金，公司作出买入决策的主要依据是安信证券所作的《研究报告》以及母公司证券投资小组所作的《入池研究报告》。两份报告对中兵红箭的业绩、未来盈利能力等作出了分析预测。据此，湖南省高级人民法院最终认定原告的交易行为与虚假陈述之间不存在交易因果关系。

根据《虚假陈述若干规定》的相关规定，证明原告投资行为与虚假陈述不存在交易因果关系的责任在于被告，原告除证明其交易行为发生在法定期间外，无须提供其他证据。原告过多披露交易决策的过程和依据，可能对自己产生不利的后果。

---

[1] 参见浙江省高级人民法院民事判决书，(2019) 浙民终 1414 号。
[2] 参见江苏省高级人民法院民事判决书，(2018) 苏民申 400 号。
[3] 参见贵州省高级人民法院民事判决书，(2012) 黔高民商终字第 3 号。
[4] 参见湖南省高级人民法院民事判决书，(2021) 湘民终 867 号。

实务风险提示

　　就揭露日和重大性而言，《虚假陈述若干规定》施行后实践中可能存在的一个困惑或悖论在于，一方面《虚假陈述若干规定》要求揭露日的认定应当考虑虚假陈述揭露以后的市场反应，另一方面《虚假陈述若干规定》规定，如果虚假陈述揭露以后市场没有明显反应，那么应当认定虚假陈述不具有实质重大性。实际上，确实会存在一些虚假陈述行为不影响投资者的交易决策，所以揭露以后证券价格可能没有明显变化，这时如果仅以市场没有明显反应而否定揭露日不合理。本书认为，这时不但不应据此否定揭露日的认定，而且应根据《虚假陈述若干规定》第10条第2款认定虚假陈述不具有实质重大性。例如，上海金融法院审理的"安徽华信案"、新疆维吾尔自治区高级人民法院审理的"汇嘉百货案"均是遵循该等认定思路。

　　就交易因果关系而言，北京金融法院审理的"大连机床案"一审结果的公开，动摇了市场上对于结构化发行推翻交易因果关系的主流观点。该案中北京金融法院查明原告存在收取返费的情况，但是由于原告是在揭露日之前买入案涉债券，所以不能否定虚假陈述对原告交易决策的影响，进而仅将返费作为原告的过错予以扣除部分损失。对此，本书持有不同观点，推定交易因果关系只是从信息不对称和举证能力的角度考虑放宽投资者的初步举证门槛，而并不改变交易因果关系举证责任在于投资者，因此当被告证据使交易因果关系这一待证事实真伪不明时，举证责任又应当转移回原告。具体到"大连机床案"中，当被告证明返费事实时，此时应当由原告证明其作出投资决策时是基于对相关募集发行文件的合理信赖。

第五章

实体构成要件：损失及损失因果关系

第一节

基准日与基准价

一、基准日的认定与实践

投资差额损失计算的基准日，是指在虚假陈述被揭露或更正后，为将投资者应获赔偿限定在虚假陈述所造成的损失范围内，确定损失计算的合理期间而规定的截止日期。揭露日至基准日期间系法律拟制的虚假陈述信息被市场消化的期间，其意义在于将投资人所受损失限定在合理的范围之内，以便初步将非虚假陈述所造成的损失排除在外。原《虚假陈述若干规定》列举了4种情况下的基准日认定标准，以成交量达到可流通部分100%的为主，以揭露日后第30个交易日等其他情形为辅。该规定可能会导致交易量不活跃的证券所涉基准日因与揭露日时隔太久而难以发挥限定合理赔偿范围的功能。

《虚假陈述若干规定》对上述认定标准进行了优化，在沿用成交量达到可流通部分100%的基础上，新增期间限制标准，认定虚假陈述被市场消化的期间为10~30个交易日，即换手率在10个交易日内达到100%，以第10个交易日为基准日，在30个交易日内未达到100%，以第30个交易日为基准日，避免因揭露日至基准日的期间过短或过长而造成基准价严重偏离实际情况。此外，针对证券长期停牌等可能导致上述方法缺乏实际效用的情形，《虚假陈述若干规定》还允许法院征询专家意见，参考相关行业投资时的常用估值方法以确定基准价。

在司法实践中，如果在揭露日至基准日期间转赠股权、限售股解禁或流通股限售导致流通股发生变化，可能导致基准日的认定存在一定争议。在近期备受市场瞩目的"乐视网案"[1]中，北京金融法院一审针对前述情况进行了明确认定。就揭露日后转增股数，北京金融法院认为其虽然是在揭露日之后增加，但因为股票除权机制的作用，实质仍是揭露日之前所持流通股股票的延续，仍属于被虚假陈述影响的证券，所以该部分的股票成交量

---

[1] 北京金融法院民事判决书，(2021) 京74民初111号。

应当作为确定基准日的基数。而就限售解禁增加的股数,则属于纯粹的揭露日之后新增加的流通股,并未受到案涉虚假陈述行为的影响,故该部分股票的成交量不应作为确定基准日的基数。而因部分高管离职而依法锁定的股份,因为在锁定期内,故不能上市流通;处于冻结中的部分人员持有的部分股票,实际上也不能在二级市场流通。因此,以上两部分股票数量不能作为确定基准日时可流通股的计算基数。

此外,针对《虚假陈述若干规定》关于最长消化期为30个交易日的规定,有观点认为,我国大股东持股比例最高可达75%,甚至90%,该期限未考虑到我国大股东持股比例较高且流通意愿相对较低这一客观情况,以30个交易日作为虚假陈述被市场消化的最长期限,仍显过长。

二、基准价的认定与实践

基准价即揭露日或更正日至基准日每日收盘价的平均数,在揭露日、基准日确定后即可确定基准价。在"獐子岛案"[1]中,揭露日2018年2月10日至基准日2018年3月29日收盘价的平均价格为4.46元,故基准价为4.46元。在"天娱数科案"[2]中,揭露日2019年8月2日至基准日2019年9月16日收盘价的平均价格为3.07元,故基准价为3.07元。对于平均数的计算,在"乐视网案"[3]中,部分原告还提出应以移动加权平均法进行计算,但北京金融法院一审基于《虚假陈述若干规定》第26条的规定,未予以支持。

---

[1] 辽宁省大连市中级人民法院民事判决书,(2020)辽02民初1108号。
[2] 辽宁省大连市中级人民法院民事判决书,(2021)辽民终1612号。
[3] 北京金融法院民事判决书,(2021)京74民初111号。

第二节

股票类虚假陈述的损失计算

一、损失的范围和类型

《虚假陈述若干规定》第25条规定，虚假陈述民事赔偿责任的范围，以原告因虚假陈述而实际发生的损失为限，包括投资差额损失及其佣金和印花税。相较于原《虚假陈述若干规定》，《虚假陈述若干规定》删除了关于实际损失"所涉资金利息"的规定，可能是考虑到利息并非必然损失，进一步落实"损失填平"的赔偿原则。

证券虚假陈述包括诱多型和诱空型两大类。原《虚假陈述若干规定》在虚假陈述与损失因果关系的认定上，只规定了因诱多型虚假陈述"高价买、低价卖"而产生的投资损失，因未承认诱空型虚假陈述"低价卖、高价买"而产生的投资损失。故在此前的司法实践中，诱空型虚假陈述可能成为不存在因果关系的抗辩。

例如，在"亿晶光电案"[1]中，被告主张"行政处罚决定中所涉股权转让事件，实为一利好消息，不会对公司股票价值产生不利影响"，江苏省南京中级人民法院认为该股权转让信息披露违规事件，不属于在如实披露的情形下将会引发亿晶光电公司股票价格下跌的利空消息，与该案原告主张的实施日至揭露日期间买入亿晶光电公司股票所受损失之间缺乏直接、必然的因果关系，该院对此不予认定。《虚假陈述若干规定》明确将诱空型虚假陈述纳入索赔范围，将进一步保障投资者权益。

（一）诱多型虚假陈述买入均价与卖出均价

诱多型虚假陈述导致的投资损失主要表现为受虚假陈述影响高价买入、揭露后低价卖出。《虚假陈述若干规定》第27条规定，在集中竞价的交易市场，原告因虚假陈述买入相关证券造成的投资差额损失，按照下列方法计算：原告在实施日之后、揭露日或更正日之前买入，在揭露日或更正日之后、基准日之前卖出的证券，按买入证券的均价减去卖出证

---

[1] 江苏省南京市中级人民法院民事判决书，（2018）苏01民初3561号。

券的均价,乘以已卖出的证券数量;原告在实施日之后、揭露日或更正日之前买入,在基准日之前未卖出的证券,按买入证券的平均价格与基准价格之间的差额,乘以未卖出的证券数量。

根据上述规定,区分股票是否在基准日之前卖出。诱多型投资差额损失=(买入证券平均价格-卖出证券平均价格)×揭露日或更正日至基准日期间卖出证券数量+(买入证券平均价格-基准价)×基准日持有的证券数量。

在实务中,原告在实施日至揭露日区间可能存在多笔买入、卖出证券的交易记录,其中包含了原告在揭露日前卖出证券的盈亏,买入均价的计算方法存在争议。《虚假陈述若干规定》并没有对买入均价计算方法具体予以规定,理论上存在实际成本法、移动加权平均法、综合加权平均法、先进先出移动加权平均法等多种计算方法。在此前审判实践中,各地法院确认买入均价的计算方法也不尽相同,近年来多数法院越来越倾向于采用移动加权平均法或先进先出移动加权平均法。卖出均价的计算期间为揭露日或更正日至基准日之间,揭露日或更正日之后投资者再买入相关证券的不予考虑。

卖出均价的计算方法较为简单一致,在实务中争议较少。卖出均价=揭露日至基准日期间卖出的可索赔证券的总金额÷揭露日至基准日期间卖出的可索赔证券的数量。可索赔证券总股数=实施日至揭露日或更正日期间买入证券的总股数-实施日至揭露日或更正日期间卖出证券的股数。

(二) 诱空型虚假陈述卖出均价与买回均价

诱空型虚假陈述导致的投资损失主要表现为受虚假陈述影响低价卖出、揭露后高价买回。《虚假陈述若干规定》第 28 条规定,原告因虚假陈述卖出相关证券所造成的投资差额损失,按照下列方法计算:原告在实施日之后、揭露日或更正日之前卖出,在揭露日或更正日之后、基准日之前买回的证券,按买回证券的平均价格减去卖出证券的平均价格,乘以买回的证券数量;原告在实施日之后、揭露日或更正日之前卖出,基准日之前未买回的证券,按基准价格减去卖出证券的平均价格,乘以未买回的证券数量。诱空型虚假陈述卖出均价计算期间为实施日至揭露日或更正日之间,参照诱多型虚假陈述司法实践经验,投资者在揭露日前买入股票的盈利或亏损如何合理扣除,亦存在多种计算方法之争。与诱多型虚假陈述计算损失公式类似,即诱空型投资差额损失=(买回均价-卖出价)×揭露日或更正日至基准日期间买回的股票数量+(基准价-卖出均价)×基准日未买回的股票数量。

本书认为,诱空型虚假陈述卖出均价的计算方法应当与诱多型虚假陈述买入均价的计算方法保持一致。买回均价计算区间为揭露日或更正日至基准日之间,与诱多型虚假陈述卖出均价计算期间一致,计算方法应当争议不大。以上操作具体还有待司法实践的检验。

二、常见的损失计算方法及其利弊分析

(一) 买入证券平均价格的计算方法及利弊分析

在证券虚假陈述责任纠纷中，印花税、佣金损失计算均以投资差额损失为基础，投资差额损失则以买入、卖出证券均价为依据。如前所述，既有司法实践以诱多型虚假陈述案件为主，主要争议在于买入证券平均价格的确定，通常有以下4种计算方法：

1. 实际成本法（普通加权平均法）

实际成本法又称普通加权平均法，是指在实施日至揭露日或更正日期间，以每次买进的价格和数量计算出投资人买进证券总成本，减去投资者在该期间全部已卖出证券收回的金额，除以买入股数减去卖出股数的差额，计算得出买入均价。其公式为：买入均价 = (买入证券总成本 – 卖出证券总金额) ÷ (买入股票数量 – 卖出股票数量)。

在"大庆联谊案"[1]中，法院认为，关于买入证券均价的计算方法，按照实际交易每次买入价格和数量计算出原告买入证券总成本，再减去原告在该期间全部已卖出证券收回资金的金额，除以原告仍持有的股票数量，符合司法解释确定的精神，计算结果较为客观公允，有益于投资者权益保护。

在"京天利案"[2]中，法院认为，司法解释所指的买入证券均价是指原告买入证券的成本，原告在实施日至揭露日或更正日期间有多次买入卖出情形的，在该期间卖出证券收回的金额，是原告提前收回的投资成本，应当在总投资成本中进行剔除，即买入股票均价的计算方法为以在实施日至揭露日或更正日期间每笔买入价格和数量计算出原告买入股票全部成本，减去原告在该期间全部已卖出股票收回资金的金额，再与原告仍持有股票数量相除。

实际成本法考虑了投资者购买股票的成本和持股数量，计算结果较为客观、公平，而且该方法简单快捷。但实际成本法将股民在揭露日或更正日以前因卖出股票而提前收回的投资成本从总投资成本中予以扣除，实际上是把揭露日或更正日之前的交易亏损或收益纳入或剔除于索赔损失中（亏损或收益情况取决于实施日至揭露日或更正日期间证券价格走势），可能会导致计算出的买入平均价偏高或偏低，由此计算出的投资差额损失也会高于或低于实际发生额。

2. 算数平均法（综合加权平均法）

算数平均法又称综合加权平均法，是指不排除实施日至揭露日或更正日卖出的股票，而直接将买入股票的总金额除以买入股票的总数量，由此计算出买入平均价格。其公式为：买入均价 = 实施日至揭露日或更正日买入股票金额之和 ÷ 买入股票数量之和。

---

[1] 陈某某等23名投资人诉大庆联谊公司、申银证券公司虚假陈述侵权赔偿纠纷案，载《最高人民法院公报》2005年第11期。
[2] 北京市第一中级人民法院民事判决书，(2017) 京01民初104号。

在"南京纺织品案"[1]中，法院认为，被告南京纺织品公司主张对买入股票均价采用算数平均法计算，是对相关期间原告买入的股票数量之和与买入总价进行整体计算，能够相对客观地计算原告在相关区间买入股票的平均成本价格，不会导致计算结果过于偏高或偏低的情况。

在"海润光伏案"[2]中，法院认为，根据司法解释的精神，对原告买入平均价应按照实施日至揭露日期间原告买入证券的价格总和与买入股票数量之和相除得出，而对于原告在揭露日前卖出的股票数量，不管盈亏都是正常的投资行为，不予处理和评价，该计算方法较为符合原告股票买入均价的实际情况。因原告在实施日至揭露日期间就该证券有多笔交易记录难以完全对应，故法院采纳该计算方法，即以实施日至揭露日期间买入的证券金额之和与相关期间内买入证券数量之和相除。

算数平均法易于操作、简单快捷，对于投资人在揭露日或更正日前卖出的股票，不论是亏损或获益，均认定属于正常的商业风险，不属于损害赔偿范围，避免了实际成本法可能造成买入均价畸高的弊端，更接近投资者的实际损失。但是，这种计算方法不考虑投资者的持股数量。实际上，即使投资者买入股票总数量、买入价格、卖出价格相同，但以同一价格分笔买入的股票数量不同，其实际损失也不同，而算数平均法不能反映这种区别，因此不能完整、科学地体现投资者的实际损失。

3. 先进先出加权平均法

先进先出加权平均法是指，先以先进先出原则（先买进的股票推定先卖出）将在实施日至揭露日或更正日期间买入但在此期间被卖出的股票进行剔除，从而确定可索赔的股票范围，再按照可索赔股票的实际买入价格以加权平均的方法计算平均买入价。其公式为：买入均价＝（实施日至揭露日或更正日买入总成本－在此期间卖出的超过实施日之前存量的部分收入）÷（实施日至揭露日或更正日买入股数－在此期间卖出的超过实施日之前存量的部分股数）。

在"上海三毛公司案"[3]中，法院认为，该投资者在实施日之前已持有600689股票存量47,300股，之后一直到更正日，投资者合计购入18,800股股票，买入成交价格一共为149,865元。投资者在实施日至更正日期间共计卖出16,700股股票。依照先进先出的原理（先买入的股票也先被卖出），卖出部分股票是对实施日之前已持有股票的卖出，因此，卖出的金额不作为原告提前收回的投资成本，不在投资者买入股票的总投资成本中进行扣除。故投资者的买入股票均价为149,865元÷18,800股＝7.97元/股。

---

[1] 江苏省南京市中级人民法院民事判决书，（2015）宁商初字第161号。
[2] 江苏省高级人民法院民事判决书，（2017）苏民终641号。
[3] 上海市第一中级人民法院民事判决书，（2015）沪一中民六（商）初字第128号。

在"恒天海龙案"[1]中，法院认为，先进先出加权平均法首先按照先进先出的原理，扣除实施日至揭露日期间买入但被卖出的股票，框定符合索赔范围的股票，其次根据符合索赔区间的股票的实际买入价格按照加权平均的计算方法计算平均买入价。先进先出加权平均法符合司法解释的相关规定，计算方法和结果简便合理，法院将其采纳为平均买入价的计算方法。

根据司法解释的规定，只有在相应买入区间买入并且未被卖出的股票所产生的投资损失，才与虚假陈述行为之间具有因果关系。因此，该种计算方式以先进先出的原则，将相应买入区间买入但被卖出的股票剔除，从而确定投资者可索赔的股票，具有合理性。但是，先进先出原则完全建立在假定的基础上，增加了计算的不准确性。同时，先进先出加权平均法使以这种方法进行计算的交易相对集中在股市波动的某个区域，以这种方法计算的平均价格受股票某个阶段的波动影响大，因而不能完整反映真实价格。

4. 先进先出移动加权平均法（移动加权平均法）

先进先出移动加权平均法又称为移动加权平均法，是指在投资者于实施日至揭露日或更正日每次买入股票后，以新买入的股票成本加上投资者之前的持仓成本，除以新买入的股票数量与之前的持仓数之和，计算出全部已买入股票的平均价格，即在计算买入均价时将投资者每笔买入与上一笔买入进行加权计算，将得出的结果再与下一笔买入进行加权计算，直至计算至最后一笔买入。推定先买入的股票也先被卖出，卖出股票的成本以前一次计算所得买入均价为计价依据，因此无论卖出数量怎样变化，买入均价均不受影响。其公式为：本次买入均价 =（本次购进价格 × 本次购进数量 + 原有库存股票成本）÷（本次购入数量 + 原有库存持股数量）。

在"欣泰电气案"[2]中，法院认为，被告兴业证券主张按照移动加权平均法测算损失，在计算买入均价时将原告每笔买入与上一笔买入进行加权计算，将得出的结果再与下一笔买入进行加权计算，一直如此计算到最后一笔买入，该计算过程较为复杂，结果接近客观情况。法院采纳被告兴业证券主张的移动加权平均法测算损失。

在"方正科技案"[3]中，法院认为，移动加权平均法结合实施日至揭露日期间原告每笔买入股票的价格和数量，并扣除了卖出股票导致的盈利或亏损情况，符合司法解释的规定，能够相对准确地计算股民持股成本，避免计算结果偏离事实，被各方广泛接受。

先进先出移动加权平均法能整体反映股票交易的现状，可以综合考虑提前收回成本及除权影响，最能体现证券市场瞬息万变的特点。先进先出移动加权平均法对投资者的每笔买入交易加权计算，克服了先进先出加权平均法建立在假定的基础上，仅固定于买入股票

---

[1] 山东省济南市中级人民法院民事判决书，(2016) 鲁 01 民初 889 号。
[2] 福建省福州市中级人民法院民事判决书，(2017) 闽 01 民初 456 号。
[3] 上海市高级人民法院民事判决书，(2019) 沪民终 263 号。

的某个区间的缺点，能够最真实、全面地反映投资者在实施日至揭露日或更正日期间买卖股票的整体情况和实际买入成本、损失，计算结果更加客观、科学。

对比以上4种计算方法，主要差异在于投资者于实施日至揭露日或更正日期间卖出股票时，不同方法减去的卖出股票金额不一致。在减去期间卖出股票的金额越高，平均买入价越低；在减去期间卖出股票的金额越低，平均买入价越高。在股价一直下降的情况下，采用先进先出移动加权平均法，在减去期间卖出股票的金额最高，得出的平均买入价最低，相应投资损失的计算结果也最小；采用实际成本法，在减去期间卖出股票的金额最小，得出的平均买入价最高，相应投资损失的计算结果也最大。因此，一般投资者会主张用实际成本法计算平均买入价，而虚假陈述行为人则倾向于主张用先进先出移动加权平均法计算平均买入价。

本书认为，从计算原理来看，先进先出移动加权平均法最契合证券市场的整体变化特征，基本克服了某一阶段股价波动造成的"测算失真"，计算结果相对最为公正、科学。虽然该计算方法较为复杂，不便于法院自主测算，但考虑到引入第三方核定损失已是大势所趋，且在技术发展之下法院亦可以直接运用专业计算软件计算相关投资损失。因此，建议在实践中进一步推广先进先出移动加权平均法的运用。

（二）卖出证券平均价格的计算方法

1. 在基准日及以前卖出证券

在司法实践中，原告在揭露日后、基准日前多次买卖股票的，以对应揭露日前原告所持股票数量，能够确定该部分股票卖出价格的，按照算数平均法计算卖出均价。卖出数量小于揭露日前所持数量的，卖出均价＝实际卖出总价÷实际卖出数量。卖出数量大于揭露日前所持数量的，卖出均价＝实际卖出总价÷揭露日之前持有数量。

2. 在基准日后卖出或继续持有证券

原告在基准日后卖出或持有证券的，卖出均价推定为基准价，基准价＝揭露日或更正日至基准日期间各交易日收盘价总和÷该期间交易日总天数（揭露日至基准日期间，有停牌情况的不应当纳入基准价的计算）。

第三节 债券的损失计算

自2014年我国首次发生债券违约以来,债券市场违约事件呈逐年快速增加趋势。随之而来的是债券投资者维权活动的日益活跃,从持有金额数亿元的专业机构投资者,到普通的非专业个人投资者,均有提起债券虚假陈述之诉。

近年来,在我国资本市场的投资者诉讼维权活动中,投资者以股票存在虚假陈述为由起诉上市公司及中介机构,从而获得赔偿的案例已不鲜见。但反观债券维权诉讼,在2020年《债券座谈会纪要》发布以前则主要以债券违约纠纷为主,债券虚假陈述纠纷案件较为少见。究其原因,除债券、资产支持证券等固定收益证券品种出现时间较晚之外,原《虚假陈述若干规定》难以直接适用于债券等固定收益证券纠纷,尤其是难以准确计算固定收益证券虚假陈述的损失,也是相关案例较少的原因之一。

一、《债券座谈会纪要》发布前固定收益证券损失计算存在的问题

从债券这一证券品种的特点来看,债券未违约时,各方通常不会关注到信息披露存在虚假陈述。如发行人尚能按期兑付债券本息以及其他有息债务,其上述虚假陈述行为很难被揭露或更正;一旦发行人违约,针对其财务状况的关注度将会迅速上升,导致其虚假陈述行为被揭露或更正。因此,发行人虚假陈述行为通常是由于其违约[1]而相继被揭露。

然而,在《债券座谈会纪要》发布前,违约债券的投资者以虚假陈述为由提起诉讼并进入实质性审理的案件较少,[2] 甚至在虚假陈述行为已被监管机构处罚的情形下,仍未积极开始诉讼。关于这一现象,本书认为,根据当时法律规定,投资者遭受"损失"的具体

---

[1] 需要说明的是,此处的违约并不单指发行人的债券违约,而是泛指发行人的各类有息债务违约。当然,发行人的偿债能力是一个整体,尽管率先违约的债务不一定是债券,但在暴露了发行人的实际偿债能力,经过评级下调以及触发一系列交叉违约条款后,发行人的债务通常也会很快走向违约。
[2] 有限的司法实践可参见江苏省高级人民法院民事判决书,(2017)苏民终1172号。在该案中,法院适用原《虚假陈述若干规定》的相关规定计算损失。

金额较难认定,是起诉案例较少的重要原因之一。

(一)《债券座谈会纪要》发布前固定收益证券损失计算的法律依据与适用

在《债券座谈会纪要》发布前,关于虚假陈述侵权案件的损失认定并不会区分证券的类型,其原则主要以实际损失为计算基础,包括投资差额损失以及资金占用损失。根据原《虚假陈述若干规定》第6条第2款的规定,投资者对其因虚假陈述行为而遭受的损失负有举证责任。原《虚假陈述若干规定》为投资者提供了两种损失的计算方式,具体如下:

(1)买入证券又卖出(或基准日后仍持有)的,损失为投资差额损失,对应部分的佣金与印花税,以及按银行同期活期存款利率计算的资金占用损失(原《虚假陈述若干规定》第30条)。

(2)虚假陈述行为导致证券被停止发行的,损失为投资人有权要求返还和赔偿所缴股款及银行同期活期存款利率的利息(原《虚假陈述若干规定》第29条后半句)。

针对上述第1类投资差额损失,原《虚假陈述若干规定》又分别针对"在基准日及以前卖出证券的"和"在基准日之后卖出或者仍持有证券的"这两种情况规定了计算方式(原《虚假陈述若干规定》第31条、第32条)。

根据上述规定,由于在股票投资活动中,虚假陈述侵权导致的损失为投资差额损失,故在虚假陈述行为被揭露或更正后,投资者可以很快根据其主张的揭露日或更正日来确定实际损失的具体金额或计算方式,并以此为依据提起诉讼。

(二)原《虚假陈述若干规定》适用于债券投资者损失计算时面临的问题

然而,在债券虚假陈述侵权纠纷案件中,上述条文的实际作用则大大受限,导致债券投资者在很多情况下难以计算实际损失并提出相应主张,其原因主要包括以下两个方面。

1. 债券交易活跃性低,导致投资差额损失的适用范围较窄

在债券虚假陈述行为揭露之前,债券的交易价格一般不会发生太大变化。该等行为被揭露之时,通常发行人已陷入债务危机,标的债券已难以正常交易或已发生停牌。

因此,按照原《虚假陈述若干规定》代入基准日的方式计算实际损失,对于债券而言难度较高。如按原《虚假陈述若干规定》第33条第1项、第2项规定确定基准日,则在债券交易市场中较难存在这样的日期;如按原《虚假陈述若干规定》第33条第3项、第4项确定基准日,则有较大概率存在截至基准日债券收盘价格均与面值相差不大的问题。

此外,采用收盘价的平均价格来推算证券真实价值的方式,适用至债券纠纷中同样存在问题。与股票不同的是,同一个债券发行人,可能同时存续数只发行方式、票面利率、交易场所等要素高度同质化的债券,但由于其交易活跃性较低,容易出现相似的数只债券在相同交易日收盘价各不相同的情况,按收盘价的平均价格反映债券的真实价值,对不同债券的持有人难言公平。

2. 如不以上述"投资差额损失"计算并主张损失，则会面临具体损失金额难以确定的问题

《民法典》第1184条规定："侵害他人财产的，财产损失按照损失发生时的市场价格或者其他合理方式计算。"

然而，在原《虚假陈述若干规定》之外寻求其他的计算方式同样存在困难。其一，如前文所述，鉴于债券在虚假陈述行为揭露前后缺乏有效交易，"损失发生时"债券的市场价格同样难以确定。其二，仅将债券违约后的资金占用损失归为实际损失，则赔偿金额过少，难以满足投资者填补本息损失的核心诉求。其三，如将债券本息损失也加入损失金额计算，则又会面临本息损失何时能够具体确定的问题。这是因为尽管发行人不能按期兑付本息，但债券对应的债权债务关系仍然存续，发行人并不免除偿还义务，因而也难以被认为损失已"实际发生"。如发行人进入破产和解执行程序，债券债权被和解协议债权取代，亦不发生实际损失；如发行人进入重整计划执行阶段，即便重整计划不能满足债券的100%清偿，理论上在重整计划执行完毕后仍有可能存在二次分配，实际损失的具体金额仍难确定。据此，只有在发行人进入破产清算程序，并实际清算完毕后，才能确定实际损失的具体金额，但此时发行人的主体却已经消灭，无法作为被告。

鉴于上述原因，针对债券类虚假陈述案件的特殊性，《债券座谈会纪要》创设性地采用了以未偿债券本息为基础计算持续持有债券的投资者损失金额的方式，从而解决了大量投资者因损失金额难以确定而产生的起诉难问题。

二、《债券座谈会纪要》对损失计算方式的规定及争议

（一）《债券座谈会纪要》对损失计算方式的规定

《债券座谈会纪要》第22条区分两种不同情形，分别对债券虚假陈述损失计算作出不同的规定，具体如下：

1. 一审判决作出前卖出债券

在起诉日之前已经卖出债券，或者在起诉时虽然持有债券，但在一审判决作出前已经卖出的，本金损失按投资人购买该债券所支付的加权平均价格扣减持有该债券期间收取的本金偿付（如有），与卖出该债券的加权平均价格的差额计算，并可加计实际损失确定之日至实际清偿之日的利息。利息分段计算，在2019年8月19日之前，按照人民银行确定的同期同类贷款基准利率计算；在2019年8月20日之后，按照人民银行授权全国银行间同业拆借中心公布的贷款市场报价利率（LPR）标准计算。

与原《虚假陈述若干规定》相比，《债券座谈会纪要》取消了基准日这一参数。根据《虚假陈述若干规定理解与适用》，原《虚假陈述若干规定》的投资差额计算方式系借鉴"真实价值不变法"的计算方式，通过代入基准日这一日期，可以计算出股票剔除虚假陈

述影响因素后的真实价值。[1] 然而，如前文所述，由于债券虚假陈述行为揭露后，债券交易价格通过不断交易而逐渐回归真实价值的情况极少，且更多的情况是会直接走向违约，故取消代人基准日具有合理性。

为避免上述缺陷，《债券座谈会纪要》规定在计算债券投资差额损失时，一律直接按照实际的平均买卖价差计算投资差额损失。然而，实际买卖价差与"虚假陈述带来的溢价"之间仍存在较大区别，且由于债券市场有效性较弱，即便是相邻的交易日，亦有可能存在债券交易价格相差巨大的情况发生。因此，尽管《债券座谈会纪要》解决了原《虚假陈述若干规定》适用于债券纠纷时损失金额难以计算的问题，但实际买卖价差的损失计算方式同时也削弱了损失与虚假陈述行为之间的因果关系。

针对因果关系被削弱的问题，《债券座谈会纪要》在其第24条第3款中作出了补充："人民法院在认定债券信息披露文件中的虚假陈述内容对债券投资人交易损失的影响时，发行人及其他责任主体能够证明投资者通过内幕交易、操纵市场等方式卖出债券，导致交易价格明显低于卖出时的债券市场公允价值的，人民法院可以参考欺诈发行、虚假陈述行为揭露日之后的十个交易日的加权平均交易价格或前三十个交易日的市场估值确定该债券的市场公允价格，并以此计算债券投资者的交易损失。"该规定解决了在卖出价格因特殊情况产生扭曲的情况下，按买卖差价计算投资差额损失可能对被告不公平的问题。

2. 一审判决作出前仍然持有债券

《债券座谈会纪要》第22条第2项明确，在一审判决作出前仍然持有该债券的，债券持有人请求按照该纪要第21条第1款的规定计算损失赔偿数额的，人民法院应当予以支持；债券持有人请求赔偿虚假陈述行为所导致的利息损失的，人民法院应当在综合考量欺诈发行、虚假陈述等因素的基础上，根据相关虚假陈述内容被揭露后的发行人真实信用状况所对应的债券发行利率或者债券估值，确定合理的利率赔偿标准。

如前文所述，债券虚假陈述纠纷的特点之一表现为其通常与债券违约同时存在，即存在大量仍然持有未兑付债券的持有人，且这一群体同时存在关于债券还本付息的诉求。上述规定不但解决了债券投资者在被动持有债券情况下，因无法准确计算损失金额而难以对全体虚假陈述侵权行为人提起诉讼的问题，同时又满足了该部分投资者关于债券的还本付息诉求。此外，出于补强与虚假陈述因果关系之目的，该条款还规定，应当将虚假陈述行为导致的债券利息差额加入损失金额一并计算。

另外，《债券座谈会纪要》在其第23条第2款中还规定按照上述"还本付息"方式赔偿的，法院应当在判决中明确债券持有人交回债券的义务，以避免出现双重受偿的问题。

《债券座谈会纪要》正式生效后，由于债券投资者损失的计算问题得到了确定的依据，

---

[1] 参见李国光主编、最高人民法院民事审判第二庭编著：《最高人民法院关于审理证券市场虚假陈述案件司法解释的理解与适用》，人民法院出版社2015年版，第302~307页。

债券虚假陈述侵权损害赔偿案件呈现出爆发式增长的态势。

(二) 以《债券座谈会纪要》认定损失金额的相关判决与争议

《债券座谈会纪要》颁布后，关于其损失金额认定相关规定的具体适用问题一直存在争论，其中争议最大的问题即以未偿本息为基础计算发行人的侵权损失，是否可以同时适用于债券承销机构等其他连带责任主体。争议的主要观点如下。

1. 有违"责任竞合"的法理

该等观点认为，《债券座谈会纪要》第22条第2项实质上规定了发行人虚假陈述侵权责任，与债券违约责任存在竞合。《民法典》第186条规定："因当事人一方的违约行为，损害对方人身权益、财产权益的，受损害方有权选择请求其承担违约责任或者侵权责任。"根据这一条款，只有在违约行为也损害当事人合法权益的情形下，当事人才能主张违约与侵权责任竞合。在债券发行与交易活动中，就发行人而言，其与投资者就债券本身而言存在本息兑付义务，二者之间存在债权债务关系。在虚假陈述案件中，发行人逾期债券违约的，发行人与投资者之间存在明显的违约责任与侵权责任竞合的情形。但是，承销机构等其他连带责任主体则不同，在虚假陈述案件中，该等主体承担的仅有侵权责任而没有违约责任。因此，将《债券座谈会纪要》第22条第2项的损失计算方式扩大到发行人之外的其他责任主体，有违《民法典》第186条规定的"责任竞合"的法理。

2. 有违侵权责任的"损失填平"功能

证券虚假陈述责任纠纷属于特殊侵权纠纷。就其损害赔偿范围，各国和地区的法律规定基本相同，即投资人因虚假陈述发生的实际损失。《民法典》第1184条规定："侵害他人财产的，财产损失按照损失发生时的市场价格或者其他合理方式计算。"根据侵权责任法理论，我国的侵权损害赔偿的功能主要为填补损失，而非是让受侵害的一方从侵权行为中获取额外利益。但《债券座谈会纪要》第22条第2项的规定，在实操中极易导致投资者从中获得额外收益。以投资者在二级市场低于面值买入债券的情形为例，如投资者在二级市场以10元/张的成本价格买入面值1亿元的债券，其实际成本仅有1000万元。但从《债券座谈会纪要》第22条第2项的文义来看，法院可能认为承销商应以发行人违约的情形为基础计算责任承担金额。在承担全额连带责任的情况下，承销商对此投资者的赔偿金额票面本金部分即已达1亿元，如加上利息、罚息等，甚至可能超过1亿元。

该范围明显超过实际损失的范畴。对于债券发行人而言，发行人在债券合同法律关系下承担还本付息的违约责任，在虚假陈述侵权法律关系下承担侵权损害赔偿责任，构成违约责任与侵权责任的竞合，即便侵权责任赔偿范围超出实际损失，也不会加重发行人的责任。但对其他责任主体而言，要求其他责任主体按照合同法律关系支付债券投资者的可得利益，与侵权责任赔偿范围以"损失填平"为基础不符，缺少法律依据。

对此问题的解决之道应在于重新厘定侵权赔偿的"实际损失"，详见下文有关《虚假陈述若干规定》生效后损失计算问题的探讨。

3. 容易间接助长债券市场套利行为

在实务中，存在大量从二级市场低价买入债券的情况，交易价格相比票面本金，往往大幅折价。例如，本金为100元的债券，交易净价在20~30元甚至更低的情况屡见不鲜。通常表现为，当市场上出现对发行人偿债能力不利的传闻等信息（该等信息尚不一定构成对虚假陈述的揭露）时，反映到债券交易价格上，极易导致债券交易价格的大幅下跌。此时，擅长投资高风险债券的投资者通常会以大幅低于债券面值的价格择机买入，从而期望在发行人违约风险解除后获得超额收益。此时，购入债券的价格已包含了债券的违约风险，具有其商业合理性。

然而，正如前文所述，虚假陈述行为被揭露时，发行人偿债能力通常已陷入危机，但债券主承销商以及其他中介机构等连带责任主体通常仍具备良好的偿债能力。如将《债券座谈会纪要》第22条第2项的损失计算方式扩大到发行人之外的其他责任主体，在票面本息始终可以得到保障，投资风险并无成本的情况下，投资者（主要是机构投资者）显然会更愿意追逐价格更低的高风险债甚至"垃圾债"，信用良好的发行人的债券反而无人问津。[1] 冒险的投资者将被鼓励，审慎的投资者反而不利，这不仅可能诱发道德风险，更重要的是将影响到金融市场"发现价值"的基本目标和功能。

三、《虚假陈述若干规定》生效后的固定收益证券损失计算问题探讨

（一）"实际损失"计算原则的确立

关于证券虚假陈述责任纠纷中损失的计算，《虚假陈述若干规定》第25条规定："信息披露义务人在证券交易市场承担民事赔偿责任的范围，以原告因虚假陈述而实际发生的损失为限。原告实际损失包括投资差额损失、投资差额损失部分的佣金和印花税。"该条重申了虚假陈述侵权责任这一特殊侵权责任损失计算的基本原理，即应当以"投资差额损失"为基础。

需要注意的是，"投资差额损失"并非为投资者虚假陈述导致的买卖实际价差损失。根据《虚假陈述若干规定理解与适用》，"投资差额损失"的计算方法系借鉴"真实价值不变法"而来，其计算的原理基础应当是投资者因虚假信息对证券价格进行错误的计算并且买卖证券的价格，与证券刨除虚假信息影响后真实的价值之差额。

《债券座谈会纪要》第22条第1项虽然将"投资差额损失"确定为买卖价差，但考虑到债券交易的活跃度以及债券市场的有效性，再辅以第24条第3款的补充，"投资差额损失"仍基本符合"真实价值不变法"的计算原理。然而，第22条第2项的计算结果更近

---

[1] 这一情形出现的原因主要是虚假陈述行为与债券违约之间存在一定关联，产生偿债能力负面传闻的发行人，其债券后续被认定为存在虚假陈述的可能性，要高于未产生过负面传闻的发行人。

似于计算违约损失时采用的"可得利益损失",与"投资差额损失"相去较远。换言之,按照"可得利益损失"计算出来的损失金额,与虚假陈述这一侵权行为本身(误导投资者对证券真实价格的判断,从而以被虚假信息扭曲后的价格买卖证券)因果关系较弱。

(二) 不应纳入"实际损失"计算的主要情形

尽管《虚假陈述若干规定》没有专门规定债券虚假陈述侵权损失的具体计算方法,多数观点认为上述损失的具体金额仍应参照《债券座谈会纪要》第22条等条款来计算,但是在《虚假陈述若干规定》再次强调"投资差额损失"的前提下,出于法律逻辑内在统一性的考虑,仍应对《债券座谈会纪要》第22条第2项的具体适用问题再次进行思考与讨论。

1. 发行人以外的虚假陈述侵权赔偿责任人的赔偿金额范围,应以债券买入价格为基础进行计算

如前文所述,在《债券座谈会纪要》颁布后,关于第22条第2项的具体适用一直存在争议,其中最主要的争议即为发行人以外的虚假陈述侵权赔偿责任人的赔偿金额范围是否亦应参照债券未偿本息,否定观点的主要理由包括有违"责任竞合"原理,有违侵权责任"损失填平"功能,容易间接助长债券市场套利行为等。如果从虚假陈述侵权"投资差额损失"的角度来看,该条款最大的问题即计算得到的损失金额并非投资者因虚假信息误导而遭受的"投资差额损失"。

根据《债券座谈会纪要》的相关规定,债券虚假陈述行为具体表现为"影响投资者对发行人偿债能力的判断"。按照债券估值的一般理论,债券的内在价值为未来各期利息、本金的现值之和,其中债券的折现率包含了无风险利率和风险溢价。因此,风险溢价越高,计算所得的债券价值则相对越低。换言之,在有效市场的前提下,投资者买入债券的价格,其本身即包含投资者对于债券风险溢价的判断(包括因虚假陈述导致投资者对债券风险溢价的错误判断)。因此,只有以债券买入价格为基础计算损失金额,才能确保该等损失金额符合"投资差额损失"的内在逻辑,才能确保该等损失金额与虚假陈述行为存在因果关系。

尽管《债券座谈会纪要》第22条第2项本身带有加大对投资者的保护力度这一实际目的,亦不能否认发行人不能如期兑付的本息损失与其虚假陈述行为可能存在一定的原因力。然而,如果在《虚假陈述若干规定》已生效的前提下,仍将《债券座谈会纪要》第22条第2项规定的未偿本息损失计算方式机械适用至发行人以外的虚假陈述侵权赔偿责任人,根据上文所述,不论其合法性还是合理性都是存在疑问的。

实际上,《虚假陈述若干规定》第25条已回归侵权法的一般原理,强调虚假陈述的赔偿范围应为"实际损失"。本书认为,赔偿"实际支付成本–受偿"而非"票面本息–受偿",即不应赔偿债券合同的履行可得利益(债券投资价值),符合新司法解释重申的"损失填平"之法义，亦可避免购买"垃圾债"的投机者不当获利。

2. 计算损失时应当扣除债券（债权）的剩余价值或真实价值

为了避免重复受偿问题，《债券座谈会纪要》第23条规定了债券持有人交回债券的义务。然而，前述规定并不能避免所有重复受偿的可能性，例如：

第一，从理论上讲，原告持有的债券本身并非毫无价值，除极端情况外，该等债券无论是否已经违约，都能通过一定的计算方法计算出债券的真实价值，并非一律为零。参照上文关于"投资差额损失"的论述，既然债券仍然存在价值，则至少对于发行人以外的虚假陈述侵权赔偿责任人而言，其赔偿金额至少应当以买入成本价格为基数，扣除债券的真实价值，才能符合"投资差额损失"的要求。

第二，对发行人自身而言，《债券座谈会纪要》第22条第2项没有考虑到发行人进入破产和解或破产重整程序时的实际情况。发行人进入破产和解或破产重整程序，持有人持有的债券债权进行债权申报后，将转化为生效的和解协议或重整计划所确定的债权。在这一情况下，如果不扣除和解协议或重整计划所确定的受偿的部分，则仍将面临重复受偿的问题。此外，重整计划执行完毕后，可能还会进行二次分配，该部分金额也应当在计算损失金额时一并考虑。

《虚假陈述若干规定》第26条第5款规定："无法依前款规定确定基准价格的，人民法院可以根据有专门知识的人的专业意见，参考对相关行业进行投资时的通常估值方法，确定基准价格。"上述条款同时也为债券真实价值（基准价格）的计算提供了法律依据。鉴于虚假陈述侵权损失本质上为"投资差额损失"，在计算债券投资损失金额时，应当考虑刨除债券的真实价值。上述真实价值可以通过参照中债估值方法等专业意见得出，也可以根据生效的和解协议或重整计划所确定的债权能够受偿的剩余金额计算。总之，只有根据实际情况采用适当的方式扣除债券（债权）仍然包含的价值后，所计算出的损失金额才能符合"投资差额损失"的逻辑本质，才能从根本避免重复受偿问题的发生。

（三）资产支持证券损失计算的特殊问题

关于资产支持证券的损失计算，同样应当需要坚持"实际损失"的计算原则，即承担责任的范围以投资者遭受的实际损失为限。截至2024年3月，尚未有资产支持证券虚假陈述案件的生效判决。在全国首例资产支持证券引发的证券虚假陈述责任纠纷中，上海金融法院认为案涉资产支持证券具备以固定收益兑付本息的债券特征，最终以资产支持证券的本息（利息分段计算：到期日前按照预期收益率计算，到期日后按照同期LPR计算）作为确定投资损失的基础。[1]

另外值得关注的是，与债券不同，资产支持证券作为专项计划财产份额（或受益权份

---

[1] 参见上海金融法院民事判决书，（2020）沪74民初1801号。

额）的凭证，其价值仍是基于其背后对应的专项计划财产的价值。在这一方面，资产支持证券产品在存续期内具有"资产管理产品"属性。如专项计划不能按期足额兑付本金及预期收益，根据专项计划交易文件的约定，需要对专项计划财产进行清算。因此，从理论上讲，除非专项计划清算完毕，或者因约定的"法定到期日"来临，否则"实际损失"是难以确定的。参考资产支持证券的违约纠纷案件，在投资者以管理人存在过错为由起诉要求管理人承担赔偿责任时，法院通常以"专项计划尚未清算，损失无法确定"为由驳回原告诉讼请求。[1] 然而在"庆汇租赁案"中，法院采取了创设性的方式，在专项计划终止而尚未清算的情况下，判决管理人以未偿本金与预期收益为基础计算损失；同时判决管理人以实际赔偿金额为限，取得投资者在专项计划清算中应受分配的相应金额资产的权利。[2] 这一处理方式，与在资产管理产品终止而未清算情形下判决赔偿的最新裁判发展，[3] 有异曲同工之妙。由此可见，法院就损失未确定情况下投资者能否要求管理人承担赔偿责任的问题存在态度转变。该种处理模式可帮助投资者高效维权，亦可避免其双重受偿。

"庆汇租赁案"的上述判决简化了实际损失的认定条件，增强了对投资者的保护。在该案判决书的论述中，法院作出上述判决的理由是"管理人违约给投资者造成损失的类型和计算方法在当前即可确定，管理人因对投资者违约而引发的后续融资租赁合同纠纷诉讼和专项计划清算拖延的不利后果亦不应由投资者承担"。

在全国首例资产支持证券引发的证券虚假陈述责任纠纷中，上海金融法院认为清算结果是认定投资者损失实际发生的重要依据，但并非唯一依据，最终结合执行与破产情况认定损失已经实际发生。一审判决同时明确，判决生效后，原告在清算过程中获得的清偿部分，应当在被告的赔偿金额中予以扣除。[4] 该等裁判思路与"庆汇租赁案"的原理也是近似的。

此外，本书建议，考虑到专项计划清算周期通常较长，专项计划到期日通常距法定到期日有2年至3年之久，为及时保护投资者合法权益，可以考虑根据实际情况，申请投资者保护专业机构或评估机构等对专项计划剩余财产进行评估，并在扣除相应评估价值之后，计算出实际损失，由相关责任主体进行赔偿。

---

[1] 参见北京市第二中级人民法院民事裁定书，(2018) 京02民初163号。
[2] 参见北京市高级人民法院民事判决书，(2021) 京民终533号。
[3] 参见上海金融法院民事判决书，(2021) 沪74民终422号。
[4] 参见上海金融法院民事判决书，(2020) 沪74民初1801号。

第四节

剔除其他因素造成的投资者损失

一、"损失因果关系"与其他因素造成的投资者损失的剔除

证券虚假陈述侵权责任作为一项民事侵权责任，侵权行为与损失之间的因果关系同样是必不可少的组成要件，也是长久以来在这类案件实务中认定损失金额的一项重要判断因素。虚假陈述侵权责任中的因果关系又分为两个层面，一个层面是投资者的投资决定与虚假陈述之间的"交易因果关系"，在本书第三章中已经有详细论述，故不再赘述；另一个层面则是"损失因果关系"，虚假陈述与投资者损失之间的因果关系。"损失因果关系"又可从正反两个方面理解：一方面，虚假陈述是否导致了投资者损失；另一方面，如果投资者的全部或部分损失是由虚假陈述行为以外的其他因素造成的，那么应当免除或减轻虚假陈述侵权责任。

如果说"交易因果关系"是判断侵权行为人是否承担责任的标准之一，"损失因果关系"则是关于侵权行为人承担责任具体金额的一项重要判断标准，主要与减责有关。具体而言，如果不存在"交易因果关系"，行为人无须承担侵权责任；如因存在"其他因素"相应限缩"损失因果关系"，则"其他因素"造成的投资者损失应当予以剔除。

原《虚假陈述若干规定》第19条已明确规定："被告举证证明原告具有以下情形的，人民法院应当认定虚假陈述与损害结果之间不存在因果关系……（四）损失或者部分损失是由证券市场系统风险等其他因素所导致……"该条款被视为关于损失因果关系的概括性规定，即如果投资者损失能够证明为证券市场系统性风险等其他因素导致，则该部分损失可以相应扣除。

随着我国资本市场的不断发展，证券种类的不断丰富，证券虚假陈述责任纠纷案件的数量也逐年增加，具体个案案情也趋于复杂。在这样的环境下，原《虚假陈述若干规定》

第 19 条关于损失因果关系的规定已难以满足实务的具体需要,具体表现为:其一,经过长年的司法实践,在实务中已总结出除系统性风险外,还可以认定为不具备"损失因果关系"的若干典型情况,但在原《虚假陈述若干规定》中并未明确列举,不利于指引法院查明相关事实并相应减轻被告的赔偿责任;其二,《债券座谈会纪要》发布后出现了大量债券虚假陈述案件,考虑到债券与股票之间的差异,亟须探索同样适用于债券的损失因果关系扣除的具体情况。鉴于以上原因,"损失因果关系"的认定再次成为行业关注的焦点之一。

二、法律规定的历史沿革

(一) 原《虚假陈述若干规定》的相关规定

在《证券法》中,并无关于"损失因果关系"的规定。此类规定最早见于原《虚假陈述若干规定》第 19 条,该条以股票为考虑原型,强调以"系统风险"为损失因果关系的主要排除情形,具有合理性。

关于"证券市场系统风险"的具体内涵,在最高人民法院公报案例"大庆联谊案"[1]中,法院对其进行了进一步扩展:"证券业通常理解,系统风险是指对证券市场产生普遍影响的风险因素,其特征在于系统风险因共同因素所引发,对证券市场所有的股票价格均产生影响,这种影响为个别企业或行业所不能控制,投资人亦无法通过分散投资加以消除。"

在实践中,法院认定存在其他风险因素从而阻断因果关系的情形以系统风险为主,主要包括:一是特殊时期的政治经济环境造成的系统风险,即综合考虑国内外因素,包括国内外指数、政治经济环境等因素对股市造成的影响,目前在法院判决中予以采纳的主要有 2016 年 A 股熔断,2015 年股灾,2007 年、2008 年股市动荡等事件。二是综合考虑大盘指数、行业指数引发的系统风险。[2]

(二)《债券座谈会纪要》的相关规定

《债券座谈会纪要》第 24 条第 4 款规定:"发行人及其他责任主体能够证明债券持有人、债券投资者的损失部分或者全部是由于市场无风险利率水平变化(以同期限国债利率为参考)、政策风险等与欺诈发行、虚假陈述行为无关的其他因素造成的,人民法院在确定损失赔偿范围时,应当根据原因力的大小相应减轻或者免除赔偿责任。"

关于系统性风险的部分,《债券座谈会纪要》与原《虚假陈述若干规定》保持一致但

---

[1] 陈某某等 23 名投资人诉大庆联谊公司、申银证券公司虚假陈述侵权赔偿纠纷案,载《中华人民共和国最高人民法院公报》2005 年第 11 期。
[2] 参见王军旗、王肖倩、孙鸿:《上市公司虚假陈述民事赔偿司法实务探讨——以因果关系认定为视角》,载《上海法学研究》2019 年第 6 卷。

对具体内容有所细化，即利率风险与政策风险。与股票不同，影响债券估值的最大的因素为市场的无风险利率水平，因此，无风险利率水平变化成为债券市场最重要的系统性风险。在《债券座谈会纪要》中，最高人民法院同时将"政策风险"列举为债券市场系统性风险之一。在过去一段时间内，我国为整顿金融与相关产业秩序，曾经针对如"两高一剩"等产业出台过限制融资的相关规定，这类规定对于高杠杆经营的发行人而言，很容易造成其资金链断裂走向破产，从而完成行业的出清。因此，在债券违约与虚假陈述并存的情况下，政策风险可以作为引起债券本息损失的其他风险因素被排除。实际上，导致发行人破产的因素除政策风险外，还包括宏观经济变化、行业周期波动等客观经济规律导致的风险以及发行人自身经营不善导致的风险，但这些风险并未在《债券座谈会纪要》中明确列举。

不过，《债券座谈会纪要》第24条第4款的兜底性表述"与欺诈发行、虚假陈述行为无关的其他因素"，实际指明了查明损失因果关系的基本原理应为剔除与虚假陈述无关的所有因素导致的损失，对司法实践的提示与指引显然强于原《虚假陈述若干规定》的相关表述，意义重大。

（三）《虚假陈述若干规定》的相关规定

《虚假陈述若干规定》第31条分两款对损失因果关系作出规定，要言不烦，意义重大。

该条文第1款规定："人民法院应当查明虚假陈述与原告损失之间的因果关系，以及导致原告损失的其他原因等案件基本事实，确定赔偿责任范围。"该等规定是对查明损失因果关系之基本方法的规定，即应当从正面查明虚假陈述是否导致原告损失，还应从反面查明虚假陈述以外的其他因素导致的投资者损失，综合两者确定赔偿范围。而且，该款明确将损失因果关系定性为案件基本事实，由于未查明基本事实的后果为发回重审，该规定可督促审理法院重视损失因果关系这一要件事实的查明。

在传统的股票类虚假陈述损失计算模型中，法院无须从正面考量股票类虚假陈述行为是否导致投资者损失，而仅从反面剔除其他因素导致的投资者损失。但是，债券等固定收益证券的本质是发行人"还本付息"，所以虚假陈述必须切实减损发行人偿付能力，从而导致债券违约与投资者损失，如此才能要求被告承担责任。如果对外担保存在虚假陈述，但发行人最终并未实际承担担保责任，实际上便没有影响发行人的实际偿付能力。因此，这就需要从正面考量某一虚假陈述行为是否将削弱发行人的偿债能力。本款作出提示，十分具有实践价值。

该条文第2款规定："被告能够举证证明原告的损失部分或者全部是由他人操纵市场、证券市场的风险、证券市场对特定事件的过度反应、上市公司内外部经营环境等其他因素所导致的，对其关于相应减轻或者免除责任的抗辩，人民法院应当予以支持。"该款是对反面查明损失因果关系的具体规定,提示法院关注导致投资者损失的其他各种因素。与原《虚假陈述若干规定》《债券座谈会纪要》相比,《虚假陈述若干规定》列举的其他风险因素更为丰富,除系统风险外,还包括非系统风险等其他因素(见表7)。

表7 规定列举的其他风险因素汇总

相关条款	明确列举的其他风险因素
原《虚假陈述若干规定》第19条	系统风险等
《债券座谈会纪要》第24条第4款	市场无风险利率水平变化(以同期限国债利率为参考)、政策风险等
《虚假陈述若干规定》第31条第2款	他人操纵市场、证券市场的风险、证券市场对特定事件的过度反应、上市公司内外部经营环境等

由此可见,随着证券市场的发展以及虚假陈述案件司法实践的不断积累,立法与实务对于"其他风险因素"的认识也体现出了不断深入的特点。

三、"其他风险因素"的具体范围及适用

(一) 他人操纵市场

他人操纵市场是我国一贯坚决打击的证券市场违法行为。实施者出于非法意图,利用资金、持股或信息优势影响证券的交易量或交易价格的,会扭曲证券市场价格机制,严重损害广大投资者的利益,此类案件受到市场的广泛关注。

《证券法》第55条第1款列举了操纵证券市场的具体手段。[1] 需要注意的是,根据《证券法》第55条第2款,"操纵证券市场行为给投资者造成损失的,应当依法承担赔偿责任",操纵证券市场同时也构成民事侵权。《虚假陈述若干规定》将"他人操纵市场"列为"其他风险因素"的情形之一,但该规定是否意味着操纵证券市场侵权责任案件中的赔偿金额可作为其他风险因素在虚假陈述侵权责任案件中扣除,仍有待司法实践的进一步回应。不过可以预见的是,随着第三方专业机构参与司法实践的不断深入,最终可以打通虚假陈述侵权案与操纵市场侵权案的障碍,形成联动机制,从而合理划分二者的责任范围。

---

[1] 具体包括:"(一) 单独或者通过合谋,集中资金优势、持股优势或者利用信息优势联合或者连续买卖;(二) 与他人串通,以事先约定的时间、价格和方式相互进行证券交易;(三) 在自己实际控制的账户之间进行证券交易;(四) 不以成交为目的,频繁或者大量申报并撤销申报;(五) 利用虚假或者不确定的重大信息,诱导投资者进行证券交易;(六) 对证券、发行人公开作出评价、预测或者投资建议,并进行反向证券交易;(七) 利用在其他相关市场的活动操纵证券市场;(八) 操纵证券市场的其他手段。"

（二）证券市场的风险

根据证券市场理论，证券市场风险是指在证券市场中，各种不确定性因素导致证券市场行为主体的证券资产蒙受损失的可能性。证券市场风险可分为系统性风险和非系统性风险。系统性风险指的是证券市场受到宏观经济形势好坏等共同因素影响，不受个别企业或行为所控制，引起证券市场价格发生剧烈波动，使投资者蒙受损失的风险。产生系统性风险的因素包括市场行为、政策和制度、利率、汇率、通货膨胀、政治环境等。非系统性风险，或称相对系统性风险，是指由于个别企业自身的原因使投资者蒙受损失的风险，它往往只影响某一只股票的价格，与市场的其他股票没有直接联系，投资者可以通过分散投资的方法来抵消该种风险。上市公司终止重大资产重组、重大担保、重大诉讼、重大亏损等都属于非系统性风险。

经过多年的司法实践，法院和第三方专业机构在认定系统性风险对股价的影响上已有较为成熟的计算标准。在计算系统风险的实际影响权重时，通常是选取合适的证券市场指数作为参考指标，在实践中常用的参考指标包括上证综指、深综指、深成指、中小板指、创业板指、行业板块指数等。如果参考指数的波动及涨跌趋势与涉案股票的股价走势基本一致，那么可以断定系统风险存在；反之，如果参考指数走势处于平稳态势，甚至上涨趋势，而涉案股票却处于显著下跌走势，那么可以断定系统风险不存在。在认定涉案股票与系统风险存在因果关系后，即可采用合适的计算方法，计算系统风险所占权重比例并予以扣除。

与股票相比，市场指数在衡量债券系统性风险上的参考价值较为有限，这是由于债券交易频率远不如股票，甚至同一发行人存续的不同债券由于交易活跃程度不同，走势也会出现巨大差异。如前文所述，在债券违约风险未暴露时，影响债券估值的最重要因素为无风险利率水平，但考虑到其实际适用范围有限，因此就同时发生违约的债券而言，需要寻求其他系统性风险的参照物，从而准确评估其对债券本息损失所造成的影响。

例如，就宏观经济而言，可以针对前些年的"去杠杆"一系列政策对发行人的违约影响进行评估。在供给侧结构性改革不断深化的背景下，过剩产能行业作为供给侧结构性改革的重点，大量"僵尸"企业被要求加快从市场中出清，中小企业在供给侧结构性改革中的市场份额和生存空间进一步受到挤压。与此同时，民营企业由于在信贷收缩背景下获取融资难度较高以及对价格转嫁能力较弱等因素，利润水平也出现了明显的回落。上述内容可以引用国家统计局公布的经济统计数据，或者 Wind 软件导出的数据加以佐证。又如，就行业环境而言，以房地产业为例，可以参照如"百城住宅价格指数""TOP100 房地产企业销售金额/面积及同比增速"等行业统计数据。

然而，对于个性化比较强的非系统性风险的判断与衡量，在实践中仍然缺乏一个直观且简单通用的判断标准，并且很可能涉及较为专业的财务知识。对于法院而言，作出准确的独立判断可能较为困难,因此对于非系统性风险因素的排除,需要第三方专业机构的协助以及专业计算方法的进一步完善。

(三) 证券市场对特定事件的过度反应

"证券市场对特定事件的过度反应"或"投资者过度反应"是《虚假陈述若干规定》修订新增的情形。根据有效市场理论,证券市场发生的事件都会在证券价格中体现出来,然而这个过程会受到过度反应心理的影响。实际上,不仅普通投资者,包括机构投资者在内的专业投资者亦会在投资行为中出现过度反应的情形。当然,过度反应对于证券价格的影响通常是暂时的,在经过一段时间后会恢复正常。然而在证券虚假陈述侵权诉讼中,如果在计算损失金额时参照的证券价格包含了过度反应带来的影响,则该部分影响因素也应当相应扣除。

(四) 上市公司(发行人)内外部经营环境

作为典型的非系统性风险,上市公司(发行人)内外部经营环境作为一项列举的"其他风险因素"得到司法解释的明确认可。同时,这也可能意味着在今后的审判实践中,上市公司(发行人)内外部经营环境导致的损失将会成为法院应当查明的常规事项。

事实上,上市公司(发行人)内外部经营环境导致的股价下跌或债券违约屡见不鲜。其中,内外部经营环境还可以细化为宏观经济环境、行业环境与微观因素等。

就宏观环境而言,可以分为经济环境与政策环境等。经济环境,可以表现为供给侧结构性改革下实体经济增速放缓,中美贸易摩擦导致经济增长不确定性增加等;政策环境,可以表现为金融从严监管导致企业融资环境恶化,去杠杆政策导致融资难度与成本提高,供给侧结构性改革深化导致过剩产能和民营企业生存空间受挤压等。

就微观因素而言,又可以分为发行人经营环境因素、发行人财务状况因素以及担保人相关因素(如有)等。经营环境,例如某房地产开发公司较大比例项目分布在三线以下城市,项目开发进度缓慢导致回款周期长,或自持物业租金收益率处于较低水平,影响整体盈利能力等。财务环境,例如某公司在信贷宽松的时期大量举债扩张业务,但业务面铺得过宽,业务不在自身熟悉的经营领域导致经营不善,在信贷收紧的时期则进一步受到打击从而走向破产等。担保人因素,例如,担保方作为发行人股东,受发行人拖累导致增信能力不足。又如,专业担保机构代偿率高,代偿款追偿回款周期长、坏账多,拖累担保人履行担保义务等。

上述内外部经营环境相关因素,均有可能对证券价格造成不利影响,甚至导致固定收益证券不能按期兑付。一旦该等事件及其影响与证券虚假陈述行为相重合,则上述因素导致的损失就应当从虚假陈述侵权损失中扣除。

(五) 投资者自身相关的风险因素

投资者自身相关的风险因素，通常表现为投资者自身的投资行为存在过错，导致其在投资相关证券时遭受损失。尽管这一因素并非直接等同于"损失因果关系"，亦未在《虚假陈述若干规定》第 31 条第 2 款中明确列举，但该等因素导致的损失同样应当视为"其他因素"而加以剔除。具体而言，可以包括投资者在投资证券活动中存在违法违规行为，或因疏忽大意或过于自信的错误判断从而做出投资决策等情形。

相关违法违规行为可能包括：投资者违反投资者适当性的相关规定，买入不符合投资者适当性要求的证券从而遭受损失（需要注意的是，即使投资者不存在过错而销售者存在过错，该等损失亦应另案处理，并从虚假陈述侵权损失中扣除）；保险公司违反保险资金投资品种或比例的规定作出超范围投资的行为；发行人违反关于"禁止自融"的规定认购或变相认购自己发行的债券；违规履行"刚兑"而受让标的证券；不同产品互相进行不合理交易调整估值以及参与自融或结构化发行等。

相关决策失误可能包括：某专业投资者对相关证券的估值作出错误判断，导致投资遭受损失；某些投机者错误估计了证券的违约或退市风险，出于投机目的购入"垃圾债"或"垃圾股"，最后遭受债券违约或股票退市导致的损失等。

需要注意的是，上述情形与《虚假陈述若干规定》第 31 条第 2 款中明确列举的不存在损失因果关系的情形可能存在重合，在具体计算相关金额时，需要注意避免重复计算的问题。

四、"其他因素"的举证责任与查明途径

(一) 从"被告举证"到"人民法院应当查明"

如前文所述，原《虚假陈述若干规定》第 19 条规定："被告举证证明原告具有以下情形的，人民法院应当认定虚假陈述与损害结果之间不存在因果关系……（四）损失或者部分损失是由证券市场系统风险等其他因素所导致……"根据《虚假陈述若干规定理解与适用》的解读，原《虚假陈述若干规定》采取了"可抗辩的推定信赖"的立场，规定被告可以就原告对基础事实的证明提出反证，以证明投资人的损失与虚假陈述之间不存在因果关系。其中就损失因果关系，被告"可从系统风险的因素着手，证明投资人的损失或部分损失与市场风险因素相联系，而与虚假陈述不存在因果关系"。[1]

《债券座谈会纪要》则延续了被告举证证明"其他风险因素"的态度，第 24 条第 4 款规定："发行人及其他责任主体能够证明债券持有人、债券投资者的损失部分或者全部是由于市场无风险利率水平变化（以同期限国债利率为参考）、政策风险等与欺诈发行、虚

---

[1] 李国光主编、最高人民法院民事审判第二庭编著：《最高人民法院关于审理证券市场虚假陈述案件司法解释的理解与适用》，人民法院出版社 2015 年版，第 252 页。

假陈述行为无关的其他因素造成的,人民法院在确定损失赔偿范围时,应当根据原因力的大小相应减轻或者免除赔偿责任。"不过,该条第5款还规定,"人民法院在案件审理中,可以委托市场投资者认可的专业机构确定欺诈发行、虚假陈述行为对债券持有人和债券投资者损失的影响"。该款为第三方专业机构核定"其他风险因素"具体损失金额提供了较坚实的规则依据。

《虚假陈述若干规定》第31条第1款的重要转变是将损失因果关系定性为法院应当查明的"基本事实"。虽然将某一事实定性为基本事实并不意味着当事人不再负有证明责任,但考虑到未查明基本事实可能发回重审,法院对查明基本事实的确持有更为谨慎的态度,不会完全消极依赖于被告的举证。依据本条之规定,如根据当事人的举证情况,仍不能查清损失因果关系相关事实,法院可能更倾向于主动采取措施进行查明。据了解,目前法院在审的个别案件已经体现出上述态度的转变,如提示当事人是否申请委托第三方专业机构核定损失因果关系等,如在部分第三方专业机构无法核定非系统风险时应当事人申请再行委托其他机构出具专项意见。

不过,委托第三方机构并不是强制性的制度安排,法院仍可以综合考量全案事实酌定剔除其他因素造成的投资者损失,完成损失因果关系这一要件事实的查明。在"天宝食品案"[1]中,判决在第5个争议焦点中明确了风险排除比例,将该案的风险排除比例定为50%。也就是将上一步的投资差额基础损失乘以50%,确定为投资者最终获赔的金额。《虚假陈述若干规定》施行后仍有类似做法,可见"中国高科案"[2]此外,在"济南高新案"[3]中,山东省济南市中级人民法院亲自计算了基础投资差额损失并测算了风险因素。法院在计算基础投资差额损失时采用了先进先出原则下的实际成本法,在测算系统风险时采用了综合指数和申万一级行业指数的端点指数对比法。

(二)委托第三方机构核定

中小投服中心作为证监会直接管理的证券金融类公益机构,自2014年成立以来就肩负着保护投资者的重要职责,在虚假陈述侵权责任中的提供专业核定意见方面,具有丰富的经验积累。早在2018年,中小投服中心发表了《证券虚假陈述案投资者损失计算软件的运行逻辑》[4]一文,其中对系统性风险与非系统性风险因素的扣除进行了介绍。

在司法实践中,参与过证券虚假陈述责任纠纷案件损失核定的第三方专业机构主要包括中小投服中心旗下的中证资本市场法律服务中心、中证投保基金、上海高金及深圳价值

---

[1] 辽宁省大连市中级人民法院民事判决书,(2021)辽02民初504号。
[2] 北京市高级人民法院民事判决书,(2021)京民终942号。
[3] 山东省济南市中级人民法院民事判决书,(2019)鲁01民初3789号。
[4] 中小投资者服务中心有限责任公司:《证券虚假陈述案投资者损失计算软件的运行逻辑》,载《证券日报》2018年11月21日,B4版。

在线。

目前，上海高金的相关技术相对走在前列。上海高金相较于其他核损机构更多地考量上市公司个体经营因素等非系统风险因素，从客观结果来说，损失核定更为精细，亦更为符合司法政策的发展。在《虚假陈述若干规定》发布实施后，上海高金已接受过相关法院的委托，运用数理模型，根据事件分析法剔除其他因素的影响，具体测算某一虚假陈述的实施与揭露是否导致股价或交易量发生明显变化，辅助法院判断虚假陈述是否具有实质重大性。

第五节

第三方机构参与确定损失因果关系

一、第三方机构参与概述

在风险因素剔除的计算上，目前已有较为成熟的第三方专业机构参考大盘、行业指数等建立起计算模型，在实务中采用相对较多的方法是同步指数比对法，另外，多因子量化模型法、收益率曲线同步对比法、事件分析法等也呈异军突起态势。如前文所述，第三方专业机构主要包括中证资本市场法律服务中心、中证投保基金、上海高金、深圳价值在线这4家机构，可以作为专业机构测算系统风险甚至非系统风险。

通常而言，对于委托第三方机构进行损失核定的，中证资本市场法律服务中心、中证投保基金常采用同步指数比对法、个体相对比例法，而上海高金、深圳价值在线多采用多因子量化模型法、收益率曲线同步对比法等计算方法。相较同步指数比对法，后者采用的两种方法考虑的风险因素更为全面，风险因素扣除比例较大，就结果来看，对被告更为有利。

二、主要测算方法

（一）同步指数对比法

在"方正科技案"中，中证资本市场法律服务中心（以下简称中证法律服务中心）采用同步指数对比法测算损失及扣除系统风险，具体方法是：从股民第一笔股票的有效买入日起，以与个股买入均价、卖出均价及基准价格相同的计算方式，同步计算相应买入期间的指数均值、卖出期间的指数均值和揭露日到基准日期间的指数均值。指数均值的计算对应股民交易记录，取股民每笔交易当天的收盘指数和交易数量，以与个股买入均价相同的计算方式进行移动加权计算指数均值。通过各交易期间的指数均值测算指数跌幅，将上证综合指数、申万一级行业指数和申万三级行业指数的跌幅分别测算后，得出指数平均跌幅，再将指数平均跌幅与个股跌幅进行对比。

（二）个体相对比例法

在"康美药业案"[1]中，法院委托投保基金并采用个体相对比例法计算系统风险扣除比例，选取申万医药生物指数作为对比指数。具体计算方法为：从原告首次有效买入起算，假设原告买卖该股票时，同时买入、卖出相同数量的申万医药生物指数，每一笔交易均同步对应申万医药生物指数的买入卖出，并将原告在持股期间的指数加权平均跌幅与个股加权平均跌幅进行对比，扣除系统风险因素的影响。投保基金具体所采用的计算公式为：系统风险因素扣除比例＝股票买入与卖出期间指数加权平均跌幅÷股票买入与卖出期间个股加权平均跌幅；指数加权平均跌幅＝（指数卖出损失＋指数持有损失）÷（有效索赔股数×指数买入均价）；个股加权平均跌幅＝（个股卖出损失＋个股持有损失）÷（有效索赔股数×个股买入均价）。

（三）多因子量化模型法

在"普天邮通案"[2]中，关于因系统风险等其他因素产生的损失的扣除问题，上海高金《损失核定意见书》的计算方式为：因系统风险等因素产生的损失＝原告买入成本×模拟损益比例，即剔除虚假陈述因素，股民投入相同的成本可以获得的损益金额。关于模拟损益比例的计算，《损失核定意见书》采用了多因子模型法计算大盘、行业以及各种风险因素所产生的普天公司A股股票日收益。在此基础上，通过A股和B股关联关系计算普天公司B股股票日收益率，由此得出普天公司A股、B股的模拟价格，进而计算无虚假陈述影响下普天公司股票的模拟损益比例。

（四）收益率曲线同步对比法

在"中毅达案"[3]中，上海高金《损失核定意见书》采用收益率曲线同步对比法测算投资损失。收益率曲线同步对比法定量分析了影响股票价格的相关因素，假设不存在虚假陈述行为，按照被其他相关因素影响形成的中毅达模拟收益率曲线测算出股民的模拟损益比例，将其与在包括虚假陈述在内的全部因素共同作用下形成的股民实际损益比例（名义损益比例）进行对比，从而得出股民因虚假陈述行为而产生的投资差额损失。股民因虚假陈述产生的投资差额损失＝名义买入成本×（名义损益比例－模拟损益比例）。在"中安科案"[4]中亦采用收益率曲线同步对比法进行定量分析。

---

[1] 广东省广州市中级人民法院民事判决书，（2020）粤01民初2171号。
[2] 上海市高级人民法院民事判决书，（2018）沪74民初1399号。
[3] 上海市高级人民法院民事判决书，（2020）沪民终302号。
[4] 上海市高级人民法院民事判决书，（2020）沪民终666号。

（五）事件分析法

事件分析法研究某一个特定事件对证券价格的影响。在"中毅达案"中上海高金采用的计算方法亦包括事件分析法，分别计算了重大资产重组信息发布与重大资产重组终止两个事件对中毅达股票日收益率的影响。核定的具体步骤为：首先，根据中毅达公司扣除大盘因素后受重大资产重组信息发布和终止影响的日收益率值分别确定该事件对于中毅达公司影响的时间窗口长度。其次，确定发生重大资产重组事件的公司样本空间。再次，计算样本中各上市公司重大资产重组信息发布或终止后在相同时间长度内每个交易日的日收益率。最后，取各上市公司重大资产重组信息发布或终止后每个交易日收益率的均值作为该事件对于中毅达股票日收益率的影响值。在"中安科案"中亦采用事件分析法。实际上，在上海高金建立的数理模型中，通常会综合运用收益率曲线同步对比法与事件分析法。

三、申请与选定第三方机构的方式

随着借助第三方专业机构使用金融科技产品现象的增加，法院亲自测算或酌定扣减一定比例的系统风险的情况目前已明显减少。同时，在司法实践中逐步推广了"示范判决"机制，其他同质化案件成为"流水化作业"。在此情况下，由第三方专业机构核定损失，将大幅节约宝贵的司法资源。在实践中，第三方测算机构由法院依职权委托或由当事人申请法院委托。在当事人申请情况下，如原、被告无法就选定第三方测算机构达成一致，法院应当如何处理，当前尚未达成一致意见。典型做法如下：

在"康美药业案"（特别代表人诉讼第一案）中，康美药业等部分被告向法院申请委托第三方专业机构测算损失金额和系统风险等因素，并申请由上海高金测算，中小投服中心申请由深圳价值在线测算损失和系统风险。因各方当事人对第三方测算专业机构的选定无法达成共识，法院最终选定并委托投保基金对符合索赔条件的投资者损失进行测算并扣除相关其他因素造成的损失。

在"飞乐音响案"[1]（普通代表人诉讼第一案）中，原告申请中证法律服务中心核定损失，被告申请上海高金核定损失，法院依据《代表人诉讼若干规定》第24条第1款的规定，组织双方当事人当庭随机抽取，最终确定中证法律服务中心为损失核定机构。

---

[1] 上海金融法院民事判决书，（2020）沪74民初2402号。

实务风险提示

一、损失计算方面的实务风险提示

关于损失计算，当下实践争议较大，既包括各地法院（未来还将包括各地仲裁机构）的处理存在较大差异，更包括债券等固定收益证券的损失计算远未形成稳定、统一的裁判规则，本书建议读者对以下实务要点给予关注：

第一，关于股票类虚假陈述案件，各地法院对于买入证券平均价格的计算方法存在较大差异，建议进行在先检索予以了解。通常来说，一地法院将采取相对稳定的买入证券平均价格的计算方法。因此，在实践中可通过检索诉讼管辖法院的既往案例先行了解该院做法。此外，如法院依赖于第三方机构核定损失，第三方机构采取的买入证券平均价格计算方法也将影响法院的判断。近年来，随着虚假陈述案件的数量增长，法院基于审判标准化等考虑，开始尝试与第三方核损机构建立长期合作关系。据此，在实践中亦可以通过检索法院与第三方机构进行合作的新闻来预判该院做法。

第二，关于债券等固定收益证券引发的虚假陈述案件，如前所述，损失如何计算还有待进一步观察，需给予特别关注。综合现有司法解释，"采用集中竞价的交易市场中"的公司债券可能适用《虚假陈述若干规定》的"投资差额"计算损失，其他债券则可能仍应坚持《债券座谈会纪要》的损失计算规则，将损失确定为"未偿付本息"，资产支持证券等固定收益证券更可能参照《债券座谈会纪要》的损失计算规则。但是，债券等固定收益证券即使存在集中竞价的交易市场，交易的活跃度等是否足以支撑《虚假陈述若干规定》的"投资差额"损失计算模型，也是存在疑问的。尤其是债券等固定收益证券的虚假陈述往往在违约以后才完成揭露，此时交易更为低迷，按照《虚假陈述若干规定》确定基准价进而计算"投资差额"是否合理，还需进一步观察。总之，未来在债券等固定收益证券虚假陈述责任纠纷案件中，损失计算模型很可能成为争议难题。

第三，对于债券等固定收益证券引发的虚假陈述案件，如采"未偿付本息"计算损失，损失应确定为"票面金额—受偿金额"还是"购入成本—受偿金额"存在较大争议，需给予特别关注。对此，北京金融法院1号案一审判决[1]与"胜通债案"一审判决[2]就给出了不同的裁判观点，分别支持"票面金额"与"购入成本"。由于该问题往往涉及购买"垃圾债"的行为，所以损失计算的观点实际代表了裁判者对该等

---

[1] 北京金融法院民事判决书，（2021）京74民初1号。
[2] 山东省青岛市中级人民法院民事判决书，（2022）鲁02民初1063号。

"投资行为"的态度,可能在未来相当长的一段时间内还难以达成统一观点。

第四,在大量的债券等固定收益证券引发的虚假陈述案件中,发行人已破产重整,重整计划有关"债转股"、信托计划持股计算得出的破产债权清偿率将可能影响裁判者对虚假陈述损失的认定,具体发生何种影响未来将发生更大争议。在既往实践中,以"亿阳债案"[1]为代表,法院认可重整计划列明的100%破产清偿率,认定投资者并未因虚假陈述受到损失。类似地,部分重整计划载明清偿率为50%等,可能也具有扣减损失的效用。不过,在实践中亦存在反对声音:在"债转股"的安排下,债权人的实际清偿率不应等同于重整计划记载的清偿率,因为破产程序中的折股价格不能真实反映"债转股"时股权的公允价值。最高人民法院刘贵祥专委认为,不能简单地将重整计划记载的清偿率认定为债权人实际清偿率,还应进一步实质考察。[2] 据此,重整计划安排"债转股"之下投资者可主张的虚假陈述损失如何确定,在未来的民事案件中势必将存在较大争议,直接对投资者提出诉请金额,被告抗辩,引入第三方机构评估等产生影响。

二、损失因果关系方面的实务风险提示

关于损失因果关系的查明,近年来司法解释与裁判规则均不断趋于合理、精细,尤其是引入第三方专业机构,在证券虚假陈述民事责任领域带来极大影响。因此,本书认为在实务风险方面需要更多关注细节操作问题,具体如下:

第一,股票类虚假陈述案件已有较为成熟的第三方机构测算,但这并不意味着损失因果关系的查明就成为被动的、程式的内容,本书认为第三方机构的启动、选择与补充均存在一定的不确定性,建议读者给予关注:首先,《虚假陈述若干规定》发布实施以后生效的"中国高科案"[3]表明,虽然《虚假陈述若干规定》第31条第1款规定损失因果关系为必须查明的案件基本事实,但查明相关事实并不一定要依赖于第三方机构,第三方核定损失亦并非强制性制度设计,酌定剔除风险并无不妥。因此,提请读者留意,在未来的民事案件中还无法得出"当事人申请第三方机构剔除风险则法院应予准许"的结论。其次,经过相当一段时间的实践摸索,市场已逐步了解第三方机构的特点,例如,中小投服中心通常仅剔除系统性风险,对非系统性风险关注不多,上海高金则更为注重扣除非系统性风险。由此,原被告之间将发生关于第三方机构选择的"机构博弈",互相不同意对方的选择,法院将如何处理尚未形成一致惯例,

---

[1] 黑龙江省高级人民法院民事判决书,(2021)黑民终2062号。
[2] 参见刘贵祥:《当前民商事审判中几个方面的法律适用问题》(下),载微信公众号"一法决诉疑"(最高人民法院民二庭公众号)2023年1月23日,https://mp.weixin.qq.com/s/E1nS2YKk8Cd9WMQaYnuj4g。
[3] 北京市高级人民法院民事判决书,(2021)京民终942号。

目前并不存在"双方无法达成一致就必定选择双方均未选择的机构"这一铁律。最后，法院基于审判标准化等考虑，开始尝试与第三方核损机构建立长期合作关系，这是否意味着当事人没有选择其他机构的余地？恐怕未必。据了解，部分法院在认可中小投服中心核损结论的同时，亦在考虑是否准许当事人关于请求上海高金出具剔除非系统性风险之专项意见的申请。这就意味着法院选择损失核定机构以后，当事人仍有再行申请另一机构核定损失因果关系的可能，损失核定与因果关系查明的分离可能是未来审判实践发展的又一可能趋势。

第二，在债券等固定收益证券引发的虚假陈述案件中，损失因果关系的考量应更具特殊性。尤其要考虑到，如果债券虚假陈述案件采取"未偿付本息"计算损失，那么实际上就隐含了虚假陈述导致债券违约这一前提。据此，应依据《虚假陈述若干规定》第31条，从"正面"查明"虚假陈述与原告损失（债券违约损失）之间的因果关系"，即判断该项债券虚假陈述事项是否将实际减损发行人的资产，进而削弱发行人的偿债能力。如答案为否，例如虽遗漏披露担保事项但发行人实际并未承担担保责任，则不应认定原告主张的该项虚假陈述与损失之间成立损失因果关系。这与股票案件中仅从"反面"考量"导致原告损失的其他原因"的逻辑不同。本书注意到既有的债券等固定收益证券虚假陈述责任纠纷案件对这一点的关注有所不足，未来值得在案件争议中强化论证。

第三，债券等固定收益证券引发的虚假陈述案件引入第三方机构剔除风险的实践仍显不足，未来在民事案件中还需探索。虽然《债券座谈会纪要》第24条第5款强调法院在案件审理中可以委托专业机构确定虚假陈述行为对投资者损失的影响，但本书了解到目前尚无法院委托第三方机构核定债券等固定收益证券虚假陈述责任纠纷案件的损失因果关系。另外，据了解，鉴于债券的"还本付息"属性与低活跃度的特点，第三方机构研发的债券核定模型在精确度方面亦不及相关股票模型，可能影响裁判者的接受度。因此，本书提示读者注意，第三方机构核定因果关系在债券等固定收益证券虚假陈述责任纠纷案件领域的发展还较为有限，申请第三方机构介入可能无法为裁判者所采纳。

第六章

实体构成要件：
过错

第一节

不同主体的归责原则

一、我国证券虚假陈述归责原则的理论框架

(一) 归责原则简述

所谓"归责"在法律上的含义是指依据某种事实状态确定责任的归属。[1] 在侵权行为语境下,"归责"的含义是指在行为人之行为致人损害的事实发生以后,应依据何种"根据"使行为人负责。这种"根据"体现了法律的价值判断,即法律应以行为人的过错,还是应以已发生的损害结果,抑或以公平考虑等作为价值判断标准,而使行为人承担侵权责任。归责原则是指基于一定的归责事由而确定责任归属于何等主体的法律原则。

《证券法》《虚假陈述若干规定》的核心条文已将证券虚假陈述责任纠纷的归责原则区分出不同的情形,主要确定为无过错责任、过错推定责任与过错责任。具体而言,《证券法》第 85 条及第 163 条为归责原则的确定划定了较清晰的框架。根据该等规定,信息披露义务人对自身的虚假陈述行为承担无过错责任,发行人的控股股东、实际控制人、董监高和其他直接责任人员(以下合称发行人及其相关人员),保荐人、承销的证券公司及其直接责任人员、证券服务机构(以下合称证券中介机构及其相关人员)对虚假陈述承担过错推定责任。在此基础上,《虚假陈述若干规定》第 21 条及第 22 条增设了重大资产重组的交易对方,发行人的供应商、客户以及为发行人提供服务的金融机构等责任主体,相应承担一般过错责任。

(二) 过错的判断

过错,是对行为人主观心理状态的评价,有故意和过失两种表现形式。故意,指"行为人对于构成侵权行为之事实,明知并有意使其发生(直接故意);或预见其发生,而其

---

[1] 参见王家福主编:《中国民法学·民法债权》,法律出版社 1999 年版,第 453 页。

发生并不违背其本意（间接故意或未必故意）"[1]。过失，指"行为人对侵害他人民事权益之结果的发生，应注意或能注意却未注意的一种心理状态"[2]。由于信息披露义务人承担无过错责任，在发生虚假陈述的情形下无须对其主观状态进行判断，且由于证券中介机构故意与发行人共同实施虚假陈述的情况客观上很少发生等，故在司法实践中对证券中介机构相关主体过错的判断主要集中在其是否对虚假陈述存在过失。对该问题，根据法律规定和法学原理，应遵循如下的判断标准和思路。

1. 先客观再主观

在一般侵权法的范畴内，"过错意味着主观责任，只有在客观上有应当负责的情况时，才可能提出主观责任的问题"[3]。在脱离客观构成要件的情况下，单独考虑过错这一主观要件没有意义，因为侵权法旨在规制相关主体的行为而非思想。

依上述逻辑，在证券虚假陈述责任纠纷中，只有在虚假陈述行为（含重大性）、投资者损失及因果关系等客观构成要件成立后，才有讨论过错要件的必要性。只不过，因为在证券虚假陈述责任纠纷中多数类型的被告适用无过错责任或过错推定责任，过错的证明甚至有无也不是原告起诉时主要考虑的因素，故上述思维路径在该类型的纠纷中未被各方所强调。[4] 但是，本书认为上述思维路径对各被告的抗辩仍具有现实意义。

2. 以客观归责标准为原则

（1）客观归责标准简述

对过失的判断有主观标准说和客观标准说等两种标准，其中客观标准说是较为主流的标准，"各国多采客观化的标准，德国学者强调此为类型化的过失标准。英美法系以拟制的合理人（Reasonable Man）作为判断模式"[5] 所谓客观标准，系指"在认定行为人是否具有过失时不再探究其主观心理状态，也不因各个行为人的年龄、性别、健康、知识水平等主观因素的不同而有差异，而是统一采纳某种基于社会生活共同需要而提出的客观标

---

[1] 王泽鉴：《侵权行为》（第3版），北京大学出版社2016年版，第296页。

[2] 程啸：《侵权责任法》（第2版），法律出版社2016年版，第267～268页。

[3] Medicus/Lorenz, Schuldrecht I Allgemeiner Teil, S. 301. 转引自程啸：《侵权责任法》（第2版），法律出版社2016年版，第263页。

[4] 例如，在"雅博股份案"中，被告金元证券股份有限公司的抗辩思路为：（1）证券专业中介服务机构承担证券虚假陈述民事赔偿责任适用过错推定原则。在该案中，金元证券全面履行了法律法规规定的勤勉尽责义务，对雅博公司的相关虚假陈述行为不负有过错。证监会发〔2019〕70号行政处罚决定书仅认定金元证券与雅博公司的两项虚假陈述事实有关，即对雅博公司2015年虚构海外工程以及2015年虚构国内建材贸易出具了相关意见。据此，投资者仅可就该两项事项向金元证券主张损害赔偿，金元证券应按过错比例承担连带责任。（2）该案虚假陈述实施日、揭露日、基准日、基准价的认定同雅博公司意见。（3）该案投资者买入雅博公司股票的行为并非雅博公司案涉虚假陈述行为所导致，故其投资差额损失与雅博公司的虚假陈述行为之间不存在因果关系。即使认定投资者交易雅博公司股票的决策与雅博公司虚假陈述行为之间存在因果关系，对于案涉投资差额损失中因系统风险及非系统风险等其他因素产生的部分，也应当依法予以剔除。（4）该案应采用先入先出加权平均法作为投资者平均买入价的计算方法。

[5] 王泽鉴：《侵权行为》（第3版），北京大学出版社2016年版，第13页。

准，即'合理人'的标准或'善良管理人'的标准。确立了这一标准后，将行为人的实际行为与该标准进行比较。如果合理人在相同的情形下，能够预见并避免损害的发生，可行为人却没有预见并避免，则行为人存在过失。反之，如果合理人都无法预见、无法避免，则行为人不具有过失"[1]。

我国司法机关在证券虚假陈述责任纠纷领域中认同的也是上述客观归责标准。例如，《虚假陈述若干规定》第17条第1款第3项规定："保荐机构、承销机构等机构及其直接责任人员提交的尽职调查工作底稿、尽职调查报告、内部审核意见等证据能够证明下列情形的，人民法院应当认定其没有过错……（三）对信息披露文件中证券服务机构出具专业意见的重要内容，经过审慎核查和必要的调查、复核，有合理理由排除了职业怀疑并形成合理信赖。"此处的"职业怀疑"即为客观归责标准的具体体现，指向一般专业从业人员所能达到的注意标准。在司法实践中，各地法院也同样适用客观归责标准审理案件，具体体现在认定专业机构的过错时以其是否已按执业准则、规则履行核查职责为判断标准。例如，在四川省高级人民法院审理的"华泽钴镍案"中，法院认为："证券上市公司保荐人、审计机构作为专业机构在按照执业准则、规则，依法勤勉尽责履行职责后，应当知道上市公司或被审计单位存在会计报表等重要事项有不实内容等情形，不予指明仍出具不实报告的，即应当认定审计机构对被审计单位的侵权行为'知道或者应当知道'。"[2]

（2）准确界定专家注意义务

如前所述，我国司法解释明确要求依据客观归责标准判断相关主体是否履行了勤勉尽责义务。"客观过失说的最大特点之一在于，其并非依据个案中行为人的具体的、个人的知识水平和专业能力来对其提出要求，而是要求从事某一职业或隶属某一团体的人员应当达到该职业或该团体内普通的从业人员所应当具有的知识水平、专业技能和业务水平。简言之，客观过失依据人们的职业或所属团体而提出注意义务的要求，如果达到了，就不存在过失，否则将被认为存在过失。"[3]

在证券虚假陈述责任纠纷领域，会计师事务所、律师事务所、评估机构等中介机构及其相关人员被视为相应领域的专业人士。根据客观归责标准，上述主体的执业水平应达到其专业领域内合格执业机构或执业人员在同等条件下所应具备的水平。对于其专业领域外的问题，其不负有专家义务，仅需履行一般注意义务。该等标准看似清晰，然而在司法实践中却存在如下适用难题：第一，如何确定中介机构的专业领域；第二，如何认定相关专业领域合格主体的能力问题。具体原因，请见本节第三部分的内容。

---

[1] 程啸：《侵权责任法》（第2版），法律出版社2016年版，第272页。
[2] 四川省高级人民法院民事判决书，（2020）川民终293号。
[3] 程啸：《侵权责任法》（第2版），法律出版社2016年版，第282页。

3. 以"重大过失"为限

传统民法依据过失程度将过失分为重大过失、一般过失（或称抽象过失）与具体过失三类。在我国民事诉讼实务中，常将过失分为重大过失与一般过失两类。《虚假陈述若干规定》第13条明确规定，证券虚假陈述责任纠纷领域的过错包括故意和重大过失两种情形。也就是说，如果行为人对虚假陈述仅存在一般过失，则其不应承担赔偿责任。[1] 然而在司法实践中，"一般过失"与"重大过失"之间往往并非泾渭分明，在可以检索到的案例中法院对于过错部分的说理通常也都是概括性的。在日后的司法实践中，法院是否就区分"一般过失""重大过失"发展出更科学化、精细化的裁判思路，值得观察。

4. 考虑其他相关因素

如前文所述，证券虚假陈述责任纠纷领域相关主体的过失限于重大过失，且应以客观归责标准进行判断。除此之外，其他相关因素也可能会对过失的判断产生影响，正如有学者所述："无论是'合理人'还是'善良管理人'，这样一些概念都只是法律上的技术手段。在个案中判断过失往往要综合考虑多项因素，如是否违反法律法规，行为人的身份及其所属职业或团体的应有注意义务水平，加害行为的危险程度与损害后果的严重性，行为人预防与控制损害发生的成本，社会的一般观念等。"[2] 具体到证券虚假陈述责任纠纷领域，本书认为，以下3种因素应在认定相关主体是否具有过失时加以考虑。

第一，责任主体履职行为的效率。我国法律、法规、规章及规范性文件对不同主体在不同类型的证券业务中设置了较详细的履职指引。在司法实践中，应参照不同证券业务的类型，确定相关主体的履职标准。然而，由于我国《虚假陈述若干规定》系以股票型虚假陈述为蓝本制定，在司法实践中常常容易忽略不同证券业务的本质差异。本书认为，不应将相关主体在股票项目中的执业标准，类推到其他业务中，作为认定该等主体是否存在过错的依据。

第二，责任主体履职行为的成本。近年来，我国理论界和实务界常用"看门人"一词来指代证券中介机构。基于"投资者保护在舆论、政治上的正当性"[3]，美国法上的"看门人"理论也逐渐成为我国规制证券中介机构执业活动的有力武器。该理论"主张以严格的法律责任尤其是连带责任促使中介机构'看门'职能的实现"[4]。然而，有学者指出，即使在"看门人"理论的发源地，该等理论也早已失灵。"中介机构是商人而不是公共机构或公益组织"[5]，在判断中介机构是否负有过错时，应适当增加中介机构是商事主体的

---

[1] 该规定的理由参见林文学、付金联、周伦军：《〈关于审理证券市场虚假陈述侵权民事赔偿案件的若干规定〉的理解与适用》，载《人民司法（应用）》2022年第7期。

[2] 程啸：《侵权责任法》（第2版），法律出版社2016年版，第276页。

[3] 任孝民：《虚假陈述中介机构连带责任的检视与改革》，载《财经法学》2022年第6期。

[4] 邢会强：《证券中介机构法律责任配置》，载《中国社会科学》2022年第5期。

[5] 邢会强：《资本市场看门人理论在我国的适用困境及其克服》，载《政法论坛》2022年第6期。

判断视角，结合其执业行为与执业成本进行综合考量。

基于上述思路，侵权法上的汉德公式可供参照："若发生损失几率为 P，损失金额为 L，并用 B 表示预防成本，则在 B < PL（预防成本小于损失金额乘以损失发生概率）时，加害人具有过失。"[1]

第三，虚假陈述发生时市场的普遍观念、执业规范和行业的平均执业水平。近年来，压实中介机构责任的观点深入人心，中介机构的执业水平也相应取得了进步。然而，在最近引起广泛关注的案件中，大部分案件事实发生时间较早，而当时的中介机构执业规范、执业水平和投资者风险意识较目前可能存在不小差距。在该等情况下，虚假陈述发生时市场的普遍观念和行业的平均执业水平亦应被考虑进来，不宜完全以事后的观点来审视多年前的行为。

二、不同责任主体的归责原则

不同主体的归责原则集中规定在《证券法》《虚假陈述若干规定》《债券座谈会纪要》等条文中，具体内容总结如下。

（一）《证券法》的原则性规定

《证券法》为可能承担证券虚假陈述民事赔偿责任的主要主体及归责原则划定了基本准则。根据《证券法》第85条、第163条的规定，可能承担责任的民事主体包括：发行人、上市公司及其控股股东、实际控制人、董事、监事、高级管理人员和其他直接责任人员，以及保荐人、承销的证券公司及其直接责任人员和其他证券服务机构。

根据《证券法》的规定，发行人对其虚假陈述行为承担无过错责任，即在其他构成要件得以满足的情况下，只要发行人作出了虚假陈述，不论是否存在过错，均应承担赔偿责任。对于其他主体，《证券法》规定其承担过错推定责任，即只要发行人做出了虚假陈述，便直接推定上述主体对该等虚假陈述存在过错；该等主体如想免责，则必须证明自身已经勤勉尽责，不具有故意或重大过失。

（二）《虚假陈述若干规定》的细化规定

为在实践中更好地适用《证券法》的上述规定，最高人民法院在《虚假陈述若干规定》中运用大量篇幅对上述规定进行了细化，主要亮点有如下几个方面：

1.《虚假陈述若干规定》在《证券法》的基础上，新增了几类可能承担赔偿责任的民事主体及相应责任的归责原则

《虚假陈述若干规定》规定，如重大资产重组相对方提供的信息不符合真实、准确、完整的要求并导致信息披露义务人做出虚假陈述，则重大资产重组相对方应承担赔偿责

---

[1] 王泽鉴：《侵权行为》（第3版），北京大学出版社2016年版，第301页。

任。就其承担责任的归责原则，相关条文并未进行清晰的表述。在实践中针对重大资产重组的交易对方究竟是否属于信息披露义务人亦有争议。本书认为，沿袭最高人民法院民二庭负责人就《虚假陈述若干规定》答记者问中关于"重大资产重组中的信息披露由上市公司负责，交易对方并非证券法所规定的'信息披露义务人'"的观点，[1] 在重大资产重组交易对方的责任源于《虚假陈述若干规定》第21条，应遵循过错责任的归责原则，即由原告负担过错要件事实真伪不明的责任。

此外，无论根据原《侵权责任法》还是现行《民法典》，帮助侵权者与侵权行为人承担连带责任均有明确的法律依据。据此，《虚假陈述若干规定》规定，如发行人，上市公司的供应商、客户，以及为发行人、上市公司提供服务的金融机构等明知其实施财务造假活动，仍然为其提供相关交易合同、发票、存款证明等予以配合，或者故意隐瞒重要事实致使信息披露文件存在虚假陈述，则该等主体应承担赔偿责任。值得注意的是，在此情况下，只有原告证明其具有"明知"的故意情形，相应主体才应承担损害赔偿责任。

2. 《虚假陈述若干规定》为各主体划定了清晰的勤勉尽责标准，将过错限制为"重大过失"与"故意"，并明确如何认定"没有过错"

在实践中，可能承担过错推定责任的相关主体的职责范围各不相同，然而《证券法》仅使用"过错"一词来描述该等主体未勤勉尽责的状态。就此，《虚假陈述若干规定》首先将《证券法》第85条、第163条规定中的过错限定为"故意"和"重大过失"，排除了轻微过失。其次，《虚假陈述若干规定》第14条至第19条对各类主体的勤勉尽责要求作出了具体、有针对性的规定，对相应的免责抗辩进行了细化。

（三）归责原则及相应免责事由

结合上文分析的相关主体的归责原则及相应的免责事由，本书将其简要提炼、总结见表8。

表8　在证券虚假陈述责任纠纷中各主体归责原则与过错层面免责事由汇总

主体	归责原则	过错层面的免责事由
发行人、上市公司	无过错责任	—
控股股东、实际控制人	过错推定责任	未组织、指使发行人、上市公司实施虚假陈述

---

[1] 参见《最高人民法院民二庭负责人就〈最高人民法院关于审理证券市场虚假陈述侵权民事赔偿案件的若干规定〉答记者问》，载最高人民法院网2022年1月21日，https://www.court.gov.cn/zixun-xiangqing-343251.html。

续表

主体	归责原则	过错层面的免责事由
董监高	过错推定责任	1. 根据其工作岗位和职责，在信息披露资料的形成和发布等活动中所起的作用，取得和了解相关信息的渠道，为核验相关信息所采取的措施等实际情况判断，认定其不具有故意或重大过失 2. 在审议发行文件或定期报告时，以书面方式发表附具体理由的意见并依法披露，且在审议、审核信息披露文件时投反对票
独立董事	过错推定责任	1. 在签署相关信息披露文件之前，对不属于自身专业领域的相关具体问题，借助会计、法律等专业人员的帮助仍然未能发现问题 2. 在揭露日或更正日之前，发现虚假陈述后及时向发行人提出异议并监督整改或者向证券交易场所、监管部门书面报告 3. 在独立意见中对虚假陈述事项发表保留意见、反对意见或者无法表示意见并说明具体理由，且在审议、审核信息披露文件时投反对票 4. 因发行人拒绝、阻碍其履行职责，无法对相关信息披露文件是否存在虚假陈述作出判断，并及时向证券交易场所、监管部门书面报告
外部监事、职工监事	过错推定责任	参照独立董事
保荐机构、承销机构及其直接责任人员	过错推定责任	1. 已经按照法律、行政法规、监管部门制定的规章和规范性文件、相关行业执业规范的要求，对信息披露文件中的相关内容进行了审慎尽职调查 2. 对信息披露文件中没有证券服务机构专业意见支持的重要内容，经过审慎尽职调查和独立判断，有合理理由相信该部分内容与真实情况相符 3. 对信息披露文件中证券服务机构出具专业意见的重要内容，经过审慎核查和必要的调查、复核，有合理理由排除了职业怀疑并形成合理信赖
律师事务所、资信评级机构、资产评估机构、财务顾问等证券服务机构	过错推定责任	1. 按照法律、行政法规、监管部门制定的规章和规范性文件，参考行业执业规范规定的工作范围和程序要求等内容，结合其核查、验证工作底稿等相关证据来判断，其不存在故意或重大过失 2. 对于依赖保荐机构或者其他证券服务机构的基础工作或者专业意见致使其出具的专业意见存在虚假陈述的，能够证明其对所依赖的基础工作或者专业意见经过审慎核查和必要的调查、复核，排除了职业怀疑并形成合理信赖

续表

主体	归责原则	过错层面的免责事由
会计师事务所	过错推定责任	1. 同其他证券服务机构 2. 按照执业准则、规则确定的工作程序和核查手段并保持必要的职业谨慎，仍未发现被审计的会计资料存在错误的 3. 审计业务必须依赖的金融机构、发行人的供应商、客户等相关单位提供不实证明文件，会计师事务所保持了必要的职业谨慎仍未发现错误的 4. 已对发行人的舞弊迹象提出警告并在审计业务报告中发表了审慎审计意见的
重大资产重组相对方	过错责任	未提供不符合真实、准确、完整要求的信息
供应商、客户、金融机构	过错责任	不存在明知发行人、上市公司实施财务造假活动，仍然为其提供相关交易合同、发票、存款证明等予以配合，或者故意隐瞒重要事实等行为

三、关于我国虚假陈述归责原则导致的举证困境及反思

在对各主体是否具有过错进行判断时，必须明确该主体的专业领域及该领域内执业行为的合格标准。该问题看似明确，实际在诉讼中却很难清晰界定：

第一，理论及实务界就财务及法律问题是否属于证券公司、评级机构的专业领域仍存在争议。对证券公司而言，一种观点认为履行保荐等义务的证券公司不属于专业人士，[1] 上海市高级人民法院在"中安科案"中也明确认为收入确认等财务会计、审计问题，并不在招商证券公司作为独立财务顾问的专业范围内，招商证券公司对上述事项仅承担一般注意义务。[2] 但是，也有观点认为保荐人的注意义务标准应始终按照专业人士的注意义务标准施加。[3] 会计师事务所、律师事务所的专业领域可能相对容易区分，但评级机构也面临与证券公司相同的困境。

第二，各领域的合格执业水平很难界定，中介机构的过错程度亦难以界定。虽然我国法律、法规、规章及规范性文件为各类主体设置了较为清晰的执业标准，但各主体的义务范围仍有不少重叠之处及模糊地带。更重要的是，在《虚假陈述若干规定》已将一般过失排除出证券中介机构过错范围的情况下，完全以相关规定的内容作为各领域内的合格执业水平，恐怕也并不合适。以证券公司投资银行业务为例，针对证券公司的注意义务，我国目前已经形成了包括法律、行政法规、部门规章、规范性文件以及行业执业规范在内的规

---

[1] 参见周淳：《证券发行虚假陈述：中介机构过错责任认定与反思》，载《证券市场导报》2021年第7期；邢会强：《证券市场虚假陈述中的勤勉尽责标准与抗辩》，载《清华法学》2021年第5期。

[2] 参见上海市高级人民法院民事判决书，(2020) 沪民终666号。

[3] 参见王雪：《虚假陈述案件中证券中介机构民事责任的分摊》，南京大学2020年硕士学位论文，第51~57页。

则体系,既有证监会等监管部门制定的行政监管规则,亦有证券交易所、中国证券业协会等制定的自律监管规则,涵盖了证券公司投资银行业务执业的方方面面。该规则体系对证券公司投资银行业务的执业提出了较高的履职标准和要求。但在实践中,囿于执业条件等各种因素限制以及部分监管规则较为原则,罕有证券公司能够在执业过程中达到监管要求的"完美线"。如果严格按照上述规定逐一审查,一定程度上会导致对相关机构过分苛责。

此外,还应注意的是,对证券公司执业质量的监管并非只是一个简单的法律问题,也是一个涉及诸多方面利益考量的公共政策问题。对证券公司投资银行业务的监管,应当在保障投资者利益与融资效率之间取得一定的平衡,如果要求证券公司必须达到"完美线",那么证券公司在执业过程中就很有可能"动辄得咎"。为避免监管处罚,证券公司不得不花费高额的成本来进一步提升执业质量,最终的成本一定程度上会转嫁给发行人及其市场投资者。在日后的司法实践中,法院是否会逐渐区分"一般过失""重大过失""故意",发展出更为科学化、精细化的裁判思路,值得观察。

在上述前提性问题难以完全解决的情况下,承担过错推定责任的相关主体确实面临一定的举证困境,因为其举示的证据指向本身即具有模糊性,甚至在规则和实践层面也尚未形成明确标准。例如,某证券公司需要对其担任债券承销商期间的勤勉尽责义务进行举证,其可能先要举证证明同行在担任债券承销商期间的合格执业标准。但是,现有规定与司法实践对债券承销商的部分执业标准本身也并无定论(如债券承销商对发行人财务数据的核查边界与程度),在此情况下相关主体将难以确定应如何举证,才能证明其已符合执业标准。

第二节

中介机构的职责配置与合理信赖

一、证券公司的核心抗辩与实务认定

证券公司作为证券市场的重要参与者,并且作为具备赔付能力的金融机构,是证券虚假陈述侵权案件最为常见的被告角色。投资者在追究上市公司虚假陈述责任的同时,追加证券公司等中介机构为共同被告已逐渐成为常态。因此,证券公司应高度重视防范证券虚假陈述侵权案件法律风险,并积极应对诉讼案件,切实降低投资银行业务风险。

(一)股票市场证券虚假陈述案件

1. 承做阶段职责抗辩理由及实务认定

(1)抗辩理由

近年来,监管部门强调压实中介机构"看门人"的责任,对证券公司的处罚较多,主要集中在未勤勉尽责,未进行充分核查和验证,不满足执业规则的要求,未能核查和发现发行人、上市公司等信息披露违法问题,导致出具的相关文件如保荐报告、独立财务顾问报告等存在虚假记载、误导性陈述或重大遗漏等方面。

《虚假陈述若干规定》第 13 条,《证券法》第 85 条、第 163 条所称的过错,包括以下两种情形:"故意"或"严重违反注意义务"。因此,证券公司作为被告可以从自身不存在故意或者不构成严重违反注意义务角度进行过错层面的抗辩。同时,《虚假陈述若干规定》第 17 条也规定了证券公司没有过错的抗辩依据,即(1)已经按照法律、行政法规、监管部门制定的规章和规范性文件、相关行业执业规范的要求审慎调查信息披露文件中的相关内容;(2)对信息披露文件中没有证券服务机构专业意见支持的重要内容,经过审慎尽职调查和独立判断,有合理理由相信该部分内容与真实情况相符;(3)对信息披露文件中证券服务机构出具专业意见的重要内容,在审慎核查和必要的调查复核后,有合理理由排除

职业怀疑并可以形成合理信赖。

需要提醒的是，证券公司与其他中介机构相比，职责范围更广，且更多存在援引其他中介机构信息的问题，比如，保荐人出具的文件往往既涉及会计师事务所发表的财务方面专业意见，又涉及律师事务所发表的法律方面专业意见。证券公司对于援引的内容并不当然免除责任。因此，证券公司抗辩"合理信赖"其他专业机构所发表的专业意见，应以自身已经进行了一定的尽职调查为基础。否则，仍可能面临援引其他专业机构意见引发的过错责任。

（2）实务认定——"中安科案"

中安科公司系上交所上市公司。2014年6月11日，中安科公司披露其通过向中恒汇志公司非公开发行股票的方式购买了中恒汇志公司持有的中安消技术公司的100%股权。招商证券为该次重大资产重组的独立财务顾问，华商律师事务所为法律顾问，瑞华会计师事务所对该次重大资产重组过程中的置入资产进行审计，审核了中安消技术公司编制的2014年度盈利预测报告，并为中安消技术公司出具了标准无保留意见的盈利预测审核报告及2013年审计报告。

2016年12月24日，中安科公司发布公告，载明证监会对其进行立案调查。2018年1月16日及2019年4月2日，中安科公司发布公告，载明其收到行政处罚及市场禁入事先告知书、行政处罚事先告知书。2019年5月31日，中安科公司发布公告，载明其收到行政处罚决定书、市场禁入决定书，证监会认定中安消技术公司提供的盈利预测报告以及2013年年度经审计的财务报告存在虚假记载，并据此认定中安科公司及相关责任人员构成虚假陈述。

2020年年初，投资者以虚假陈述为由向上海金融法院提起诉讼。一审判决中安科公司承担投资者的投资差额损失、佣金及印花税损失，中安消技术公司、招商证券、瑞华会计师事务所对此承担连带责任。二审改判招商证券在25%的范围内对中安科公司的虚假陈述行为造成的损失承担连带赔偿责任，瑞华会计师事务所在15%的范围内对中安科公司的虚假陈述行为造成的损失承担连带赔偿责任。

该案二审主要争议焦点为招商证券以及瑞华会计师事务所是否应对投资者的损失承担赔偿责任以及在何种范围内承担赔偿责任。

上海市高级人民法院指出为了实现服务机构的有效履职，应当考量其工作特点和审核成本，将其注意义务和责任范围界定在合理范围之内，明确其责任边界，实现各证券服务机构"各负其职、各尽其责"，对各自专业相关的业务事项履行特别注意义务，对其他业务事项履行普通注意义务。关于证券服务机构是否勤勉尽责，应视其是否按照相关法律、行政法规、部门规章和行业执业规范等，对所依据的文件资料内容进行核查和验证进行认定。关于证券服务机构的责任范围，也应考虑其行为性质、过错程度以及与投资者损失之间的原因力等因素予以综合认定。

上海市高级人民法院认为在案涉重大资产重组交易中，招商证券未能举证证明其按照独立财务顾问的执业要求尽到勤勉尽责义务，其在审核涉"班班通"项目相关材料并出具专业意见过程中存在过错，导致其出具的《独立财务顾问报告》中部分内容存在误导性陈述。对导致的投资者损失，招商证券应承担连带责任。案涉"班班通"项目占中安消技术公司2014年年度预测营业收入的26%，在整体考量招商证券的行为性质和内容、过错程度、与投资者损失之间的原因力等因素的情况下，酌定招商证券在25%的范围内对中安科公司的虚假陈述行为造成的损失承担连带赔偿责任。

在该案中，司法机关提出了特别注意义务及普通注意义务的概念，即中介机构对与各自专业相关的业务事项履行特别注意义务，对其他业务事项履行普通注意义务。同时，履行勤勉尽责义务的依据主要为相关中介机构的业务规范要求和执业标准。根据该案的思路，在相应执业规范中所明确的中介机构应核查的内容属于应尽特别注意义务的事项，例如，该案二审法院根据所涉重大资产重组发生时适用的《上市公司重大资产重组管理办法》（2011年修订）第16条、《上市公司并购重组财务顾问管理办法》第24条等规定认定，在独立财务顾问出具的意见中采用其他证券服务机构或者人员的专业意见的，仍然应当审慎核查并对该专业意见所形成的结论负责；重大资产重组中的交易定价公允性、盈利预测的可实现性等事项属于独立财务顾问应重点关注的事项。

虽然司法裁判对不同事项应尽的注意义务类型作了区分，但并未完全解决勤勉尽责义务的边界问题，未明确特别注意义务与普通注意义务的区别以及判断的具体标准。根据现有案例，勤勉尽责的边界仍属于法官自由裁量的范围，存在一定模糊性。该问题也成为证券公司在抗辩时面临的重要难点。

在独立财务顾问勤勉义务的履行方面，该案认定：第一，招商证券对于"班班通"项目除获取相关框架协议和政策性文件外，未有充分证据表明其采取了函询、访谈、现场走访、查询公开招投标信息等方式对该重点项目的实际进展情况予以审慎核查，且其后续在已知悉该项目预测营业收入当年无法实现的情况下仍然认可之前的收益、预测数据和评估值，未及时采取有效行为。第二，《独立财务顾问报告》是否存在虚假记载、误导性陈述或者重大遗漏的判断依据为该文件记载的内容客观上是否与实际情况存在重大差异或导致投资者对其投资行为发生错误判断，而招商证券在《独立财务顾问报告》中的承诺内容以及对拟购买资产评估情况的专业意见与事实情况不符。因此，法院认为招商证券未能证明其按照独立财务顾问的执业要求尽到勤勉尽责义务，其所出具《独立财务顾问报告》的部分内容存在误导性陈述。

证监会之前并未对招商证券和瑞华会计师事务所进行行政处罚，该案是全国首例由没有被证监会行政处罚的中介机构在一定比例范围内承担连带责任的生效案例，是对2019年

《证券法》取消证券欺诈诉讼行政前置程序规定的充分落实，亦是司法实践结合过错及原因力等因素合理厘定中介机构相应责任范围的突破性尝试，对于后续该类证券虚假陈述案件的审理及中介机构责任认定可能产生重大影响。

2. 持续督导职责抗辩理由及实务认定

（1）抗辩理由

《证券法》第10条第2款规定保荐人负有"督导发行人规范运作"的职责。《保荐业务管理办法》第28条则进一步规定"保荐机构应当针对发行人的具体情况，确定证券发行上市后持续督导的内容，督导发行人履行有关上市公司规范运作、信守承诺和信息披露等义务，审阅信息披露文件及向中国证监会、证券交易所提交的其他文件"。而对于"督导发行人履行信息披露义务""审阅信息披露文件"的具体内容，《深圳证券交易所上市公司自律监管指引第13号——保荐业务》进行了明确规定，即保荐人"可以对上市公司的信息披露文件事前审阅，未进行事前审阅的，应当在上市公司履行信息披露义务后五个交易日内，完成对有关文件的审阅工作，发现问题的应当及时督促上市公司更正或者补充"。

因此，保荐人督导发行人信息披露职责，实质上为"督导"和"审阅"工作，而非"核查"工作，该等审阅工作甚至被允许在发行人信息披露后再开展。因此，保荐人可抗辩其在持续督导期间无义务通过事前获取的资料提前查验上市公司拟披露的信息，也不负有核查、验证以及合理保证信息披露文件真实、准确、完整的职责。此外，证券公司还可以结合其他有关保荐人持续督导职责的规定，举证证明其已通过督导培训、日常沟通、现场检查等方式充分履行了督导义务，不具有过错。

（2）实务认定——"尔康制药案"

湖南证监局〔2018〕2号行政处罚决定书载明：尔康制药公司2015年年度从全资子公司全额现款购入原料不具有商业合理性，商品的实际控制权没有发生转移，而尔康药业却将该笔款项确认为销售收入，导致尔康制药公司2016年4月公告的2015年年报存在虚增营业收入和虚增净利润的虚假记载行为。

因年报中的主要会计数据和财务指标属于上市公司依法应当真实、准确披露的重大事件，湖南省高级人民法院认为前述虚假记载行为构成《虚假陈述若干规定》第17条所规定的证券市场虚假陈述行为。

一审法院经审判委员会讨论决定，判决：第一，尔康制药公司于判决生效之日起10日内向赵某赔偿25,439.47元，向欧阳某、雷某赔偿0元；第二，驳回赵某、欧阳某、雷某的其他诉讼请求。

二审法院湖南省高级人民法院判决驳回上诉，维持原判。

湖南省高级人民法院对关于西部证券公司是否应当承担连带赔偿责任进行了阐释。根据当时有效的《保荐业务管理办法》（2009年）第2条和第4条的规定，保荐机构的职责主要是尽职推荐发行人证券发行上市，以及持续督导发行人履行规范运作等义务。与公司上市过程中保荐机构的财务核查与保证职责不同，保荐公司在公司上市后，主要承担持续督导职责，并不需要在上市公司年度报告、审计报告披露过程中核查报告中的财务数据，不需要在报告上签字盖章。该案所涉虚假陈述行为发生时，尔康制药公司已上市5年，西部证券公司仅承担持续督导职责，持续督导报告不包括任何股票投资价值信息，正常的投资者没有理由依据持续督导报告而进行投资。在该案中，并无监管部门认定西部证券公司违反规定义务的相关证据，也无证据证明西部证券公司因案涉虚假陈述行为受到任何处罚。因此，其不应对投资人的损失承担赔偿责任。赵某以西部证券公司系保荐机构为由，要求其承担连带赔偿责任，没有事实和法律依据，法院不予支持。

该案区分了上市IPO保荐机构和上市后持续督导机构的法定职责，二者存在重大区别；案涉虚假陈述行为发生在公司上市后的年报披露过程中，而不是在公司IPO过程中发生财务造假或信息披露不实。《虚假陈述若干规定》第7条规定涉及的证券机构承担责任的情形，均是限定在"证券承销商、证券上市推荐人"两个主体范围之内。投资者主张西部证券公司承担连带责任，实际上错误引用了司法解释关于新股发行的证券承销商、证券上市推荐人的责任规定。根据法律规定，在公司IPO过程中，由于公司在财务规范、内部控制、信息披露以及管理层对法律的理解和适用等多个方面，存在一定局限性，因此才需要保荐机构履行法定职责，对公司价值、财务数据的真实性承担相应保证责任，以此对社会投资者以及中小股民负责。但是，在公司上市后，其内部控制已经规范化，此时公司应当自行履行法定信息披露义务，并自行承担信息披露违规责任。

虽然根据《保荐业务管理办法》，保荐机构应当持续督导发行人履行规范运作、信守承诺、信息披露等义务。但是，上市公司的年度报告、审计报告等具体财务数据的真实性，并不属于法律规定的持续督导义务范畴，持续督导机构在现实中也没有能力对这些具体数字真实性、客观性进行核查。持续督导机构一方面无法了解公司内部具体财务数据准确信息，另一方面也不具备判断财务数据真实性的客观条件，只能依据法律和监管规定，督促上市公司依法履行定期报告的信息披露义务，对其中不符合上市规则和信息披露规范要求的内容提出纠正意见。

（二）债券市场证券虚假陈述案件

1. 抗辩理由

《债券座谈会纪要》明确"债券承销机构和债券服务机构对各自专业相关的业务事项未履行特别注意义务，对其他业务事项未履行普通注意义务的，应当判令其承担相应法律责任"。

在债券发行过程中，承销商承担的主要义务是信息核查义务，该义务通常以尽职调查的方式履行。承销商通过尽职调查，核实发行人提供的信息，为信息的真实性、准确性、完整性提供保障。判断承销商是否存在过错，必须立足于承销商是否全面履行了尽职调查义务。但目前无论是在立法上还是在审判实践上，抑或是在行业监管层面，对承销商是否尽到审慎的尽职调查义务都没有明确的标准。因此在以往的司法实践中，在判断承销商是否应当承担赔偿责任时，法院很大程度上依赖于证监会作出的行政处罚。

以公司债券领域为例，2020年1月22日中国证券业协会发布《公司债券承销业务尽职调查指引》，其中第一章"总则"对债券承销商的尽职调查工作提出了原则性要求。《公司债券承销业务尽职调查指引》第3条规定："承销机构应当秉持职业审慎，保持合理怀疑，结合发行人的行业、业务、融资类型等实际情况，充分运用必要的手段和方法开展尽职调查，按照法律法规和本指引的要求，核实发行文件的真实性、准确性和完整性，确保尽职调查的质量。"因此，债券承销商抗辩自身并无过错，必须举证证明其在业务开展过程中的行为符合前述原则性要求，即已经秉持职业审慎，保持合理怀疑，充分运用了必要的手段和方法。

《公司债券承销业务尽职调查指引》第5条进一步指出，根据发行文件中是否存有中介机构及其签名人员专业意见支持的内容，债券承销商应当承担不同程度的注意义务。对发行文件中无中介机构及其签名人员专业意见支持的内容，承销机构应当在获得充分的尽职调查材料并对各种尽职调查材料进行综合分析的基础上进行独立判断，履行特别注意义务；对发行文件中有中介机构及其签名人员出具专业意见的内容，承销机构应当结合尽职调查过程中获得的信息对专业意见的内容履行普通注意义务。故承销商在举证和答辩过程中，应当结合争议事项的类别，区分不同程度的注意义务，向法庭举示详略得当的判断依据。

《公司债券承销业务尽职调查指引》第二章详细规定了尽职调查的内容和方法。债券发行涉及的尽职调查环节众多，每起案件的争议焦点各不相同。承销商需以法律法规为依据，认真梳理尽职调查的各个环节，制定合理的调查工作计划、方法、步骤与流程，规范编制工作底稿。前述工作所留下的"痕迹"与记录，均有可能在未来的诉讼中成为左右案件走向的关键证据。反之，如果遗漏了规定的必要调查内容，或采用了不恰当的调查方法，无疑会因此增加诉讼风险。

承销商应对其他证券服务机构出具专业意见的内容承担较低的注意义务。承销商在债券发行中扮演核心、协调角色，各证券服务机构内部又有进一步的专业分工，比如法律、会计等。

《公司债券承销业务规范》（2022年修订）第13条规定："主承销商应当按照合理性、必要性和重要性原则，对公司债券发行文件的真实性、准确性和完整性进行审慎核查，对与本专业相关的业务事项履行特别注意义务，对其他业务事项履行普通注意义务。对公司债券发行文件中包含或引用证券服务机构出具专业意见的内容，原则上主承销商可以在履行普通注意义务的基础上进行合理信赖。存在合理怀疑的，主承销商应当履行审慎核查和必要的调查、复核程序，排除合理怀疑。对公司债券发行文件中无证券服务机构专业意见支持的内容，主承销商应当审慎核查，有合理谨慎的理由确信发行文件披露的信息不存在虚假记载、误导性陈述或者重大遗漏。"

无论何种事项，承销商都应当进行独立判断。针对申请文件、债券发行募集文件中有其他证券服务机构出具专业意见的内容，承销商应当结合尽职调查已经获得的信息进行独立判断。如果发现与其他专业机构意见存在重大差异，产生了合理怀疑，那么承销商就应当深入调查、复核。特别是承销商在内部质控、内部审核阶段反馈问题，应特别予以关注并保存相关反馈底稿，不能无反馈留痕。针对申请文件、债券发行募集文件中没有其他证券服务机构出具专业意见的内容，承销商应当获得合理的尽职调查证据，以支持其作出独立判断，并应有合理理由确信所作判断与发行人自己的意见不存在实质性差异。

2. 实务认定分析

相对于股票虚假陈述案件，目前债券虚假陈述责任纠纷的公开生效案例极少，其中针对承销机构过错的实务认定要点尚缺乏典型性的、可供提炼的一般结论。针对债券虚假陈述责任纠纷案件中承销机构的过错认定，尚待司法实践给予进一步回应。目前暂选取较有代表性的"莒鸿润债案"加以简要分析。

"莒鸿润债案"有两起系列案件，二审分别在山东省高级人民法院、广东省高级人民法院进行审理，并于2021年1月15日、2021年8月19日相继作出二审判决。2022年12月12日，最高人民法院作出（2022）最高法民再235号民事裁定书，以基本事实不清为由，将前案发回重审。此处暂以广东省高级人民法院作出的二审判决[1]为蓝本，探究司法实践对主承销商的担责考量。

该案的基本情况为投资者宁夏银行投资5000万元债券，后发行人无力偿还，且发现担保人莒南国资公司出具的《担保函》等系伪造。因此，投资者起诉主承销商中信证券华南公司，主张《募集说明书》披露的担保信息为虚假陈述，主承销商未能勤勉调查担保措施，应就债券未能偿付部分承担全额连带责任。

广东省高级人民法院认为，一审法院综合考虑中信证券华南公司的过失大小及今后宁夏银行从发行人和其他担保人受偿的可能性，酌定中信证券华南公司对宁夏银行遭受的损失，整体按照仲裁裁决认定的债券本金5000万元及欠付利息的15%承担赔偿责任，并无不当。2013年《证券法》第69条规定的承销商虚假陈述赔偿责任的性质是侵权责任，承担责任应与过错程度相当。如果证券公司属于故意侵权，则承担全额连带责任；如果证券公司属于过失情形，则应根据过失大小承担部分损失的连带责任。因此，综合考虑主承销

---

[1] 广东省高级人民法院民事判决书，（2020）粤民终1154号。

商过失大小等因素，最终判令主承销商就债券未偿付本息的15%承担赔偿责任。

该案为私募债券虚假陈述纠纷，投资者仅起诉主承销商承担虚假陈述责任。该案虚假陈述事项为国资企业提供的担保措施。对于投资者而言，国有企业为民营企业提供的担保措施，是债券偿付的最有力保障，往往是投资债券的根本原因，故担保措施的造假应属影响最严重的虚假陈述。但广东省高级人民法院依然考虑到主承销商为过失心态而非故意造假，认为判令主承销商承担15%的赔偿责任较为合理，亦符合主承销商承担的责任与过错大小、原因力相一致的司法原则，符合权、责、利相互平衡的大方向。该案判决作出于《虚假陈述若干规定》出台之前，但其裁判思路与裁判观点与后续出台的司法解释基本一致。

二、会计师事务所的核心抗辩与实务认定

在证券虚假陈述责任案件中最为多发的虚假陈述行为系财务造假。作为发行人审计机构的会计师事务所，直接负有对发行人会计信息进行审核、评价的职责。当发行人存在财务造假情况时，已出具无保留意见的会计师事务所的职责履行情况，必然会成为投资者的关注重点。因此，越来越多的投资者在提起虚假陈述诉讼时，将会计师事务所作为共同被告进行追责。近年来，各法院亦在包括"大智慧案"等多起案件中判令会计师事务所承担连带赔偿责任。会计师事务所在证券虚假陈述责任纠纷中的应诉压力进一步凸显。

（一）会计师事务所"合理保证责任"的抗辩思路

1. 审计责任与会计责任的区分

会计师事务所对被审计单位的会计报表负有审计责任，而该等审计责任以被审计单位的会计责任为基本前提。所谓会计责任指被审计单位对其财务信息的真实性、完整性承担的相关责任，包括但不限于：被审计单位应依法设置会计账簿，按照适用的财务报告编制基础编制财务报表，设计、执行和维护必要的内部控制。会计师事务所承担的审计责任，是基于被审计单位的会计判断作出的再判断。[1] 根据《中国注册会计师审计准则第1101号——注册会计师的总体目标和审计工作的基本要求》等会计准则的规定，被审计单位的管理层认可并理解其承担的会计责任及配合注册会计师工作，是会计师事务所开展审计工作的基本前提之一。

因此，被审计单位即便存在披露虚假财务信息导致的会计责任，也不必然意味着会计师事务所必须承担审计责任。对审计责任的认定，仍需结合会计师事务所的职务履行情况。证监会在《对十三届全国人大第四次会议第3755号建议的答复》中也明确指出，在日常监督和执法过程中，"严格区分会计责任和审计责任""不以上市公司等主体信息披露虚假的会计责任而直接'倒推'审计机构的审计责任"。判断审计责任仍应以"是否违反

---

[1] 参见最高人民法院民事审判第二庭编著：《最高人民法院关于会计师事务所审计侵权赔偿责任司法解释理解与适用》，人民法院出版社2015年版，第23页。

《中国注册会计师执业准则》等执业规则为基准"。[1]

2. 审计的固有局限性

审计并非一门精算学科，因审计自身的特性、审计成本效益的存在以及现代审计技术特点，而具有自身的局限性。[2] 即使注册会计师按照审计准则的规定恰当计划和执行了审计工作，可能也无法发现被审计单位的重大错报，注册会计师也不可能将审计风险降至零。因此，不能以注册会计师未发现被审计单位虚假陈述这一客观结果，倒推注册会计师未勤勉尽责。会计师事务所承担的审计责任，仅仅是一种"合理保证责任"。[3]

根据注册会计师审计准则的相关规定，合理保证是"一种高水平保证""当注册会计师获取充分、适当的审计证据将审计风险降至可接受的低水平时，就获取了合理保证"。[4] 而所谓的"高水平保证"，本书认为也并非指保证的水平需高度接近绝对保证，或会计师事务所需达到接近绝对保证程度的内心确信，而是仅用于将审计与其他鉴证业务的保证水平作出区分。例如，根据《中国注册会计师审阅准则第2101号——财务报表审阅》，审阅业务对所审阅的财务报表不存在重大错报的仅提供"有限保证"，因此提供的"保证程度低于审计"。

基于审计责任与会计责任的区别，审计责任自身的局限性，会计师事务所承担的审计责任应根据审计报告的具体内容，审计时面临的复杂情况，相关规范对执业行为的要求和约束等因素进行合理限制，而非仅以审计结果是否发现了被审计单位财务报表的重大错报作为责任认定标准。这亦是会计师事务所在虚假陈述案件中区别于其他中介机构的核心抗辩思路。

（二）会计师事务所的核心抗辩要点与难点

1. 抗辩要点

结合"合理保证责任"的核心抗辩思路以及《审计侵权赔偿若干规定》《虚假陈述若

---

[1] 证监会：《对十三届全国人大第四次会议第3755号建议的答复》，载证监会网2022年2月18日，http://www.csrc.gov.cn/csrc/c101800/c1920340/content.shtml。

[2] 从审计自身特性层面来看，审计工作是以谋求公共利益为自身目的的，本质上是为了维护潜在股东与公众投资者的利益。由此，审计失败是具有正当性的，容许会计师事务所存在一定程度的审计差错。从审计成本效益层面来看，被审计单位往往需要考虑支付的审计成本和收取的审计收益之间的关系，这决定了会计师事务所不可能无限度地投入时间、成本开展审计工作。从现代审计技术层面来看，审计技术仅能发现被审计的财务资料存在固有风险，通用的抽样审计技术不可能覆盖财务报告中的所有错误。具体参见最高人民法院民事审判第二庭编著：《最高人民法院关于会计师事务所审计侵权赔偿责任司法解释理解与适用》，人民法院出版社2015年版，第328页。

[3] 《中国注册会计师审计准则第1101号——注册会计师的总体目标和审计工作的基本要求》（2022年）第20条规定："由于审计存在固有限制，注册会计师据以得出结论和形成审计意见的大多数审计证据是说服性而非结论性的，因此，审计只能提供合理保证，不能提供绝对保证。"

[4] 《中国注册会计师审计准则第1101号——注册会计师的总体目标和审计工作的基本要求》（2022年）第20条、《中国注册会计师审计准则第1141号——财务报表审计中与舞弊相关的责任》第6条。

干规定》《债券座谈会纪要》等相关规定，会计师事务所在证券虚假陈述侵权案件中的核心抗辩要点主要包括：

第一，会计师事务所对专业领域之外的虚假陈述事项可以合理信赖其他中介机构的专业意见。

第二，会计师事务所对专业领域内的事项已勤勉履职，并足以对审计结论形成"合理保证"，具体表现为：已根据执业准则、规则确定的工作程序和核查手段进行审计并保持必要的职业谨慎，或虚假陈述事项系因金融机构、发行人供应商、客户等提供不实证明文件所致。[1]

2. 抗辩难点

在专业领域方面，抗辩难点在于会计师事务所可信赖的专业意见比较有限且与专业法律意见等往往存在界限不明的情况。在财务造假相关虚假陈述案件中，会计师事务所往往是第一位甚至是唯一的专业机构，有限的抗辩空间仅在于对得出相应审计结论的部分专业意见底稿材料的合理信赖。例如，在立信会计师事务所（特殊普通合伙）处罚案[2]中，证监会即采纳会计师事务所的申辩意见，其认为康华农业与桂林华科生物科技有限公司之间的《土地使用权转让合同》已由律师事务所审核并出具法律意见，康华农业也取得了国土资源局颁发的《国有土地使用权证》。没有证据能证明国有土地使用权证是否造假，中介机构质疑法定权属证书为假的难度大，结合律师事务所出具的法律意见书，认定当事人已做到勤勉尽责。

在履职程度方面，会计师事务所抗辩难点则在于如何对"合理注意义务"进行具体厘定，并避免法院认定会计师事务所存在"推定故意"。如前所述，基于"合理保证责任"，会计师事务所一般遵循了既有执业准则、规则确定的工作程序和核查手段，即可初步主张已尽到"合理注意义务"。[3]但审计准则的规定一般较为原则，具体执行何种程序的决定权还是在于注册会计师的"职业判断"。换言之，注册会计师执业行为的核心就是合理运用"职业判断"。对于某些"可做"也"可不做"的审计程序，会计师事务所如基于职业判断而选择不做，则将在诉讼中面临更大的抗辩风险。

---

[1] 根据《虚假陈述若干规定》第 19 条第 3 项的规定、《审计侵权赔偿若干规定》第 7 条第 3 项的规定，会计师事务所还可以基于"已在审计报告中提出警告并发表审慎审计意见"的理由进行抗辩。但实际上，在证券虚假陈述纠纷案件中会计师事务所出具的审计意见一般也均为无保留审计意见。事实上，根据《上市公司证券发行管理办法》（已废止）第 8 条等规定，例如上市公司进行证券发行，甚至需要满足"最近三年及一期财务报表未被注册会计师出具保留意见、否定意见或无法表示意见的审计报告；被注册会计师出具带强调事项段的无保留意见审计报告的，所涉及的事项对发行人无重大不利影响或者在发行前重大不利影响已经消除"的前置条件。故本书不再将"已在审计报告中提出警告并发表审慎审计意见"作为抗辩要点进行特别说明。

[2] 证监会行政处罚决定书（立信会计师事务所、王某某、肖某某），〔2017〕55 号。

[3] 湖南省高级人民法院民事判决书，(2020) 湘民终 123、124、204、319~343 号。

此外，与其他中介机构的过错抗辩所不同的是，《审计侵权赔偿若干规定》第 5 条第 2 款还规定了"推定故意"条款，即"注册会计师按照执业准则、规则应当知道的，人民法院应认定其明知"。该等"推定故意"条款在"大智慧案"中直接导致立信会计师事务所与上市公司承担了连带赔偿责任。而上海金融法院的认定依据仅为"未执行必要有效的审计程序而未予揭示"，并未明确指出究竟缺乏哪些有效审计程序，该等审计程序是否是基本的、重要的、无法经会计师职业判断后选择不做的等。[1] 事实上，最高人民法院已明确将"推定故意"的情形限定为"注册会计师没有执行大部分最基本的审计程序"。[2] 但法院在"大智慧案"中的认定思路，也依然让会计师事务所面临着较大的不确定性。

（三）实务认定

基于财务造假类虚假陈述的持续高发现象，会计师事务所在证券虚假陈述侵权案中承担着较大的抗辩压力。近年来，法院已在诸多案件中针对会计师事务所职务履行情况进行详细论述，以下就其中的典型案例进行介绍。

1. "尔康制药案"

2020 年 4 月 29 日，湖南省高级人民法院对股票虚假陈述案件"尔康制药案"作出二审判决，[3] 最终认定会计师事务所不存在故意或重大过失，无须承担赔偿责任。该系列案件判决结果已由最高人民法院再审认可。

该案所涉虚假陈述事项为尔康制药在公告的 2015 年年度报告、2016 年年度报告中，存在财务数据的虚假记载。对此，会计师事务所提出的主要抗辩意见为：判断是否勤勉尽责不能仅以尔康制药公司的虚假陈述结果反推，而是应结合会计手段、技术、审计范围等客观因素，考量会计师事务所的审计工作过程、工作事项。而会计师事务所已履行了所有必要的审计工作，并提供了相应的审计工作底稿。此外，湖南证监局虽对会计师进行谈话，但最终未予以处罚，进一步证明会计师事务所不存在履职过错。

对此，一审法院结合会计师事务所一审提交的证据，认为会计师事务所在虚假陈述所涉的各笔交易的审计过程中，进行了必要的查验、函证等程序，并无违反审计准则的行为，其在已保持必要的职业谨慎的情况下，未发现尔康制药公司的上述违法事实，应认定其不存在故意或重大过失。在二审中，会计师到场就如何开展案涉审计工作接受询问，其陈述内容与一审提交的证据一致。此外，法院还就会计师事务所的履职情况，向湖南证监局核实，并得到"没有证据表明存在未勤勉尽责的情形"的反馈意见。综合以上证据，法院采纳了会计师事务所不存在故意或重大过失的抗辩，未认定会计师事务所承担责任。

---

[1] 参见上海金融法院民事判决书，（2018）沪 74 民初 454 号。
[2] 最高人民法院民事审判第二庭编著：《最高人民法院关于会计师事务所审计侵权赔偿责任司法解释理解与适用》，人民法院出版社 2015 年版，第 261 页。
[3] 参见湖南省高级人民法院民事判决书，（2020）湘民终 262~264 号。

2."康美药业案"

2021年11月12日,广东省广州市中级人民法院对股票虚假陈述案"康美药业案"作出判决,最终认定会计师事务所与康美药业承担连带赔偿责任。[1]

该案所涉虚假陈述事项为康美药业在2016年年度报告、2017年年度报告、2018年年度报告中存在财务造假。会计师事务所主要抗辩观点包括:第一,康美药业进行有组织、有预谋的造假,导致会计师事务所审计的会计资料存在错误或不实;第二,会计师事务所在审计过程中,已遵守执业准则、规则确定的工作程序;第三,会计师事务所已按审计准则的要求执行了银行函证程序,仍未发现金融机构提供了虚假的不实证明。

对此,法院结合证监会的行政处罚决定书,认为会计师事务所在为康美药业年度报告进行审计时,了解了捷科系统为康美药业的业务管理信息系统,金蝶EAS系统为康美药业的财务处理信息系统,但未关注两套系统是否存在差异,未实施必要的审计程序。同时,会计师事务所在货币资金科目和营业收入科目的风险应对措施方面存在重大缺陷,包括未核对现金对账执行内部控制测试程序,未关注明显异常或相互矛盾的审计证据,函证回函率较低时未实施替代性程序,审计底稿"加塞"函证交易数据以及项目经理苏某严重违反独立性要求等。最终,法院概括认定会计师事务所严重违反中国注册会计师审计准则和《中国注册会计师职业道德守则》(已废止)等规定(未明确具体条款——笔者注),导致康美药业严重财务造假未被审计发现,影响极其恶劣,最终认定会计师事务所应承担连带赔偿责任。

3."富贵鸟债案"

2021年5月31日,北京市第二中级人民法院对债券虚假陈述案件"富贵鸟债案"作出一审判决,[2] 最终认定会计师事务所对发行人存款账户受限情况未能准确核实,存在过错,需承担与过错相对应的赔偿责任共计77,000元。

该案所涉虚假陈述事项为债券募集说明书与年度报告存在有关担保事项的虚假陈述和重大遗漏。会计师事务所在该案中就过错要件的主张主要为:第一,会计师事务所未受到行政处罚;第二,会计师事务所已依据法律法规、部门规章、行业执业规范规定的勤勉义务谨慎执业不存在过错。一方面,强调审计责任与会计责任的区别,主张会计师事务所仅承担合理保证,仅在存在重大过失和故意的情况下承担赔偿责任;另一方面则强调已按相关规定,严格执行函证程序,因银行不实回函而未发现存在的存款担保情况,会计师事务所不存在过错。

对此,法院首先强调存款受限情况对于债券清偿的重要性,认为应在此基础上对会计师事务所的勤勉尽责审查义务进行具体认定。结合会计师事务所制作的两版询证函以及银行回函未明确对存款受限情况进行回复,法院认为会计师事务所应在审计工作底稿中说明

---

[1] 参见广东省广州市中级人民法院民事判决书,(2020)粤01民初2171号。
[2] 参见北京市第二中级人民法院民事判决书,(2020)京02民初356号。

原因，对于该事项不能出具无保留意见的报告。据此，法院认定会计师事务所没有履行进一步的核查责任，也没有在审计工作底稿中予以说明，存在过错。而对于会计师事务所主张采用的核查会议决议、借款或授信合同等其他核查手段，法院则认为在案件所涉存款受限问题上，其直接有效性和可信度均不可与向存款账户的开户银行进行明确的询证相比较，最终未采纳会计师事务所的抗辩意见。

三、律师事务所的核心抗辩与实务认定

（一）律师职责与核心抗辩

关于律师勤勉尽责的判断，首先应依赖于法律规范体系。目前，证券市场已经基本构建起律师执业的规则体系：一般规则上，除《证券法》外，《律师事务所从事证券法律业务管理办法》《律师事务所证券法律业务执业规则（试行）》《公开发行证券公司信息披露的编报规则第12号——公开发行证券的法律意见书和律师工作报告》《律师从事证券法律业务尽职调查操作指引》对律师的核查提出了总体性要求。特殊规则上，不同类型业务还有不同的执业要求。在IPO方面，《监管规则适用指引——法律类第2号：律师事务所从事首次公开发行股票并上市法律业务执业细则》是专门针对律师事务所核查工作的细致规定；重大资产重组与债券发行等业务则要结合《上市公司重大资产重组管理办法》与《公司债券发行与交易管理办法》的相关规定发表法律专业意见。

在法律规范体系之下，对于律师是否做到勤勉尽责的判断，主要从两方面入手：第一，需要做什么"动作"，解决专业领域的问题；第二，需要怎么做"动作"，即律师是否开展了应有动作，开展应有动作是否足够充分、足够谨慎，解决履职要求或履职程度的问题。[1] 具体来说，第一步解决的是律师事务所的专业领域问题，因为律师对专业领域事项应尽特别注意义务。结合《虚假陈述若干规定》第18条及《监管规则适用指引——法律类第2号：律师事务所从事首次公开发行股票并上市法律业务执业细则》第4条有关专业分工的规定，律师事务所的责任限于其工作范围和专业领域，对查验过程中的境内法律事项应当尽到证券法律专业人士的特别注意义务，对财务、会计、评估等非法律事项负有普通人的一般注意义务。第二步要解决的是履职要求或履职程度问题，目的是确定律师事务所就专业事项如何履职才满足特别注意义务的要求，就其他事项的一般注意义务要求为何，以及在何种情况下才能形成合理信赖。因此，律师事务所的核心抗辩通常也立足以上两层而形成两大类基本情形：第一，虚假陈述事项不属于律师的专业范围，律师事务所可合理信赖其他中介机构的意见；第二，律师事务所对专业事项已经履行特别注意义务。

---

[1] "做什么"和"怎么做"的履职逻辑划分在证监会行政处罚中体现最明显，例如证监会在"欣泰电气案"中即采用该逻辑认定律所责任，具体参见证监会行政处罚决定书（北京市东易律师事务所、郭某某、陈某某），〔2017〕70号。

(二) 核心难点

律师事务所主张以上核心抗辩的难点在于，专业领域的边界仍不尽清晰，特别注意义务和一般注意义务（合理信赖）对应的履职手段也经常存在争议。

在专业领域方面，监管规范明确列举的事项自不待言，更显模糊的是兜底性的核查要求。如《监管规则适用指引——法律类第2号：律师事务所从事首次公开发行股票并上市法律业务执业细则》第3条规定的"充分了解发行人的经营情况、存在的法律风险和问题，对发行人首发的相关事项是否符合法律、行政法规、中国证监会和证券交易所的规定进行查验"。此外，《公开发行证券公司信息披露的编报规则第12号——公开发行证券的法律意见书和律师工作报告》等监管规定还列举了"发行人将要履行、正在履行以及虽已履行完毕但可能存在潜在纠纷的重大合同……是否存在潜在风险""发行人金额较大的其他应收、应付款是否因正常的生产经营活动发生"，该等事项似乎介于法律与财务之间，应从何种角度理解律师事务所的专业领域，仍存争议。

例如，北京市东易律师事务所因欣泰电气财务造假受到行政处罚，[1] 湖南博鳌律师事务所因万福生科财务造假受到行政处罚，[2] 处罚事项均与财务问题相关。在相关行政处罚引发的行政诉讼案件中，律所均主张造假事项并非自己的专业领域。对于北京市东易律师事务所的抗辩，北京市高级人民法院认为，应收账款收回问题，属于财务会计领域专业问题，是会计师出具审计报告需要核验的核心事项，也涉及公司经营合规性和法律风险问题，同样属于法律意见所应关注的事项……律师事务所在提供证券法律服务，出具法律意见时，对于公司财务会计专业问题，需要履行一般理性法律人的注意义务，但对于依托于这些财务会计资料所反映的公司经营行为的合规性和法律风险问题，律师仍应履行作为专业法律人的特别注意义务。[3] 对于湖南博鳌律师事务所的主张，最高人民法院在再审裁定中认为，"对于不是从公共机构直接取得的文书，经核查和验证后方可作为出具法律意见的依据。刘某、胡某对工作底稿中记载的大量合同未予审慎核查和验证，未履行法律专业人士特别的注意义务"。[4] 对以上问题，证监会处罚委亦指出，发行人与重要客户签订的销售合同，不仅涉及收入确认等会计问题，也涉及销售合同的真实性、合法性和履行纠纷问题，会计师事务所与律师事务所是从不同角度进行审核。[5]

在履职标准与履职程度方面，专业领域的特别注意义务对应何种履职手段，同样存在不清晰之处。《律师事务所从事证券法律业务管理办法》第13条第2款规定："律师进行

---

[1] 参见证监会行政处罚决定书（北京市东易律师事务所、郭某某、陈某某），〔2017〕70号。
[2] 参见证监会行政处罚决定书（湖南博鳌律师事务所、刘某、胡某），〔2013〕50号。
[3] 北京市高级人民法院民事判决书，（2018）京行终4657号。
[4] 最高人民法院民事裁定书，（2016）最高法行申1824号。
[5] 参见中国证券监督管理委员会行政处罚委员会编：《证券期货行政处罚案例解析》（第2辑），法律出版社2019年版，第222页。

核查和验证，可以采用面谈、书面审查、实地调查、查询和函证、计算、复核等方法。"进一步而言，律师对于不同的法律事项应采取前述的哪些手段，这就涉及手段采用的合理性、必要性与重要性问题，对应的是律师事务所的履职程度。就此，《监管规则适用指引——法律类第2号：律师事务所从事首次公开发行股票并上市法律业务执业细则》与《律师从事证券法律业务尽职调查操作指引》对于载明事项的核查手段要求相对详尽，但实际上法律制度的预设亦无法涵盖所有情形，对于在其他场景下如何履职还应在充分、审慎与履职成本之间寻找平衡，这对司法实践提出了更高要求。

（三）实务认定

相比证券公司与会计师事务所，投资者以律师事务所为被告提起的证券虚假陈述诉讼相对较少。其中，相当一部分还是《虚假陈述若干规定》取消前置程序以后投资者将全部中介机构列为被告的案件，目前仍在审理中。本书暂就已公开的针对法律服务机构的履职问题有所说理的典型案件作简要介绍。

1. "时空客案"

2020年8月18日，辽宁省大连市中级人民法院对新三板虚假陈述案件"时空客案"作出一审判决。[1] 在该案中，发行人因未披露关联交易而受到行政处罚，法院判令其承担赔偿责任。不过，基于关联资金交易具有隐蔽性，在有限的核查手段下，关联方信息的披露主要依赖于发行人及实际控制人的主动披露，法院认为律师事务所并无过错，无须承担赔偿责任。

2. "中安科案"

2021年5月18日，上海市高级人民法院对上市公司重大资产重组引发的虚假陈述案件"中安科案"作出二审判决，[2] 驳回了原告对华商律师事务所的诉请。该案经最高人民法院再审认可。[3]

"中安科案"涉及的虚假陈述行为包括两项：第一，中安科公司在2014年6月11日公告的重大资产重组文件中虚增置入资产评估值，即标的公司将"班班通"项目计入2014年年度《盈利预测报告》，但标的公司因未中标，实际难以履行"班班通"项目《框架协议》而不能实现预测收益，进而影响资产重组的盈利预测。第二，虚增2013年营业收入，既包括标的公司将"智慧石拐"项目在不符合收入确认条件下计入收入，导致营业收入虚增5000万元，也包括标的公司在4个"BT"项目确认的营业收入有误，虚增营业收入515万元。

华商律师事务所抗辩称，"对置入资产的评估值及其营业收入的审计均不是被告华商

---

[1] 参见辽宁省大连市中级人民法院民事判决书，(2019) 辽02民初1795号。
[2] 参见上海市高级人民法院民事判决书，(2020) 沪民终666号。
[3] 参见最高人民法院民事裁定书，(2021) 最高法民申6708号。

律师事务所发表法律意见的范畴。证监会所认定的被告中安科公司的违法事项与被告华商律师事务所无关"。

一审判决认为，"华商律师事务所虽对涉案重大资产重组作出了定价公允的结论，但该结论是基于评估机构对相关资产定价的评估确定，华商律师事务所并非专业的审计或评估机构，其仅是从合法性、合规性角度对该定价予以评价，故要求华商律师事务所对专业机构评定的资产价值的准确性、真实性、完整性负责，于理无据"。二审判决对该等判断予以认可。

3. "五洋债案"

2021年9月22日，浙江省高级人民法院对五洋建设公司债券虚假陈述案件"五洋债案"作出二审判决，[1] 最高人民法院驳回了各方的再审申请，[2] 该案也是目前可供公开检索的律师事务所承担虚假陈述赔偿责任的唯一一例生效判决。锦天城律所上诉主张，"房产出售交易是否会影响五洋建设公司的净资产和偿债能力，买卖合同的交易定价条款及评估入账价值是否合理等商业、财务事项超出律师事务所专业领域，不属律师事务所的特别注意事项及专业核查范围"。二审法院认为，"在大公评估公司《2015年公司债券信用评级报告》已提示五洋建设公司控股子公司出售投资性房产事项的情况下，锦天城律所对发行人前述重大资产的处置事项未进行必要的关注核查，未能发现相关资产处置给偿债能力带来的法律风险，存在过错"。据此，法院判决锦天城律所就发行人责任范围的5%承担连带赔偿责任。

锦天城律所向最高人民法院申请再审的理由包括"五洋建设公司出售投资性房产事项给发行人带来的风险不属于律所工作范围"。最高人民法院认为："原审认定锦天城律所出具《法律意见书》却未能发现占比较高的重大资产减少的情况给偿债能力带来的法律风险，未勤勉尽职，存在过错，并无不当。"

4. "莒鸿润债案"

2021年1月15日，山东省高级人民法院对中小企业私募债虚假陈述案件"莒鸿润债案"作出二审判决。[3] 2022年12月12日，最高人民法院作出（2022）最高法民再235号民事裁定书，以基本事实不清为由，将该案发回山东省济南市中级人民法院重审。从再审裁定书载明的基本事实问题来看，案件事实与律师事务所是否勤勉履职没有直接关系，因此"莒鸿润债案"二审判决关于律师事务所对债券担保的核查是否勤勉尽责的论述仍可在一定程度上参考。

二审判决认为："《律师事务所从事证券法律业务管理办法》（2007年版——笔者注）

---

[1] 参见浙江省高级人民法院民事判决书，（2020）浙民终515号。
[2] 参见最高人民法院民事裁定书，（2022）最高法民申367号。
[3] 参见山东省高级人民法院民事判决书，（2020）鲁民终2712号。

第 12 条规定，律师进行核查和验证，可以采用面谈、书面审查、实地调查、查询和函证、计算复核等方法，但未明确该类核查和验证必须采用面签形式。山东舜翔律师事务所一审提交的证据能够证明其通过现场核查和函证的方式对相关文件进行了核查和验证，应认为其已经尽到勤勉尽责义务，对本案中天国富证券公司的损失不存在过错。"该观点实际涉及前文论及的履职标准（履职程度）问题，即律师对于不同的法律事项应采取法规列明的哪些手段。监管规定没有直接明确律师对担保文件的核查必须采用面谈或面签形式，从履职手段的合理性、必要性与重要性来看，是否有必要采用呢？二审判决的观点是无须采用。但从裁判的确定性来说，该问题仍未建立起一套可经理性检验，可供有效讨论的判断尺度，这仍是未来实践的重大争议所在。

5. "大连机床案"

与"莒鸿润债案"的相关认定类似，北京金融法院 1 号案"大连机床案"涉及银行间债券的虚假陈述问题，已作出一审判决。

法院认为，"律所对于信用增进情况出具法律意见的主要责任在于确认债务融资工具是否获得合法有效的信用增进，应收账款债权的真实性因而应当为其至为重要的关注信息。但在庭审中，根据知本律所的举证和自认，均显示其核查范围未包含核实购销合同的履行情况，其也未核实应收账款真实性，未对《募集说明书》中披露的应收账款是否为实际已存在债权给予充分关注……律所在决定债券偿债能力的重大增信措施的核实方面存在过错"[1]。

四、其他证券服务机构的核心抗辩与实务认定（评级机构等）

虽然根据《证券法》第 163 条的规定，为证券的发行、上市、交易等证券业务活动制作、出具审计报告及其他鉴证报告、资产评估报告、财务顾问报告、资信评级报告或者法律意见书等文件的证券服务机构，均有可能成为证券虚假陈述责任纠纷的连带赔偿责任承担主体，但是在实践中，与发行人一起成为共同被告的主体主要还是会计师事务所及律师事务所这两类，在可检索的生效判决中除"五洋债案"中大公国际资信评估有限公司被判决在 10% 范围内承担连带赔偿责任外，尚未检索到其他证券服务机构被追究责任的案例。

不同于证券公司、会计师和律师，前述 3 类中介机构出具的文件往往是证券发行过程中的必备文件，而评估或评级机构等机构出具的文件可能并非监管要求的发行必备文件[2]。这

---

[1] 北京金融法院民事判决书，(2021) 京 74 民初 1 号。
[2] 2021 年 1 月 29 日银行间交易商协会《关于发布〈非金融企业债务融资工具公开发行注册文件表格体系（2020 版）〉有关事项的补充通知》明确债务融资工具注册环节取消信用评级报告的要件要求，即在超短期融资券、短期融资券、中期票据等产品注册环节，企业可不提供信用评级报告。2021 年 2 月，证监会发布的《公司债券发行与交易管理办法》取消公开发行公司债券信用评级的强制性规定。2021 年 3 月 26 日，银行间交易商协会发布《关于实施债务融资工具取消强制评级有关安排的通知》，称"一、申报环节，不强制要求企业提供债务融资工具信用评级报告及跟踪评级安排作为申报材料要件。……二、发行环节，取消债项评级报告强制披露要求，保留企业主体评级报告披露要求"。

意味着推定交易因果关系或损失因果关系的前提并不充分或者根本不成立。此外，从资信评级的含义来看，"资信评级也称信用评级，是指由独立的第三方信用评级机构对影响评级对象的诸多信用风险因素进行分析研究，就其信用能力（主要是偿债能力和偿债意愿）进行综合评价，并用简单明了的符号表示出来。资信评级的根本目的是揭示受评对象违约风险的大小，而不是其他类型的投资风险，如利率风险、通货膨胀风险等，同时其评价的是经济主体按合同约定如期履行特定债务或其他经济义务的能力和意愿，而不是企业的价值和经营业绩"[1]。对于评级机构而言，尤其是对于债券项目中的评级机构而言，这种综合性的评价是预测性的，资信评级报告从行业性质而言，只是对被评级对象信用风险水平的一种预测意见和评论。"信用评级机构的违法行为，体现为其公布虚假的评级结果。然而，评级机构只能根据现有资料，对被评级对象在未来的偿债能力意愿做一个预测，而对于其他不确定风险，评级机构很难把握。因此，评级失准与虚假评级存在质的区别"[2]。

---

[1] 程淑娟编著：《证券法》，武汉大学出版社2010年版，第179页。
[2] 罗培新：《后金融危机时代信用评级机构法律责任之完善》，载《法学杂志》2009年第7期。

第三节

发行人有关责任人员的核心抗辩与实务认定

一、董事、监事及高级管理人员的核心抗辩与实务认定

(一) 董事、监事及高级管理人员的核心抗辩

在原《虚假陈述若干规定》制定后的相当一段时间内，很少有投资者对发行人的董事、监事及高级管理人员等提起诉讼。近年来，随着司法实践的深入，越来越多的投资者选择将该等人员列为共同被告，要求其承担连带赔偿责任。因此，在《虚假陈述若干规定》发布前，各地法院已作出相关判决对董监高责任进行认定，积累了较为丰富的审判经验，但裁判观点存在分歧。在部分案件中，法院认定发行人有关责任人员存在过错，需承担赔偿责任，例如"中毅达案"。但也有部分法院在案件中认定相关责任人员不存在过错，无须承担赔偿责任，例如"保千里案"。

《虚假陈述若干规定》吸收了各地法院的司法经验，就董事、监事、高级管理人员的过错问题，在第14条第1款规定："发行人的董事、监事、高级管理人员和其他直接责任人员主张对虚假陈述没有过错的，人民法院应当根据其工作岗位和职责、在信息披露资料的形成和发布等活动中所起的作用、取得和了解相关信息的渠道、为核验相关信息所采取的措施等实际情况进行审查认定。"据此，董监高在虚假陈述案中的核心抗辩要点一般包括：第一，相关主体的工作岗位和职责不涉及虚假陈述信息的披露；第二，相关主体实际未参与信息披露资料的形成与发布，或发挥的作用极小；第三，相关主体取得和了解信息的渠道是否权威，是否可以形成合理信赖；第四，相关主体已对相关信息采取充分、合理的核验措施。此外，第14条第2款还补充规定，相关主体提出前述抗辩时，必须提供勤勉尽责的相应证据，而不能仅以"不从事日常经营管理、无相关职业背景和专业知识、相信发行人或者管理层提供的资料、相信证券服务机构出具的专业意见"等理由进行概括抗辩。

（二）实务认定

因《虚假陈述若干规定》实施时间较短，目前尚未检索到董监高承担责任的生效案例。下文将就《虚假陈述若干规定》实施前的部分代表性案例进行简要介绍：

1. "中毅达案"

2020年12月15日，上海市高级人民法院就"中毅达案"作出二审判决，维持了上海金融法院的一审判决，即认定上市公司代董事长、副董事长、总经理任某、前董事长吴某、董事陈某、监事秦某等存在过错，并判决各责任主体对投资损失承担连带赔偿责任。[1]

在该案中，前述各被告均结合自身的职责情况、虚假陈述信息的具体情况以及注意义务的履行情况，提出了不存在过错的抗辩。其中，虚假陈述的决策者任某提出其将未完工工程收入计入三季度财务报表的目的为"做大公司三季度财务报表数据，给公司、投资者谋福利"，并认为"虽然方法上不合法，但主观上并无恶意，不应当被苛以严责"。虚假陈述的执行者林某则抗辩称，其仅为中毅达公司的高管，不知悉中毅达公司子公司业务，没有能力对中毅达财务报表的真假进行核实，因而不存在过错。对此，上海金融法院一审认为，生效刑事判决书已认定中毅达公司所涉虚增营业收入、利润行为系由任某决策，林某等人具体实施。任某、林某直接策划或实施案涉财务造假行为，过错明显。

未参与实施虚假陈述的董事陈某则抗辩称对财务造假事项不知情，且已多次向媒体反映中毅达及其子公司的管理混乱情况，想积极履职但却无法正常履职。监事秦某则主张，已在自身职业范围、能力范围内对公司的财务状况进行了形式审查，已尽到全部审慎、注意义务，既未参与财务造假行为，也未从财务造假中获利，不应被追责。对此，上海金融法院一审认为，即便两人未参与虚假陈述，但负有"保证上市公司所披露的信息真实、准确、完整的法定义务"。因董事、监事承担民事赔偿责任的归责原则为过错推定原则，陈某与秦某应自行举证已勤勉尽责地履行了对信息披露真实性的核查和监督义务。而中毅达三季度营业收入相较于此前有较为明显的增长，作为持续关注公司经营的董事、监事，应对财务报表中的业务增长保持合理注意，并通过询问、调查等方式进一步核实信息披露文件中的异常之处，从而发现信息披露违法行为并阻止其发生。但陈某、秦某并未举证证明其已尽到勤勉尽责义务。

前董事长吴某则主张其在虚假陈述发生前已离职，且未参与任何财务造假活动，对虚假陈述情况不知情。对此，上海金融法院认为，虽然吴某于2015年10月26日辞去了公司董事、董事长的职务，故未参与2015年10月27日的董事会，但在涉及财务数据造假的

---

[1] 参见上海市高级人民法院民事判决书，（2020）沪民终550号。

2015年第三季度，吴某一直担任中毅达公司的董事长，且中毅达公司发表2015年三季度报时，吴某仍为公司工商登记的法定代表人。在此情况下，吴某在中毅达公司涉虚假陈述的"资产负债表""利润表""现金流量表"等材料上签字时，仍应负有勤勉及谨慎注意义务。而吴某却仍作为公司负责人在中毅达公司2015年第三季度报表中承诺保证报表的真实、准确、完整。基于吴某的特殊身份，上海金融法院一审认为投资者有理由对其承诺产生信赖，其亦应对违反承诺的行为承担相应的侵权责任。

2. "保千里案"

2019年1月15日，广东省深圳市中级人民法院作出判决，认定上市公司中达股份时任董监高童某等人已履行应尽的工作职责，进而认为童某等人对于中达股份与保千里在重整过程中披露虚假信息的行为不存在过错，最终未支持原告要求童某等人承担连带赔偿责任的诉讼请求。[1]

在该案中，童某等董监高提出的主要抗辩理由包括：首先，证监会的处罚决定并未认定童某等董事、监事、高级管理人员在信息披露过程中未勤勉尽责，存在过错，且在证监会进行处罚时并不要求考虑董事、监事、高级管理人员的过错情况，因此不能证明董事、监事、高级管理人员存在过错。其次，案涉虚假陈述是交易对方造成的，与上市公司中达股份时任董事无关。再次，在已委托专业评估机构的情况下，董事仅需对评估机构独立性、评估假设前提的合理性、评估方法与评估目的的相关性以及评估定价的公允性等问题进行审查，而非对评估机构工作底稿中的基础文件进行逐项核查。最后，中达股份董事、监事、高级管理人员已委托专业评估机构进行评估，并多次往返江阴、深圳积极督查各中介机构依法展开工作。即便童某等董事、监事、高级管理人员客观上未发现评估报告存在虚假，但其已尽到对公司的勤勉尽责义务。

对此，法院首先基于行政处罚与虚假陈述民事赔偿责任所保护的法律利益不同，认可了童某等提出的"不以行政处罚认定存在民事诉讼层面过错"的抗辩。其次，法院认为在判断董事、监事、高级管理人员和其他人员是否履行了忠实、勤勉义务时，需区分信息来源的不同。对于来自第三方的外部信息，应着重从程序层面考量董监高的职责履行情况。再次，法院认可了童某在专业评估机构出具意见的情况下，仅需对评估合理性等事项进行核查而非对底稿文件真实性进行一一核查的抗辩。最后，法院还结合虚假陈述信息的隐蔽性，以及董事长童某及公司财务负责人王某频繁来往江阴、深圳的情况，最终认定童某等对虚假陈述侵权行为不具有过错。

---

[1] 参见广东省广州市中级人民法院民事判决书，（2018）粤03民初2493号。

二、独立董事及外部监事、职工监事的核心抗辩与实务认定

（一）独立董事及外部监事、职工监事的核心抗辩

独立董事及外部监事、职工监事与一般董事、监事的主要区别在于，独立董事及外部监事、职工监事一般不直接参与公司的运营管理。其中，以独立董事和内部董事的区别最为明显：一方面，独立董事不参与公司的日常经营，具有独立性；另一方面，独立董事一般更关注内幕董事决策事项是否影响公司运营的合规性，对公司造成不利影响后果的可能性，能否防范内部人利益输送以及保护中小股东权益等。但原《虚假陈述若干规定》第21条在规定董事对虚假陈述造成的投资者损失需承担连带赔偿责任时，并未区分内部董事和独立董事。

2022年颁布的《虚假陈述若干规定》则基于独立董事的职责特性，在坚持过错推定规则的情况下，新增第16条第1款对独立董事不存在过错的抗辩事由的规定，主要包括：第一，独立董事在签署相关信息披露文件之前，对不属于自身专业领域的相关具体问题，借助会计、法律等专门职业的帮助仍然未能发现问题的；第二，在揭露日或更正日之前，发现虚假陈述后及时向发行人提出异议并监督整改或者向证券交易场所、监管部门书面报告的；第三，在独立意见中对虚假陈述事项发表保留意见、反对意见或者无法表示意见并说明具体理由的，但在审议、审核相关文件时投赞成票的除外；第四，因发行人拒绝、阻碍其履行职责，无法对相关信息披露文件是否存在虚假陈述作出判断，并及时向证券交易场所、监管部门书面报告的；第五，能够证明勤勉尽责的其他情形。

同时，《虚假陈述若干规定》第16条第2款还规定，法院在独立董事提交证据证明其在履职期间能够按照法律、监管部门制定的规章和规范性文件以及公司章程的要求履行职责，或者在虚假陈述被揭露后及时督促发行人整改且效果较为明显的情况下，可以综合案件事实综合判断独立董事的过错情况。从文意层面来看，独立董事无法直接援引该条规定主张不存在过错，但仍具有争取减轻过错程度的空间。

外部监事、职工监事可参照适用前述各项抗辩理由。

（二）实务认定

此前投资者提起证券虚假陈述诉讼往往聚焦于上市公司，而较少聚焦于董事、高管、监事等自然人主体，更少见直接起诉独立董事、外部监事、职工监事的案例。在《虚假陈述若干规定》出台前，较为典型的案例包括"海润光伏案""康美药业"等。其中，"康美药业案"因法院判决独立董事承担5%~10%的连带赔偿责任而受到市场的广泛关注，引发对独立董事等主体赔偿责任的思考。下文将简要就相关典型案例进行具体介绍：

1. "海润光伏案"

2018年6月27日，江苏省南京市中级人民法院就"海润光伏案"作出一审判决，认定独立董事金某、洪某、徐某对虚假陈述行为具有轻微过失，并酌定由金某等对原告因海

润光伏公司虚假陈述遭受的损失在10%的范围内承担补充赔偿责任。[1]

案涉虚假陈述行为为海润光伏在2015年1月23日发布《分配预告》称"基于公司未来发展需要并结合2014年实际经营状况……在符合利润分配原则,保证正常经营和长远发展的前提下……以资本公积向全体股东每10股转增20股……董事会一致认为上述利润分配预案充分考虑了对广大投资者的合理投资回报,与公司实际情况相匹配,符合公司发展规划……具有合法性、合规性、合理性。公司9名董事均签署了书面确认文件,并承诺在董事会审议上述议案时投赞成票"。但在2015年1月31日,海润光伏董事会又发布《2014年年度业绩预亏公告》,称"经财务部门初步测算,预计2014年年度实现归属于上市公司股东的净利润为人民币－8亿元左右",与此前《分配预告》公布的"利润分配方案与公司实际情况相匹配"的口径存在差异。基于此,投资者起诉包括独立董事金某在内的各被告,主张独立董事金某等承担其投资损失。

对此,独立董事提出的过错层面抗辩理由主要包括:第一,法律并未规定公司在亏损的情况下不可以用资本公积转增股本。独立董事在上市公司就转增提案征求意见时,已询问公司业绩情况,并了解到公司当时资本公积金余额大概是44亿元,资本公积金的形成内部符合转增股本的条件。因此,独立董事无理由反对转增提案。第二,独立董事已应上交所要求在2015年2月2日针对公司利润分配及业绩预亏事项出具了独立意见,并在意见中提及议案符合股东利益,也不存在与《上海证券交易所股票上市规则》及《公司章程》相违背的情况。第三,概括主张独立董事已充分履行了作为独立董事勤勉尽责的义务,其亦未被相关行政监督监管机构实施行政处罚。

首先,法院认为上交所、江苏证监局已认定独立董事未勤勉履行职责,且独立董事也未提供独立董事工作笔录证明已勤勉履责。因此,金某等独立董事应对海润光伏虚假陈述给投资者造成的损失承担赔偿责任。其次,在对独立董事责任承担方式和数额进行具体厘定时,法院认为2005年《证券法》第69条规定的上市公司董事对上市公司的虚假陈述侵权行为承担连带赔偿责任,适用范围是董事对上市公司虚假陈述存在主观故意的场合,而在该案中并无证据证明独立董事存在虚假陈述的故意,进而认为应以其过失大小情况确定对投资者承担多少补充赔偿责任。在综合考虑独立董事不参与公司日常经营,仅通过参与董事会讨论决定各项决议来履行职务等的情况下,法院认为金某等仅具有轻微过失,并最终综合考量身份角色、知情程度和主观态度、职责相关性、专业知识背景等因素,酌定金某等3人对唐某的损失承担10%的补充赔偿责任。

2. "康美药业案"

2021年11月12日,广东省广州市中级人民法院对股票虚假陈述案"康美药业案"作

---

[1] 参见江苏省南京市中级人民法院,(2016)苏01民初539号。

出判决，最终认定独立董事在5%～10%的比例范围内与康美药业承担连带赔偿责任。[1]该判决系法院首次判决独立董事在证券虚假陈述责任纠纷案中承担有限连带责任，一时引发各界的高度关注。

该案所涉虚假陈述事项为康美药业在2016年年度报告、2017年年度报告、2018年年度报告中存在财务造假。在该案中，独立董事关于过错的抗辩理由主要为：第一，其作为独立董事在履职期间认真审阅公司报告，依据个人专业独立形成并明确表达意见。虽然客观上未能识别和发现在康美药业案涉年度报告中存在虚假，但已尽到勤勉尽责义务和对上市公司投资者权利合理关注的审慎注意义务。第二，被证监会行政处罚并不等同于具有证券虚假陈述民事侵权赔偿责任上的过错。对于康美药业各类违法行为事前、事后均不知情，更未从中获益。第三，结合独立董事的职能及该案的实际情况，不应承担连带赔偿责任。

法院对独立董事责任的论述相对较为简单："……江某、李某、张某为兼职的独立董事，不参与康美药业日常经营管理，过失相对较小，本院酌情判令其在投资者损失的10%范围内承担连带赔偿责任；郭某等为兼职的独立董事，过失相对较小，且仅在《2018年半年度报告》中签字，本院酌情判令其在投资者损失的5%范围内承担连带赔偿责任。"

---

[1] 参见广东省广州市中级人民法院民事判决书，(2020) 粤01民初2171号。

实务风险提示

证券虚假陈述责任纠纷案件中的过错要件主要落脚于不同责任主体的职责履行情况。本章节在充分讨论中介机构、相关责任人员的职责配置与实务抗辩要点的基础上,对相关主体在职责履行与应诉中存在的实务风险进行提示。

一、中介机构的履职风险

如本章分析,现有法律法规对于中介机构的职责范围、履职程度等规定并不十分明确,在特定情形下难以对中介机构提供准确指引。由此,中介机构在履职过程中往往会面临履职范围、程度等各方面的困惑。

第一,履职范围与履职程度把控不当的风险。

从履职范围层面来看,各中介机构的履职范围边界并不清晰,在多数情况下甚至存在交叉的可能。在"五洋债案"中,尽管锦天城律所已抗辩案涉虚假陈述不属于律师专业领域,但法院仍倾向于将重大资产处置事宜涉及的有关虚假陈述事项,解释为律师事务所的专业领域。该等解释倾向实际为律师事务所厘定其履职范围带来了极大挑战。

从履职风险角度来看,所谓尽职调查并形成"内心确信"并无明确的标准规定,尤其在个案中存在较大的差异。在目前司法实践中,部分法院倾向于以法律法规、行政法规、部门规章和行业执业规范等作为衡量中介机构是否已勤勉尽责的重要依据,如上海市高级人民法院审理的"中安科案"[1]。证监会在《对十三届全国人大第四次会议第3755号建议的答复》中也明确强调,在判定审计责任时需以《中国注册会计师执业准则》等执业规则为基准。但值得关注的是,除前述规范外,部分法院在厘定中介机构的过错情况时,甚至还会考虑中介机构内部控制制度情况。即便中介机构的相关核查工作已满足前述各项规范的要求,但如未满足内部控制制度要求,仍可能被法院认定为未能勤勉尽责。在"富贵鸟债案"[2]中,虽然会计师事务所向各家银行发送的短版询证函已满足各项外部规定的要求,但由于其出于自身谨慎执业的考虑而再次向各家银行发送的长版询证函未得到回复,法院即认为会计师事务所未履行进一步核查责任,存在过错。因此,本书仍建议中介机构应严格遵循服务提供时有效的法律法规、监管规定、自律监管规定、执业准则以及内部控制制度的相关规定执行核查工作,并且需在工作中发现不符点时进一步进行深入核查,以最大努力达到勤勉尽责

---

[1] 上海市高级人民法院民事判决书,(2020)沪民终666号。
[2] 北京市第二中级人民法院民事判决书,(2020)京02民初356号。

的履职标准。

第二，对专业意见过度信赖的风险。《虚假陈述若干规定》第17条第1款第3项规定保荐机构、承销机构可以合理信赖信息披露文件中中介机构出具的专业意见的重要内容。《债券座谈会纪要》根据专业领域的范围，主张区分一般注意义务与特别注意义务。但即便是一般注意义务也需采取一定的核查手段，合理信赖也需建立在保荐机构、承销机构已经过审慎核查和必要的调查，符合且有合理理由排除职业怀疑的基础上。而在实践中，部分中介机构对其他专业意见有过度依赖的情况，尤其是对于财务数据的核查，更多还是直接参照审计报告数据，而未做更多的补充核查。该等情形可能将导致未来面临更高的追责风险。

二、董事、监事、高级管理人员及相关人员的履职风险

近年来，董事、监事、高级管理人员已在多起证券虚假陈述责任纠纷案件中被追责。"康美药业案"更是引发了上市公司独立董事的辞职潮。然而，在司法实践中，法院并未就如何判断董事、监事、高级管理人员及相关人员的责任形成稳定的裁判规则，也为董事、监事、高级管理人员和相关人员的履职带来了一定的风险，主要包括以下内容：

第一，未厘清自身职责范围的风险。在多个诉讼案件中，法院倾向于结合董事、监事、高级管理人员及相关人员的身份、职责、任职时间入手，判断董监高及相关人员是否已履行职责范围内的勤勉注意义务。在"中毅达案"[1]中，尽管吴某已于2015年10月26日辞去中毅达董事长职务，但上海市高级人民法院仍基于涉及财务造假的2015年第三季度，吴某仍担任中毅达的董事长和法定代表人，强调吴某负有勤勉尽责的注意义务以及其保证将更容易导致投资者产生信赖，进而认定其应承担相应赔偿责任。因此，董事、监事、高级管理人员及相关人员在履职过程中应对自身的职责范围、职责属性以及职责时间保持清晰的认识，避免因认识不到位而面临未能勤勉尽责的风险。此外，对于并非职责范围内但影响巨大的虚假陈述行为，董监高在履职过程中也应保持谨慎和关注。在"康美药业案"中，部分董事、监事、高级管理人员虽然并非直接分管康美药业的财务工作，但广州市中级人民法院仍然基于财务造假持续时间长，涉及会计科目众多，金额巨大，相关主体不可能完全不发现端倪为由，认定非分管财务的董监高需承担相应赔偿责任。

第二，未妥善遵循履职程序的风险。董事、监事、高级管理人员与相关工作人员的履职有法律法规与公司内部规定。尤其对于他人提供的第三方信息，深圳市中级人

---

[1] 上海市高级人民法院民事判决书，(2020)沪民终550号。

民法院在"保千里案"[1]中即指出,需从程序方面考察董事、监事、高级管理人员及直接责任人员的忠实、勤勉义务的履行。因此,董事、监事、高级管理人员及相关人员如在履职过程中未能妥善遵循相关履职程序,包括遵循特定的核验、审批流程等,或将引发相应的责任承担风险。

三、过错推定原则下的应诉风险

在证券虚假陈述侵权案件中,提交履职中留存的工作文件是中介机构与相关责任主体自证不存在过错的重要方式。但各责任主体在应诉时常常面临是否提交工作文件,如何提交工作文件等难题。基于此,本书结合司法实践情况,重点提示如下应诉风险:

第一,工作文件不完整难以举证的风险。《虚假陈述若干规定》第17条至第19条确定了对各中介机构的过错推定原则,即各中介机构需自行举证证明不存在过错。但在业务实践中,部分中介机构在提供中介时尚未建立完备的档案管理制度,甚至存在未留存或遗失重要底稿文件、内部审核文件或申请文件等情况。董监高与其他工作人员也存在工作留痕意识差导致的难以在诉讼中举证证明勤勉履职过程的风险。

第二,举证不到位而难以自证不存在过错的风险。由于中介工作量巨大、材料复杂,中介机构在诉讼中不可能将其全部作为证据提交,必将有所取舍。但中介机构如工作底稿提交不到位,也将面临法院质疑未勤勉尽责的风险。因此,各中介机构应结合本章节对其职责配置梳理情况,在提供中介时有效的监管规定、自律规定所规定的履职范围内,逐项提交具有必要性和相关性的工作底稿文件。

---

[1] 广东省深圳市中级人民法院民事判决书,(2018)粤03民初561、566、567号。

第七章

不同主体的责任分担

第一节 基本理论与实践现状

一、基本理论

证券发行与交易是多方主体共同参与的民事行为，证券虚假陈述责任纠纷案件属于数人侵权案件。虽然原《虚假陈述若干规定》已经明确将控股股东、实际控制人、董事、监事、高级管理人员及中介机构认定为虚假陈述行为人，这些人员存在作为被告的可能性。但是由于存在前置程序等原因，很长一段时间以来，证券虚假陈述责任纠纷案件多以投资者起诉被行政处罚的发行人为主，较少涉及其他主体。随着2019年《证券法》的施行，投资者保护力度的不断加大，前置程序的逐步取消，证券虚假陈述责任纠纷涉及的当事人越来越多，从已被行政处罚的发行人为主，延展到发行人的控股股东、实际控制人、董事、监事、高级管理人员、中介机构、重大资产重组的交易对方等所有参与方。随着《虚假陈述若干规定》的发布，发行人的客户、供应商，为发行人提供服务的金融机构等也有可能被涉及。因此，在证券虚假陈述责任纠纷中不同主体的责任分担问题成为理论和实践关注的焦点问题。

在我国的《民法典》体系下，出现数人侵权的情形，根据不同的过错和情况，相关当事人可能承担按份责任、连带责任和补充责任。其中，按份责任是指由数人按照法律规定或合同约定各自承担特定份额的责任；连带责任是指由于违反连带债务或共同侵权行为而产生的相关责任人各负全部给付的责任；补充责任是指在主责任人的财产不足给付时，补充责任人对不足部分予以补充的责任。

（一）按份责任理论

《民法典》关于数人侵权按份责任的规定主要为第1172条："二人以上分别实施侵权行为造成同一损害，能够确定责任大小的，各自承担相应的责任；难以确定责任大小的，平均承担责任。"[1] 最高人民法院《关于审理人身损害赔偿案件适用法律若干问题的解释》(2003年)第3条第2款进一步细化解释了按份责任:"二人以上没有共同故意或者共同过失,但其分别实施的数个行为间接结合发生同一损害后果的,应当根据过失大小或者原因力比例各自承担相应的赔偿责任。"可见,按份责任是无意思联络分别侵权所产生的责任形态,强调的是"没有共同故意或共同过失""分别实施""间接结合"发生"同一损害后果"。此外,根据《民法典》第1171条[2]的规定,在无意思联络分别侵权的情况下,行为人未必都会被认定为承担按份责任;在每个行为人都足以造成全部损失的情形下,行为人会被认定为承担连带责任。

环境侵权是承担按份责任的典型适用场景,主要规定在《民法典》第1231条[3]。《环境侵权责任纠纷司法解释》第3条第2款对其进行了具体细化解释:"两个以上侵权人分别实施污染环境、破坏生态行为造成同一损害,每一个侵权人的污染环境、破坏生态行为都不足以造成全部损害,被侵权人根据民法典第一千一百七十二条规定请求侵权人承担责任的,人民法院应予支持。"

从证券虚假陈述侵权行为进行分析,实施该等行为的当事人在一定程度上可能承担按份责任:发行人、中介机构等并非基于共同故意或共同过失,而是分别实施相关侵权行为,每一方的侵权行为不足以造成全部损失,相关行为间接结合并导致同一损害后果。虽然在上述情形下,相关当事人符合承担按份责任的要件,但无论是《证券法》等法律法规,还是《虚假陈述若干规定》等司法解释,都未对按份责任进行规定,在司法实践中亦从未有过承担按份责任的案例。

目前我国尚无证券虚假陈述纠纷相关当事人承担按份责任的案例,介绍国外案例以供参考。比如,在1994年"丹佛中央银行案"中,美国联邦最高法院否定了中介机构的"协助、教唆"责任,否定了原告关于中介机构须对发行人的信息披露瑕疵承担连带责任的诉请。美国《1995年私人证券诉讼改革法》为了抑制美国证券集团诉讼的负面作用,保护美国的中介机构(尤其是会计师),对美国《1934年证券交易法》进行了修改,特意将此前虚假陈述的连带责任的适用情形限缩在被告明知而违反证券法的场合;如果不能确定被告是否明知而违反证券法,则仅按其过错比例判决其承担责任。[4]

---

[1] 在司法实践中《民法典》第1172条项下的情形实际上不局限于按份责任,可能会包含按份责任、补充责任以及现阶段在证券虚假陈述责任纠纷领域常见的比例连带责任等。具体分析详见本章第二节。
[2] 参见《民法典》第1171条规定:"二人以上分别实施侵权行为造成同一损害,每个人的侵权行为都足以造成全部损害的,行为人承担连带责任。"
[3] 参见《民法典》第1231条规定:"两个以上侵权人污染环境、破坏生态的,承担责任的大小,根据污染物的种类、浓度、排放量,破坏生态的方式、范围、程度,以及行为对损害后果所起的作用等因素确定。"
[4] 参见邢会强:《证券中介机构法律责任配置》,载《中国社会科学》2022年第5期。

(二) 连带责任理论

《民法典》关于数人侵权连带责任的主要规定是第1168条到第1171条,其中第1168条[1]是关于共同侵权的连带责任规定,第1169条[2]是关于教唆、帮助侵权的连带责任规定,第1170条[3]是关于无法确定侵权人的连带责任规定,第1171条是关于无意思联络的连带责任规定。

《证券法》采用了《民法典》第1168条"共同侵权"连带责任理论,认为发行人的控股股东、实际控制人、董事、监事、高级管理人员和其他直接责任人员,保荐人,承销的证券公司及其直接责任人员以及证券服务机构与发行人共同实施侵权行为,构成共同侵权,应该承担连带责任。

根据《证券法》第85条[4]和第163条[5]的规定,在证券虚假陈述责任纠纷案件中,发行人的控股股东、实际控制人、董事、监事、高级管理人员和其他直接责任人员,保荐人,承销的证券公司及其直接责任人员以及证券服务机构,无法证明自己没有过错的,应当与发行人承担连带责任。但《证券法》并未规定该连带责任可以按比例来承担。在这种情况下,可能出现相关当事人仅有微小过错,但是承担全部责任的情况,在一定程度上助长了过错责任演变为保证责任的趋势,[6]不利于资本市场健康有序地发展。在司法实践中,人民法院也关注到了这个问题,创造性地采用比例连带责任方式来对《证券法》的相关规定进行调整,下文将就比例连带责任进行详细阐述,此处不赘述。

(三) 补充责任理论

《民法典》关于数人侵权补充责任的主要规定是第1198条[7]关于经营者、管理者、

---

[1] 参见《民法典》第1168条规定:"二人以上共同实施侵权行为,造成他人损害的,应当承担连带责任。"

[2] 参见《民法典》第1169条第1款规定:"教唆、帮助他人实施侵权行为的,应当与行为人承担连带责任。"

[3] 《民法典》第1170条规定:"二人以上实施危及他人人身、财产安全的行为,其中一人或者数人的行为造成他人损害,能够确定具体侵权人的,由侵权人承担责任;不能确定具体侵权人的,行为人承担连带责任。"

[4] 《证券法》第85条规定:"信息披露义务人未按照规定披露信息,或者公告的证券发行文件、定期报告、临时报告及其他信息披露资料存在虚假记载、误导性陈述或者重大遗漏,致使投资者在证券交易中遭受损失的,信息披露义务人应当承担赔偿责任;发行人的控股股东、实际控制人、董事、监事、高级管理人员和其他直接责任人员以及保荐人、承销的证券公司及其直接责任人员,应当与发行人承担连带赔偿责任,但是能够证明自己没有过错的除外。"

[5] 《证券法》第163条规定:"证券服务机构为证券的发行、上市、交易等证券业务活动制作、出具审计报告及其他鉴证报告、资产评估报告、财务顾问报告、资信评级报告或者法律意见书等文件,应当勤勉尽责,对所依据的文件资料内容的真实性、准确性、完整性进行核查和验证。其制作、出具的文件有虚假记载、误导性陈述或者重大遗漏,给他人造成损失的,应当与委托人承担连带赔偿责任,但是能够证明自己没有过错的除外。"

[6] 参见邢会强:《证券中介机构法律责任配置》,载《中国社会科学》2022年第5期。

[7] 参见《民法典》第1198条规定:"宾馆、商场、银行、车站、机场、体育场馆、娱乐场所等经营场所、公共场所的经营者、管理者或者群众性活动的组织者,未尽到安全保障义务,造成他人损害的,应当承担侵权责任。因第三人的行为造成他人损害的,由第三人承担侵权责任;经营者、管理者或者组织者未尽到安全保障义务的,承担相应的补充责任。经营者、管理者或者组织者承担补充责任后,可以向第三人追偿。"

组织者的补充责任规定以及第1201条[1]教育机构的补充责任规定。

补充责任通过强调数人侵权中的不同主体责任顺序，反映在数人侵权中多个责任主体不同的过错性质和程度。具体而言，补充责任人或者与主责任人之间存在法律上的特定关系，或者对主责任人的债务不履行行为具有一定的过错，补充责任人承担的是过错补充责任。

补充责任不同于按份责任和连带责任，是我国民法理论的创新，规定相关当事人在法律规定的情形下，可同时请求主责任人承担责任，补充责任人承担补充责任，即在针对主责任人的诉讼请求权得不到满足的情形下，可以行使对补充责任人的诉讼请求权，这弥补了我国侵权行为归责体系中的缺陷。

《民法典》虽然对数人侵权补充责任有所规定，但是相关规定一般仅适用于特定主体，人民法院很难在证券虚假陈述案件中对该等规定进行引用或者参考。人民法院在证券虚假陈述案件中如适用补充责任，更多的是参考最高人民法院对会计师事务所责任承担的相关规定，包括：

最高人民法院《关于会计师事务所为企业出具虚假验资证明应如何承担责任问题的批复》（法释〔1998〕13号）[2]指出："会计师事务所与案件的合同当事人虽然没有直接的法律关系，但鉴于其出具虚假验资证明的行为，损害了当事人的合法权益，因此，在民事责任的承担上，应当先由债务人负责清偿，不足部分，再由会计师事务所在其证明金额的范围内承担赔偿责任。"

《审计侵权赔偿若干规定》第10条规定："人民法院根据本规定第六条确定会计师事务所承担与其过失程度相应的赔偿责任时，应按照下列情形处理：（一）应先由被审计单位赔偿利害关系人的损失。被审计单位的出资人虚假出资、不实出资或者抽逃出资，事后未补足，且依法强制执行被审计单位财产后仍不足以赔偿损失的，出资人应在虚假出资、不实出资或者抽逃出资数额范围内向利害关系人承担补充赔偿责任。（二）对被审计单位、出资人的财产依法强制执行后仍不足以赔偿损失的，由会计师事务所在其不实审计金额范围内承担相应的赔偿责任。（三）会计师事务所对一个或者多个利害关系人承担的赔偿责任应以不实审计金额为限。"

---

[1] 参见《民法典》第1201条规定："无民事行为能力人或者限制民事行为能力人在幼儿园、学校或者其他教育机构学习、生活期间，受到幼儿园、学校或者其他教育机构以外的第三人人身损害的，由第三人承担侵权责任；幼儿园、学校或者其他教育机构未尽到管理职责的，承担相应的补充责任。幼儿园、学校或者其他教育机构承担补充责任后，可以向第三人追偿。"

[2] 该规定虽然被最高人民法院《关于废止部分司法解释及相关规范性文件的决定》（法释〔2020〕16号）废止，但是，相关规定内容对于司法实践还是有一定的指导意义。

二、实践现状

随着《证券法》及《虚假陈述若干规定》的颁布与施行，投资者保护力度的不断加大以及上市公司投资者数量的不断增加，证券虚假陈述责任纠纷案件呈现快速增长的趋势。特别是，随着《虚假陈述若干规定》对前置程序的取消，虚假陈述民事纠纷案件可能会爆发式增长。经过对相关案例的汇总分析，本书认为证券虚假陈述责任纠纷案件参与主体逐步呈现多元化趋势，大致可以分为三个阶段：

第一阶段：原《虚假陈述若干规定》实施之前，投资者主要是向发行人提起诉讼，较少向其他当事方提起诉讼。第二阶段：原《虚假陈述若干规定》实施之后，特别是2005年《证券法》增加了中介机构的连带责任之后，投资者在向发行人起诉的同时，偶尔会追加起诉主承销商，保荐机构或者发行人控股股东、实际控制人、董事、监事、高级管理人员。但受限于前置程序，该时期案件相对较少且案件审理期间相对较长。第三阶段：《虚假陈述若干规定》实施之后，发行人及其控股股东、实际控制人、董事、监事、高级管理人员，证券公司、会计师事务所、律师事务所、资产评估机构等中介机构，乃至发行人的客户、供应商及提供服务的金融机构都可能被起诉，案件数量乃至当事人数量都有可能呈现爆发式增长。

就虚假陈述民事纠纷案件主体责任承担而言，相对还是比较单一。虽然从理论上来说，证券虚假陈述责任纠纷相关当事人可能承担按份责任、连带责任和补充责任，但司法实践却呈现如下特点：第一，相关主体主要承担的还是连带责任，少部分主体承担补充责任，尚未查询到承担按份责任的司法案例；第二，就承担连带责任而言，大部分相关主体承担的是全额连带责任，少部分主体承担比例连带责任，但近年比例连带责任的案例显著增加。可以预见，在后续的虚假陈述民事纠纷案件处理过程中，人民法院会更多地基于相关主体的过错等因素考量，判决其承担比例连带责任。

第二节

比例连带责任

传统学理一般将《民法典》第1172条无意思联络之分别侵权的民事责任类型定性为按份责任。但第1172条的规定实为"相应的责任",理论上可涵盖按份责任、补充责任与比例连带责任等多种责任样态。"比例连带责任"与我国现行侵权责任立法的内在理论逻辑一致,与现行法律体系并无冲突。在衡量是否应承担"比例连带责任"以及具体承担的比例时,应当综合行为人主观过错程度、行为原因力大小这两方面整体判断。

2021年10月26日,最高人民法院作出(2021)最高法民申6708号民事裁定书,裁定驳回某会计师事务所的再审申请。这一裁定,不仅为历时两年多的"中安科案"画上休止符,而且也意味着中介机构在证券虚假陈述责任纠纷案中承担"比例连带责任"被最高人民法院认可。在该案的二审判决中,人民法院撤销了一审法院关于证券公司、会计师事务所作为中介机构对上市公司的损失承担全额连带责任的判决,改判证券公司、会计师事务所分别在25%、15%的比例范围内承担连带责任,在当时被普遍认为是"比例连带责任"生效第一案。

证券虚假陈述损害赔偿责任在我国民事法律体系中属于一项侵权损害赔偿责任,且通常表现为数人侵权。根据现行法律体系,在数人侵权的情形下,其责任份额的分担应当具备法律与事实依据。本书将以采用"比例连带责任"的方式进行责任份额划分的司法案例为例,结合现行法律体系的相关规定,对该类案件进行汇总分析与解读。

一、现行立法关于"比例连带责任"的规定

(一)《民法典》及相关司法解释的相关规定

根据《民法典》的规定,在数人侵权中,如各行为人共同实施了侵权行为,则互相承担连带责任;如各行为人分别实施侵权行为,则根据责任程度承担连带责任或相应责任。其中,根据《民法典》第1171条的规定,多人分别实施侵权行为,每个人的侵权行为都

足以造成全部损害的，应承担连带责任无疑。但是，《民法典》第 1172 条则包括若干情形，既包括多人分别实施侵权行为，每个人的侵权行为都不足以造成全部损害的情况，也包括多人分别实施侵权行为，部分人的行为足以造成全部损害但另一部分人的行为不足以造成全部损害的情况。正是由于《民法典》第 1172 条项下的情形十分复杂，该条仅明确各行为人承担"相应的责任"，而没有进一步明确各行为人的责任份额分担方式是按份责任、补充责任，还是比例连带责任，这就需要考量行为模式与因果关系等因素，予以深入研究。《民法典》对多人侵权的相关规定可详见表 9。

表 9　《民法典》关于多人侵权责任规定表

法律法规	条文内容
《民法典》第 1168 条	二人以上共同实施侵权行为，造成他人损害的，应当承担连带责任
《民法典》第 1171 条	二人以上分别实施侵权行为造成同一损害，每个人的侵权行为都足以造成全部损害的，行为人承担连带责任
《民法典》第 1172 条	二人以上分别实施侵权行为造成同一损害，能够确定责任大小的，各自承担相应的责任；难以确定责任大小的，平均承担责任

实际上，《环境侵权责任纠纷司法解释》对于多人分别实施侵权行为，部分人的行为足以造成全部损害但另一部分人的行为不足以造成全部损害的侵权场景，就责任份额分担方式进行了明确规定，具体可详见表 10。

表 10　《环境侵权责任纠纷司法解释》关于多人侵权责任规定表

法律法规	条文内容
《环境侵权责任纠纷司法解释》第 3 条第 1 款	两个以上侵权人分别实施污染环境、破坏生态行为造成同一损害，每一个侵权人的污染环境、破坏生态行为都足以造成全部损害，被侵权人根据民法典第 1171 条规定请求侵权人承担连带责任的，人民法院应予支持
《环境侵权责任纠纷司法解释》第 3 条第 2 款	两个以上侵权人分别实施污染环境、破坏生态行为造成同一损害，每一个侵权人的污染环境、破坏生态行为都不足以造成全部损害，被侵权人根据民法典第 1172 条规定请求侵权人承担责任的，人民法院应予支持
《环境侵权责任纠纷司法解释》第 3 条第 3 款	两个以上侵权人分别实施污染环境、破坏生态行为造成同一损害，部分侵权人的污染环境、破坏生态行为足以造成全部损害，部分侵权人的污染环境、破坏生态行为只造成部分损害，被侵权人根据民法典第 1171 条规定请求足以造成全部损害的侵权人与其他侵权人就共同造成的损害部分承担连带责任，并对全部损害承担责任的，人民法院应予支持

根据《环境侵权责任纠纷司法解释》第 3 条第 3 款的规定，在多人分别实施环境侵权

行为，部分人的行为足以造成全部损害，另一部分人的行为不足以造成全部损害的情况下，另一部分人应承担"比例连带责任"。上述司法解释虽然适用范围仅限于环境侵权行为，但也从另一个角度说明"比例连带责任"这一责任承担方式并不与《民法典》的相关规定冲突。

《环境侵权责任纠纷司法解释》第3条第3款在采用"比例连带责任"的同时，也明确了适用"比例连带责任"的条件之一：在多数人侵权案件中，可以按照对损害结果原因力的大小，来确定承担连带责任的比例。

（二）《证券法》及相关司法解释的相关规定

现行《证券法》仅规定其他责任人与发行人承担连带责任，《债券座谈会纪要》更进一步规定应"区分故意、过失等不同情况，分别确定其应当承担的法律责任"，但关于这一连带责任是否可以根据一定标准来按比例分担，却没有进一步说明。《证券法》《债券座谈会纪要》关于连带责任的具体规定详见表11。

表11 《证券法》《债券座谈会纪要》关于连带责任规定表

法律法规	条文内容
《证券法》第85条	信息披露义务人未按照规定披露信息，或者公告的证券发行文件、定期报告、临时报告及其他信息披露资料存在虚假记载、误导性陈述或者重大遗漏，致使投资者在证券交易中遭受损失的，信息披露义务人应当承担赔偿责任；发行人的控股股东、实际控制人、董事、监事、高级管理人员和其他直接责任人员以及保荐人、承销的证券公司及其直接责任人员，应当与发行人承担连带赔偿责任，但是能够证明自己没有过错的除外
《证券法》第163条	证券服务机构为证券的发行、上市、交易等证券业务活动制作、出具审计报告及其他鉴证报告、资产评估报告、财务顾问报告、资信评级报告或者法律意见书等文件，应当勤勉尽责，对所依据的文件资料内容的真实性、准确性、完整性进行核查和验证。其制作、出具的文件有虚假记载、误导性陈述或者重大遗漏，给他人造成损失的，应当与委托人承担连带赔偿责任，但是能够证明自己没有过错的除外
《债券座谈会纪要》第31点第2段	会计师事务所、律师事务所、信用评级机构、资产评估机构等债券服务机构的注意义务和应负责任范围，限于各自的工作范围和专业领域，其制作、出具的文件有虚假记载、误导性陈述或者重大遗漏，应当按照证券法及相关司法解释的规定，考量其是否尽到勤勉尽责义务，区分故意、过失等不同情况，分别确定其应当承担的法律责任

1998年《证券法》第161条其实已明确规定："为证券的发行、上市或者证券交易活动出具审计报告、资产评估报告或者法律意见书等文件的专业机构和人员，必须按照执业规则规定的工作程序出具报告，对其所出具报告内容的真实性、准确性和完整性进行核查和验证，并就其负有责任的部分承担连带责任。"尽管这一责任份额分担规定自2005年《证券法》公布起即被删除，但在2003年出台的原《虚假陈述若干规定》第24条同样采

用了类似表述，可理解为承认"比例连带责任"这一责任承担方式。《虚假陈述若干规定理解与适用》在对第24条的释义中进一步认为："……就上述责任主体之间各自承担的赔偿责任份额的确定问题，应当按照各共同行为主观过错程度和行为的原因力综合判断，加以决定。"此外，最高人民法院《关于审理虚假陈述侵权纠纷案件有关问题的复函》亦明确："《规定》（原《虚假陈述若干规定》——笔者注）第二十四条内容，是从归责角度对中介服务机构及其直接责任人作出过错推定责任承担总的规定，无论故意或过失，只要行为人主观具有过错，客观给他人造成了损失，该类虚假陈述行为人就其负有责任的部分承担民事责任。"

据此，在承担"比例连带责任"的情形下，具体承担责任的大小要结合主观过错程度以及行为的原因力两方面综合判断，与环境侵权中的"比例连带责任"相比，增加了对于主观过错程度的考虑。但鉴于环境侵权责任属于严格责任，故在一般的过错责任情形下，将主观过错程度作为判断"比例连带责任"大小的标准之一，并不会与整个立法体系相矛盾。此外，最高人民法院民法典贯彻实施工作领导小组认为，划分责任时有两个基本考虑因素：首要的考虑因素是过错，因为过错乃是确定损害赔偿责任的法理依据。对于造成同一损害的数行为人，应当斟酌数行为人的过错大小，按照比例过错原则确定各行为人的损害赔偿债务份额。其次需考虑的是原因力，即违法行为或其他因素对于损害结果发生或扩大的作用力大小，通过斟酌原因力的比例，并结合侵权行为人的主观过错比例，确定各行为人应承担的损害赔偿债务的份额。[1]

因此，本书认为"比例连带责任"的责任份额分担方式与我国现行侵权责任立法的内在理论逻辑是一致的，且并不会与现行法律体系产生冲突。在衡量是否应承担"比例连带责任"以及具体承担的比例时，应当综合行为人主观过错程度以及行为的原因力大小两方面判断。

二、近期司法实践关于"比例连带责任"的态度

如上文所述，尽管我国现行立法并未否认"比例连带责任"这一责任份额分担方式，但在证券虚假陈述领域的司法实践中，一直到"中安科案"二审判决前都并未出现过支持中介机构承担"比例连带责任"的生效裁判，仅有"五洋债案"的一审判决书认定部分被告承担"比例连带责任"。此后，"五洋债案"二审判决及其他近期案例亦在不同程度上对该裁判思路予以沿用。

（一）"中安科案"二审判决分析

上海市高级人民法院在"中安科案"中，结合1998年《证券法》规定的专业机构和

---

[1] 最高人民法院民法典贯彻实施工作领导小组主编：《民法典侵权责任编理解与适用》，人民法院出版社2020年版，第86页。

人员应就其负有责任的部分承担连带责任以及原《虚假陈述若干规定》第24条关于"专业中介服务机构及其直接责任人违反证券法第一百六十一条和第二百零二条的规定虚假陈述，给投资人造成损失的，就其负有责任的部分承担赔偿责任"的规定，旗帜鲜明地提出"连带赔偿责任并非仅限于全额连带赔偿，部分连带赔偿责任仍是法律所认可的一种责任形式"。进一步地，法院还认为"证券服务机构的注意义务和应负责任范围，应限于各自的工作范围和专业领域，其制作、出具的文件有虚假记载、误导性陈述或者重大遗漏，应当按照《证券法》及相关司法解释的规定，考量其过错程度、造成投资者损失的原因力等因素，分别确定其应当承担的法律责任"。

基于前述责任认定原则，法院结合各中介机构的主观过错情况以及原因力大小，判决各中介机构承担一定比例的连带责任，具体责任比例与责任比例的认定依据详见表12。

表12 "中安科案"中介机构的责任比例及其认定依据表

中介机构及责任比例	责任比例认定依据
招商证券 （作为独立财务顾问） 责任比例25%	1. 主观过错：招商证券的主观过错为过失，并非故意，与发行人相比过错程度较轻。 2. 原因力：招商证券仅对"班班通"项目导致的盈利预测之虚假陈述事项负责，"班班通"项目占标的公司2014年度预测营业收入的26%，对中安科股票价格和投资者交易决策造成了一定影响
瑞华会计所 （作为审计机构） 责任比例15%	1. 主观过错：瑞华会计所的主观过错为过失，并非故意，与发行人相比过错程度较轻。 2. 原因力：瑞华会计所主要对"智慧石拐"项目导致的营业收入确认之虚假陈述事项负责，虚假记载的营业收入占到2013年财务报告中母公司营业收入的19.4%、合并报表口径的3.7%，同时"智慧石拐"项目收入确认对盈利预测及证券的评估和交易定价也产生了一定影响

最高人民法院法官在对该判决的点评中认为，基于过错程度与责任范围相一致的侵权法原理，作出"比例连带责任"的判决，其合法性与合理性理由主要如下：首先，共同侵权的本质是共同故意，而在发行人故意，中介机构等其他责任主体过失的情况下，构成无意思联络的共同侵权行为。在中介机构故意配合造假的情况下，认定发行人与中介机构相互通谋并应共同承担连带责任，理由充分；但在中介机构只是因为过失没有发现发行人财务造假的情况下，很难认定相互通谋的存在，不能适用全额连带责任。其次，将中介机构等责任主体的过失责任解释为部分连带责任，符合国际资本市场的主流做法。在司法判决相互承认和执行方面，民事责任制度安排是各国司法机关审查的关键问题，公平合理的民事责任制度安排有利于我国判决的域外执行，从而能更好地保护我国投资者的合法权益。最后，从证券市场发展的实际情况来看，不加区分地适用全额连带责任可能会给金融中介

和证券服务机构带来较大的冲击。[1] 此外，该法官还补充认为，裁判机构在判决书对具体承担责任比例的划分中，是应当以案件被告为范围进行划分，还是应当以所有应承担赔偿责任的主体为范围进行划分，仍然是需要探索的问题。

（二）"五洋债案"二审判决分析

与"中安科案"相比，"五洋债案"同样将当事人的主观过错作为责任比例承担的参考因素，其中：证券公司与会计师事务所因存在"重大过错"，被判决承担全额连带责任；而评级机构及律师事务所，则由于存在一般"过错"，被酌情确定为按比例承担连带责任。具体责任比例与责任比例的认定依据详见表13。

表13 "五洋债案"中介机构的责任比例及其认定依据表

中介机构及责任比例	责任比例认定依据
德邦证券 （作为主承销商） 责任比例100%	1. 德邦证券的行为足以影响投资人对发行人偿债能力的判断，对案涉虚假陈述存在过错；德邦证券以包销方式承销案涉债券，对债券能否完成销售与发行人具有共同的利益。 2. 另根据一审判决书，法院认为德邦证券存在"重大过错"
大信会计所 （作为审计机构） 责任比例100%	1. 大信会计所在未获取充分、适当的审计证据加以验证的前提下，认可五洋建设关于应收账款和应付账款"对抵"的账务处理，出具标准无保留意见的审计报告，出具的审计报告存在虚假记载；大信会计所认为即使应当承担责任，其责任范围亦应限于不符合发行条件而发行的债券金额部分，该主张因缺乏法律依据而难以成立。 2. 另根据一审判决书，法院认为大信会计所存在"重大过错"
大公国际 （作为评级机构） 责任比例10%	1. 根据评级报告及工作底稿，大公国际对于沈阳五洲的买卖合同价款低于公允价值的问题应当知悉。前述合同事项足以影响投资人对发行人偿付能力的判断，大公国际在应当知悉相关事项的情况下，仍然对公司债券信用等级作出"偿还债务的能力很强，受不利经济环境的影响不大，违约风险很低"的AA级评级，存在过错，应当承担相应责任。 2. 另根据一审判决书，法院认为大公国际存在"过错"，同时考虑责任承担与过错程度相结合的原则以及投资者对信用评级的依赖度，酌情确定责任比例为10%
锦天城律所 （作为律师事务所） 责任比例5%	1. 在评级报告已提示五洋建设控股子公司出售投资性房产事项的情况下，锦天城律所对发行人前述重大资产的处置事项未进行必要的关注核查，未能发现相关资产处置给偿债能力带来的法律风险，存在过错。 2. 另根据一审判决书，法院认为锦天城律所存在"过错"，同时考虑责任承担与过错程度相结合的原则，酌情确定责任比例为5%

---

[1] 参见周伦军：《证券服务机构承担虚假陈述民事赔偿责任的认定——李某某等诉中安科股份有限公司等证券虚假陈述责任纠纷案》，载最高人民法院中国应用法学研究所编：《人民法院案例选》2022年第6辑，人民法院出版社2022年版，第14~15页。

但在"中安科案"中重点提及的"原因力"因素，在"五洋债案"一审判决以及二审判决关于各被告责任具体认定内容中均未详细提及。将"五洋债案"与"中安科案"对比可以发现，在按照"原因力"确定各中介机构具体责任比例时，"中安科案"判决书采用了"营业收入"等财务指标。这是因为在股票类虚假陈述纠纷中，投资者的损失通常表现为投资差额损失，而"营业收入"等财务指标与股票的交易价格又存在一定的正相关关系，因此，以该等财务指标作为原因力大小的判断依据，在股票类虚假陈述纠纷责任认定中具有其合理性。然而，在以"五洋债案"为例的债券类虚假陈述纠纷中，投资者所遭受的损失通常表现为发行人丧失清偿能力导致的债券本金损失，就其损失因果关系而言，与股票纠纷的差别巨大。因此，本书认为在债券纠纷案件中难以简单地将财务指标作为判断原因力大小的主要依据。

值得注意的是，在"五洋债案"中，二审判决"本院认为"部分的总述却提道："发行人虚假陈述给投资人造成损失的，承销商和证券服务机构是否应当承担赔偿责任以及应当承担的责任大小，应当按照主观过错程度和行为的原因来综合判断。"也就是说，尽管"五洋债案"二审判决并未明确直接依照原因力大小确定各中介机构的具体责任比例，但从其判决正文来看，该案裁判者亦认可"原因力大小"应当作为确定中介机构承担具体责任比例的依据之一。

（三）近期其他判决简要分析

近期以来，在证券虚假陈述责任纠纷案件中，涉及中介机构承担"比例连带责任"的还有"华泽钴镍案"一审判决以及"康美药业案"一审判决等案例。

在"华泽钴镍案"中，一审法院成都市中级人民法院曾作出判决：证券公司和会计师事务所分别在40%和60%范围内承担连带赔偿责任，但该一审判决在被四川省高级人民法院二审时改判，将连带赔偿责任的比例提升至100%。二审法院认为，证券公司和会计师事务所"作为专业的上市公司保荐人和审计机构，如果按照执业规则勤勉尽责，尽到必要的注意义务，华泽钴镍虚假陈述行为即应当被发现，其过错并非一般疏失，而当属重大过错"。因此，证券公司、会计师事务所应当就华泽钴镍的共同侵权行为向投资者承担100%的连带赔偿责任。从二审法院的观点来看，尽管该案通过改判将中介机构的责任比例提升至100%，但其属于对原审判决关于过错程度认定的纠正。相关中介机构因存在"重大过错"而承担全额连带责任。

在"康美药业案"一审判决中，广州市中级人民法院在认定会计师事务所的责任比例时认为：会计师事务所上述未实施基本的审计程序的行为，严重违反中国注册会计师审计准则和《中国注册会计师职业道德守则》（已废止）等规定，导致康美药业严重财务造假未被审计发现，影响极其恶劣。而在认定发行人董事、监事或高级管理人员的责任比例时，则表述为"未勤勉尽责，存在较大过失"。可以看出，根据过错程度不同来认定具体责任比例大小的思路,在该案中也得到了采纳。

综上所述,尽管我国现行立法对于在证券虚假陈述责任纠纷案中中介机构是否可以按照一定比例承担连带责任并未进行直接规定,但以"比例连带责任"来确定中介机构责任的判决方式已开始得到司法实践的认可。截至目前,现有判决基本采纳通过行为人过错程度来认定其承担责任比例大小的思路,但明确以"原因力"大小来具体认定责任比例的目前仍仅有"中安科案"。考虑到原因力判断的复杂性、专业性以及股票、债券类虚假陈述侵权责任损失因果关系的巨大差异,以"原因力"作为认定责任比例的依据,仍需立法与实践的进一步探索。

三、结语

通过上述分析和汇总,本书认为尽管我国现行立法并未直接规定在证券虚假陈述责任纠纷中中介机构是否可以按照一定比例承担连带责任,但"比例连带责任"的责任份额分担方式与我国现行侵权责任立法的内在理论逻辑是一致的,与现行法律体系不存在冲突。在衡量是否应承担"比例连带责任"以及具体承担的比例时,应综合行为人主观过错程度以及行为的原因力大小两方面进行整体判断。在近期的司法实践中,以"比例连带责任"来确定中介机构责任的判决方式已开始得到认可。在认定具体责任比例时,行为人主观过错程度这一要素已经被实践所广泛接受,但"原因力"这一要素仍有待探索。

随着近年来证券虚假陈述责任纠纷案件的不断增多,尤其是在《债券座谈会纪要》出台后债券虚假陈述纠纷增加,合理区分发行人与中介机构的责任显得至关重要。一方面,在证券虚假陈述责任纠纷中,中介机构与发行人"共谋"实施虚假陈述的情形很难出现,通常表现为发行人故意而中介机构存在过失,两者的主观过错程度存在显著区别。如一律判定中介机构与发行人承担全额连带责任,则有违侵权责任立法"过错与责任相适应"的原则。另一方面,在债券类虚假陈述侵权纠纷中,投资者遭受的损失通常表现为债券本息损失,而基于债券的特殊性,此时发行人通常已完全丧失债务清偿能力,甚至已经进入破产程序。如简单判定中介机构与发行人承担全额连带责任,则实际上要求并未获取债券融资的中介机构来承担巨额的债券本息赔偿责任,属于明显的过错与责任倒置,并不利于纠纷的顺利解决。因此,即使在中介机构应当承担责任的情况下,也应综合过错和原因力等因素采用"比例连带责任",合理确定中介机构责任,有利于在证券虚假陈述责任纠纷中妥善维护各方当事人的合法权利,确保我国资本市场的依法稳定发展。

第三节

追 首 恶

一、理论与法律依据

《虚假陈述若干规定》将发行人的控股股东、实际控制人[1]以及重大资产重组的交易对方明确列为证券虚假陈述责任纠纷中的责任主体,意在使"首恶"真正承担起应有的法律责任。

(一) 控股股东、实际控制人在虚假陈述纠纷中的法律责任

本书针对证券监管部门(含证监会与地方证监局)、沪深证券交易所2017~2021年对上市公司采取行政处罚或监管措施[2]的案例作了统计归纳,具体情况参见表14。

表14 2017~2021上市公司受行政处罚或监管措施统计表

年份	相关上市公司数量统计/家	相关控股股东、实际控制人数量统计/人	占比/%
2021	262	109	41.6
2020	278	92	33.09
2019	207	135	65.21
2018	183	105	57.37
2017	117	76	64.95

---

[1] 证监会2022年1月修订的《上市公司章程指引》规定:"(一)控股股东,是指其持有的普通股(含表决权恢复的优先股)占公司股本总额百分之五十以上的股东;持有股份的比例虽然不足百分之五十,但依其持有的股份所享有的表决权已足以对股东大会的决议产生重大影响的股东。(二)实际控制人,是指虽不是公司的股东,但通过投资关系、协议或者其他安排,能够实际支配公司行为的人。"

[2] 数据来源:行政处罚信息根据证监会网站与36个派出机构"行政处罚"栏目公告查询整理,其中,证监会的网址为http://www.csrc.gov.cn/csrc/c101971/zfxxgk_zdgk.shtml。纪律处分根据上交所及深交所"监管信息公开"查询整理,网址分别为:http://www.sse.com.cn/disclosure/credibility/supervision/measures/,http://www.szse.cn/disclosure/supervision/measure/measure/index.html。

由此可见，我国证券市场出现的发行人违法违规情况，相当比例与控股股东、实际控制人违法操控发行人有关。相比发达国家，我国控股股东、实际控制人滥用控制权的情况尤为严重，主要原因在于：我国上市公司股权集中度高，大股东利用选聘管理层的职权和易于掌握公司内部信息的优势，谋求私利，损害中小股东利益。

自注册制开始实施以来，控股股东、实际控制人的法律责任问题就成为立法以及司法关注的重点。《证券法》第24条〔1〕第181条〔2〕第197条〔3〕分别对责令回购制度、发行人及信息披露义务人信息披露的行政责任作以明确。

《虚假陈述若干规定》第20条进一步明确"首恶"的民事责任追责路径："发行人的控股股东、实际控制人组织、指使发行人实施虚假陈述，致使原告在证券交易中遭受损失的，原告起诉请求直接判令该控股股东、实际控制人依照本规定赔偿损失的，人民法院应当予以支持。控股股东、实际控制人组织、指使发行人实施虚假陈述，发行人在承担赔偿责任后要求该控股股东、实际控制人赔偿实际支付的赔偿款、合理的律师费、诉讼费用等损失的，人民法院应当予以支持。"

由此可见，《虚假陈述若干规定》沿袭了《证券法》"追首恶"的立法思路，将发行人的控股股东、实际控制人明确列为证券虚假陈述责任纠纷中的责任主体，意在使"首恶"真正承担起应有的法律责任。

---

〔1〕《证券法》第24条规定："国务院证券监督管理机构或者国务院授权的部门对已作出的证券发行注册的决定，发现不符合法定条件或者法定程序，尚未发行证券的，应当予以撤销，停止发行。已经发行尚未上市的，撤销发行注册决定，发行人应当按照发行价并加算银行同期存款利息返还证券持有人；发行人的控股股东、实际控制人以及保荐人，应当与发行人承担连带责任，但是能够证明自己没有过错的除外。股票的发行人在招股说明书等证券发行文件中隐瞒重要事实或者编造重大虚假内容，已经发行并上市的，国务院证券监督管理机构可以责令发行人回购证券，或者责令负有责任的控股股东、实际控制人买回证券。"

〔2〕《证券法》第181条规定："发行人在其公告的证券发行文件中隐瞒重要事实或者编造重大虚假内容，尚未发行证券的，处以二百万元以上二千万元以下的罚款；已经发行证券的，处以非法所募资金金额百分之十以上一倍以下的罚款。对直接负责的主管人员和其他直接责任人员，处以一百万元以上一千万元以下的罚款。发行人的控股股东、实际控制人组织、指使从事前款违法行为的，没收违法所得，并处以违法所得百分之十以上一倍以下的罚款；没有违法所得或者违法所得不足二千万元的，处以二百万元以上二千万元以下的罚款。对直接负责的主管人员和其他直接责任人员，处以一百万元以上一千万元以下的罚款。"

〔3〕《证券法》第197条规定："信息披露义务人未按照本法规定报送有关报告或者履行信息披露义务的，责令改正，给予警告，并处以五十万元以上五百万元以下的罚款；对直接负责的主管人员和其他直接责任人员给予警告，并处以二十万元以上二百万元以下的罚款。发行人的控股股东、实际控制人组织、指使从事上述违法行为，或者隐瞒相关事项导致发生上述情形的，处以五十万元以上五百万元以下的罚款；对直接负责的主管人员和其他直接责任人员，处以二十万元以上二百万元以下的罚款。信息披露义务人报送的报告或者披露的信息有虚假记载、误导性陈述或者重大遗漏的，责令改正，给予警告，并处以一百万元以上一千万元以下的罚款；对直接负责的主管人员和其他直接责任人员给予警告，并处以五十万元以上五百万元以下的罚款。发行人的控股股东、实际控制人组织、指使从事上述违法行为，或者隐瞒相关事项导致发生上述情形的，处以一百万元以上一千万元以下的罚款；对直接负责的主管人员和其他直接责任人员，处以五十万元以上五百万元以下的罚款。"

（二）重大资产重组的交易对方在虚假陈述纠纷中的法律责任

近几年，上市公司重大资产重组成为欺诈发行、财务造假的重灾区，重大资产重组引发的虚假陈述案例屡见不鲜，"忽悠式"重组（交易对方提供不真实、不准确、不完整信息而完成的重组）给整个证券市场带来了较大的负面影响，引发了监管的高度关注。

《虚假陈述若干规定》在《证券法》的规定基础上进一步明确了重大资产重组的交易对方在虚假陈述法律纠纷中的民事责任，其第 21 条规定："公司重大资产重组的交易对方所提供的信息不符合真实、准确、完整的要求，导致公司披露的相关信息存在虚假陈述，原告起诉请求判令该交易对方与发行人等责任主体赔偿由此导致的损失的，人民法院应当予以支持。"《虚假陈述若干规定》的规定明确了重大资产重组的交易对方作为上市公司重大资产重组活动的参与方，违反提供真实、准确、完整信息的注意义务，应当赔偿相应损失。

二、案例分析

"追首恶"的大部分案例集中在对控股股东、实际控制人的追责方面，针对交易对方的案例相对较少，以下将着重介绍追究控股股东、实际控制人责任的案例。

（一）追究控股股东、实际控制人在证券虚假陈述纠纷中责任的案例简析

通过对我国证券虚假陈述责任纠纷诸多案例的梳理，关于控股股东、实际控制人承担责任的案例演变大致可以分为三个阶段。

1. 2013 年之前：相关案件少，未见承担责任的案例

之所以选择 2013 年作为临界点，是因为 2013 年 12 月 25 日国务院办公厅颁布了《关于进一步加强资本市场中小投资者合法权益保护工作的意见》，该意见明确指出："对上市公司违法行为负有责任的控股股东及实际控制人，应当主动、依法将其持有的公司股权及其他资产用于赔偿中小投资者。"该规定体现了政府层面高度重视控股股东、实际控制人在证券违法中的法律责任。自此，"追首恶"成为全市场的共识。而在这之前，在证券虚假陈述责任纠纷中，发行人几乎成为责任承担的唯一主体，[1] 起诉控股股东、实际控制人的案件十分鲜见，且未出现他们承担民事责任的案例。

2. 2013～2020 年：相关案件有所增多，承担责任与不承担责任的案例并行

《关于进一步加强资本市场中小投资者合法权益保护工作的意见》的颁布，让市场更多关注控股股东、实际控制人在证券违法过程中可能存在的恶劣行径，而立法、执法、司法的跟进，加大了对"首恶"的打击力度，最高人民法院《关于为设立科创板并试点注册制改革提供司法保障的若干意见》，明确要求"发行人的控股股东、实际控制人指使发行

---

[1] 参见杨城：《论我国虚假陈述民事责任主体的困境与创新》，载《证券市场导报》2017 年第 7 期。

人从事欺诈发行、虚假陈述的，依法判令控股股东、实际控制人直接向投资者承担民事赔偿责任"。此外，中小投服中心作为投资者保护机构，积极参与"追首恶"的证券支持诉讼。在此背景下，将控股股东、实际控制人列为共同被告的证券虚假陈述案件有所增多，控股股东、实际控制人承担赔偿责任的案例时有出现。

例如，在"大福控股案"中，辽宁省高级人民法院终审认为：案涉行政处罚决定认定，大福控股实际控制人、时任董事长代某是大福控股3项违法行为的直接负责主管人员，财务总监周某是大福控股为大显集团提供担保1.4亿元出具3亿元转账支票，募集资金4.59亿元质押担保两项信息披露违法行为的其他直接责任人员。据此，代某、周某与大福控股构成案涉共同虚假陈述，应对高某的损失承担连带赔偿责任。[1]

值得一提的是，在非诉领域，该阶段出现了控股股东、实际控制人承担先行赔付责任第一案（目前也是唯一案）。2014年，海联讯科技公司财务造假案被曝光后，海联讯4名控股股东章某、孔某、邢某、杨某出资2亿元设立"海联讯虚假陈述事件投资者利益补偿专项基金"，用于赔偿公众投资者因海联讯虚假陈述所遭受的损失。与海联讯科技公司4名控股股东达成和解的投资者约一万人，投资者获赔近9千万元。

但由于立法与司法在该阶段对于控股股东、实际控制人民事责任的归责原则仍然是过错原则，诉讼前置程序的要求导致未受行政处罚或刑事判决的控股股东、实际控制人无法作为被告被法院受理，加上证券虚假陈述责任纠纷的内容太过复杂，各地法院对此类诉讼的审理标准并不统一，因此也出现不少未被支持的案例。例如，在"东贝集团案"[2]中，武汉市中级人民法院一审（一审判决已生效）认为：东贝集团未披露或未如实披露关联关系以及关联交易，也未披露相关持股信息，构成证券市场虚假陈述行为，但该行为未对原告的投资行为产生影响，不具有重大性。原告买入东贝集团股票并持有，且期间上证综合指数发生了突发的、大幅的波动，存在系统性风险因素，虚假陈述行为与原告的投资行为及损失没有因果关系，故未支持原告诉求。[3]

3. 2020年之后的状况：相关案件逐渐增多，承担责任的案例居多

2020年3月1日，2019年《证券法》正式施行，该法较大篇幅增加了控股股东、实际控制人的义务与责任规定，除了加大行政处罚力度外，对控股股东、实际控制人民事责任影响重大的规定还包括将归责原则修改为过错推定原则，规定了欺诈发行下的股份回购义务及证券纠纷代表诉讼等。之后，相关配套法规、司法解释与文件陆续出台，包括《债券座谈会纪要》《代表人诉讼若干规定》《刑法修正案（十一）》《关于依法从严打击证券违法活动的意见》《虚假陈述若干规定》等。上述规则彻底取消了诉讼前置程序并形成了全

---

[1] 参见辽宁省高级人民法院民事判决书，(2019) 辽民终814号。
[2] 湖北省武汉市中级人民法院判决书，(2015) 鄂武汉中民商初字第00728号，共16案。
[3] 参见湖北省武汉市中级人民法院民事判决书，(2016) 鄂01民初5645号。

方位民事追责体系，为投资者追究控股股东、实际控制人民事责任提供了便利条件与有利司法环境。因此，相关案件逐渐增多，且判决控股股东、实际控制人承担责任的案例也越来越多。

例如，轰动全市场的证券特别代表人诉讼第一案——"康美药业案"，2021年11月，广州市中级人民法院一审判决（已生效）认为：马某作为康美药业董事长、总经理和实际控制人，组织安排相关人员将上市公司资金转移到其控制的关联方，且未在定期报告里披露相关情况；为掩盖上市公司资金被关联方长期占用、虚构公司经营业绩等违法事实，组织策划康美药业相关人员通过虚增营业收入，虚增货币资金等方式实施财务造假。许某作为康美药业副董事长、副总经理和实际控制人，是主管会计工作的负责人，其与马某共同组织安排相关人员将上市公司资金转移到其控制的关联方，且知悉马某组织相关人员实施财务造假。故两人须承担连带赔偿责任。[1]

又如，深圳市中级人民法院作出了依据《虚假陈述若干规定》审理的第一案。在何某诉赵某、杨某及东方金钰证券虚假陈述责任纠纷中，深圳市中级人民法院认为：赵某作为东方金钰占比超过50%的实际控制人、董事长、总裁，在2016年12月至2018年5月，授意、指挥、指使副总裁杨某等人，通过虚构营业收入、利润总额和应收账款等方式实施诱多型虚假陈述违法违规行为，诱使投资者何某高位买入东方金钰股票，并造成其损失。法院对该案虚假陈述的重大性、交易因果关系、损失因果关系以及第一责任主体等作分析后，依法判决赵某作为第一责任主体赔偿投资者的损失。[2]

综上所述，我国在证券虚假陈述纠纷中对控股股东、实际控制人的民事追责走过了三个阶段，随着立法、执法、司法的完善，相应的案件日益增多，在震慑作恶控股股东、实际控制人的同时，为投资者提供了更充分的保护。尽管如此，在现实情况下，在证券虚假陈述责任纠纷中，投资者起诉控股股东、实际控制人的案件比例还是少数，这与我国尚未形成完善的民事追责体系具有很大关系。

（二）重大资产重组的交易对方在证券虚假陈述纠纷中的案例简析

相较于控股股东、实际控制人，重大资产重组的交易对方所涉及的证券虚假陈述责任纠纷相对较少，以下以"昆明机床股权收购案"及"宁波东力案"为案例进行分析。

1."昆明机床股权收购案"

2015年11月10日，沈阳机床公司与西藏紫光公司正式签署《沈阳机床（集团）有限责任公司和西藏紫光卓远股权投资有限公司关于沈机集团昆明机床股份有限公司股份转让

---

[1] 参见广东省广州市中级人民法院民事判决书，（2020）粤01民初2171号。
[2] 参见深圳市中级人民法院：《追首恶，零容忍：深圳中院依照新司法解释判决全国首宗证券虚假陈述案件》，载微信公众号"深圳市中级人民法院"2022年1月30日，https://mp.weixin.qq.com/s/5kJaw7WRTHOE28MlQjbY-w。

协议》。2015年11月11日，昆明机床公司发布《关于大股东转让公司股份签署协议公告》，公告沈阳机床公司已与西藏紫光公司签署了《股份转让协议》，沈阳机床公司拟向西藏紫光公司转让其持有的昆明机床公司25.08%股份。公告未披露"3个月自动解除""获得云南各部门支持"条款。2015年11月12日，沈阳机床公司通过昆明机床公司披露了《简式权益变动报告书》，但该报告书未披露"3个月自动解除""获得云南各部门支持"条款。2015年11月，沈阳机床公司与西藏紫光公司还签署了《股份转让协议之补充协议》。截至2016年2月股权转让终止，沈阳机床公司未披露该补充协议。2015年11月12日，西藏紫光公司通过昆明机床公司披露了《详式权益变动报告书》，该报告书未披露《股份转让协议》中"3个月自动解除"条款和包括"获得云南有关部门支持"条款在内的全部生效条件。2016年2月5日，昆明机床公司发布《重大事项进展情况公告》，提示协议中存在"3个月自动解除"条款，股权转让协议将在2月8日自动解除，转让双方正在协商是否延期。

法院认为，在该案中，西藏紫光公司通过昆明机床公司披露《详式权益变动报告书》时，未披露"3个月自动解除"条款和包括"获得云南各部门支持"条款在内的全部生效条件以及补充协议，构成了虚假陈述行为，需要向投资者赔偿损失，终审判决西藏紫光公司承担连带赔偿责任。[1]

在收购人实施了存在重大遗漏的虚假陈述行为的情况下，人民法院最终判决其与上市公司构成共同侵权，承担连带赔偿责任。

2."宁波东力案"

在宁波东力收购年富供应链相关行政处罚中，证监会认为"重组阶段年富供应链的信息披露违法行为和重组完成后宁波东力的信息披露违法行为是两个不同的行为"。因此，对于重组交易对方年富供应链提供不实信息导致的宁波东力的信息披露违法行为，证监会仅处罚了年富供应链，而未处罚上市公司宁波东力。

在此后引发的宁波东力虚假陈述民事赔偿诉讼中，宁波市中级人民法院判决认为，针对重大资产重组阶段的信息披露违法行为，宁波东力未被认定为信息披露义务人，也未被行政处罚，据此判决宁波东力不应对重组阶段的虚假陈述承担民事赔偿责任。[2]

在"宁波东力案"中，无论是行政处罚还是司法判决，都紧紧抓住了重大资产重组的交易对方这个首恶，精准执法，智慧裁判，为证券虚假陈述责任纠纷案件的妥善解决作出了示范。

---

[1] 参见云南省高级人民法院民事判决书，(2020) 云民终953号。
[2] 参见张保生、周伟等:《新〈虚假陈述若干规定〉系列解读之十：特殊主体的责任》，载微信公众号"中伦视界"2022年3月18日，https://mp.weixin.qq.com/s/P6_r22S99ZjUDJh39gy8uw。

第四节

惩 帮 凶

一、理论与法律依据

上市公司的财务造假行为往往需要其他相关主体的支持、配合。在实践中，某些金融机构和上市公司串通，出具虚假银行询证函回函、虚假银行回单及虚假银行对账单，欺骗会计师。在"东岳集团案"中，齐商银行与东岳集团（香港上市公司）串通，在2014年至2015年为东岳集团开出8.6亿元的虚假银行询证函，用于上市公司填补财务漏洞。[1] 另外，某些上市公司的供应商和销售客户为上市公司财务造假提供虚假的交易合同、货物流转及应收应付款凭证，成为财务造假的帮手。在"昆明机床财务造假案"中，昆明机床与部分经销商或客户签订合同，经销商或客户虚假采购昆明机床产品并预付定金，但最终并不提货，昆明机床后期将定金退回客户，或者直接按照客户退货进行处理，完成虚假销售。[2] "康得新案""康美药业案"的发生，引发了监管部门和最高人民法院的高度关注，帮助造假者亦应承担相应责任成为关注焦点，故《虚假陈述若干规定》将此类帮凶纳入责任主体的范围内。

《虚假陈述若干规定》第22条规定："有证据证明发行人的供应商、客户，以及为发行人提供服务的金融机构等明知发行人实施财务造假活动，仍然为其提供相关交易合同、发票、存款证明等予以配合，或者故意隐瞒重要事实致使发行人的信息披露文件存在虚假陈述，原告起诉请求判令其与发行人等责任主体赔偿由此导致的损失的，人民法院应当予以支持。"

根据上述规定，帮助造假者承担责任的基础在于"有证据证明明知或故意"，故其责

---

[1] 参见山东省淄博市中级人民法院刑事裁定书，（2020）鲁03刑终86号。
[2] 参见证监会行政处罚决定书（沈机集团昆明机床股份有限公司、王某、常某某等23名责任人员），〔2018〕9号。

任基础系过错责任,且其"过错"限于故意情形。在帮助造假者明知虚假陈述存在但仍予以配合的情况下,要求其承担赔偿责任不仅符合帮助侵权的基本原理,也有利于遏制虚假陈述行为发生。至于帮助造假者的责任形式,《虚假陈述若干规定》规定"判令其与发行人等责任主体赔偿由此导致的损失"。《虚假陈述若干规定》第22条的内容和第20条相互呼应,共同织牢了"首恶"和"帮凶"的法律责任之网,可有效震慑财务造假活动。

二、案例分析

鉴于"惩帮凶"系《虚假陈述若干规定》新增规定,在实践中尚未查询到相应生效判决,本书将仅就"康得新案"进行简要分析。

2020年7月,北京银行曾因康得新案受到银行间交易商协会自律处分。自律处分会议审议决定,北京银行作为康得新相关债务融资工具的主承销商,在债务融资工具注册发行和后续管理期间存在多项违反银行间债券市场相关自律管理规则的行为,对北京银行予以警告,暂停债务融资工具主承销相关业务6个月。

2020年12月,北京银行及下辖西单支行收到银保监会巨额罚单。北京银保监局行政处罚信息公开表披露,北京银行因对外销售虚假金融产品,出具与事实不符的单位定期存款开户证实书等11项违法违规事实被罚3940万元,西单支行则因违规出具与事实不符的询证函回函等行为收到350万元罚单。[1]

2021年7月,证监会对康得新银行间债券市场信息披露违法行为进行了立案调查、审理,决定对康得新责令改正,给予警告;对时任康得新董事长、实际控制人钟某给予警告。经查明,康得新存在以下违法事实:2017年至2018年,康得新在银行间交易商协会注册并向银行间债券市场合格机构投资者公开发行债务融资工具。经查,在上述债务融资工具发行和存续期间,康得新披露的2015年至2018年财务报告存在虚假记载。2015年至2018年,康得新通过虚构销售业务,虚构采购、生产、研发费用等方式,虚增营业收入、营业成本、研发费用和销售费用,导致2015年至2018年虚增利润总额分别达22.43亿元、29.43亿元、39.08亿元、24.36亿元,总计达115.3亿元。此外,康得新在2015年至2018年财务报告中披露的银行存款余额也存在虚假记载。[2]

2022年4月,北京银行发布公告称,近日收到江苏省南京市中级人民法院送达的应诉通知书,获悉北京银行涉及中泰创赢资产管理公司以证券虚假陈述责任纠纷对康得新提起的诉讼。公告显示,被告主体有11个,康得新为被告一,北京银行西单支行、北京银行分

---

[1] 参见银柿财经:《北京银行再陷风波?或因涉康得新案承担连带赔偿责任》,载腾讯网,https://new.qq.com/rain/a/20220425A02CJW00。

[2] 参见乐居财经:《百亿造假康得新及董事长收到证监会行政处罚》,载百度网2021年8月4日,https://baijiahao.baidu.com/s?id=1707134821456680757&wfr=spider&for=pc。

别为被告二、被告三。原告方中泰创赢资产管理公司请求法院判令被告一康得新向原告支付因康得新虚假陈述给原告造成的投资差额损失人民币约51.47亿元，投资差额损失部分的佣金154.42万元，印花税514.73万元；请求判令被告二至被告十一对被告一在该案第一项、第二项诉讼请求中对原告应承担的给付义务承担连带赔偿责任。[1]

虽然上述虚假陈述案件尚未出判，但是可以预见，随着《虚假陈述若干规定》"惩帮凶"规则的发布，未来供应商、客户、提供服务的金融机构等第三方成为证券虚假陈述责任纠纷案件被告的案件将越来越多。

---

[1] 参见银柿财经：《北京银行再陷风波？或因涉康得新案承担连带赔偿责任》，载腾讯网，https://new.qq.com/rain/a/20220425A02CJW00。

第五节

中介机构的责任分担

一、理论与法律依据

在我国司法实践中，证券虚假陈述责任纠纷案件涉及的中介机构主要包括保荐机构及承销机构、证券服务机构（会计师事务所、律师事务所、资产评估机构、财务顾问等）。其中，证券公司既可能是保荐机构及承销机构，也可能是证券服务机构（主要是财务顾问），承担着极为重要的职责。因此，本书将以证券公司的责任依据为核心，并结合其他证券服务机构的责任承担情况，对各中介机构的责任分担情况进行说明。

（一）保荐机构及承销机构的责任依据

1. 保荐机构的责任依据

根据我国现行规则，保荐机构在股票类证券发行活动中是核心中介机构，在职责上，既要对发行人是否符合发行条件进行专业把关，对申请文件进行审慎核查、验证，同时也要对会计师事务所、律师事务所、评估机构等专业机构作出专业意见涉及的内容进行调查。保荐机构是全体中介机构的总协调人。《保荐业务管理办法》等规定区分了"有证券服务机构及其签字人员出具专业意见的内容"和"无证券服务机构及其签字人员出具专业意见的内容"，确定了两种情况下证券公司不同的勤勉尽责标准。对于有专业意见支持的内容，"保荐机构可以合理信赖，对相关内容应当保持职业怀疑、运用职业判断进行分析，存在重大异常、前后重大矛盾，或者与保荐机构获得的信息存在重大差异，保荐机构应当对有关事项进行调查、复核，并可聘请其他证券服务机构提供专业服务"；对于无专业意见支持的内容，"保荐机构应当获得充分的尽职调查证据，在对各种证据进行综合分析的基础上对发行人提供的资料和披露的内容进行独立判断，并有充分理由确信所作的判断与发行人申请文件、证券发行募集文件的内容不存在实质性差异"。

2022年修订的《证券公司保荐业务规则》进一步明确保荐机构在履行以下审慎核查义务，进行必要调查和复核的基础上，可以合理信赖在发行人申请文件、证券发行募集文件中由会计师事务所、律师事务所等证券服务机构出具专业意见的内容：

第一，全面审阅证券服务机构出具的专业意见（如审计报告、律师工作报告等）。

第二，评估证券服务机构及参与人员的专业资质、经验、胜任能力及独立性；评估其出具专业意见的前提及假设是否公平、合理、完整，是否符合证券服务机构所在行业的工作惯例；评估其核查范围是否与其所需出具的专业意见相符，有无限制；评估其为出具专业意见获取的核查资料是否充分、可靠；评估其已履行的核查程序及取得的关键性证据是否充分、恰当，能否有效支持其出具的专业意见等。

第三，保持职业怀疑，运用职业判断进行分析，并采取必要的手段进行印证，如询问证券服务机构，查阅相关文件资料，进行必要的实地走访，采取必要的补充函证、抽盘等程序。如对证券服务机构及其签字人员出具的专业意见存有疑义，保荐机构应当要求其作出解释或者出具依据。如证券服务机构专业意见内容存在重大异常，前后重大矛盾，或者与保荐机构获得的信息存在重大差异，保荐机构应当进一步对有关事项进行调查、复核，并可聘请其他证券服务机构提供专业服务。保荐机构经过审慎核查后，不能排除合理怀疑的，保荐机构应当拒绝信赖证券服务机构的专业意见。保荐机构有充分理由认为证券服务机构专业能力存在明显缺陷的，可以向发行人建议更换。保荐机构明知证券服务机构专业意见存在重大异常，前后重大矛盾，或者与保荐机构获得的信息存在重大差异，但没有采取上述措施的，不能主张其属于合理信赖。

第四，保荐机构应当就其形成合理信赖的具体依据和全部工作过程制作翔实的工作底稿等记录，在保荐工作报告中披露所有"重大异常""前后重大矛盾""重大差异"等特殊情形的确定方法、论证过程及结论，以证明其合理信赖证券服务机构专业意见具有充分、可靠的基础，不得简单复制证券服务机构的工作底稿等资料。

第五，保荐机构应当建立合理信赖证券服务机构的质量控制制度，充分考虑其执业风险，重点围绕前述4个方面，明确合理信赖的标准、依据、程序等内容，并严格执行复核程序，取得能支持其形成合理信赖的充分证据。

2. 承销机构的责任依据

在债券类证券发行活动中，除可转换公司债券外，承销机构是核心中介机构。《债券座谈会纪要》第29条对债券承销机构的过错责任进行了规定："债券承销机构存在下列行为之一，导致信息披露文件中的关于发行人偿付能力相关的重要内容存在虚假记载、误导性陈述或者重大遗漏，足以影响投资人对发行人偿债能力判断的，人民法院应当认定其存在过错：（1）协助发行人制作虚假、误导性信息，或者明知发行人存在上述行为而故意隐瞒的；（2）未按照合理性、必要性和重要性原则开展尽职调查，随意改变尽职调查工作计划或者不适当地省略工作计划中规定的步骤；（3）故意隐瞒所知悉的有关发行人经营活动、财务状况、偿债能力和意愿等重大信息；（4）对信息披露文件中相关债券服务机构出具专业意见的重要内容已经产生了合理怀疑，但未进行审慎核查和必要的调查、复核工作；（5）其他严重违反规范性文件、执业规范和自律监管规则中关于尽职调查要求的行为。"

《债券座谈会纪要》在规定债券承销机构过错情形的同时，也在第30条规定了其免责情形："债券承销机构对发行人信息披露文件中关于发行人偿付能力的相关内容，能够提交尽职调查工作底稿、尽职调查报告等证据证明符合下列情形之一的，人民法院应当认定其没有过错：（1）已经按照法律、行政法规和债券监管部门的规范性文件、执业规范和自律监管规则要求，通过查阅、访谈、列席会议、实地调查、印证和讨论等方法，对债券发行相关情况进行了合理尽职调查；（2）对信息披露文件中没有债券服务机构专业意见支持的重要内容，经过尽职调查和独立判断，有合理的理由相信该部分信息披露内容与真实情况相符；（3）对信息披露文件中相关债券服务机构出具专业意见的重要内容，在履行了审慎核查和必要的调查、复核工作的基础上，排除了原先的合理怀疑；（4）尽职调查工作虽然存在瑕疵，但即使完整履行了相关程序也难以发现信息披露文件存在虚假记载、误导性陈述或者重大遗漏。"

《虚假陈述若干规定》未对保荐机构和承销机构的责任进行规定，只是对保荐机构和承销机构的免责行为在第17条第1款进行了规定，该等规定与《债券座谈会纪要》的规定较为类似，即"保荐机构、承销机构等机构及其直接责任人员提交的尽职调查工作底稿、尽职调查报告、内部审核意见等证据能够证明下列情形的，人民法院应当认定其没有过错：（1）已经按照法律、行政法规、监管部门制定的规章和规范性文件、相关行业执业规范的要求，对信息披露文件中的相关内容进行了审慎尽职调查；（2）对信息披露文件中没有证券服务机构专业意见支持的重要内容，经过审慎尽职调查和独立判断，有合理理由相信该部分内容与真实情况相符；（3）对信息披露文件中证券服务机构出具专业意见的重要内容，经过审慎核查和必要的调查、复核，有合理理由排除了职业怀疑并形成合理信赖"。

（二）证券服务机构的责任依据

《证券法》第19条第2款对证券服务机构的总体要求为：必须严格履行法定职责，保证所出具文件的真实性、准确性和完整性。科创板及创业板股票相关注册管理规定进一步明确，证券服务机构对招股说明书中与其专业职责有关的内容及其所出具的文件的真实性、准确性、完整性负责；同时还规定，证券服务机构及其相关执业人员应当对与本专业相关的业务事项履行特别注意义务，对其他业务事项履行一般注意义务，并承担相应法律责任。就职责范围而言，证券服务机构对证券申请注册文件中与其专业职责有关的内容及其自身出具的专业文件的真实性、准确性、完整性负责。

《债券座谈会纪要》第31条对证券服务机构的过错责任进行了规定："信息披露文件

中关于发行人偿付能力的相关内容存在虚假记载、误导性陈述或者重大遗漏，足以影响投资人对发行人偿付能力的判断的，会计师事务所、律师事务所、信用评级机构、资产评估机构等债券服务机构不能证明其已经按照法律、行政法规、部门规章、行业执业规范和职业道德等规定的勤勉义务谨慎执业的，人民法院应当认定其存在过错。会计师事务所、律师事务所、信用评级机构、资产评估机构等债券服务机构的注意义务和应负责任范围，限于各自的工作范围和专业领域，其制作、出具的文件有虚假记载、误导性陈述或者重大遗漏，应当按照证券法及相关司法解释的规定，考量其是否尽到勤勉尽责义务，区分故意、过失等不同情况，分别确定其应当承担的法律责任。"

在上述规定的基础上，《虚假陈述若干规定》第18条对证券服务机构的责任进行进一步规定："证券服务机构制作、出具的文件存在虚假陈述的，人民法院应当按照法律、行政法规、监管部门制定的规章和规范性文件，参考行业执业规范规定的工作范围和程序要求等内容，结合其核查、验证工作底稿等相关证据，认定其是否存在过错。证券服务机构的责任限于其工作范围和专业领域。证券服务机构依赖保荐机构或者其他证券服务机构的基础工作或者专业意见致使其出具的专业意见存在虚假陈述，能够证明其对所依赖的基础工作或者专业意见经过审慎核查和必要的调查、复核，排除了职业怀疑并形成合理信赖的，人民法院应当认定其没有过错。"

《虚假陈述若干规定》还特别对会计师事务所的免责进行了规定："会计师事务所能够证明下列情形之一的，人民法院应当认定其没有过错：（一）按照执业准则、规则确定的工作程序和核查手段并保持必要的职业谨慎，仍未发现被审计的会计资料存在错误的；（二）审计业务必须依赖的金融机构、发行人的供应商、客户等相关单位提供不实证明文件，会计师事务所保持了必要的职业谨慎仍未发现的；（三）已对发行人的舞弊迹象提出警告并在审计业务报告中发表了审慎审计意见的；（四）能够证明没有过错的其他情形。"

二、不同中介机构责任分担存在的问题

在现行规则中，保荐机构和承销机构要对会计师事务所、律师事务所、评估机构等证券服务机构作出的专业意见进行调查、复核。从法律规定及司法实践来看，对于各中介机构责任认定、责任区分方面的问题，并没有达成一致认识。

（一）保荐机构/承销机构与证券服务机构的责任划分不够清晰

在现有规定中存在保荐机构/承销机构职责泛化的问题。以保荐机构为例，在《首次公开发行股票注册管理办法》的规定中，对于保荐机构的工作，该办法要求保荐机构对发行人情况进行全面核查验证，独立作出专业判断，该等要求导致保荐机构需要重复会计师事务所、律师事务所等中介机构的实质性工作，存在职责泛化的问题。《保荐业务管理办法》虽然明确了对于申请文件中有专业意见的内容，保荐机构应当保持职业怀疑，运用职

业判断进行分析，对于存在重大差异、前后矛盾的，保荐机构应当对相关事项进行调查、复核，但是，何为"职业怀疑""重大差异"并无精确定义，如何区分证券服务机构的特别注意义务与证券公司的普通注意义务也始终是亟待探讨的问题。2022年修订的《证券公司保荐业务规则》明确了"合理信赖"的方法和步骤，较《保荐业务管理办法》有一定的提高，但该等规定过于复杂和原则，可操作性存疑，仍然无法改变保荐机构职责泛化的问题，相关主体的职责划分依旧不够清晰。《虚假陈述若干规定》更多从免责角度对证券公司的职责进行反向界定，没有正面回答保荐机构/承销机构与证券服务机构的职责划分。

在业务实践中，对于保荐机构与证券服务机构的职责划分，保荐机构/承销机构与监管部门存在不同理解。例如，在"万福生科案"中，证监会认为平安证券"所出具的发行保荐书等文件中的财务数据，系直接引自万福生科经审计的财务报告，而非由其在获得充分证据基础上进行独立判断"。而平安证券认为，其"引用会计师事务所等中介机构专业意见符合法律规定，同时平安证券已针对万福生科业务特点，履行相关核查工作，不是未经核查的直接引用"，已经履行了审慎核查的义务。[1]

在司法实践中，法院倾向于对于保荐机构/承销机构或者证券服务机构进行独立的责任分析、过错认定，很少有关于保荐机构/承销机构与证券服务机构之间职责划分的论述。在法律法规无明确规定的情况下，法院对于保荐机构/承销机构与证券服务机构之间职责划分问题采取的是回避态度。

（二）证券服务机构之间的责任划分尚无实践标准

《首次公开发行股票注册管理办法》《债券座谈会纪要》均规定证券服务机构应审慎履行职责，对与其专业职责有关的内容和文件负责，对与其专业有关的业务事项履行特别注意义务，对其他业务事项履行普通注意义务。然而，对于"特别注意义务""普通注意义务"的具体内涵，相关规则文件并无明确的解释。

在以往实践中，就证券服务机构是否履行"普通注意义务""特别注意义务"等，证券服务机构与证券监管机构往往存在不一致的认识。例如，在"欣泰电气案"中，证监会处罚决定认定东易律师事务所作为参与欣泰电气首次公开发行股票并在创业板上市的法律服务机构，在欣泰电气欺诈上市案中负有一定责任，因此：责令东易律师事务所改正，没收业务收入90万元，并处以180万元罚款；对直接负责的主管人员郭某、陈某给予警告，并分别处以10万元罚款。[2] 东易律师事务所对该处罚决定不服，请求法院撤销。证监会认为，东易律师事务所"工作底稿中留存的对主要客户的承诺函、询证函、访谈记录，大多数直接取自兴业证券"，东易律师事务所对于从其他中介机构取得的工作底稿资料未履

---

[1] 参见证监会行政处罚决定书（平安证券有限责任公司、吴某某、何某等7名责任人），〔2013〕48号。
[2] 参见证监会行政处罚决定书（北京市东易律师事务所、郭某某、陈某某），〔2017〕70号。

行必要的核查验证程序,未尽到一般注意义务。而东易律师事务所则认为,欣泰电气欺诈发行主要是通过外部借款等方式虚构收回应收账款,其不应对财务问题进行查验,律师事务所已经尽到一般注意义务。

《虚假陈述若干规定》明确了证券服务机构的职责限于其工作范围和专业领域,但是并未针对各证券服务机构的工作范围和专业领域如何界定等细节问题进一步展开规定,只是对会计师事务所的免责情形进行了规定。因此,目前仍难以依据《虚假陈述若干规定》清晰分辨证券服务机构之间的职责。而且,目前司法判例鲜有关于证券服务机构之间责任划分的论述,证券服务机构彼此之间的"特别注意义务"和"普通注意义务"的边界尚待实践检验。

(三) 承销机构的职责规定与责任承担不匹配

《证券法》对承销机构的职责规定较少,并没有规定类似保荐机构同等的"勤勉尽责""对发行人的申请文件和信息披露资料进行审慎核查""督导发行人规范运作"等职责和要求,而仅在第29条第1款规定承销机构应当"对公开发行募集文件的真实性、准确性、完整性进行核查。发现有虚假记载、误导性陈述或者重大遗漏的,不得进行销售活动;已经销售的,必须立即停止销售活动,并采取纠正措施"。

然而,在民事责任承担方面,《证券法》对承销机构却规定了与保荐机构相同的连带赔偿责任[1]以及可以采取"先行赔付"[2]措施,承销机构的职责与其应承担的责任存在严重不匹配的问题。《债券座谈会纪要》虽然对债券承销机构的责任承担进行了规定,但是会议纪要的层级较低,上位法依据略显单薄。

该等立法导向也导致下位法、监管机构、公众投资者对于区分保荐机构和承销机构各自的职责和责任重视不足,在股票类证券发行活动中该等现象尤甚。例如,《公开发行证券的公司信息披露内容与格式准则第57号——招股说明书》[3]要求承销机构与保荐机构一样,核实招股说明书不存在虚假记载、误导性陈述或重大遗漏,并出具声明确认。然而,对于不担任保荐机构的联席主承销商,其实际上难以真实履行该等核查责任。

---

[1] 《证券法》第85条规定:"信息披露义务人未按照规定披露信息,或者公告的证券发行文件、定期报告、临时报告及其他信息披露资料存在虚假记载、误导性陈述或者重大遗漏,致使投资者在证券交易中遭受损失的,信息披露义务人应当承担赔偿责任;发行人的控股股东、实际控制人、董事、监事、高级管理人员和其他直接责任人员以及保荐人、承销的证券公司及其直接责任人员,应当与发行人承担连带赔偿责任,但是能够证明自己没有过错的除外。"

[2] 《证券法》第93条规定:"发行人因欺诈发行、虚假陈述或者其他重大违法行为给投资者造成损失的,发行人的控股股东、实际控制人、相关的证券公司可以委托投资者保护机构,就赔偿事宜与受到损失的投资者达成协议,予以先行赔付。先行赔付后,可以依法向发行人以及其他连带责任人追偿。"

[3] 《公开发行证券的公司信息披露内容与格式准则第57号——招股说明书》要求:"保荐人(主承销商)应在招股说明书正文后声明:'本公司已对招股说明书进行核查,确认招股说明书的内容真实、准确、完整,不存在虚假记载、误导性陈述或重大遗漏,并承担相应的法律责任。'"

三、案例分析

随着资本市场全面深化改革，依法从严打击证券违法活动不断升级，中介机构承担责任的司法案例已经屡见不鲜，成为一种新常态。正如本书此前提到的，中介机构无论过错大小都要承担全额连带责任的相关司法判决，并不符合《虚假陈述若干规定》对中介机构责任进行区分的司法精神，在司法实践中也逐渐被法院调整和纠正。有鉴于此，以下将主要从近年有代表性的4个涉及比例连带责任或者补充责任的案例进行分析，展示法院对于中介机构责任认定的变化和趋势。

经梳理"中安科案""华泽钴镍案""康美药业案""保千里案"的相关司法判决，本书对相关中介机构的责任进行了统计汇总，见表15。

表15　4起典型案件中的中介机构责任情况汇总表

案件简称	证券公司责任比例	会计师事务所责任比例	律师事务所责任比例	评估机构责任比例
中安科案	一审100%连带责任 二审25%连带责任	一审100%连带责任 二审15%连带责任	未涉及	未涉及
华泽钴镍案	一审40%连带责任 二审100%连带责任	一审60%连带责任 二审100%连带责任	未涉及	未涉及
康美药业案	未涉及	100%连带责任	未涉及	未涉及
保千里案	一审10%补充责任 二审审理中	未涉及	未涉及	一审30%补充责任 二审30%连带责任

从上述汇总情况，本书可以得出如下结论：

第一，证券虚假陈述责任纠纷案件所涉及的中介机构责任，主要集中在证券公司和会计师事务所上，律师事务所及评估机构承担责任相对较少。这与目前资本市场上的虚假陈述行为多为财务造假行为的现实情况高度吻合。

第二，法院对于中介机构承担的责任比例并未形成统一的裁判规则。在上述4个案件中，中介机构承担的责任，从10%补充责任、30%补充责任，到15%连带责任、25%连带责任、30%连带责任、40%连带责任、60%连带责任甚至100%连带责任，各不相同。对于同一案件，一审法院与二审法院的观点也不尽相同。《虚假陈述若干规定》颁布实施后，透明统一的裁判规则也亟待形成。

对表15中4个案件的判决书进行深入的分析研究后，本书发现：

第一，在上述4个案件中被终审判决承担100%连带责任的中介机构的一个共同特点是，相关中介机构之前都受到过证监会的行政处罚，包括"华泽钴镍案"中的证券公司和会计师事务所与"康美药业案"中的会计师事务所。可见，在法院司法审判过程中，或将是否被行政处罚作为认定中介机构责任的重要依据。考虑到最高人民法院与证监会在《虚假陈述若干规定》发布之时同步联合发布了《关于适用〈虚假陈述若干规定〉的通知》，法院未来必然会就证券虚假陈述责任纠纷案件加强与证监会的沟通联动。因此，一旦中介机构被证监会认定存在重大违法，给予行政处罚，很有可能就会被法院判决承担较严重的法律责任。

第二，在无行政处罚的情况下，法院将更多关注证券公司及证券服务机构的注意义务和应负责任范围。因此，证券公司及证券服务机构的责任范围应仅限于其工作范围和专业领域，仅对其制作、出具的文件有虚假记载、误导性陈述或者重大遗漏的情况负责，法院应按照证券法及相关司法解释的规定，考量其过错程度、造成投资者损失的原因力等因素，分别确定其应当承担的法律责任。[1]

第三，特别值得注意的是，广东省深圳市中级人民法院在"保千里案"中认为，该案件虚假陈述行为是保千里公司、庄某等一致行动人故意作假，共同侵权，前述主体属于主责任人和连带责任人，对投资者损失应承担连带清偿责任；银信公司在评估过程中，疏忽大意，把关不严，使本来可以避免的或者减少的损失得以发生或者扩大，属于补充责任人，对投资者损失应承担补充赔偿责任。[2] 虽然该等观点最终为二审法院否定，但是，一审法院仍对不同主体的责任承担做出了非常有益的尝试。

---

[1] 参见上海市高级人民法院民事判决书，(2020) 沪民终666号。
[2] 参见广东省深圳市中级人民法院民事判决书，(2020) 粤03民初6125～6128、6131、6493、6726、6727、6729～6733、6782、6784、6785、6787、7203～7217号。

第六节

内部人的责任分担

一、理论与法律依据

《证券法》及原《虚假陈述若干规定》针对发行人内部人的过错认定规定过于笼统模糊，仅明确了过错推定的归责原则，在操作层面上存在很大的问题。

针对这个问题，最高人民法院首先在《债券座谈会纪要》中进行了尝试。《债券座谈会纪要》第28条初步设定了内部人过错认定标准，即"对发行人的执行董事、非执行董事、独立董事、监事、职工监事、高级管理人员或者履行同等职责的人员，以及参与信息披露文件制作的责任人员所提出的其主观上没有过错的抗辩理由，人民法院应当根据前述人员在公司中所处的实际地位、在信息披露文件的制作中所起的作用、取得和了解相关信息的渠道及其为核验相关信息所做的努力等实际情况，审查、认定其是否存在过错"。

《虚假陈述若干规定》则在《债券座谈会纪要》的基础上进一步细化了董事、监事、高级管理人员过错认定标准，并专门规定了独立董事免责事由，使发行人内部人责任的认定更具有可操作性，具体规定如下。

（一）内部人的过错认定标准

《虚假陈述若干规定》第14条第1款的规定与《债券座谈会纪要》第28条的规定较为相似，即"发行人的董事、监事、高级管理人员和其他直接责任人员主张对虚假陈述没有过错的，人民法院应当根据其工作岗位和职责、在信息披露资料的形成和发布等活动中所起的作用、取得和了解相关信息的渠道、为核验相关信息所采取的措施等实际情况进行审查认定"。

但比《债券座谈会纪要》更进一步的是，《虚假陈述若干规定》第14条第2款明确了人民法院不予支持的情形，即发行人的董事、监事、高级管理人员和其他直接责任人员"不能提供勤勉尽责的相应证据，仅以其不从事日常经营管理、无相关职业背景和专业知识、相信发行人或者管理层提供的资料、相信证券服务机构出具的专业意见等理由主张其没有过错的，人民法院不予支持"。

（二）明确投赞成票是内部人主观上有过错的重要证据

《虚假陈述若干规定》第 15 条规定，发行人的董事、监事、高级管理人员依照《证券法》第 82 条第 4 款的规定，以书面方式发表附具体理由的意见并依法披露的，法院可以认定其主观上没有过错，但在审议、审核信息披露文件时投赞成票的除外。

（三）明确独立董事及监事的免责情形

《虚假陈述若干规定》对于市场热议的独立董事责任问题有明确的回应，规定独立董事能够证明下列情形之一的，法院应当认定其没有过错：（1）在签署相关信息披露文件之前，对不属于自身专业领域的相关具体问题，借助会计、法律等专门职业的帮助仍然未能发现问题的；（2）在揭露日或更正日之前，发现虚假陈述后及时向发行人提出异议并监督整改或者向证券交易场所、监管部门书面报告的；（3）在独立意见中对虚假陈述事项发表保留意见、反对意见或者无法表示意见并说明具体理由的，但在审议、审核相关文件时投赞成票的除外；（4）因发行人拒绝、阻碍其履行职责，无法对相关信息披露文件是否存在虚假陈述作出判断，并及时向证券交易场所、监管部门书面报告的；（5）能够证明勤勉尽责的其他情形。独立董事提交证据证明其在履职期间能够按照法律、监管部门制定的规章和规范性文件以及公司章程的要求履行职责的，或者在虚假陈述被揭露后及时督促发行人整改且效果较明显的，法院可以结合案件事实综合判断其过错情况。《虚假陈述若干规定》规定外部监事和职工监事参照适用独立董事的相关规定。

该等规定有助于更好地认定发行人内部人的责任，使法院能够更精准地进行裁判，更好地平衡压实董事、监事、高级管理人员责任和保护其合法权益之间的关系，促进资本市场健康有效运转。

二、案例分析

在从严打击证券违法行为的背景下，上市公司董事、监事、高级管理人员和其他直接责任人员在越来越多的证券虚假陈述责任纠纷案件中被列为共同被告。我国首例特别代表人诉讼"康美药业案"判决独立董事承担巨额连带赔偿责任，引发多家上市公司公告独立董事辞任信息，由此也引发了整个资本市场对上市公司董事、监事、高级管理人员和其他直接责任人员责任边界的高度关注和广泛讨论。以下将分类对相关司法案例进行分析。

（一）内部人连带责任案例——"康美药业案"

2001 年 3 月，康美药业在上交所主板上市。2020 年 5 月 15 日，康美药业公告称收到证监会〔2020〕4 号行政处罚决定书，证监会认定康美药业存在虚增收入及利润，虚增货币资金，虚增固定资产、在建工程及投资性房地产，未披露控股股东及关联方非经营性资金占用的关联交易等行为，其 2016 年至 2018 年年报和 2018 年半年报的有关信息构成信息披露违法，故证监会决定对康美药业其实际控制人及有关责任人员作出行政处罚。

2021年4月8日，中小投服中心接受黄某等56名权利人特别授权，向广州市中级人民法院申请作为代表人参加诉讼。经最高人民法院指定管辖，广州市中级人民法院适用特别代表人诉讼程序审理该案。

经审理，广州市中级人民法院判决，康美药业因存在虚假陈述行为而应向52,037名投资者赔偿投资损失共计约24.59亿元。康美药业的董事长、实际控制人、董事会秘书、财务负责人等4名高级管理人员对前述债务承担连带赔偿责任。康美药业8名高级管理人员对相关定期报告签字确认其真实、准确、完整，但因其非财务负责人，故应在投资者损失20%范围内承担连带赔偿责任。在康美药业的独立董事中：3名对相关定期报告签字确认其真实、准确、完整，但因其为兼职，不参与康美药业日常经营管理，故应在投资者损失的10%范围内承担连带赔偿责任；2名亦属兼职且仅在《2018年半年度报告》中签字，故应在投资者损失的5%范围内承担连带赔偿责任；未以董监高身份在财务报告中签字的独立董事不承担赔偿责任。[1]

在"康美药业案"中，广州市中级人民法院结合相关主体是否参与造假、报告签署情况、被诉主体身份等方面情况对各董事、监事、高级管理人员进行责任划分：判决实际参与造假的董事、监事、高级管理人员在100%范围内承担连带责任，未参与造假但签署虚假陈述报告的内部董事及监事、高级管理人员在20%范围内承担连带责任，签署多份报告的独立董事在10%范围内承担连带责任，签署一份报告的独立董事在5%范围内承担连带责任，以董监高身份在财务报告中签字的独立董事不承担赔偿责任。正如《虚假陈述若干规定》所提及的"根据其工作岗位和职责、在信息披露资料的形成和发布等活动中所起的作用、取得和了解相关信息的渠道、为核验相关信息所采取的措施等实际情况"精细化认定董事、监事、高级管理人员责任。

（二）内部人免责案例——"鞍重股份案"

2017年4月28日，鞍重股份公告称公司及公司相关当事人收到证监会〔2017〕35号行政处罚决定书。2013年至2015年，九好集团通过各种手段虚增服务费收入264,897,668.7元，虚增2015年贸易收入574,786.32元；虚构银行存款3亿元，未披露3亿元借款以银行存款质押。九好集团将上述情况列入财务报表，向鞍重股份提供并于2016年4月23日披露了含有虚假内容的《浙江九好办公服务集团有限公司审计报告（2013年至2015年）》。九好集团的财务造假行为导致了九好集团、鞍重股份所披露的信息含有虚假记载、重大遗漏。证监会对鞍重股份、杨某分别给予处罚。投资者因此向法院提起证券虚假陈述责任纠纷民事诉讼，要求鞍重股份赔偿投资损失，杨某承担连带责任。

---

[1] 参见广东省广州市中级人民法院民事判决书，(2020) 粤01民初2171号。

辽宁省沈阳市中级人民法院一审认为：如果董事、监事和高级管理人员能够证明其没有主观过错，那么其不应对上市公司的虚假陈述赔偿责任承担连带赔偿责任。首先，在鞍重股份讨论通过《报告书》的董事会会议上，杨某作为关联董事回避表决，并未行使表决权，未对《报告书》发表意见。杨某只是作为鞍重股份的董事长，被证监会行政处罚。其次，根据证监会行政处罚决定书认定的事实，在鞍重股份披露案涉虚假财务信息的过程中，杨某并不具有主观的故意。最后，该案不同于上市公司对自身的经营及财务信息的虚假陈述而引发的虚假陈述民事赔偿案件，而是上市公司在披露他人信息时，作出了虚假的记载。证监会在行政处罚决定书中也认定该案虚假陈述行为系九好集团财务造假所致，并认定为本次重大资产重组项目提供服务的中介机构西南证券、天元所、中联评估以及利安达在对九好集团的尽职调查中未勤勉尽责。对于案涉重大资产重组事项，杨某作为鞍重股份董事长，根据《上市公司重大资产重组管理办法》的规定，积极督促和安排上市公司聘请独立财务顾问、律师事务所、会计师事务所和资产评估机构等证券服务机构就重大资产重组出具意见，并认真审阅交易文件和各证券服务机构出具的专业意见，且未发现明显异常。九好集团故意财务造假所致的行为，各证券服务机构经调查后也未能发现，杨某作为非专业人士，基于对中介机构的信任，并经过严格、规范的审查流程，仍未能识别和发现，不应认定其具有过失。[1]

在该案件中，鞍重股份董事长虽被证监会行政处罚，但是法院仍从其未表决亦未签署报告，主观上不存在故意，勤勉履责3个维度，综合判断其不存在过错，最终判决其不应承担连带赔偿责任。

（三）内部人补充责任案例——"协鑫集成案"

协鑫集成公司前身为超日公司，2015年5月26日，证监会作出〔2015〕10号行政处罚决定书，对超日公司责令改正，给予警告，并处以60万元罚款；对倪某某、陶某、朱某分别给予警告，并处以30万元罚款；对倪某、刘某、顾某、庞某、崔某、谢某分别给予警告，并处以3万元罚款。投资者因此向法院提起证券虚假陈述责任纠纷民事诉讼，要求协鑫集成公司赔偿投资损失，谢某承担连带责任。

江苏省南京市中级人民法院认为："《证券法》第六十九条规定的上市公司董事连带赔偿责任，适用范围是董事对上市公司虚假陈述存有主观故意的场合，而对于本案中独立董事谢某在履职中未保持必要职业审慎与超日公司侵权行为相竞合的情形，人民法院宜按照过错与责任相适应的公平原则，以谢某过失大小确定其对陶某损失承担补充赔偿责任。"[2]

---

[1] 参见辽宁省沈阳市中级人民法院民事判决书，(2017) 辽01民初418号。
[2] 江苏省南京市中级人民法院民事判决书，(2016) 苏01民初2066号。

除"协鑫集成案"外，其他法院在"海润光伏案""众和股份案"中也都判决独立董事或监事承担补充赔偿责任。在司法实践中，发行人内部的董事、监事及高级管理人员是被判决承担补充责任最多的主体。

第七节

内 部 追 偿

一、理论与法律依据

在我国目前司法实践中，证券虚假陈述责任纠纷案件主要是追究相关当事人的连带赔偿责任，偶尔会有补充责任，而在这两种责任形态下，必然会内部追偿的问题产生。《虚假陈述若干规定》关注到了这个问题，并在第23条第1款进行了原则性规定，"承担连带责任的当事人之间的责任分担与追偿，按照民法典第一百七十八条[1]的规定处理，但本规定第二十条第二款规定的情形除外"。此外，《虚假陈述若干规定》还在该条第2款特别作出了排除规定，"保荐机构、承销机构等责任主体以存在约定为由，请求发行人或者其控股股东、实际控制人补偿其因虚假陈述所承担的赔偿责任的，人民法院不予支持"。

从理论上来讲，不同责任条件下的追偿肯定有所不同：

第一，对于承担全额连带责任的案件，根据《民法典》第178条的规定在相关主体对外承担全部或部分赔偿责任后，相关主体可通过另外提起一个诉讼来划定内部追偿比例，在难以确定责任的情况下由法院直接判决平均分配责任。

第二，对于承担补充责任的案件，鉴于《民法典》第1198条以及第1201条都明确规定了相关主体在承担补充责任后，可以向第三人追偿，法院可以直接根据上述规定，支持相关主体的追偿诉请。

第三，对于承担比例连带责任的案件，鉴于法律并未明文规定比例连带责任，"在法院已经判决比例连带责任的情况下，相关主体对外承担赔偿责任后，能否对超额赔偿部分进行内部追偿"可能会成为司法实践的一个疑问。经检索，目前相近的规定只有《环境侵

---

[1] 参见《民法典》第178条规定："二人以上依法承担连带责任的，权利人有权请求部分或者全部连带责任人承担责任。连带责任人的责任份额根据各自责任大小确定；难以确定责任大小的，平均承担责任。实际承担责任超过自己责任份额的连带责任人，有权向其他连带责任人追偿。连带责任，由法律规定或者当事人约定。"

权责任纠纷司法解释》第3条第3款。[1]根据该规定，如果两个侵权人分别实施侵权行为，其中一个侵权人导致全部损害，另一个侵权人导致部分损害，那么被侵权人可以要求两个侵权人就共同造成的损害部分承担连带责任。换言之，就损害结果中无法归责于部分损害侵权人的部分，被侵权人无法主张。《环境侵权责任纠纷司法解释》的规定相当于给部分损害侵权人设定了责任上限，比例连带责任案件完全可以考虑参考适用。

二、实践现状

经检索，未查询到证券虚假陈述责任纠纷民事案件后续内部追偿生效司法文书，仅搜索到之前"欣泰电气先行赔付案"兴业证券对其他方追偿的相关报道。

2016年5月，创业板上市公司欣泰电气由于IPO申请文件中的相关财务数据存在虚假记载，上市后披露的定期报告存在虚假记载和重大遗漏，收到证监会作出的行政处罚和市场禁入事先告知书。2017年8月，欣泰电气正式摘牌退市，成为创业板第一家退市的公司，也是中国资本市场第一家因欺诈发行而退市的公司。众多投资者因欣泰电气退市出现损失，如不能依法获得赔偿将引发涉众纠纷，出现大量索赔诉讼和投诉，影响退市工作顺利进行和资本市场稳定。

为了化解欺诈发行责任人与投资者的群体性纠纷，作为欣泰电气上市保荐机构的兴业证券，决定出资设立规模为5.5亿元人民币的"欣泰电气欺诈发行先行赔付专项基金"，用于赔付适格投资者遭受的投资损失。从2017年6月开始，经过两个阶段的赔付申报过程，至2017年10月完成第二次赔付申报的资金划转，接受赔付并与兴业证券达成有效和解的适格投资者共计11,727人，占适格投资者总人数的95.16%；实际赔付金额为241,981,273元，占应赔付总金额的99.46%。[2]

2017年，兴业证券向北京市第二中级人民法院提起诉讼，起诉欣泰电气、北京兴华会计师事务所及直接主管人员、北京市东易律师事务所及直接主管人员、欣泰电气相关责任人、欣泰电气控股股东辽宁欣泰股份有限公司等共26名被告，诉请赔偿兴业证券就欣泰电气欺诈发行事件因先行赔付投资者而支付的超出自己应当赔偿数额的损失23,198.13万元。2019年，法院驳回兴业证券对欣泰电气、孙某、王某3名被告的起诉（兴业证券对该3名被告另行申请仲裁）。2021年12月，北京市第二中级人民法院作出一审判决，判决北京兴华会计师事务所赔偿808万元，北京市东易律师事务所赔偿202万元，温某赔偿5458万

---

[1] 参见《环境侵权责任纠纷司法解释》第3条第3款规定："两个以上侵权人分别实施污染环境、破坏生态行为造成同一损害，部分侵权人的污染环境、破坏生态行为足以造成全部损害，部分侵权人的污染环境、破坏生态行为只造成部分损害，被侵权人根据民法典第一千一百七十一条规定请求足以造成全部损害的侵权人与其他侵权人就共同造成的损害部分承担连带责任，并对全部损害承担责任的，人民法院应予支持。"

[2] 参见《欺诈发行引发涉众纠纷，多方联动保护合法权益》，载中国证券业协会网，https://www.sac.net.cn/tzzzj/zxhd/zqzsjs/zqjftj/xxpfal/202010/t20201016_34772.html。

元,其他时任欣泰电气董事、监事、高级管理人员等 14 名责任人赔偿合计 1169 万元,确认兴业证券对辽宁欣泰股份有限公司享有债权 5252 万元。[1]

从"欣泰电气案"可以看到,随着证券虚假陈述责任纠纷案件涉及主体范围的不断扩大,未来通过向法院起诉进行内部追偿可能会成为常态。就全额连带责任和补充责任下的追偿纠纷法院处理起来或较为简单,而比例连带责任内部追偿纠纷则存在如下的问题和障碍:如何解决适用法律问题?如何理解比例连带责任中的比例?如何解决不同主体不同比例的关系?该等问题目前都仅限于理论探讨,具体可能需要新规定或者案例予以明确解答。

---

[1] 参见《兴业证券股份有限公司发行人涉及重大诉讼、仲裁进展公告》,载上交所网,http://www.sse.com.cn/disclosure/bond/announcement/company/c/2022 - 01 - 10/4392219041073628823114349.pdf。

实务风险提示

PRACTICAL
RISK WARNING

本章在厘清各主体之间民事责任的内外部分担的基础上，为各主体的实操注意点及风险防范事项作以提示。

就发行人自身而言，应注意公司内部治理制衡机制的缺失，尤其是要注意对控股股东和实际控制人进行有力的内部制衡。例如，董事长与总经理两职合一的公司存在内部控制缺陷的可能性更大，[1] 该类公司在治理及内控层面出现弊病与漏洞的可能性更高。尤其对于上市公司，应重视主要负责人兼职问题，特别是小市值的上市公司内部系统性、全链条恶性造假更可能高发。在程序性规定（如电子征集方式、征集文件与授权文件确认程序等操作细则）不完善时，"一股独大"的局面很难被打破。

就控股股东和实际控制人而言，应重视自身证券合规意识薄弱的情况。在严刑峻法的监管环境下，"关键少数"以信息披露领域为首的合规能力欠缺将成为公司发展的风险问题之一，更容易引发违规资金占用和对外担保等不当行为。此外，若公司关键少数个人并未有意识地学习监管机构颁布的最新政策法规以及与自身岗位密切相关的监管司法案例，亦容易发生关键少数行使职权不合规、不合理的情况。

就董事、监事、高级管理人员而言，针对信息披露相关义务的落实，容易产生不正确行使"反对"和"报告"权利，留痕意识薄弱的情况。《信息披露违法行为行政责任认定规则》第21条、第22条规定了诸多可以认定不予处罚的具体情形，该等内容可为民事责任风险防范作一定程度的参考：第一，当事人对认定的信息披露违法事项提出具体异议记载于相关会议记录中，并在对应的会议中投反对票；第二，相关人员对信息披露违法行为不负有主要责任，同时其在违法行为发生后及时向公司和交易所、监管部门报告。同时，另有明确不能单独认定不予处罚的情形：相关人员不直接从事经营管理；相关人员基于能力或职业背景与时长而不了解情况；相关人员仅主张相信专业机构或者专业人员出具的意见和报告；相关行为受到股东或实际控制人控制或者其他外部干预。此外，董事会秘书等人员还可能因为对法律法规的掌握程度欠缺，不知晓哪些属于必须披露的事项，对于可披露和可不披露的事项不清楚应当如何处理，进而面临自身的责任承担风险。

就其他责任人员而言，主要可能存在的问题是不遵循公司内部明确的"作业流程"，最典型的例如公司印鉴使用流程、公司投资立项流程等。在此基础上，部分人员

---

[1] 参见刘亚莉、马晓燕、胡志颖：《上市公司内部控制缺陷的披露：基于治理特征的研究》，载《审计与经济研究》2011年第3期。

可能会欠缺确保自身各个环节的履职遵循"留痕原则"的意识，导致在相关风险事件发生时不能提交充分的证据证明自身不具有违法违规故意，并已在工作要求范围内勤勉尽责。

就中介机构而言，可能在以下几个方面存在实务风险：

首先，中介机构作为证券市场的"看门人"，可能会在尽职调查和持续督导期间忽视控股股东和实际控制人导致发生控股股东和实际控制人操纵信息披露造假的行为。在"广东榕泰财务造假案"中，广东榕泰因隐瞒关联交易被处罚，广东榕泰实际控制人杨某实际控制的和通塑胶、永佳农资、中粤农资同时也是广东榕泰的供应商。在"*ST新亿财务造假案"中，在*ST新亿实际控制人黄某亲自决策和参与下，发行人通过账面往来虚假交易，与实际控制人好友的公司虚假交易，倒签租赁合同的方式虚增营业收入和利润，相关销售合同不具有商业实质，不符合会计准则收入确认条件。相关风险事件均涉及中介机构未谨慎核查客户及关键经办人员是否与发行人的控股股东或实际控制人存在关联关系，发行人及其实际控制人在报告期内是否存在操纵会计政策的情形。

其次，在重大资产重组的情况下，常出现的情形是被收购标的希望通过财务造假而提高出售价值。若中介机构忽视对交易对方的财务情况核查，则很可能会发生"忽悠式重组"。

最后，针对各中介机构之间的责任划分问题，各中介机构容易在业务承做阶段忽视或模糊各自"专业意见"的领域划分，进而对是否应履行"特别注意义务"的事项不明确。在有其他专业意见支持的内容下，亦容易省略必要的调查、复核程序，未确保有合理理由排除了职业怀疑并形成合理信赖。若进入民事诉讼阶段，则无法在抗辩主张上重点区分相关核查事项是否属于自身专业范围，并向法庭强调不同的注意义务要求及履职标准。

第八章

资产支持证券
与银行间债券的
特殊性

第一节

资产支持证券的特殊性

一、资产支持证券的法律性质和业务属性

(一) 资产证券化的交易结构

我国金融市场上主要存在三类资产证券化模式，分别为证监会主导的企业资产证券化，人民银行和原银保监会主导的信贷资产证券化，以及人民银行领导，银行间交易商协会主导的资产支持票据。三类资产证券化产品的交易结构略有不同。

1. 企业资产证券化的交易结构

资产支持证券的基本交易结构如图1所示。

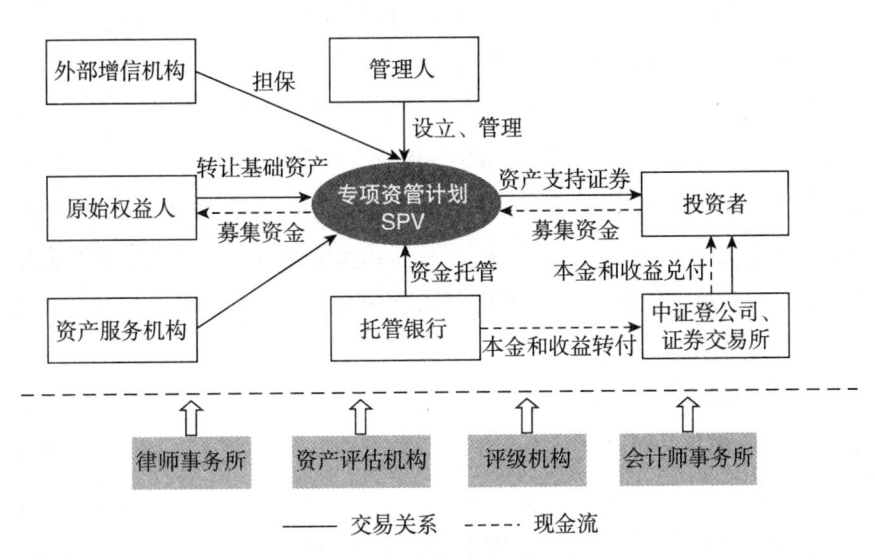

图1 资产支持证券基本交易结构示意图

交易流程可以分为：

第一，管理人设立并管理专项资产管理计划，合格投资者通过与管理人签订《认购协

议》，将认购资金以专项资产管理方式委托管理人管理。认购人取得资产支持证券，成为资产支持证券持有人。

第二，管理人在设立专项资产管理计划时，可以聘请财务顾问，完善增信措施，以及聘请中介机构为专项资产管理计划的运作提供服务。

第三，根据管理人与原始权益人签订的《基础资产买卖协议》的约定，原始权益人同意出售，并由原始权益人（作为卖方）向计划管理人转售基础资产，且管理人（作为买方）同意代表专项计划的认购人按照《基础资产买卖协议》的条款和条件购买相应的基础资产，并向原始权益人直接支付购买基础资产的全部价款。基础资产即自初始日至截止日的特定期间，原始权益人根据特定合同的约定，对特定用户享有的债权及其从权利。

第四，原始权益人根据《基础资产买卖协议》的约定，对基础资产中的特定用户仍然负有持续责任。同时，计划管理人一般委托原始权益人作为资产服务机构，负责基础资产对应的收取和催收等事宜。

第五，管理人对专项计划资产进行管理，托管人根据《托管协议》对专项计划资产进行托管。

2. 信贷资产证券化的交易结构

信贷资产证券化的基础资产主要是信贷资产，发起人为商业银行、小贷公司等金融机构。信贷资产证券化的交易结构与企业资产证券化的结构基本相同，主要有两点区别。

第一，发行载体不同。企业资产证券化的载体是资产支持证券，而信贷资产证券化的载体为特定目的信托。人民银行、原银保监会《信贷资产证券化试点管理办法》第11条规定信贷资产证券化的发起模式为"通过设立特定目的信托转让信贷资产"。

第二，参与主体不同。企业资产证券化中的管理人在信贷资产证券化中为特定目的信托受托机构。此外，与企业资产证券化相比，信贷资产证券化中通常没有外部担保机构，而是增加了借款人。例如，《信贷资产证券化试点管理办法》第26条第2款规定："受托机构更换贷款服务机构应及时通知借款人。"这是因为信贷资产证券化的发起人通常为银行，信用资质较好，故信贷资产证券化很少采用外部增信机制，一般采用优先劣后级结构实现内部增信。

3. 资产支持票据的交易结构

在2016年银行间交易商协会修订《银行间债券市场非金融企业资产支持票据指引》之前，资产支持票据的交易结构不强制引入特殊目的载体，而是采用"特定目的账户+应收账款质押"的交易模式，即在资金监管银行开立资金监管专户，实现账户隔离，明确基础资产未来产生的现金流直接进入资金监管专户，优先用于偿还资产支持票据。但特定目的账户并不能实现破产隔离和真实出售，严格而言不属于资产证券化，其属性与中期票据债务融资类似。

引入特殊目的载体后的资产支持票据交易结构与企业资产证券化并无实质差异，仅在发行载体、发行方式、登记托管机构以及交易场所等要素的具体要求上略有差别。

（二）资产证券化的业务属性

在实践中，对于资产证券化的业务属性存在争议。

1. 观点一：资产证券化业务属于投资银行业务

观点一认为资产证券化业务属于投资银行业务。主要理由为：

第一，在2019年《证券法》中，资产支持证券与资管产品是并列概念。可见，资产证券化业务与资产管理业务是不同的业务类型。

第二，在资产证券化业务中券商对拟出售基础资产及其相关主体履行尽职调查义务、核查信息披露职责，具有鉴证作用，是明显的投资银行类业务属性，与在资产管理业务中管理人承担的管理职责不同。

第三，资产管理产品投资其他标准化产品，管理人主要做的是投资分析和必要投资尽调，投资尽调和其他标准化产品发行一方的尽职调查职责及责任承担有本质区别。

第四，资产证券化业务被纳入投资银行业务指引进行规制，"三道防线"如质控、内部审核等设置与其他投资银行业务内控管理架构一致，与资产管理业务内控管理要求不同。

第五，资产证券化业务的主要收费是从融资人处收取发行或销售费用，与资产管理业务向投资者收取申购费不同。

第六，资产管理业务主要依赖于从产品管理中收取管理费，而资产证券化业务管理费在实践中只是象征性收取，由此可见资产证券化产品业务属性更多是融资行为，和资产管理业务属性"主动投资"的逻辑不同。

2. 观点二：资产证券化业务属于资产管理业务

观点二认为资产证券化业务属于资产管理业务。主要理由为：

第一，从业务载体来看，企业资产证券化的开展要求具备特定客户资产管理业务资格，使用"资产支持专项计划"作为特殊目的载体；信贷资产证券化的开展应设立"信托计划"特殊目的载体。以上载体均为资产管理业务载体。

第二，从法律关系来看，管理人通过"募投管退"的专业管理承担管理责任，而不是传统意义上的保荐承销责任。

第三，从监管实践来看，企业资产支持证券被纳入基金业协会备案监管。

3. 观点三：资产证券化业务既具有投资银行属性又具有资产管理属性

观点三认为资产证券化业务兼具投资银行和资产管理双重属性。本书赞同观点三。

理解资产证券化的业务属性，首先需要理解投资银行业务和资产管理业务的区别。投资银行业务是基于融资端的中介业务，通过尽职调查、核查信息披露等手段提高融资端的可信赖性，对融资发挥鉴证增信作用，其收费对象也主要是实际融资人；资产管理业务是基于投资端对投资人投入资产或资金进行管理的业务,通过管理人的管理实现投入资产或资金的增值,其收费对象主要是投资人或在资产管理产品中提取费用。

基于以上界定,本书认为资产支持证券既具有投资银行业务属性又具有资产管理业务属性。主要理由为:

第一,在资产证券化业务中券商确定实际融资方,之后对融资方拟出售基础资产及其相关主体履行尽职调查义务,属于卖方业务,具有明显的投资银行类业务属性。

第二,资产证券化有别于债券、股票,必须依赖相应载体才能发行。在现有制度框架下,资产证券化对特殊目的载体的依赖决定了管理人角色的存在必要性,单纯的中介业务无法满足这一要求。

第三,管理人及特殊目的载体同时承担了募集资金、对投资人进行管理的责任,这有别于保荐承销项下发行人及中介机构承担的责任。

第四,与资产证券化业务相类似的REITs业务也可供参考。《公开募集基础设施证券投资基金指引(试行)》对REITs产品交易结构的设计为:计划管理人设立基础设施资产支持证券,基金管理人对应设立公募基础设施投资基金,以公募基础设施投资基金募集资金认购基础设施资产支持证券全部份额。REITs产品被分为资产支持证券与公募基金两个阶段:资产支持证券管理人通过对基础资产及相关主体的尽职调查为拟出售的资产支持证券提供鉴证增信保障,具有明显的投资银行业务属性;公募基金管理人通过募集资金,认购资产支持证券,管理退出的方式实现投资人资金的增值,属于资产管理业务。

因此,本书认为资产支持证券兼具投资银行和资产管理属性,专项计划设立阶段即资产支持证券形成过程的工作具有投资银行业务属性,而专项计划设立后的"募投管退"工作属于资产管理业务属性。

(三) 资产支持证券的证券属性

对于资产支持证券是否属于证券,在2019年《证券法》公布之前存在一定争议。本书认为,三类资产证券化产品都是证券。[1]

第一,从自身属性来看,资产支持证券是以基础资产所产生的现金流为偿付支持,在此基础上发行的证券,该证券是投资者享有专项计划权益的证明,可以依法继承、交易、转让或出质。因此,资产支持证券完全符合证券可转让性、投资性、风险性、标准化的性质。[2]

第二,从全国人大、国务院发布的文件来看,资产支持证券一直以来属于"证券"范畴。2011年全国人大《中华人民共和国国民经济和社会发展第十二个五年规划纲要》将资产证券化纳入债券市场阐述,亦明确与"资产管理"相区分。2014年《国务院关于进一

---

[1] 参见郭锋等:《中华人民共和国证券法制度精义与条文评注》(上),中国法制出版社2020年版,第41页。
[2] 参见郭锋等:《中华人民共和国证券法制度精义与条文评注》(上),中国法制出版社2020年版,第12页。

步促进资本市场健康发展的若干意见》亦秉持上述法律精神，在"三、规范发展债券市场"部分明确规定"（九）积极发展债券市场。……统筹推进符合条件的资产证券化发展"。

第三，从监管部门的反馈来看，在2003年《证券投资基金法》第58条明确将基金财产投资限制于"（一）上市交易的股票、债券；（二）国务院证券监督管理机构规定的其他证券品种"[1]的情况下，2006年证监会《关于证券投资基金投资资产支持证券有关事项的通知》明确认可证券投资基金可以投资资产支持证券。并且，该通知第1条即明确"本通知所称资产支持证券，是指符合中国人民银行、中国银行业监督管理委员会发布的《信贷资产证券化试点管理办法》规定的信贷资产支持证券和中国证券监督管理委员会批准的企业资产支持证券类品种"。可见，在证监会看来，无论是信贷资产支持证券还是企业资产支持证券，都属于证券。2017年12月（当时2014年《证券法》仍有效），在回应"资产支持专项计划涉及的主要法规及指引有哪些"这一问题的，证监会明确回答，"资产支持专项计划（俗称'企业资产证券化'）涉及的法规及指引目前主要包括……《公司法》《证券法》《证券投资基金法》等"[2]。

不过，2019年《证券法》颁布后，对于资产支持证券的法律性质和法律适用理应不存在异议。2019年《证券法》第2条第3款规定："资产支持证券、资产管理产品发行、交易的管理办法，由国务院依照本法的原则规定。"有专家指出，这次证券法修订将所有资产证券化产品都纳入证券范畴，与域外立法相衔接，适用证券法严格的法律制度（如注册制以及信息披露、投资者适当性、反欺诈制度等）对其进行规范。[3]

（四）资产支持证券虚假陈述责任纠纷的法律适用

在《虚假陈述若干规定》出台之前，对于资产支持证券发行引发的证券虚假陈述责任纠纷的法律适用，也存在一定争议。主要争议焦点除了前面所述的资产支持证券是否属于证券之外，还涉及资产支持证券作为非公开发行的产品，能否直接适用原《虚假陈述若干规定》。

不过，在《虚假陈述若干规定》出台后，资产支持证券虚假陈述责任纠纷应当适用该规定。

从条文规定来看，《虚假陈述若干规定》扩大了各类证券适用范围。《虚假陈述若干规定》第1条第1款规定："信息披露义务人在证券交易场所发行、交易证券过程中实施虚假陈述引发的侵权民事赔偿案件，适用本规定。"第34条第1款规定："本规定所称证券

---

[1] 该条现规定在2015年修正《证券投资基金法》第72条。
[2] 《资产证券化业务知识问答》，载证监会网，http://www.csrc.gov.cn/pub/heilongjiang/xxfw/tzzsyd/201712/t20171201_327955.htm。
[3] 参见郭锋等：《中华人民共和国证券法制度精义与条文评注》（上），中国法制出版社2020年版，第41~42页。

交易场所,是指证券交易所、国务院批准的其他全国性证券交易场所。"相比原《虚假陈述若干规定》,《虚假陈述若干规定》不再将非公开发行与交易排除适用。最高人民法院也强调《虚假陈述若干规定》"扩大了司法解释的适用范围""实现打击证券发行、交易中虚假陈述行为的市场全覆盖"。因此,根据《虚假陈述若干规定》,凡是在证券交易场所进行的证券发行交易活动中发生的虚假陈述纠纷,无论采取何种发行交易方式,都应当适用该规定。

最高人民法院在解读《虚假陈述若干规定》时明确认为,在证券的类型方面,《证券法》第2条规定的证券,包括股票、债券、存托凭证、证券投资基金份额、资产支持证券、资产管理产品等多种类型。在这些证券的发行和交易活动中,发行人等信息披露义务人均应当充分披露投资者作出价值判断和投资决策所必需的信息,并负有保证信息披露内容真实、准确、完整的法定义务。也就是说,投资者免受欺诈的法定权利不因证券种类而有所不同,只要信息披露义务人实施了虚假陈述行为,就应当赔偿投资者因此产生的损失[1]。

二、资产支持证券的发行人身份

(一) 管理人不是发行人

有观点认为管理人是资产支持证券的发行人。其主要理由包括:

第一,《资产证券化业务管理规定》第12条提到"管理人设立专项计划、发行资产支持证券",第13条提到"管理人应当履行下列职责……(三)办理资产支持证券发行事宜"。

第二,《信贷资产证券化试点管理办法》第15条提到"特定目的信托受托机构是因承诺信托而负责管理特定目的信托财产并发行资产支持证券的机构",第17条提到"受托机构依照信托合同约定履行下列职责:(一)发行资产支持证券"。

事实上,上述规定并没有确认管理人或受托人是发行人,其关于管理人或受托人"发行"的表述完全可以解读为管理人或受托人受托发行。因此,该观点依据并不充分。相反,现行法规与相关法理足以论证管理人并非证券法上的发行人,具体如下:

第一,在法律概念上,管理人不是融资主体所以不属于证券法上的发行人。

从《证券法》第二章关于"证券发行"的内容来看,证券发行人是指为筹措资金而在证券市场发行债券、股票等证券的发行主体。在资产证券化业务中投资者认购的资金系转给资产专项计划,作为从原始权益人处受让基础资产的对价。《资产证券化业务管理规定》第6条对原始权益人和管理人的定义也进一步明确,资产证券化业务中的融资主体是原始权益人,管理人仅仅是为投资者之利益对资产专项计划进行管理及履行其他法定及约定职

---

[1] 参见林文学、付金联、周伦军:《〈关于审理证券市场虚假陈述侵权民事赔偿案件的若干规定〉的理解与适用》,载《人民司法》2022年第7期。

责的中介机构。实际上,上交所发布的关于资产证券化业务指南和问答等文件,均将资产支持证券的管理人和发行人(融资主体)区分开。

第二,在法律关系上,投资者认购的资产支持证券是专项计划的份额,认购关系实际发生在投资者与专项计划之间,管理人在证券认购关系中乃是作为专项计划的代表而出现。《证券法》中的规范的发行人主要是股票和公司债的发行人,两者与投资者之间成立证券认购关系。在资产支持证券中,虽然认购协议是投资者与管理人签订的,但管理人实际是代表专项计划与投资者签订认购协议,投资者通过认购证券取得的是专项计划的份额。

更进一步来说,在资产证券化业务中投资者支付的资产并非给管理人的对价,而是交付给专项计划的对价。因此,管理人需设立单独的募集资金专户接收认购资金而且无权自主动用该笔资金。实际上,管理人在资产证券化业务中获得的款项仅仅是基于提供服务而收取的报酬,是典型的中介机构的收费模式。

此外,《资产证券化业务管理规定》认定资产支持证券回购关系是发生在投资者与资产专项计划之间,专项计划说明书不会约定管理人负有赎回义务或需保证投资者受益权的实现,侧面说明管理人并非证券法上的发行人。

第三,从信息距离远近来看,管理人是外部人而非内部人。管理人是通过尽职调查的方式获得基础资产等信息的外部人员,而证券法上的发行人作为最主要和直接的信息披露义务人,应当是直接掌握证券收益和风险相关信息的内部人。因此从该角度来看,管理人也并非证券法上的发行人。

(二)特殊目的载体是否是发行人

也有观点认为特殊目的载体是证券法上的发行人。主要理由包括:

第一,《银行间债券市场非金融企业资产支持票据指引》(2016年)第2条规定:"本指引所称资产支持票据,是指非金融企业(即发起机构)为实现融资目的,采用结构化方式,通过发行载体发行的,由基础资产所产生的现金流作为收益支持的,按约定以还本付息等方式支付收益的证券化融资工具。"

第二,《资产证券化业务管理规定》认定与投资者成立证券回购关系的是资产支持专项计划。

但是,实际上前述指引只是强调了"发行载体"的概念,并没有认定发行载体即为"发行人"。而且,资产专项计划并非最终融资主体,相反融资主体归还给专项计划的资金全部是用来分配给投资者的,除此之外专项计划并没有可供清偿的财产,实际上相当于一个"空壳",难以确定其独立发行人身份。更重要的是,在我国当下法律实践中,特殊目的载体一般未采取特殊目的公司形式,并不是法律实体,本身不具备法律主体资格也就无法成为民事行为主体,严格来说自然谈不上担任证券发行人的角色。

（三）《金融审判座谈会纪要》的观点：原始权益人或实际受益人是发行人

支持原始权益人或实际受益人是证券法上发行人的主要理由包括：第一，交易所发布的关于资产证券化业务指南和问答等文件将原始权益人认定为资产支持证券发行人；第二，原始权益人是资产证券化业务中的融资主体，与股票、债券发行人一样，最终获得投资者认购资金利益。这一观点也为《金融审判座谈会纪要》所采纳。

不过，这一观点在理论上也存在商榷之处。因为原始权益人虽然是融资主体，但其并没有发行证券的行为，未与投资者直接建立证券认购关系。因此，最多只能认为原始权益人是经济意义上的发行人，更准确的定义应该是"发起人"。如果原始权益人所融资金实际为交易架构之外的主体（实际受益人）使用，实际受益人同理也不属于证券法上的发行人。

三、资产支持证券管理人的职责

由于资产证券化兼具投资银行属性和资产管理属性，且特殊目的载体在法律属性上不具有发行人的身份，因而管理人的职责贯穿于资产支持证券从发行到清算始终。

（一）发行阶段

在发行阶段，管理人的职责主要包括以下4项。

1. 资产支持证券的发行设立

资产支持证券按照专项计划说明书约定的条件发行完毕，则专项计划设立成功。根据《资产支持专项计划备案管理办法》，专项计划设立完成后，管理人应在5个工作日内向基金业协会报送专项计划说明书、基础资产转让协议、法律意见书等备案材料。基金业协会出具备案确认函后，专项计划备案成功。

2. 募集、销售

根据《资产证券化业务管理规定》第29条的规定，资产支持证券应当面向符合《私募投资基金监督管理暂行办法》的合格投资者发行。另外，《上海证券交易所债券市场投资者适当性管理办法》（2023年）、《深圳证券交易所债券市场投资者适当性管理办法》（2023年）直接明确资产支持证券仅限合格投资者中的机构投资者认购及交易，即排除了资产管理属性的《私募投资基金监督管理暂行办法》中规定的个人合格投资者。因此，管理人在销售专项计划环节，要承担投资者适当性管理责任。

对于资产支持证券的销售适用代销还是承销程序，监管规定未予明确。在实操中，证券公司既有按照证券承销业务资质承销的，也有按照代销金融产品业务资质来销售的。两种销售模式在尽职调查，投资者适当性，签署协议，内部立项内部审核流程，是否承担连带赔偿责任，管理人是否可能承担包销责任上存在不同，应予厘清。

在代销金融产品模式下，证券公司可自行销售，也可聘请第三方代销。第三方代销机构应取得代销金融产品业务资格。聘请第三方销售机构代销的，根据《九民纪要》的有关规定，承担违反投资者适当性义务的赔偿责任，而且还需承担第三方销售机构未尽适当性义务带来的赔偿责任风险。但在代销模式下，证券公司无须对原始权益人承担包销责任。

在证券承销业务模式下，管理人按照《证券法》第85条的承销商角色承担过错推定责任。管理人可聘请分销商，在文件中明确定义分销商角色的前提下，分销商的证券虚假陈述责任由分销商自行承担。在具体模式上，承销可采取代销或者包销方式。在实操中，市场上不签订"包销"条款的资产证券化项目存在一定的发行难度。为确保融资成功，原始权益人往往要求管理人签订"包销"条款并承担包销责任。

关于资产证券化能否适用"包销"问题，在实务中存在一定争议，背后的问题是资产证券化是否可以完全纳入投资银行承销，关系资产证券化的业务属性和法律关系。根据现行有效的监管规定，并结合实际市场中的资产证券化业务的开展情况，资产证券化业务应当可以适用承销模式，进而可适用包销，这也符合资产证券化的投资银行属性，契合资产支持证券作为证券的特性。

3. 信息披露及利益冲突防范

若管理人与原始权益人之间存在重大利益关系，管理人应充分披露可能存在的风险以及采取的防范措施，防范利益冲突。

管理人应当核查专项计划的信息披露（但管理人并非证券法上的信息披露义务人，详见第四章的论述），披露的信息必须真实、准确、完整，不得有虚假记载、误导性陈述或者重大遗漏。资产支持证券发行前，管理人应当向投资者披露专项计划说明书，法律意见书，评级报告，基础资产权属构成，是否有权利负担风险等文件和信息。

4. 尽职调查

《资产证券化尽职调查工作指引》第5条规定："对计划说明书等相关文件中无中介机构出具专业意见的内容，管理人应当在获得充分的尽职调查证据材料并对各种证据材料进行综合分析的基础上进行独立判断。对计划说明书等相关文件中有中介机构出具专业意见的内容，管理人应当结合尽职调查过程中获得的信息对专业意见的内容进行审慎核查。对专业意见有异议的，应当要求中介机构作出解释或者出具依据；发现专业意见与尽职调查过程中获得的信息存在重大差异的，应当对有关事项进行调查、复核，并可聘请其他中介机构提供专业服务。"

鉴于资产证券化具有重要的投资银行特性，管理人应遵循《证券公司投行业务内控指引》等投资银行业务规定，勤勉尽责开展尽职调查。根据《关于注册制下督促证券公司从事投行业务归位尽责的指导意见》的精神，对于未引用中介机构专业意见的尽职调查工作，管理人应履行特别注意义务，对自己出具的文件负责；而对于已经聘请中介机构发表专业意见的，应以"合理信赖"为一般原则，履行普通注意义务。在中介机构专业意见中存在"重大异常""前后重大矛盾""重大差异""已有风险提示"等特殊情形的,管理人承担调查、复核的责任。

(二) 存续阶段

管理人应恪尽职守,根据专项计划说明书等约定履行职责,为投资者提供服务。管理人因自身过错造成专项计划资产损失的,应向资产支持证券持有人承担赔偿责任。由于资产证券化具备资产管理业务属性,管理人还应遵守资产管理业务"卖者尽责""客户利益至上"等原则,恪尽职守,谨慎勤勉,维护投资者合法权益。

1. 信息披露

在专项计划存续阶段,管理人应当依法依规督促特殊目的载体做好信息披露工作,包括年度信息、突发事件信息、基础资产信息、关联方交易信息等披露,保证投资者及时了解与专项计划资产与收益有关的信息。必要时,管理人应召集资产支持证券持有人进行会议,及时披露影响资产支持证券信用风险的事件,进行风险预警。

资产证券化作为具有投资银行特性的业务,管理人还应根据《证券公司投行业务内控指引》规定,建立健全投资银行类项目跟踪管理机制,确保对与项目有关的情况进行持续关注和尽职调查,对外披露持续督导、受托管理、年度资产管理等报告等应当履行内部审核程序。

2. 监督职责

在专项计划存续阶段,管理人应督促原始权益人以及为专项计划提供服务的有关机构,履行法定及约定的职责义务。如前述机构违约,计划管理人应代持有人追究其违约责任。同时,管理人还有责任协调原始权益人、增信机构、资产服务机构等各方,采取有效措施,防范并化解资产支持证券信用风险,及时处置预计或已经违约的资产支持证券风险事件。必要时,管理人应以自身名义,代表投资者提起诉讼、仲裁或者采取其他法律行为以维护投资者合法权益。

例如,在"红博会展信托受益权资产支持专项计划"未能足额按期收到信托还款时,管理人华林证券股份有限公司作为原告,代表专项计划对哈尔滨工大高新技术产业开发股份有限公司等被告提起诉讼,法院判决哈尔滨工大高新技术产业开发股份有限公司支付借款本金、利息、违约金、律师费和保全担保费,并判决专项计划根据《基础资产买卖协议》对红博会展租金、管理服务费、停车费收入等商业租金收入享有优先受偿权。[1]

根据《资产证券化业务管理规定》第5条第2款的规定,专项计划资产独立于原始权益人、管理人、托管人及其他业务参与人的固有财产。湖北省武汉市中级人民法院在一起执行案件中未区分原始权益人自有财产与专项计划财产,应原始权益人债权人申请冻结了

---

[1] 参见黑龙江省哈尔滨市中级人民法院民事判决书,(2019) 黑01民初965号。

专项计划财产，损害了"融信租赁2017年一期资产支持专项计划"投资者的权益。专项计划管理人山西证券股份有限公司作为案外人，及时尽责向法院提出排除对执行标的强制执行的异议，最终法院裁定中止了债权人对特定银行账户资金的执行。[1]

3. 其他职责

在专项计划存续阶段，管理人还应当履行风险管理、信用风险监测、信用风险化解与处置、收益分配管理、循环购买审查、档案保管等职责。

（三）清算阶段

1. 持续督促特殊目的载体进行信息披露

根据《资产证券化信息披露指引》的规定，管理人涉及的信息披露工作主要存在于发行和存续环节。但是，依据《资产证券化业务管理规定》，即使专项计划进入清算阶段，管理人仍然需要督促特殊目的载体对投资者进行信息披露，披露内容主要是清算阶段形成的持有人会议决议及律师意见书、清算报告、收益分配报告等对可能对投资者利益产生重大影响的事项。其中，管理人应当自专项计划清算完毕之日起10个工作日内向合格投资者披露。

此外，如果专项计划说明书及标准条款等合同对管理人在清算阶段的信息披露工作有其他约定，管理人也应当按约定督促特殊目的载体做好信息披露工作。

2. 负责专项计划的终止清算

《资产证券化业务管理规定》第13条关于"管理人应当履行的职责"明确包括"负责专项计划的终止清算"。《资产证券化业务管理规定》第19条进一步规定管理人负责的内容，即专项计划终止的，管理人应当按照专项计划说明书的约定成立清算组，负责专项计划资产的保管、清理、估价、变现和分配，并负责聘请具有证券资格的会计师事务所对清算报告出具审计意见。

需要说明的是：第一，管理人需要根据专项计划说明书中的约定判断是否出现（提前）终止专项计划的事由并按约定召集持有人大会进行决议。第二，上述保管、清理、估价、变现和分配等过程涉及的具体时限等要求和发生的相关费用的支付主体（尤其专项计划资产不足以支付时）主要还是取决于专项计划说明书等合同约定。

3. 妥善处置风险

在专项计划清算阶段，如可能发生投资者无法获得全额兑付的风险，管理人应当勤勉尽责地执行风险处置预案，最大限度地保护投资者利益。管理人可以在取得持有人授权（包括事前的合同授权、事后的持有人会议授权）后依法代表专项计划采取法律手段尽可能地为投资者争取最大的利益，包括但不限于：

---

[1] 参见湖北省武汉市中级人民法院执行裁定书，(2019) 鄂01执异786号。

第一，按专项计划说明书和标准条款等约定起诉或申请仲裁，请求原始权益人和差额补足承诺人等增信主体承担还本付息与违约损害赔偿责任。

第二，对于以应收账款等债权为基础资产的专项计划，如果底层债务人未按约定还款，可按基础资产买卖协议及债权债务转让通知等约定起诉或申请仲裁，请求底层债务人偿还债务。

第三，对于以公用设施等收费权为基础资产的专项计划，如果原始权益人未按约定使用募集资金影响了基础资产的运营使基础资产无法持续产生稳定的现金流归集到专项计划，那么可以按约定起诉或申请仲裁，请求原始权益人承担损害赔偿责任。

第四，如果资产服务机构未能及时归集资金导致专项计划无法按约定分配资金，那么可以按约定起诉或申请仲裁，请求资产服务机构承担违约损害赔偿责任。

第五，如果有关债务人存在以明显不合理的低价转移财产或怠于行使对次债务人的到期债权的情况，可以依法行使债权人撤销权或代位权。

4. 分配专项计划利益

《资产证券化业务管理规定》第13条明确规定，管理人应当履行的职责包括"按照约定向资产支持证券投资者分配收益"，其在清算程序完成后即应当按照专项计划说明书和标准条款等约定内容启动分配程序。

一般来说，专项计划资产清算后分配/清偿顺序为：（1）支付清算费用；（2）缴纳专项计划所欠税款（如有）；（3）清偿未受偿的其他应当由专项计划承担的费用；（4）支付优先级资产支持证券持有人（如有）未受偿的预期收益和本金；（5）分配给次级资产支持证券持有人（如有）。在实践中，具体分配/清偿顺序应以专项计划约定为准。

四、资产支持证券财务顾问的职责

（一）在实践中财务顾问的角色与职责

现行法对于财务顾问的法定职责缺乏明确规定，在实践中财务顾问的职责主要取决于《财务顾问协议》的约定。

第一，既有规则下财务顾问的法定职责缺乏具体规定。对于资产支持证券财务顾问的职责，各类监管规范和业务规则都无明确规定。

第二，在实践中，财务顾问的职责及其范围主要源于《财务顾问协议》的约定，且财务顾问的职责在不同的资产支持证券项目中不尽相同。

例如，《财务顾问协议》可约定财务顾问的工作包括：协助设计项目实施方案，制订资产证券化发行方案，为项目相关事宜提供专业性意见和建议，完成项目相关必要的尽职调查，协调各中介机构工作等。[1]《财务顾问协议》也可约定财务顾问仅负责"无偿协助委托人开展资金筹划和项目推进等相关工作"，并强调"财务顾问仅为本专项计划相关工作提供代理推广服务"。[2]

第三，在实践中，财务顾问的职责不一定为投资者明确知晓。其一，如上所述，财务顾问的职责多约定于《财务顾问协议》，投资者并非协议当事人，无从知晓协议的具体内容；其二，《专项计划说明书》可能仅简单介绍某中介机构为财务顾问，但不披露其具体职责；其三，《财务顾问协议》通常不是《专项计划说明书》的备查文件，《专项计划说明书》也不会将《财务顾问协议》作为主要交易文件而披露其摘要。

第四，在实践中，财务顾问通常不会直接向投资者出具文件。（1）财务顾问出具的报告、咨询意见和建议，通常只会提供给委托人；[3]（2）在监管规则下，财务顾问并无出具法定文件或向交易所提交文件的职责；（3）财务顾问可能仅负责设计专项计划交易结构，协调中介机构，提供推广代理服务等，而非出具财务顾问报告。

第五，财务顾问不一定为原始权益人所聘请，可能是受其他当事人委托提供财务顾问服务。例如，在"航洋城信托受益权资产支持专项计划"中，用于证券化的资产是信托公司的信托受益权，原始权益人为信托公司，基础资产为信托受益权，广西东方航洋实业集团有限公司系通过信托贷款进行融资。案涉财务顾问则是由广西东方航洋实业集团有限公司聘请。[4]

（二）财务顾问向投资者承担民事责任的可能路径

在分析财务顾问与管理人间的责任划分之前，有必要先分析财务顾问承担民事责任的可能路径。由于财务顾问与投资者间并无直接的合同关系，且财务顾问并未直接向投资者出具相关文件，因此，有必要探讨投资者要求财务顾问承担民事责任的可能路径。

1. 可能路径一：证券侵权责任

财务顾问若出具虚假财务顾问报告文件，则投资者可要求其承担《证券法》上的赔偿责任。需讨论以下两种情形：

第一，财务顾问未出具报告等文件的情形。在此种情形中，应实质理解财务顾问的工作内容。如果财务顾问负责专项计划设立、资产支持证券发行，并且负责和参与尽职调

---

[1] 参见广西壮族自治区高级人民法院民事判决书，（2018）桂民终275号。

[2] 参见《国新保理—浦银安盛资管央企供给侧改革供应链2号资产支持专项计划（疫情防控）说明书》，载浦银安盛资管网 2020 年 4 月 15 日，http://www.pyaxa-am.com/data/2020041518115221bc-29f2-37e4-bc2b-85827e6f340b.pdf。

[3] 参见《国新保理—浦银安盛资管央企供给侧改革供应链2号资产支持专项计划（疫情防控）说明书》，浦银安盛资管网 2020 年 4 月 15 日，http://www.pyaxa-am.com/data/2020041518115221bc-29f2-37e4-bc2b-85827e6f340b.pdf；广西壮族自治区高级人民法院民事判决书，（2018）桂民终275号；广东省广州市中级人民法院民事判决书，（2020）粤01民终4216号。

[4] 参见广西壮族自治区高级人民法院民事判决书，（2018）桂民终275号。

查，虽然其并未以自己的名义出具相关文件，但专项计划的设立发行以及尽职调查，都是其工作成果的体现。因此，应将《证券法》第163条提到的"出具报告"实质解释为不限于以自己的名义出具文件，还包括在自己的职责范围内履职并完成的工作成果。

第二，财务顾问并非原始权益人聘请的情形。在此种情形中，也应实质理解财务顾问的工作内容。如果财务顾问在专项计划的设立发行过程中都是与原始权益人对接，完成工作所依据的材料主要也都是由原始权益人提供，其完成工作亦主要是为证券成功交易发行，针对的是原始权益人在该次发行中的利益，那么，虽然财务顾问是由其他当事人作为委托人聘请并支付相关财务顾问费，但在评判此处"委托人"的身份时理应以实质上的权利义务承受载体为准。

上述两种情形，如果不从财务顾问的实质工作内容分析并作实质解释，则很有可能引发财务顾问逃避责任的道德风险。

2. 可能路径二：一般侵权责任

投资者因财务顾问未勤勉履职，存在虚假陈述等行为而遭受的损失是纯粹经济损失。在传统侵权法下，纯粹经济损失原则上不予赔偿。[1] 但是，司法实践和学理都认为，当被告存在故意侵权行为或违反对原告的注意义务时，应当对纯粹经济损失进行救济；纯粹经济损失的赔偿根据行为人注意义务的履行情况来确定。[2]

当第三人对专家（财务顾问）的执业行为产生信赖时，专家（财务顾问）对该第三人的注意义务也随之产生。

当财务顾问参与专项计划时，《专项计划说明书》通常都会披露财务顾问的身份，在《专项计划说明书》关于专项计划交易结构和相关方简介中，可能也会披露财务顾问负责提供产品设计等服务。而且，如果财务顾问负责协助尽职调查，其可能会以尽调小组成员的身份参与尽职调查。此时，《尽职调查报告》是财务顾问执业行为的工作成果。

因此，归根结底，财务顾问的执业行为导致其对投资者负有一定的注意义务。而且作为有经验的专业人士，财务顾问应当知晓，如果其对委托人或管理人出具的工作成果存在虚假陈述，那么委托人或管理人乃至投资者将作出错误的决定，最终将导致投资者遭受经济上的损害。

例如，如果《财务顾问协议》约定财务顾问负有"设计项目交易结构和实施方案""为项目之目的协调相关中介机构开展尽职调查工作"等职责，则财务顾问通常很容易预见到其在《财务顾问协议》下履行的职责，可能会成为专项计划发行和信息披露的基础。如果财务顾问未能妥善履行该等职责，应认定其违反了对投资者的注意义务，应当对投资者的纯粹经济损失承担赔偿责任。

---

[1] 参见张新宝、李倩：《纯粹经济损失赔偿规则：理论、实践及立法选择》，载《法学论坛》2009年第1期。
[2] 参见葛云松：《纯粹经济损失的赔偿与一般侵权行为条款》，载《中外法学》2009年第5期。

(三) 财务顾问与管理人的责任划分构想

1. 原则：根据各自的职责边界划分

财务顾问和管理人同属于中介机构，因此其责任划分的法律基础也在于各自的职责边界。

第一，因为资产证券化业务兼有投资银行与资产管理属性，故管理人职责也包括承销商责任（投资银行）和狭义的计划管理人责任（资产管理），前者侧重于证券发行，后者侧重于存续管理，可以由两个机构承担。若由两个机构来承担（主要是聘请财务顾问分担一部分职责），则应在《专项计划说明书》中明确财务顾问和狭义管理人的职责和权利义务关系划分，做到权责利对等。

第二，如果在《专项计划说明书》中管理人未披露财务顾问，则根本不存在投资者对财务顾问履职行为的信赖，管理人应自行承担全部责任。

2. 财务顾问与管理人职责交错的情形

在实践中，财务顾问与管理人的职责经常出现交叉重叠的情况。

第一，财务顾问可能与管理人是同一主体。[1] 在此种情形下，结果意义上不存在不同主体间责任划分的问题，由财务顾问直接承担管理人的民事赔偿责任。

第二，财务顾问与管理人职责部分交错的情形。在此种情形下，需要从财务顾问的职责边界入手，确定财务顾问的责任范围。以基础资产虚假导致投资者损失为例进行分析：

一方面，如果财务顾问的职责只是代理推广或者协调各交易主体，那么对专项计划基础资产的尽职调查，并不属于其履职范围，在其不存在故意等情节时，不应对基础资产的虚假承担责任。

另一方面，如果《专项计划说明书》明确披露财务顾问负责专项计划产品设计，组织协助对基础资产进行尽职调查等，那么对基础资产真实性的尽职调查属于其履职范围，其需要对基础资产的虚假与管理人对外承担连带赔偿责任。在具体形式上，财务顾问与管理人可以在对外承担全部连带责任后再进行内部追偿，亦可由法院根据个案中的具体职责确定相应的连带比例。

第三，专项计划实际由财务顾问操盘，而管理人只是"通道"的情形。首先需明确的是，此种情形违反了监管规定。证监会《资产证券化监管问答（二）》（2020年10月30日废止）曾明确禁止让渡管理责任，开展通道类资产证券化业务。《证券公司投行业务内控指引》第95条亦明确规定管理人聘请或委托第三方机构为其资产证券化业务提供相关服务的，其依法承担的责任不因聘请或委托第三方机构而免除。

此种情形下，管理人未能勤勉履职，不能因其让渡管理责任而减免赔偿责任。财务顾

---

[1] 参见《东北证券股份有限公司关联交易公告》，载巨潮资讯网，http://www.cninfo.com.cn/new/disclosure/detail?orgId=gssz0000686&announcementId=1202592969&announcementTime=2016-08-20。

问实际实施虚假陈述行为,是实际的侵权行为人。因此,两者均明知自己的行为已触犯监管规则,应认定管理人和财务顾问构成共同侵权,对于虚假陈述给投资者造成的损失承担连带责任。

第二节

银行间债券的特殊性

我国公司信用类债券可划分为三大债券品种：证监会主管的公司债券，国家发展改革委主管的企业债券，人民银行（银行间交易商协会）主管的银行间债务融资工具（银行间债券）。虽然三者的实质法律关系均为"还本付息"的借贷关系，但在发行、交易、结算、托管等方面均有所不同，投资者组成存在区别，监管规定与自律规范亦给出差异化要求。

其中特别需要关注的是银行间债券。第一，在市场份额方面，银行间债券是占比份额最大的公司信用类债券，2020年、2021年银行间债券的发行量基本为公司债券与企业债券之和的两倍，[1] 银行间债券市场的债券存量接近全市场的90%（全口径债券数据，不限于公司信用类债券）。[2] 第二，在法律适用方面，《证券法》的适用范围是"公司债券"等"证券"，《虚假陈述若干规定》的适用范围是在"证券交易场所"发行、交易的"证券"。公司债券无疑应适用《证券法》与《虚假陈述若干规定》；从历史层面来看，企业债券实际是《证券法》最初规制的"公司债券"原型，[3] 国务院办公厅《关于贯彻实施修订后的证券法有关工作的通知》再次明确企业债券属于《证券法》所称"公司债券"，争议同样不大；但银行间债券是否满足前述规范的适用前提，则颇具争议。第三，在市场特征方面，依据《全国银行间债券市场债券交易管理办法》第8条，银行间债券市场是纯粹的机构市场，排除自然人参与，且政策性银行与存款类金融机构（银行、信用社等）持有

---

[1] 参见中证鹏元资信评估股份有限公司：《中国债券市场统计（2021年）》，载中证鹏元网，https://www.cspengyuan.com/content/pengyuancmscn/credit-research/bond-market-research/annual/20220114170114139.html。

[2] 参见中债研发中心：《中国债券市场概览（2021年版）》，载中国债券信息网，https://www.chinabond.com.cn/cb/cn/yjfx/zzfx/nb/20220420/160071028.shtml。

[3] 1993年《公司法》、1998年《证券法》、2005年《证券法》的直接规制对象是国家发展改革委体系的企业债券，故立法所称"公司债券"在外延上最初就包含企业债券，参见洪艳蓉：《〈证券法〉债券规则的批判与重构》，载《中国政法大学学报》2015年第3期。

超过20%，非法人类产品（基金、资产管理计划等"大资管产品"）持有超过65%。[1]

基于以上特性，围绕以上争议，银行间债券虚假陈述民事责任相比于股票类证券虚假陈述民事责任乃至公司债券虚假陈述民事责任，具有特殊性。因此，本书专门对银行间债券虚假陈述民事责任的特殊性进行分析。

一、法律适用的特殊性

（一）银行间债券难以适用《证券法》

首先值得关注的是，根据《证券法》的定义条款，银行间债券难以归入《证券法》意义上的"证券"。《证券法》第2条以"列举+兜底"的方式确定该法适用的"证券"范围。该条仅列举"公司债券"而不包括"债务融资工具"，而"国务院依法认定的其他证券"是否包括银行间债券则存疑，本书倾向于持否定态度：

第一，国务院并未出台行政法规确认银行间债券属于证券。

第二，银行间债券的基础规章——人民银行《银行间债券市场非金融企业债务融资工具管理办法》仅明确将《人民银行法》列为上位法，而不包括《证券法》。

第三，2020年3月11日，人民银行、证监会有关负责人答记者问指出：根据《通知》（国务院办公厅《关于贯彻实施修订后的证券法有关工作的通知》——笔者注）精神，银行间债券市场金融债券、非金融企业债务融资工具等品种债券的发行、交易、登记、托管、结算等，由人民银行及其指定机构依照《人民银行法》等制定的现行有关规定管理。商业银行等承销机构，信用评级等证券服务机构仍按照现行有关规定在银行间债券市场正常开展业务。下一步，人民银行等部门将继续在公司信用类债券部际协调机制框架下，分工协作，共同推动公司信用类债券持续健康发展。[2] 其中可窥见，相关主管部门并不认为银行间债券应适用《证券法》。此外，债券领域最主要的基础设施服务机构中央结算公司梳理认为，银行间债券市场适用的基本法律规定不包括《证券法》。[3]

除"证券"的定义条款外，《证券法》第85条与第120条同样排斥银行间债券。在《证券法》上，债券主承销商承担虚假陈述责任的基础规范是第85条，该条规定，"保荐人、承销的证券公司"在过错情形下承担虚假陈述赔偿责任，"证券公司"这一表述与银行间债券一般由商业银行担任主承销商存在矛盾。例如，在商业银行担任银行间债券唯一主承销商的情形下，投资者无法依据该条要求银行承担责任，这显然说明立法预设不包括

---

[1] 参见《2022年9月债务融资工具持有人统计》，载银行间交易商协会网2022年10月27日，https://www.nafmii.org.cn/sjtj/cyrjg/202210/P020221027570020444807.pdf。

[2] 参见《人民银行、证监会有关负责人就债券市场支持实体经济发展有关问题答记者问》，载中国政府网，http://www.gov.cn/xinwen/2020-03/11/content_5490109.htm。

[3] 参见中债研发中心：《中国债券市场概览（2021年版）》，载中国债券信息网，https://www.chinabond.com.cn/cb/cn/yjfx/zzfx/nb/20220420/160071028.shtml。

银行间债券；又如，在银行与证券公司共同担任主承销商时，投资者依据本条仅能要求证券公司承担责任，显然也是不合理的结论。更为值得注意的条文是《证券法》第120条第4款，即"除证券公司外，任何单位和个人不得从事证券承销、证券保荐、证券经纪和证券融资融券业务"。可见，《证券法》将证券承销视为证券公司的特许经营业务，银行间债券并不属于《证券法》所称"证券"。银行承销银行间债券的，不在《证券法》的适用范围。

（二）银行间债券很可能不适用《虚假陈述若干规定》

按照本书第一章第五节的分析，依据《虚假陈述若干规定》第1条第1款，某一金融产品是否适用《虚假陈述若干规定》，主要应关注两点：第一，该金融产品是否属于《证券法》定义的"证券"？第二，该金融产品是否在"证券交易场所"发行、交易？前文已对银行间债券是否属于"证券"进行分析。暂且抛开该问题，银行间债券在银行间债券市场发行，银行间债券市场是否属于"证券交易场所"，同样存在争议，本书亦倾向于持否定态度。

从官方释义、权威解读与最高人民法院在裁判案例中发表的观点来看，银行间债券市场不属于"证券交易场所"。《虚假陈述若干规定》第34条第1款对"证券交易场所"作出定义："本规定所称证券交易场所，是指证券交易所、国务院批准的其他全国性证券交易场所。"证券交易所是指上海、深圳、北京三大证券交易所，并无过多争议；国务院批准的其他全国性证券交易场所的外延则值得讨论。回溯历史，国务院从未批准成立银行间债券市场，银行间债券市场是人民银行于1997年发布通知决定设立的市场。[1] 在立法解读方面，时任全国人大常委会法工委经济法室主任王瑞贺认为，"国务院批准的其他全国性证券交易场所"仅指中小企业股转系统，[2] 中国证券法学会会长、最高人民法院研究室副主任郭锋法官牵头编写的专家解读持有相同观点。[3]

在司法案例方面，在原《虚假陈述若干规定》施行时期，最高人民法院（2020）最高法民辖终23号民事裁定书即认定银行间债券市场不属于"国家批准设立的证券市场"。在《虚假陈述若干规定》所称的"国务院批准的其他全国性证券交易场所"相比原《虚假陈述若干规定》的表述也没有提供更大的信息量和更高的明确度的情况下，似乎难以解读出司法政策的明确转向。

据了解，《虚假陈述若干规定》在制定过程中，一度在"证券交易场所"的定义条款项下写入银行间债券市场，但最终出台的司法解释未见有关表述。

---

[1] 参见邢会强：《银行间债券市场虚假陈述民事责任纠纷的法律适用》，载《多层次资本市场研究》2022年第2期。
[2] 参见王瑞贺主编：《中华人民共和国证券法释义》，法律出版社2020年版，第66、192页。
[3] 参见郭锋等：《中华人民共和国证券法制度精义与条文评注》，中国法制出版社2020年版，第562页。

不过，《〈关于审理证券市场虚假陈述侵权民事赔偿案件的若干规定〉的理解与适用》（以下简称《理解与适用》）一文的部分表述则可能引向银行间债券应适用《虚假陈述若干规定》。该文认为，在实践中，履行承销保荐职责的机构主要包括证券公司、商业银行以及资产管理产品的管理人[1]。由于商业银行仅在银行间债务融资工具中履行承销职责，故该文似乎认为银行间债券应适用《虚假陈述若干规定》。

（三）银行间债券应适用《民法典》及《债券座谈会纪要》

《债券座谈会纪要》明确规定本司法解释适用于银行间债券，且以侵权责任体系为基础，对债券虚假陈述责任纠纷的审理思路作出了详细规定。

当然，银行间债券虚假陈述责任本质上属于侵权责任，在不适用《证券法》及《虚假陈述若干规定》的情况下，至少应适用更为基础的《民法典》侵权责任编的规定，按照一般侵权责任的构成要件予以审理。

（四）"统一债券法律适用"的监管政策导向带来的影响

行业人士多有呼吁，应将现行的公司债券、企业债券、非金融企业债务融资工具等各类具有还本付息性质的有价证券统一纳入"公司债券"进行规范，实现立法体系的统一，解决我国当前多头监管、市场割裂的债券市场问题[2]。

事实上，各方亦在不断推动公司信用类债券适用统一法律标准。2018年12月，经国务院同意，人民银行、证监会、国家发展改革委联合发布《关于进一步加强债券市场执法工作有关问题的意见》；2020年12月，人民银行会同国家发展改革委、证监会，制定了《公司信用类债券信息披露管理办法》，三大公司信用类债券在公开发行情形下均应适用该规定；2021年8月，人民银行、国家发展改革委、财政部、银保监会、证监会、外管局联合发布《关于推动公司信用类债券市场改革开放高质量发展的指导意见》，全文不断提到"统一"。体现到司法层面，《债券座谈会纪要》的宗旨正是"为正确审理因公司债券、企业债券、非金融企业债务融资工具的发行和交易所引发的合同、侵权和破产民商事案件，统一法律适用，保护债券投资人的合法权益，促进债券市场健康发展"，就此，经商国家发展改革委、人民银行、证监会同意，最高人民法院制定该纪要。

依据以上规定，对于是否可以认为银行间债券应适用《证券法》及《虚假陈述若干规定》这一问题，本书持保留态度，具体理由如下。

---

[1] 参见林文学、付金联、周伦军：《〈关于审理证券市场虚假陈述侵权民事赔偿案件的若干规定〉的理解与适用》，载《人民司法》2022年第7期。
[2] 例如，全国人大代表、全国人大财政经济委员会副主任委员刘新华在2021年"两会"上建议，由国务院证券监督管理机构牵头起草行政法规《公司债券管理条例》，以统一监管标准，细化监管要求，完善法律责任，为债券市场健康稳定发展提供法制保障，参见程丹：《制定公司债管理条例 统一债券市场监管标准》，载证券时报网2021年3月5日，http://www.stcn.com/article/detail/329004.html。

首先,《关于进一步加强债券市场执法工作有关问题的意见》仅规范执法工作,不涉及民事责任。

其次,《公司信用类债券信息披露管理办法》将《中国人民银行法》列为第一上位法,而不包括《证券法》。第 39 条与第 40 条虽然提到中介机构承担过错推定与连带责任,但原表述为"应当依法与企业(委托人)承担连带赔偿责任,但是能够证明自己没有过错的除外",包含"依法"二字。"依法"是"依据法律规定"的意思,发挥着规范衔接功能:表明该规范本身无法独立(作为请求权基础)适用,需引用至其他法律规范方能适用。[1] 例如,《民法典》第 999 条有近似规定,"使用不合理侵害民事主体人格权的,应当依法承担民事责任"。全国人大常委会法工委民法室主任黄薇认为:"所谓'依法',即依照本法和其他法律的规定,因此,行为人承担民事责任,应当以符合本法和其他法律规定的构成要件为前提",[2] 并进一步援引到《民法典》第 1165 条的一般侵权责任。释义书对《民法典》第 237 条的解读则进一步强调,"这里的'依法',是指依照民法典侵权责任编以及其他相关法律规范的规定。这就意味着权利人行使这种权利,需要符合这些相关法律关于请求权具体要件等方面的规定"。[3] 因此,《公司信用类债券信息披露管理办法》第 39 条与第 40 条的价值在于提示投资者援引《证券法》《民法典》等有关法律规定主张责任,投资者不能径行依据该部门规章而要求中介机构承担过错推定的连带责任,部门规章对过错推定、连带责任等民事责任基础法律问题亦仅能发挥提示而非创设作用。进一步来说,只有当某一证券适用《证券法》及《虚假陈述若干规定》时,中介机构才承担过错推定的连带责任。因此,银行间债券的责任承担并未因该部门规章而发生颠覆。

可资印证的是,北京市高级人民法院在"康得债案"[4] 二审判决中已经援引《公司信用类债券信息披露管理办法》的部分监管要求,但在民事责任问题上并未依据第 39 条要求主承销商承担过错推定责任,亦未依据第 40 条认定审计机构应承担连带责任。

再次,《关于推动公司信用类债券市场改革开放高质量发展的指导意见》多次强调"统一",但其宗旨在于凝聚各监管部门有关未来发展的共识,具体的语境是提出债券法制的未来发展方向,不是对既有债券法律责任的调整;例如,"推动研究制定公司债券管理条例,健全分类趋同、规则统一的法律安排";又如,"逐步统一公司信用类债券发行交易、信息披露、信用评级、投资者适当性、风险管理等各类制度和执行标准"。

最后,《债券座谈会纪要》在"统一法律适用""适用相同的法律标准"的理念与要求下给出共通规则,银行间债券应适用的便是纪要规则。超出纪要内容,纪要未作规定的

---

[1] 参见钟瑞栋、毛仙鹏:《〈民法典〉中"依法"的规范功能》,载《财经法学》2022 年第 4 期。
[2] 黄薇主编:《中华人民共和国民法典人格权编释义》,法律出版社 2020 年版,第 49 页。
[3] 黄薇主编:《中华人民共和国民法典物权编释义》,法律出版社 2020 年版,第 52 页。
[4] 参见北京市高级人民法院民事判决书,(2021)京民终 900 号。

规则，应属于暂未统一的内容。

中国人民银行行长潘功胜在2022年7月撰文指出，"研究制定《公司债券管理条例》，按照分类趋同原则，统一各类制度和执行标准，明确非公开发行公司信用类债券的发行转让、信息披露、投资者保护、法律责任等内容"[1]。"公司债券管理条例"肩负在真正意义上统一债券法制的历史任务。但就现实而言，邢会强教授认为，"尽管债券法制统一是大方向，但也应兼顾不同的债券市场的特殊性……规则的统一，不能一蹴而就，而应在厘清法理性质、夯实法理基础、做好分类工作的基础上，进行差异化规制，循序渐进地逐步统一"[2]。本书认同邢教授的观点。

（五）司法实践情况

第一，在实体问题方面，尚无生效案例认为银行间债券应适用《证券法》与《虚假陈述若干规定》。当前已知的银行间债券虚假陈述责任纠纷仅有一宗案例作出生效判决，即北京市高级人民法院审结的"康得债案"。在该案中，法院以《债券座谈会纪要》而非《证券法》或《虚假陈述若干规定》为主要裁判规范进行审理，判决中提到的"证券法"一词亦来自《债券座谈会纪要》的原文，而非法院适用《证券法》的某一具体条文。该案判决认为审计机构应承担补充责任而非连带责任（最终因损失未确定而没有实际判决审计机构承担责任），没有适用2014年《证券法》第173条的规定，实际否定了《证券法》对银行间债券的适用；该案判决在提及《虚假陈述若干规定》时则直接采用了"参照"一词，而非"依据"等表明直接适用有关规定的表述。

在实体问题上，"康得债案"二审判决认为，主承销商应在"故意或重大过失"的情况下承担赔偿责任。《债券座谈会纪要》就此并无直接规定，该案判决似乎参照了《虚假陈述若干规定》第13条有关中介机构的过错仅限于故意或重大过失的规定。

不过，广受关注的北京金融法院1号案（北京金融法院成立以后受理的第一例案件）一审判决（尚未生效）[3]认为银行间债券应适用《证券法》与《虚假陈述若干规定》，具体理由为："《证券法》第二条规定，在中华人民共和国境内，股票、公司债券、存托凭证和国务院依法认定的其他证券的发行和交易，适用本法。银行间债券市场是我国规模最大的债券发行与交易市场。申请在银行间债券市场发行交易的债券以及提供相应服务的中介机构来自全国各地，银行间市场债券的发行、上市、交易、结算等各项机制均有全国统一的标准。基于此，银行间债券市场应属于《证券法》规定的全国性证券交易场所。银行间

---

[1] 潘功胜：《实现中国债券市场的高质量发展——写在"债券通"开通五周年之际》，载《中国金融》2022年第13期。
[2] 邢会强：《银行间债券市场虚假陈述民事责任纠纷的法律适用》，载《多层次资本市场研究》2022年第2期。
[3] 参见北京金融法院民事判决书，(2021) 京74民初1号。

债券的发行和交易，属于国务院依法认定的其他证券的发行和交易，依法应当适用《证券法》及其司法解释的规定。"据此，北京金融法院对主承销商等中介机构适用过错推定、交易因果关系推定与（比例）连带责任等法律规则。当然，法院在该案中也着重考察了原告作为专业机构投资者在投资决策过程中是否尽到了应有的审慎注意义务，综合原告在面临债券已发布无法兑付的风险的情况下仍购入债券，在案涉债券发行之初收取返费等事实，法院认为应减轻被告的赔偿责任，实际适用了"与有过失"规则。从这一点来看，银行间债券市场作为纯粹的机构市场，即使适用《证券法》与《虚假陈述若干规定》，在进一步的法律规则适用上仍有特殊考量。

第二，在程序问题方面，银行间债券是否适用或参照适用《虚假陈述若干规定》存在争议。按照本书第一章第五节的分析，证券虚假陈述责任纠纷的程序问题主要包括仲裁主管、法院管辖、诉讼方式、诉讼时效（不严格意义上的程序问题）等。其中，考虑到同一银行间债券的投资者有限，示范判决机制与代表人诉讼的适用空间不大。在实践中突出的问题主要在于：其一，银行间债券虚假陈述案件的管辖如何确定；其二，被告追加发行人的，是否按照证券虚假陈述责任纠纷的相关规则进行处理。

处理银行间债券虚假陈述案件较多的北京地区法院总体认为银行间债券虚假陈述案件应适用《虚假陈述若干规定》的管辖规则，在被告申请追加当事人方面，亦应按照《九民纪要》就证券虚假陈述案件作出的规定进行处理。例如，"北京金融法院1号案"认为银行间债券应适用原《虚假陈述若干规定》的管辖规则。[1] 又如，《虚假陈述若干规定》发布以后，北京市高级人民法院直接适用《虚假陈述若干规定》的管辖规则，在投资者未起诉发行人情形下将案件移送至发行人住所地有管辖权的法院。[2] 再如，北京金融法院在一宗银行间债券虚假陈述案件中，应被告申请追加发行人为共同被告。[3] 实际按照《九民纪要》第79点"原告以发行人、上市公司以外的虚假陈述行为人为被告提起诉讼，被告申请追加发行人或者上市公司为共同被告的，人民法院应予准许"的精神加以处理，而《九民纪要》系原《虚假陈述若干规定》的解释。此外，辽宁省高级人民法院亦有管辖权裁定认为银行间债券应适用《虚假陈述若干规定》的集中管辖规则。[4]

不过，既然有力观点认为银行间债券虚假陈述不应适用《虚假陈述若干规定》，不少法院在管辖等程序规则上亦没有参照《虚假陈述若干规定》。在司法实践中，西藏自治区拉萨市中级人民法院的管辖权裁定认为银行间债券不适用包括管辖规定在内的《虚假陈述

---

[1] 参见北京金融法院民事裁定书，(2021) 京74民初1号。
[2] 参见北京市高级人民法院民事裁定书，(2022) 京民辖终14号。
[3] 参见北京金融法院民事裁定书，(2021) 京74民初1397号。二审裁定认可追加发行人为被告以后的移送管辖结果，参见北京市高级人民法院民事裁定书，(2022) 京民辖终124号。
[4] 参见辽宁省高级人民法院民事裁定书，(2022) 辽民辖终96号。

若干规定》。[1]

（六）与公司债券的法律适用差异

基于以上讨论，本书倾向于认为现阶段银行间债券虚假陈述民事责任应依据《民法典》《债券座谈会纪要》进行认定。因《虚假陈述若干规定》体现了最高人民法院关于证券虚假陈述案件的最新司法精神，可参照适用其中的部分规则。总之，银行间债券虚假陈述民事责任与公司债券存在差异，具体如下：

第一，在交易因果关系方面，银行间债券不应适用交易因果关系推定规则。在法律规则上，一般侵权责任的因果关系需由原告举证；《债券座谈会纪要》未明确规定交易因果关系推定；交易因果关系推定来自《虚假陈述若干规定》，理论基础为"欺诈市场理论"。如银行间债券不适用《虚假陈述若干规定》，则投资者不应享有交易因果关系推定的特别保护，而应证明相关信息披露文件是其交易证券的主要依据。本书认为，考虑到银行间债券市场是典型的机构市场，投资者组成具有特殊性，投资者举证交易因果关系不仅是法律规定形式推理的结果，同时在价值取向上亦具有实质合理性。

第二，银行间债券主承销商是否承担过错推定责任，存在争议。《民法典》第1165条第2款规定："依照法律规定推定行为人有过错，其不能证明自己没有过错的，应当承担侵权责任"，即根据侵权责任原则应由原告承担被告具有过错的证明责任，仅在法律另有规定的情况下适用过错推定。因此，银行间债券不适用《证券法》及《虚假陈述若干规定》的过错推定规则。《债券座谈会纪要》第31点对律师事务所、会计师事务所等债券服务机构作出了明确的过错推定安排，但就主承销商是否承担过错推定责任未予明确：《债券座谈会纪要》第29点先规定了"债券承销机构的过错认定"，第30点后规定了"债券承销机构的免责抗辩"。从理论上来说，如贯彻过错推定，《债券座谈会纪要》仅规定第30点即已足够，无法解释第29点的存在；不过，第30点出现"抗辩"一词，从"否认不负担证明责任，抗辩则需要负担证明责任"[2]这一证明责任的基本准则来看，证明责任的安排似乎又达到了过错推定的效果。因此，该问题确有争议。在司法实践中，"康得债案"一审判决依据《债券座谈会纪要》的差异化规定，明确给出投资者应举证证明主承销商具有过错，会计师事务所应举证证明自己不具有过错的结论，二审判决对此未予否认。

第三，银行间债券的责任分担形式应遵循《民法典》侵权责任的一般逻辑。在不适用《证券法》及《虚假陈述若干规定》的情况下，银行间债券应按照《民法典》侵权责任编第1168条、第1171条、第1172条关于多数人侵权之债的规定确定责任形式：共同侵权（主要是指共同故意）承担连带责任；无意思联络分别实施侵权行为且每个人的侵权行为

---

[1] 参见西藏自治区拉萨市中级人民法院民事裁定书，（2022）藏01民初27号。
[2] 段文波：《民事证明责任分配规范的法教义学新释》，载《政法论坛》2020年第3期。

都足以造成全部损害的,亦承担连带责任;其他无意思联络分别实施侵权行为的,承担相应责任。其中,除"首恶"等故意造假情况以外,其他内部人、外部中介机构即使存在过错也通常属于过失,且内部审核、外部核查行为毕竟难以单独造成全部损害,因此构成《民法典》第1172条的可能性最大,应"各自承担相应的责任"。释义书认为,此处"相应的责任"应属于按份责任,在侵权人之间综合过错程度与原因力大小进行责任份额划分。[1] 不过,近年来审判实务与学术研究均关注到《民法典》第1172条包括的侵权类型相当多样,不应仅限于按份责任,还应包括(一定比例的)补充责任[2]与比例连带责任[3]。

本书认为,银行间债券的内部人与中介机构在过失情形下应承担一定比例的补充责任。首先需要说明,比例连带责任(部分连带责任)属于连带责任,依据《民法典》第178条第3款,仅能由法律规定或合同约定,且这里所说的"法律"受到严格限定。[4] 因此,银行间债券不宜采"比例连带责任"。具体到补充责任,会计师事务所承担补充责任的依据来自《审计侵权赔偿若干规定》第6条与第10条的明确规定,主承销商、律师事务所承担一定比例的补充责任的依据则来自对虚假陈述侵权模型下应然的责任形态、责任序位及责任范围的分析。具体分析如下:

第一层次是发行人的信息披露问题,是主动加害行为。第二层次是其他主体未能核查到位,"依附"[5]于第一层次的信息披露问题才可能损害到投资者利益。换言之,没有发行人的信息披露问题,内部人或中介机构的过错行为无法损害到投资者利益。因此,发行人应承担第一位责任,其他主体承担补充性的次位责任。

同时,在因果律上,发行人的信息披露问题单独即足以造成投资者的全部损失,而内部人与中介机构的侵权行为由于"依附"于发行人的主动加害行为,所以无法单独造成全部损害。因此,"直接责任主体应负全部责任,不因切割比例而降低其责任",[6] 发行人应承担全部责任,其他主体承担部分责任。

在类似的侵权模型中,对于负有类似的监督、核查职责的主体,司法实践基本都认为该类主体应承担一定比例的补充责任,除前述《审计侵权赔偿若干规定》规定的情形以外,还包括:《民法典》第1198条规定经营场所、公共场所的经营者、管理者未尽到安全保障义务,造成他人损害的,承担相应的补充责任;最高人民法院《关于审理涉及公证活

---

[1] 参见黄薇主编:《中华人民共和国民法典侵权责任编释义》,法律出版社2020年版,第26~28页。
[2] 参见朱颖琦:《通道类信托业务中受托人外部责任的司法认定》,载《法律适用》2020年第20期。
[3] 参见郭雳、吴韵凯:《虚假陈述案件中证券服务机构民事责任承担再审视》,载《法律适用》2022年第8期。
[4] 参见最高人民法院民事审判第二庭编著:《〈全国法院民商事审判工作会议纪要〉理解与适用》,人民法院出版社2019年版,第420页。
[5] 最高人民法院民事审判第二庭编著:《〈全国法院民商事审判工作会议纪要〉理解与适用》,人民法院出版社2019年版,第378~379页。
[6] 朱颖琦:《通道类信托业务中受托人外部责任的司法认定》,载《法律适用》2020年第20期。

动相关民事案件的若干规定》第5条规定，公证机构未依法尽到审查、核实义务的，应当承担与其过错相应的补充赔偿责任；最高人民法院公报案例认为，质押监管人在监管过失造成的质物减损价值范围内，对不能受偿的债权承担补充性赔偿责任；[1]类似观点，还可见物业公司因管理疏漏而承担相应的补充责任。[2]

第四，关于银行间债券虚假陈述责任纠纷在何种程度上参照适用《虚假陈述若干规定》的问题。本书认为，《虚假陈述若干规定》第13条将虚假陈述构成要件中的"过错"限定为故意或重大过失，是基于体系解释、比较法解释并吸收了司法实践合理做法中的最新司法精神，[3]银行间债券并无差别对待的理由，应统一适用。关于管辖、追加当事人、诉讼时效等问题，适用与否均有一定理由，还需进一步观察司法实践的探索。关于银行间债券是否应适用《虚假陈述若干规定》第10条第2款规定的实质重大性判定标准（虚假陈述并未导致相关证券交易价格或者交易量明显变化的，法院应当认定虚假陈述不具有重大性），以及虚假陈述造成的损失如何计算的问题，与机构市场的特性有关，以下详述。

二、机构市场对民事责任的影响

银行间债券市场是纯粹的机构市场，具有两项典型特征：第一，无论是银行间债券市场，还是具体到某一债券，投资者数量均相对有限，进一步导致交易较少。不仅定向融资工具（Private Placement Note, PPN）的交易量极少，冠以"公开发行"之名的中期票据、短期融资券、超短期融资券的交易量也相对较少。第二，银行间债券市场以专业的金融机构投资者为主，[4]依据银行间交易商协会发布的《关于调整银行间债券市场非金融机构合格投资人准入要求的公告》，银行间债券市场的非金融机构投资者亦具有较高的投资门槛与对专业能力的要求。总体而言，银行间债券市场的机构投资者均具有较高的专业投资技能与风险分析能力。

以上特性，将可能对银行间债券证券虚假陈述责任带来一定影响。

（一）银行间债券不适用交易因果关系推定规则具有实质合理性

如前所述，银行间债券不应适用《证券法》及《虚假陈述若干规定》，按照《民法典》的一般规定应由投资者举证因果关系，此为法律规定形式推理的结果。结合机构市场

---

[1] 参见大连俸旗投资管理有限公司与中国外运辽宁储运公司等借款合同纠纷案，载《最高人民法院公报》2017年第7期。相关论述，还可参见最高人民法院民事审判第二庭编著：《〈全国法院民商事审判工作会议纪要〉理解与适用》，人民法院出版社2019年版，第378~379页。

[2] 参见赵淑华与沈阳皇朝万鑫酒店管理有限公司、沈阳中一万鑫物业管理有限公司财产损害赔偿纠纷案，载《最高人民法院公报》2019年第5期。

[3] 参见林文学、付金联、周伦军：《〈关于审理证券市场虚假陈述侵权民事赔偿案件的若干规定〉的理解与适用》，载《人民司法》2022年第7期。

[4] 参见《2022年9月债务融资工具持有人统计》，载银行间交易商协会网2022年10月20日，https://www.nafmii.org.cn/sjtj/cyrjg/202210/P020221027570020444807.pdf。

的特性，银行间债券不适用交易因果关系推定规则在价值取向上同样具有实质合理性。具体分析如下：

按照《理解与适用》一文的观点，证券虚假陈述责任"推定交易因果关系"主要有两项理由：第一，正面理由，"证券法在经济学有效市场假说的基础上发展出欺诈市场理论，确立了一个可反驳的推定：市场受到了欺诈即推定投资者受到了欺诈，但实际情况证明投资者并未受到欺诈的除外"[1]。第二，反面理由，在证券市场交易中并无传统商业生活中的面对面谈判，投资者难以提供证据证明自己信赖了信息披露文件[2]。

在银行间债券市场这样的纯粹机构市场中，以上理由均大幅弱化乃至于并不成立。因此，机构投资者应提交投资决策材料、募集说明书等相关信息披露文件是其主要投资依据。

第一，银行间债券市场是否符合有效市场假说存疑，难以基于"欺诈市场理论"而推定交易因果关系。中债研究所2020课题研究成果之一《债券市场价格效率研究》便基于《理解与适用》一文提到的"有效市场假说"，比较了银行间债券市场与交易所市场的市场有效性。该研究提出，在上交所、深交所与银行间债券市场三个市场中，上交所的有效性最高，信息传导最为有效，基本没有延迟，深交所次之，银行间债券市场有效性较弱，债券价格传导有所延迟[3]。证券法学者亦指出债券市场特别是银行间债券市场的有效性有待提高，并没有达到"欺诈市场理论"要求的半强势有效的程度[4]。

第二，银行间债券主要采用询价交易而非竞价交易，询价交易通过协商确定交易要素，与传统商业生活中的面对面交易差异不大。"在证券市场交易中并无传统商业生活中的面对面谈判"这一支持交易因果关系推定的现实理由在银行间债券市场中难以成立。

第三，银行间债券投资者均为机构投资者，依据监管规定与审慎投资要求等，应当保留投资决策材料，要求其提供投资决策材料证明自己信赖信息披露并非强人所难。例如，银行购买债券与发放贷款的主业之间关系密切，本质上主要是基于对企业的主体信用而建立借款关系，且由于银行间债券以无担保为常态，相比附担保的贷款呈现出更大的风险。原银监会办公厅《关于加强商业银行债券投资风险管理的通知》之四要求银行应当"加强债券投资业务的信用风险管理，充分评估债券发行人、交易对手的资信状况，将债券资产纳入全行统一的信用风险管理体系，包括实行统一的授信管理"，还应"参照贷款贷后管

---

[1] 林文学、付金联、周伦军：《〈关于审理证券市场虚假陈述侵权民事赔偿案件的若干规定〉的理解与适用》，载《人民司法》2022年第7期。
[2] 参见林文学、付金联、周伦军：《〈关于审理证券市场虚假陈述侵权民事赔偿案件的若干规定〉的理解与适用》，载《人民司法》2022年第7期。
[3] 参见施一宁、李志冰、张海云：《债券市场价格效率研究》，载中国债券信息网2021年10月12日，https://www.chinabond.com.cn/cb/cn/yjfx/zzyb/yjbg/20210910/158805714.shtml。
[4] 参见赵磊、李敏：《上证研究｜中期票据虚假陈述案件的法律适用》，载上海证券报网（中国证券网）2022年11月25日，https://news.cnstock.com/news, yw-202211-4985514.htm。

理模式，定期对债券发行人资金运用、信用状况、经营状况及外部经济环境等进行跟踪评估"。在授信管理之下，依据《商业银行授信工作尽职指引》第29条、第49条，银行对授信业务流程的各项活动都必须进行尽职调查并形成书面分析评价报告，购买债券应当留痕，提交投资决策材料属于应有之意，不存在过重的举证负担。又如，《证券投资基金法》第9条第2款规定："基金管理人运用基金财产进行证券投资，应当遵守审慎经营规则，制定科学合理的投资策略和风险管理制度，有效防范和控制风险"，证监会《私募投资基金监督管理暂行办法》第26条规定，管理人应当妥善保存私募基金投资决策资料。因此管理人代表私募基金起诉的，应提交投资决策材料，判断其是否基于募集说明书等信息披露文件作出投资决定，投资决策有无过错。

（二）对于专业机构投资者的投资决策是否受到信息披露影响的判断应更为实质

判断交易因果关系的本质在于，投资者的投资决定是否出于对信息披露的"实际信赖"。"实际信赖则以个体投资者的实际知情程度为准"[1]。

对于专业机构投资者而言，由于其具有专业投资能力与风险判断能力，且投资决策本应保持必要的审慎，故"实际知情程度"应进行实质判断。本书认为至少应包括以下三个方面：

第一，专业机构投资者应证明相关信息披露文件是其购入债券的主要决策依据，例如，提交的投资决策材料应将募集说明书作为附件，或在内部报告中摘录其主张的募集说明书的"虚假陈述"内容。此外，内部报告体现出机构投资者购入债券另有主要考量的，亦可推翻交易因果关系。

第二，专业机构投资者应有合理的决策程序与决策时间。专业机构投资者提交的投资决策材料如反映出投资层级不合常理，投资时间过短，则其是否实际信赖信息披露文件即存在疑问。当然，何为合理，行业要求未必一致，但用时极短、流于形式的投资决策难以证明专业投资者实际了解募集说明书的内容并以之作为决策依据。如未达到否认交易因果关系的地步，则应依据《民法典》第1173条"与有过失"规则减轻被告的赔偿责任。

第三，审慎决策的基本预设是应结合基本公开资料，全面查阅各项发行材料进行投资决策，各项文件的信息差异已经如实呈现，展示风险，专业机构投资者不应仅仅根据文件差异而主张虚假陈述。例如，募集说明书与审计报告存在差异的，专业机构投资者在投资时就已经了解，不能仅据此主张虚假陈述行为的存在。又如，企业公示信息是专业机构投资者购入债券时的最基本查阅内容，如债券发行文件与企业公示信息存在差异，应视为投

---

[1] 林文学、付金联、周伦军：《〈关于审理证券市场虚假陈述侵权民事赔偿案件的若干规定〉的理解与适用》，载《人民司法》2022年第7期。

资者在购入债券时就了解该等信息差异带来的风险,不应再主张虚假陈述。就此,还可考虑参照《虚假陈述若干规定》第 12 条第 2 项 "原告在交易时知道或者应当知道存在虚假陈述" 否定交易因果关系。

(三) 银行间债券市场采用非竞价交易,损失计算仅能适用《债券座谈会纪要》或《虚假陈述若干规定》第 26 条第 5 款

按照《虚假陈述若干规定》第 26 条至第 28 条的规定,《虚假陈述若干规定》以 "投资差额" 计算证券虚假陈述损失的主要适用对象是 "采用集中竞价的交易市场"。

银行间债券市场未采用集中竞价,因此至多按照《虚假陈述若干规定》第 26 条第 5 款,依靠有专门知识的人的专业意见,参考对相关行业进行投资时的通常估值方法,确定基准价格。确定基准价格以后,相应计算 "投资差额"。在实践中,银行间债券的权威估值为中债估值与中证估值,可予以参考。不过,暂未检索到相关案例适用该款确定银行间债券虚假陈述的基准价。

考虑到以上因素,银行间债券更可能适用《债券座谈会纪要》第 22 点的损失计算规则。

(四) 银行间债券是否参照适用《虚假陈述若干规定》第 10 条第 2 款的实质重大性判定标准,还需进一步观察

《虚假陈述若干规定》第 10 条将 "价格敏感标准" 引入作为重大性判定的终极兜底标准:即便虚假陈述的内容属于《证券法》或监管规定要求披露的重大事件,甚至被告已受到行政处罚,只要被告提交证据证明虚假陈述并未导致相关证券交易价格或者交易量明显变化,法院就应当认定虚假陈述的内容不具有重大性。

如前所述,银行间债券市场可能尚未达到有效市场假说要求的半强势有效的程度,价格对市场信息的有效反应有所不足。在此情况下,银行间债券适用 "价格敏感标准" 是否具有合理性?本书认为,银行间债券的交易价格或交易量相对有限,不应将有限交易代入实质重大性标准加以判断。不过,证券市场总体认可银行间债券的权威估值(中债估值、中证估值)可以反映债券的公允价值,市场主体亦重点参考估值进行交易。基于此,权威估值或可作为 "交易价格" 的公允体现。如虚假陈述并未导致权威估值发生明显变化,法院可考虑认定虚假陈述内容不具有重大性。

三、主承销商履职的特殊性

需在先说明的是,银行间债券的监管规则自成体系,包括律师事务所在内的中介机构的执业要求与公司债券等有所不同。因为主承销商的执业要求差异殊为明显,且涉及后续管理职责,本部分分别展开论述。

（一）监管要求的差异

《债券座谈会纪要》第29条与第30条虽然一体规定三大公司信用类债券承销机构的过错认定，但有关承销机构勤勉履职的规定还需结合具体监管要求作出进一步解释。

例如，《债券座谈会纪要》第29条第5项"其他严重违反规范性文件、执业规范和自律监管规则中关于尽职调查要求的行为"就需要确定不同债券主承销商所需要遵守的"规范性文件、执业规范和自律监管规则"；第30条第1项"已经按照法律、行政法规和债券监管部门的规范性文件、执业规范和自律监管规则要求……对债券发行相关情况进行了合理尽职调查"就需要确定应按照何种"法律、行政法规和债券监管部门的规范性文件、执业规范和自律监管规则要求"进行合理调查；在第30条第4项"尽职调查工作虽然存在瑕疵，但即使完整履行了相关程序也难以发现信息披露文件存在虚假记载、误导性陈述或者重大遗漏"中，何为"相关程序"也需要依靠应适用的监管规定进行界定。

虽然近年来债券监管规则的统一进程加快，但具体规定方面仍有差异：银行间交易商协会2020年发布的《非金融企业债务融资工具主承销商尽职调查指引》在详尽程度方面仍然达不到证券业协会2020年发布的《公司债券承销业务尽职调查指引》的程度；《非金融企业债务融资工具公开发行注册文件表格体系》给出了进一步的指引，但上交所和深交所对公司债券的核查指引则更显精密。可见，站在当下时点，银行间债券对主承销商尽职调查要求的全面度和严格度仍然弱于公司债券。

回过头来看，当前产生民事责任争议的银行间债券大多为存量业务，当时有效的《银行间债券市场非金融企业债务融资工具中介服务规则》（2012年修订）、《银行间债券市场非金融企业债务融资工具尽职调查指引》（2008年）、《银行间债券市场非金融企业债务融资工具承销人员行为守则》（2009年）等规定对于主承销商的尽职调查职责更是缺少严格、详细的指引。

因此，诚如北京金融法院丁宇翔法官所言，"首次公开募股（IPO）中作为主承销商的证券公司和非金融企业债务融资工具发行中作为主承销商的商业银行，其承销业务就有很多专业差别，这使得在案件处理中必须具体地判断中介机构的专业职责范围……甚至同一中介机构在不同的证券发行中，其特别注意义务都会存在一些差异，这就会对其过失程度的认定产生些许影响"[1]。鉴于主承销商开展业务以当时有效的监管规定与自律规则为基准，对银行间债券主承销商的过错认定，在把握《债券座谈会纪要》的精神基础上，还应回溯至开展业务之时的监管规定与自律规则，更合理地认定勤勉尽责问题。

实际上，即便是《债券座谈会纪要》已经相对统一的"承销机构对债券服务机构的合理信赖"问题，在银行间债券的存量业务项下同样值得进一步探讨。对于当时按照《银行

---

[1] 丁宇翔：《证券发行中介机构虚假陈述的责任分析——以因果关系和过错为视角》，载《环球法律评论》2021年第6期。

间债券市场非金融企业债务融资工具中介服务规则》（2012年修订）、《银行间债券市场非金融企业债务融资工具尽职调查指引》（2008年）、《银行间债券市场非金融企业债务融资工具承销人员行为守则》（2009年）执业的存量业务而言，相关监管规定并未就主承销商对其他中介机构专业意见的复核等作出明确规定。因此，在既往实践中，主承销商对律师事务所、会计师事务所的专业意见何以产生合理怀疑，如何进一步开展审慎核查和必要的调查、复核工作，均缺乏行业共识。实际上，即便是银行间交易商协会在2020年12月为规范主承销商尽职调查行为而发布的《非金融企业债务融资工具主承销商尽职调查指引》，对合理信赖的规定同样具有特色，例如，其中第6条关于主承销商对其他中介机构出具专业意见的处理，基本要求是"对企业注册发行材料、其他中介机构专业意见存在合理怀疑的，应当主动与企业、中介机构沟通，要求其作出解释或出具依据；发现注册发行材料、其他中介机构专业意见与尽职调查过程中获得的信息存在重大差异的，应当对有关事项进行调查、复核，在主承销商尽职调查报告等文件中予以充分说明，并督导企业进行信息披露"，该要求同公司债券乃至于《债券座谈会纪要》第29条与第30条并不完全一致。总体而言，本书认为对银行间债券主承销商的合理信赖问题应深入考虑业务开展时的相关规定、监管的差异化要求等，审慎判定责任。

（二）主承销商履行后续管理职责具有特殊性

在公司债券领域，发行阶段的尽职调查与债券存续期间的受托管理泾渭分明，尽职调查由主承销商负责，债券存续期间由受托管理人履职。两者虽然经常由同一机构担任，但称谓不同，身份不同，更易于识别出不同的法律关系。《债券座谈会纪要》第29条与第30条对主承销商责任作出规定，第25条对受托管理人责任作出规定，亦体现出责任构成等方面的直接差异。最高人民法院民二庭负责人在就《债券座谈会纪要》答记者问的第8点中明确表示，在保护债券持有人和投资人方面，债券受托管理人制度是独立于信息披露责任的制度安排。[1]因此，受托管理人承担受托管理的相应责任，而不承担证券虚假陈述赔偿责任，总体不存在过多争议。

然而，银行间债券在相当长的一段时间内并无受托管理人制度，而是交由主承销商在后续管理阶段履行后续管理职责，法律依据是银行间交易商协会于2010年4月发布的《银行间债券市场非金融企业债务融资工具主承销商后续管理工作指引》。在后续管理阶段，主承销商承担类似于公司债受托管理人的督促、监测职责，不负有尽职调查义务。直到2020年7月，银行间债券市场才依据银行间交易商协会发布的《银行间债券市场非金融企业债务融资工具受托管理人业务指引（试行）》试行受托管理人制度。并且，银行间债券

---

[1]《保护债券投资人的合法权益 依法打击债券市场违法违规行为——最高人民法院民二庭负责人就〈全国法院审理债券纠纷案件座谈会纪要〉答记者问》，载《人民法院报》2020年7月16日，第3版。

的受托管理人与公司债仍然不同，职责相对较少，并未取代主承销商在后续管理阶段的全部职责。2020年12月，《银行间债券市场非金融企业债务融资工具主承销商后续管理工作指引》废止，银行间交易商协会发布的《银行间债券市场非金融企业债务融资工具存续期管理工作规程》要求银行间债券应指定一家具有主承销商资质的机构担任存续期管理机构，存续期管理机构与受托管理人共同履行债券存续期间的监测、排查、督导等债券投资者利益保护职责。

由以上发展历史可以看出，在银行间债券的存量业务中，主承销商在债券发行前后均负有法定义务，虽然职责不同，但身份称谓上没有差异，均称作"主承销商"，直到2020年12月"存续期管理机构"这一法定身份取代履行后续管理职责的主承销商。因此，《债券座谈会纪要》关于区分承销机构与受托管理人的做法在形式上无法直接适用于银行间债券主承销商。

本书认为在银行间债券主承销商履行后续管理职责的民事责任认定上可考虑两种思路：第一，鉴于履行后续管理职责的主承销商实质上履行的是公司债受托管理人的部分职责，可参照《债券座谈会纪要》第25条认定责任；第二，即使无法适用《债券座谈会纪要》第25条，也可类比在司法实践中已经较为成熟的对保荐人发行阶段与持续督导阶段的职责区分，结合后续管理的对应监管规定，按照显著低于发行尽调阶段的标准审查主承销商是否勤勉履行后续管理职责。

以上两种思路的主要差异体现为两点：第一，《债券座谈会纪要》第25条规定的受托管理人责任与证券虚假陈述责任的举证要求不同，在受托管理人责任中投资者负有的举证责任相对更重。第二，受托管理人责任与证券虚假陈述责任未必可以合并审理。如果将后续管理责任视为证券虚假陈述责任的一种，即便法定义务显然较轻，在实体结果上与受托管理人责任区别不大，但至少在程序上可以与发行阶段的虚假陈述一并审理。

在司法实践中，上海金融法院在审理的一宗银行间债券主承销商后续管理义务案件中认为，某银行履行后续管理义务适当性未低于法定限度，无须因此向短期融资券持有人承担法律赔偿责任，上海市高级人民法院二审认可该判断。[1]

---

[1] 参见吴峻雪：《要案速递 | 全国首例银行间债券市场主承销商因利冲侵权承担赔偿责任案件判决生效》，载微信公众号"上海金融法院"2022年12月15日，https://mp.weixin.qq.com/s/Z9Yv8kQ0p63Np6Tr40PGZQ。

实务风险提示

PRACTICAL RISK WARNING

一、资产支持证券实务风险提示

1. 专项计划设立阶段，存在以下三个方面风险

第一，专项计划设立阶段中的尽职调查风险。在资产支持证券业务中，尽职调查是最重要、最基础的工作。在业务实践上，尽职调查过程中的未能勤勉尽责风险乃是管理人多发、易发的主要履职风险。管理人未勤勉尽责集中在两个方面：（1）管理人独立尽调未勤勉尽责；以及（2）管理人对第三方尽调结论未勤勉尽责。具体体现为：未执行尽调流程，重要参与主体及其相互关系尽调不足，基础资产尽调不充分，真实性或者合法合规性存疑，或权利瑕疵，权属不清晰，尽调资料内容、形式方面存在瑕疵，尽调材料间钩稽关系不正确，尽调资料未能有效支持尽调结论，尽调依赖外部机构并对其意见核查不到位，现金流预测不审慎，尽调控制存在不足，尽调底稿缺失，底稿未及时归档等。对此，建议管理人加强独立尽职调查和对第三方机构尽调结论的核查，对于基础资产分散，真实性存疑的资产支持证券产品需加大核查力度。具体要求如下：其一，加强与完善独立尽职调查。严格按照业务规则加强对业务参与人、增信机构和基础资产的尽调。其二，加大对第三方机构结论的审慎核查力度。其三，在尽职调查中使用技术手段，充分提升信用数据的利用率、有效性，从而降低尽调风险。

第二，专项计划设立阶段中的产品设计风险。这体现为：（1）回款账户不合理，现金流混同。理论上，基础资产现金流应自产生后直接归集至专项计划账户，但在实践中却较难规范实现。尤其是基础设施类、应收账款等入池资产笔数多，需依赖特定原始权益人进行运营管理的项目，往往只能通过基础资产原协议的账户收款，再由原始权益人/资产服务机构转付。现金流混同导致资产支持证券基础资产存在被截留、挪用乃至司法查扣冻的风险，最终将影响资产支持证券兑付。（2）交易结构复杂，规避监管要求。例如，以信托受益权为基础资产的双SPV产品，信托公司仅负担事务性工作。在纠纷争议发生时，各方很难厘清责任，存在引起纠纷的法律风险；在发生风险事件时，也可能导致处置链条过长，不利于风险事件的化解。对此，建议管理人应在产品设计环节做到：缩短回款路径，减少账户设置，践行回款路径封闭管理的做法，尽量降低资金混同与被挪用的风险；简化交易结构，方便投资者了解产品；提前做好风险缓释预案，明确解除担保负担或其他权利限制的规则、流程、权责、进度以及违约责任，提前与主管、登记等相关部门沟通，充分提示主管部门的政策风险。

第三，专项计划设立阶段中的产品销售风险。在销售资产支持证券过程中，适当性义务的履行是管理人或销售机构"卖者尽责"的主要内容。管理人在产品推介过程中，如果未建立资产支持证券业务的风险评估及相应管理制度，未对投资者的风险认知、风险偏好和风险承受能力进行测试，未向投资者告知资产支持证券产品的收益和主要风险因素等，或并未留存、提供相关证据，则要向投资者承担相应的责任及不利后果。此外，在实践中，管理人旗下的集合资产管理计划、定向资产管理计划可能投资了自身作为管理人的资产证券化项目。这种情况符合现行规定，亦具备合理性，但也不能完全避免管理人利用其他资产管理计划的委托财产以解决自身管理的资产证券化项目发行困难的问题的风险。一旦发生风险事件，投资者以及司法机关、监管部门很难认可管理人对于该笔投资已尽到勤勉尽责义务，管理人也因此须承担相应的责任。建议管理人在产品销售环节做到：明确适当性工作标准和流程，加强销售人员的适当性管理培训，严格处理违规行为；明确宣传材料的审核标准、流程、部门及岗位职责，加强审核节点的风险把关；明确且适当提高其他资产管理产品投资自家资产证券化项目的门槛、审批权限，加强对此类交易的流程管控。

2. 专项计划存续阶段，存在以下三个方面风险

第一，特殊目的载体信息披露不及时、不真实、不准确。资产支持证券说明书等发行文件会明确约定定期披露事项和临时披露事项的相关安排。但管理人发布公告涉及岗位较多，流程较长，在披露事项发生时，工作人员是否严格履职以及披露流程是否完全衔接，决定了信息披露的时效性、准确性。某个岗位或环节出现纰漏，可能导致信息披露违反外规以及产品材料约定的要求。对此，建议管理人加强存续期风险监测，明确存续期信息披露、资金划拨、第三方履职、合格投资等方面的操作规范、流程和职责，并将资产服务机构作为落实风险监测的主要抓手。也可考虑引入第三方服务机构履职，避免资产服务机构和原始权益人角色重叠带来的利益冲突。

第二，现金流计算不正确等原因导致资金划拨错误。经办及复核人员未严格履职，或者其他主客观因素，导致现金流计算错误，内部人员未能及时发现、纠正，进而导致资金错误划拨，致使资产支持证券资产损失。

第三，未以留痕方式监督提醒相关机构履行义务。资产证券化项目涉及主体较多，不仅有管理人、托管人、原始权益人、增信机构，往往还会安排第三方机构作为资产服务机构。如果管理人未对第三方机构进行有效管理，或未能督促第三方机构有效履职，则可能导致资产证券化项目产生损失，从而面临赔偿的风险。建议在目前行业已普遍建立的电子底稿管理系统的基础上，管理人可开发适用于全部资产证券化项

目的管理系统，覆盖项目的底稿存储、内控审核、存续期收益分配核算、舆情监测等全流程管理，替代人工记忆和手动计算的环节，以实现项目信息集中管理和全程留痕，便于内部追溯出错原因和追责，督促业务团队提升执业水平。

二、银行间债券实务风险提示

本章第二节在厘清银行间债券特殊性的基础上，为部分事项实操风险作以提示。

对于发行阶段的履职问题，由于银行间债券的监管规定和自律规则不如公司债券般详尽，所以在司法实践中认定主承销商是否勤勉履职，存在较大的不确定性。对此，建议一方面对于银行间债券相关规则明确要求的"规定动作"，主承销商在履职时应当严格遵守；对于规则未明确要求，如果不采取相关动作，那么可能会被认定为不充分或不审慎的情况，特别是在如果比照公司债券相关规则有明确要求的情况下，建议主承销商可以参考该等规则履职，避免将来在诉讼中被法院认定为不审慎。另一方面，在诉讼应诉过程中，主承销商应当充分向法院说明履职当时监管规定的具体要求、监管的差异化、行业的一般操作要求（实务普遍采取的方式），以合理化自身的履职动作。

对于存续阶段的履职问题，建议首先要在内部设立专门的后续管理团队，负责债券存续期间的监测、排查、督导等债券投资者利益保护工作。其次，可以通过加强对发行人的风险监测，加强日常问询等手段有效防范债券风险。最后，要加强IT系统的建设和管理能力，借助电子化系统进行管理。

第九章

风险防范与应对的业务建议

第一节 信息披露的业务建议

一、针对发行人的信息披露业务建议

发行人是我国信息披露制度中最核心的信息披露义务人，《证券法》、监管规定以及交易所、行业协会等发布的自律管理文件等，均对发行人履行信息披露义务提出了具体的要求。尽管我国证券市场信息披露制度体系已基本完善，但在实践中发行人信息披露问题仍屡见不鲜。针对发行人信息披露的普遍情况与常见问题，本书针对性地提出以下业务建议。

（一）全面梳理信息披露规定，严格落实信息披露要求

信息披露规则是发行人合规开展信息披露业务的重要依据。但资本市场规则体系庞大、复杂且常有更新，部分发行人因不了解、不熟悉信息披露规则而存在信息披露违规的情况。对此，本书建议发行人可以针对性地开展以下工作：

第一，发行人自身应全面、及时地梳理信息披露相关规则，加强对相关规则的持续研究与学习，熟练掌握信息披露的合规要点。例如，由于虚假陈述行为满足重大性是发行人对外承担虚假陈述责任的重要前提之一，发行人及相应职能部门应高度关注《证券法》及相关规则对重大事件的定义，梳理、量化重大事件指标，明确重大事件范围和细则，并熟练掌握重大事件披露的内容、频率等要求。

第二，发行人应全面梳理自身针对信息披露制作的相关制度文件与工作流程，严格依照信息披露合规规则的要求，对相关文件进行更新和补充，以确保公司信息披露业务规则合法合规。

第三，加强信息披露核心岗位的知识培训。对于信息披露业务中的核心操作要点以及近期更新的信息披露新要求，发行人应定期或不定期自行组织或邀请相关专业人员开展面向核心责任人员的培训活动，充分传达信息披露业务的重点要求并做好风险提示工作。作为补充，发行人还可以结合已梳理的信息披露业务要点，制作相应的工作指导手册，为相

关人员开展信息披露业务工作提供指引。

(二) 重视和完善发行人内控制度

良好、健康、完善的内部控制制度是发行人合法合规履行信息披露义务的制度基础，涉及公司治理、关联交易、信息披露等方方面面。但根据2021年财政部发布的《上市公司2019年执行企业内部控制规范体系情况蓝皮书》，共计510家上市公司披露其存在内部控制缺陷，占披露了内部控制评价报告公司数量的14.00%。其中139家披露存在内部控制重大缺陷。510家上市公司共披露4291项内部控制缺陷，其中重大缺陷325项，重要缺陷57项。而信息披露在出现频次最高的前五位非财务报告内部控制重大、重要缺陷中位列第二。[1] 为此，发行人应重视和完善内部控制制度，为信息披露业务的合规开展构建重要的制度基础。本书建议发行人从以下方面予以完善：

第一，发行人应定期或不定期评估内部控制制度与流程，根据法律与监管规定要求识别在内部控制制度中存在的风险点。以重大合同相关信息披露为例，发行人应围绕重大合同建立从审批到签订及其披露、履行与重大进展披露的一整套制度流程。对于可能出现风险的关键环节，如重大合同的识别标准、重大合同的审批层级、重大合同的履行情况等，应结合法律与监管规定的要求，形成特定的信息披露细则，避免因对规定理解不到位或对细节把控不足，而无法合规履行信息披露义务。

第二，围绕信息披露义务建立落实到特定部门甚至特定岗位的责任制度。对于发行人而言，信息披露往往涉及公司内部多个部门。仍以重大合同相关信息披露为例，合同接洽工作主要由销售或采购部门开展，需经三会表决的重大合同审批则主要由董事会办公室组织相关会议，而合同具体履行工作则主要由生产部门开展。如不在公司内部控制制度设计层面落实重大信息的汇总报送职责，极容易导致发行人内部部门相互推诿。因此，建议发行人围绕信息披露业务涉及的各类事项，建立落实到特定部门、岗位的责任制度，为合法合规进行信息披露建立制度基础。

第三，营造良好内部控制环境，努力实现合规经营，为真实、准确进行信息披露创造条件。部分发行人存在信息披露问题并非因信息披露制度本身不完善，而是因内控制度整体失控。信息披露往往是上市公司或其控股股东、实际控制人等违规行为的最后一环。以违规关联交易与关联方资金占用为例，往往是发行人财务管理制度、资金管理制度、公司治理制度均存在重大缺陷所致。尤其是在控股股东、实际控制人长期、大额违规占用上市公司资金的情况下，其滥用控制地位已经导致发行人的内控制度陷入瘫痪，为掩盖违规行为自然不可能再允许发行人履行资金占用相关信息披露义务。

---

[1] 参见《上市公司2019年执行企业内部控制规范体系情况蓝皮书》，载中华人民共和国财政部网2021年2月18日，http://bgt.mof.gov.cn/zhuantilanmu/rdwyh/czyw/202102/P020210218361826143496.pdf。

第四，建立并强化内部审计机制、监督机制和内部追责机制。自查自纠是发行人优化信息披露业务的另一重要保障。为此，发行人应赋予公司独立董事、监事会、内审部门、纪律监督部门及合规部门事前复核、事后监督发行人信息披露义务履行等权限，充分发挥相应部门的制度功能。同时，发行人内部还应围绕信息披露建立、完善相应追责机制，对公司经营管理层乃至员工形成有效震慑，为内部控制制度有效运行提供保障。

（三）树立自愿信息披露意识

《证券法》第84条第1款规定，"除依法需要披露的信息之外，信息披露义务人可以自愿披露与投资者作出价值判断和投资决策有关的信息，但不得与依法披露的信息相冲突，不得误导投资者"。该规定为我国证券市场发行人或上市公司自愿信息披露规则，要求披露时"不得与依法披露的信息相冲突，不得误导投资者"。目前，虽然我国证券市场的自愿信息披露机制尚不完善，但随着注册制改革的深入和推行，信息披露制度也将会随之变化。发行人建立自愿信息披露意识有利于提高信息披露差异化要求，也有利于提高发行人信息披露灵活性和增加信息披露氛围，促进越来越理性的证券交易。

当然，尽管是自愿信息披露，发行人仍应高度关注相应信息披露的真实性、准确性、完整性，并应根据自愿披露的信息充分向投资者提示投资风险，杜绝以自愿披露信息方式不正当影响证券价格的违法行为。

（四）加强与证券监督管理机构、交易所的沟通和交流

发行人信息披露业务复杂性较高，在证券发行或日常工作中发行人可能对相关规则、操作的理解存在不到位的情况。尤其对于新三板挂牌公司等初创期公司而言，对于信息披露义务的把握往往不够成熟。为避免因对信息披露规则、政策理解存在偏差而产生信息披露业务不合规的情况，发行人应加强与证券监督管理机构、交易所的沟通和交流，包括但不限于：第一，积极参与证券监督管理机构、交易所组织举办的培训、沟通活动，就日常工作中常见的问题与障碍事项，发行人可适机向证券监督管理机构、交易所咨询。第二，在内控制度运行存在障碍，已存在信息披露违规行为的情况下，发行人应如实向证券监督管理机构、交易所汇报相关情况，并根据相应指导意见，采取相应补救措施，以尽可能保护投资者的合法权益。

二、针对实际控制人、控股股东与董监高的信息披露建议

我国上市公司以及证券发行人的实际控制人、控股股东与董监高滥用控制权、职权损害投资者合法权益的现象屡禁不止。据有关统计，2017年至2019年证监会和交易所查处的滥用控制权损害上市公司利益案件分别是35件、36件、61件，其中非经营性占用资金、

违规担保在3年中所涉金额分别为163.63亿元、212.81亿元、410.99亿元。[1] 因此，发行人实际控制人、控股股东与董监高应着眼于提升自身的道德水平和知识水平，树立规范经营意识，杜绝滥用股权、控制权的情况，勤勉尽责，以最大限度避免信息披露违规。

（一）针对控股股东、实际控制人

《证券法》《虚假陈述若干规定》等法律、司法解释以及相关民事、刑事司法政策已显著提高对实际控制人、控股股东等"关键少数"的追责力度，在日益严峻的监管追责形势下，控股股东、实际控制人更应加强道德建设与自我约束，树立证券合规意识，遵守发行人内部治理和内部控制制度，全面支持、配合发行人开展信息披露工作，具体而言：

第一，控股股东、实际控制人应加强对《公司法》《证券法》以及相关证券监督管理制度的学习，积极参与各项针对性培训，树立合法、合规行使股权、控制权的基本意识，严格遵循公司各项管理制度，杜绝出现违法干涉公司经营管理，逾越公司内部控制管理机制的违规行为。

第二，控股股东、实际控制人应加强不当行为防范，定期或不定期核查是否存在应披露而未予披露的重大事项，包括但不限于股权变动事项、关联交易或资金占用事项、违规担保事项等。对于发行人尚未掌握的，与自身相关的重大事项，控股股东、实际控制人还应及时通知发行人，并积极配合发行人完成相应的信息披露工作，确保披露信息真实、准确且完整。

（二）针对董监高

董监高掌握发行人经营管理的权利，对于发行人的规范经营与信息披露业务的开展，具有决定性的作用。正因如此，近年来监管与司法政策也更多倾向于强调董监高的勤勉尽责，相关人员的履职风险也日益凸显。如本书前述章节分析，越来越多的董监高因未能勤勉履责，而在证券虚假陈述诉讼中承担责任或被证券监管机构予以行政处罚。为此，本书从以下方面为董监高应如何勤勉尽责地履行信息披露义务提出建议：

第一，董监高应根据《公司法》《证券法》以及相关监管规则、公司规章制度等明确自身职责范围与勤勉尽责的基本要求。在实践中，部分董监高对自身职责范围认识不清，认为只要自身工作不直接对接信息披露工作，即不可能涉及信息披露违规行为。但如前所述，信息披露往往是发行人经营活动的最后一环，此前任何业务环节累积形成的相关信息如存在错误或重大遗漏，均可能导致信息披露违规。因此，董监高应明确自身负责的业务板块在公司运营中的作用以及和最终上市公司披露的信息（尤其是财务信息）之间的关系，做到多问、多想、多提意见，避免因不熟悉自身职责范围而"无意"参与到信息披露

---

[1] 参见彭鲁军、姜沅伯等：《控制人损害上市公司利益行为之法律规制研究》，载黄红元总编：《证券法苑》（2020年6月）第29卷，第328页。

违规行为中。

第二，董监高应正确行使"不保证"的权利，关注信息披露相关的操作细节。董监高应明确知悉当其已赞成相关信息披露时，即便作出不保证声明也不能因此免责。此外，董事会秘书因直接负责信息披露相关内容，要更加重视并掌握信息披露的具体细节，包括披露的法定时间点、披露的标准、披露时应向投资者提示的风险等。

第三，董监高应加强学习，除参与监管机关、交易所组织的日常学习、考核活动外，自身也要加强对财务、法律制度的学习和研究，并掌握和遵守公司章程、公司内部制度对自身履职的要求。在履职过程中如涉及自身专业领域范围之外的问题，必要时可聘请相应的外部机构（如会计师事务所、律师事务所等），为履职提供专业意见参考。

第四，董监高应加强与监管机关、交易所的沟通和交流，在发现发行人存在违规经营以及相应信息披露违规问题线索时，在职责范围内第一时间控制风险后，应尽快向监管机关或交易所汇报相应情况，并根据监管机关或交易所的指示进一步开展风险处理工作，最大限度降低投资者损失风险。

第五，董监高还应正确处理与股东之间的关系。董事、监事往往由发行人股东提名并表决任命，而公司高级管理人员则由董事会选举任命。在实践中，部分董监高存在"听命"于实际控制人和大股东的情况。为此，董监高应正确厘清其与股东之间的关系，明确其负责的对象为发行人的全体股东以及其他所有利益相关方而非其提名股东，更应杜绝为实现个别股东不正当利益而违反公司内部控制管理制度和信息披露制度的行为。这也是《公司法》规定董监高负有独立勤勉尽责义务的应有之义。

三、针对其他相关主体的信息披露业务建议

其他相关主体主要包括：第一，因持有发行人大额股票而负有信息披露义务的相关主体；第二，因与发行人存在交易安排等而负有信息披露义务的相关主体。与前述各类主体不同的是，该等主体并不负有定期信息披露的义务，仅在触发相关事件时，才负有临时披露义务。即便如此，该等主体在实践中也存在大量披露不规范的情况。因此，其他相关主体亦应加强对信息披露规则的梳理和学习，准确掌握信息披露义务的触发条件，并按要求履行相应信息披露义务。具体建议如下：

第一，树立规范信息披露意识。其他相关主体应及时梳理、学习最新的信息披露规则与要求，准确掌握信息披露义务的触发时点，并按要求及时、准确、全面地履行信息披露义务。

第二，加强与发行人的沟通与合作。其他相关主体需通过发行人的信息披露渠道对外履行信息披露义务。因此，在信息披露义务触发时，其他相关主体应及时告知发行人信息披露义务的形成和具体内容。在发行人的指导下，积极向发行人提供信息披露所需的相关

信息与材料，配合发行人进行信息披露工作，保障信息披露义务履行的及时性、准确性及完整性。

第三，树立信息责任自负意识，加强信息准确性审核。虽然相关信息最终均由发行人对外披露，但其他相关主体实为该等信息的直接责任人。但在实践中由于相关主体并非上市公司甚至仅为自然人，并未建立严格的信息披露审批制度，因而极可能存在信息披露不规范的情况。为此，其他相关主体应重视拟披露信息的准确性、完整性审核，必要时应提交专业部门或内部权力机构审核，避免因信息披露不准确而对投资者产生误导。

第二节 核查工作的业务建议

一、针对证券公司核查工作的业务建议

从"华泽钴镍案""中安科案"等案例中可以看出,在实践中,司法机关以证券公司"未能勤勉尽责,疏忽大意""利用审计专业意见等方面未勤勉尽责""未能举证证明其按照独立财务顾问的执业要求尽到勤勉尽责义务"等事由判决证券公司承担虚假陈述民事赔偿责任的情况已较为常见。总体上,司法机关在证券虚假陈述案件中认定证券公司过错可以分为两类情形:一类是证券公司在从事投行业务过程中未能审慎核查,未勤勉尽责,从而认定证券公司存在过错;另一类是证券公司对其他中介机构的专业意见未能审慎复核,未勤勉尽责,从而认定证券公司存在过错。结合司法实践情况与《虚假陈述若干规定》《债券座谈会纪要》对保荐机构、承销机构等不存在过错的情形规定,本书对证券公司在投行业务中的核查工作提出如下建议。

(一)履行审慎尽职调查和勤勉尽责义务

"审慎尽职调查"和"勤勉尽责"的边界一直是理论和实务关注的焦点。在过去的实践中,监管机构的行政处罚往往以结果为导向,即当项目出现了违约或其他风险,监管机构再回头去调查证券公司在尽职调查或持续督导过程中可能出现的问题。从理论上来说,若要避免业务风险,证券公司在从事投行业务时,应严格按照法律、行政法规、监管部门制定的规章和规范性文件以及相关行业执业规范的要求,充分、审慎地进行尽职调查,穷尽一切可能的手段核查与发行人相关的事项,并做好核查的记录。然而,事实上,证券公司在尽职调查中可以采用的独立调查手段相对有限,在当前的市场经济环境下,百分之百完美的尽职调查是很难完成的任务。有学者曾说,法学研究不可能是纯粹的知识论上的舞

蹈,美轮美奂的逻辑要与千疮百孔的经验世界勾连,才能吸取生生不息的制度能量。[1] 当这段话套用到证券市场的"审慎尽职调查"和"勤勉尽责"义务时,必须思考如何跨越完美的理论逻辑与千疮百孔的经验世界之间的鸿沟。

第一,近年来监管机构针对如何细化"审慎尽职调查"和"勤勉尽责"的要求做了很多的努力,证券公司应予以重视,并在实际工作中通过内部制度等形式将其细化落地。《证券法》规定了"诚实守信、勤勉尽责"的履职原则,相关部门或机构又通过一系列部门规章和自律性规则明确了主要类别投行业务的尽职调查工作准则。2022年,证券业协会在证监会修订的《保荐人尽职调查工作准则》基础上,推出了《证券公司首次公开发行股票并上市保荐业务工作底稿目录细则》《注册制下保荐协议(示范文本)》《证券业务示范实践第3号——保荐人尽职调查》等自律规则(以下合称保荐工作指导性文件),进一步明确对保荐人尽职调查的要求。其中,保荐工作指导性文件的推出在业内尚属首次。其是在《保荐人尽职调查工作准则》的基础上,结合证监会、证券交易所出台的相关监管规定以及审核问答等形成的细化解释,按照保荐业务执行流程,覆盖了辅导、推荐和持续督导阶段保荐人所需履行的主要职责和在尽调过程中需要关注的事项以及可以采取的核查方法,为保荐机构开展尽职调查工作树立勤勉尽责的示范标准,以提升规则的适应性、可操作性。保荐工作指导性文件有10万多字的内容,在现有的规则体系中实属罕见,可谓是覆盖了保荐业务各阶段尽职调查的关注事项。尽管保荐工作指导性文件明确提出,所提到的尽职调查方法、程序和要点以及需要取得的工作底稿,是从如何更好履行保荐人尽职调查职责的行业普遍共识中提炼的指导性建议,非强制性要求,保荐人可根据项目的具体情况来选择适用的尽职调查方法,但其事实上构成了保荐类投行业务的执业标准,证券公司在执业过程中应予以遵守。

因此,本书建议证券公司将上述业务规则和保荐工作指导性文件的内容通过内部制度等形式予以细化,要求业务团队在执业过程中必须遵守,对于不适用的方法应着重说明不适用的理由以及所采取的替代性措施(如有)。

第二,证券公司应着重把控对项目的实质性风险判断,在"保"与"荐"之间,提升"荐"的职业判断能力。近年来,不少投行从业人员的感受是尽职调查工作量加大,尽职调查材料繁多,从业人员陷入了大量的事务性工作而忽视了对项目的实质性风险判断。针对上述问题,本书有如下两点建议:其一,证券公司可以在现有规则许可的范围内将部分工作外包给有资质的专业机构。证监会在2022年颁布的《关于注册制下提高招股说明书信息披露质量的指导意见》中提出,律师可以会同保荐人起草招股说明书,提升招股说明书的规范性。可以预见,未来聘请律师起草招股说明书将成为行业趋势。其二,证券公司

---

[1] 刘连泰:《宪法另一端的风景》,载微信公众号"明德公法"2017年12月6日,https://mp.weixin.qq.com/s/9d30uMpD99EPsaBD_Q9K6Q。

从业人员应加强对行业的理解和判断。一方面，这是保荐工作指导性文件等规则的要求，具体包括要求保荐人发挥在投资价值判断方面的前瞻性作用，对于行业业态或发行人业务新颖、抽象、复杂、稀缺或一些特定的业务模式也提出了核查的要求；另一方面，对行业的理解和判断可以帮助从业人员获取业务常识，基于对业务的理解去作相关尽职调查，可以更好地把控项目风险。

第三，证券公司应重视并加强对尽职调查工作底稿的管理。工作底稿是与投行业务相关的重要资料和工作记录，需要进行梳理、规范、更新和妥善留存，以真实、准确、完整地反映证券公司履行的核查程序和核查结论。工作底稿是证券公司出具专业意见和推荐文件的基础，当遇到监管检查或发生争议时，工作底稿可以成为评价证券公司是否诚实守信、勤勉尽责的重要证据支撑。证券公司内部应明确投行业务工作底稿的制作、审核验收、归档保存、电子化底稿管理及数据报送等具体流程和要求，并建议将工作底稿管理纳入对从业人员的执业质量管理评价体系，与内部绩效相挂钩。

（二）对专业意见的"合理信赖"

证券项目往往有证券公司和律师事务所、会计师事务所、资产评估机构（如有）、评级机构（如有）等多方主体参与。在已有的监管处罚案例中，各机构承担"连坐"责任的情况时有发生。在这种市场生态下，证券公司从事了大量原本属于律师、会计师的尽职调查工作，这进一步加重了其工作负担。厘清各个中介机构之间的责任边界，落实"各司其职、各负其责"的原则，成为亟待解决的问题。《虚假陈述若干意见》基于信息披露文件是否有专业意见支持的区别，已明确规定证券公司应承担不同程度的核查义务。对于信息披露文件中的证券服务机构出具专业意见的重要内容，证券公司经过审慎核查和必要的调查、复核，有合理理由排除了职业怀疑并形成合理信赖的，可以认定为没有过错。同时，证监会或证券业协会制定或修订的《保荐业务管理办法》《关于注册制下提高招股说明书信息披露质量的指导意见》《保荐人尽职调查工作准则》《证券公司保荐业务规则》等一系列规定也明确了保荐机构对其他证券服务机构专业意见合理信赖的基本原则，细化了合理信赖的标准和程序。

结合上述规定，对于证券公司在尽职调查过程中对其他中介机构专业意见的审慎核查，本书认为有如下注意事项：

第一，合理信赖要求证券公司应全面阅读证券服务机构出具的专业意见（如审计报告、律师工作报告等）。在实践中，可能会出现其他证券服务机构的报告在申报前才出具正式稿的情况，这就需要证券公司发挥好项目牵头人作用，及时要求其他证券服务机构提供报告，并仔细阅读。

第二，合理信赖建立在对证券服务机构及参与人员资质的判断基础上。证券公司应调查和评估证券服务机构及参与人员是否具有相应的执业资格，是否有相应的从业经验，是否有被监管机构处罚的记录等，了解证券服务机构及其参与人员的诚信状况和执业水平，综合判断证券服务机构及其相关参与人员是否具备与项目相适应的专业资质和专业能力，与该次证券服务是否存在利益冲突。证券公司有充分证据证明项目证券服务机构的执业资格、执业水平不能胜任投资银行项目时，在履行评估及审核程序后，可以公司名义建议发行人更换中介机构。

第三，合理信赖要求证券公司妥善评估证券服务机构出具专业意见时履行的核查程序情况。证券公司应评估专业意见及其假设是否公平、合理、完整，是否符合所在行业的工作惯例；评估证券服务机构的核查范围是否与其出具的专业意见相符，有无限制；评估证券服务机构为出具专业意见获取的核查资料是否充分、可靠；评估证券服务机构已履行的核查程序及取得的关键性证据是否充分、恰当，能否有效支持其出具的专业意见等。因证券公司在该评估过程中需要查阅证券服务机构制作的工作底稿，故需要证券服务机构的主动配合。建议证券公司在进场尽职调查之前与发行人、证券服务机构进行积极协调，以免后续工作出现沟通困境。

第四，合理信赖要求证券公司保持职业怀疑，运用职业判断，并采取必要的手段对专业意见进行印证。如证券公司对证券服务机构出具的专业意见存有疑义，或证券服务机构专业意见自身存在重大异常、前后重大矛盾，与证券公司获得的信息存在重大差异等，证券公司应当要求证券服务机构作出解释或出具依据，并通过函证、访谈、现场走访、查询公开信息等方式进一步调查、复核，必要时可聘请其他证券服务机构提供专业服务。经过审慎核查后，仍不能排除合理怀疑的，保荐人应当拒绝信赖证券服务机构的专业意见。其中，对于重大异常情形，《证券公司保荐业务规则》已作出细化和列举，即要求证券公司根据发行人所处行业及发行人自身特点等情况，结合发行、上市条件，拟上市板块定位，信息披露要求等情况，对照《保荐人尽职调查工作准则》等规定，采取必要核查手段进行印证和综合判断。

第五，证券公司应就形成合理信赖的具体依据和全部工作过程制作翔实的工作底稿等记录，在保荐工作报告中披露所有"重大异常""前后重大矛盾""重大差异"等特殊情形的确定方法、论证过程及结论，以证明其合理信赖证券服务机构专业意见具有充分、可靠的基础，而不应简单复制证券服务机构的工作底稿等资料。这对证券公司的内部控制流程也提出了要求：证券公司在工作底稿的制作、审核验收等环节需对合理信赖的工作底稿予以重点关注。

第六，证券公司应当建立合理信赖证券服务机构专业意见的质量控制制度，充分考虑其执业风险，重点围绕前述几个方面，明确合理信赖的标准、依据、程序等内容，并严格执行复核程序，取得能支持形成合理信赖的充分证据。

(三) 建立并完善投资银行业务的内部控制体系

早在2013年的"万福生科案"中，证监会在对平安证券及相关人士的行政处罚中已指出案件的发生与证券公司内部整体缺乏有效的质量控制和风险管理有关。虽然从形式上看，平安证券在案发时已按照法律规定建立保荐业务制度，但相关质量控制制度未能得到有效执行。在当时的环境下，不少证券公司投资银行业务尚未全面建立或执行有效的内部控制体系，团队包干制的组织架构以及与之相应的激励机制导致业务团队愿意承担项目风险以博取更大的经济利益。

2018年证监会颁布了《证券公司投行业务内控指引》，对证券公司投资银行业务内部控制体系进行了重构，提出了以项目组和业务部门、质量控制、内部审核和合规风控为主的"三道防线"基本架构，构建分工合理、权责明确、相互制衡、有效监督的投资银行类业务内部控制体系，加强了对项目全流程的控制和公司层面对投资银行业务风险的把控。之后，资本市场的生态发生了深刻变化，随着注册制的推行，证监会的工作重点从事前把关，向事中、事后监管转移。不断提升的外部压力进一步促使证券公司完善内部控制，控制自身可能面临的风险。

关于如何完善证券公司投资银行业务的内部控制架构，下文重点从投资银行薪酬激励机制进行讨论。众所周知，证券公司投资银行业务往往采取高现金激励模式，重赏之下必有勇夫，高现金激励可能引发投资银行业务人员的冒险投机行为。

近年来，《证券公司投行业务内控指引》提出证券公司不得以业务包干等承包方式开展投资银行类业务，或者以其他形式实施过度激励，并建立主要人员的收入递延机制；《证券公司保荐业务规则》也鼓励实行长期激励机制。我国的监管机构鼓励证券公司进行中长期激励，并禁止包干制等过度激励模式，也是希望通过薪酬激励机制有效控制业务风险，促进行业健康、有效发展。

具体到证券公司，在进行投资银行的薪酬激励设计时，建议考虑如下四个理念：其一，管理层和股东利益的一致性；其二，薪酬按绩效还是运气发放；其三，吸引、保留核心人才；其四，安全和稳健的风控。建议设置更科学的短期薪酬激励和中长期薪酬激励手段以及更精确的考核指标，在可行的情形下，可考虑对投资银行业务人员进行股权激励，将业务人员的利益与管理层利益、股东利益调整为一致。关于递延支付机制，可以选择根据公司具体情况来灵活设置。比如，可以借鉴瑞银证券的操作，将递延支付的操作精细化。该递延支付规则具有股权特征，每年递延支付的金额将会根据预先设定的奖惩规则进行调整。在具体的递延机制设置上，递延期限和比例，递延奖惩措施的设置，递延资金是否可用于再投资并将再投资的收益归于员工，可根据公司的情况进行灵活设置。

二、针对会计师事务所核查工作的业务建议

近年来，会计师事务所在虚假陈述案件中承担连带赔偿责任的司法案例屡见不鲜，例如在"中安科案""康美药业案"等案件中，法院综合考虑行为性质和内容、过错程度等因素，判决会计师事务所承担全部或部分的连带责任。从规定层面来看，会计师事务所作为证券服务机构，其责任承担的相关规定与保荐机构和承销商有所不同。除《债券座谈会纪要》《虚假陈述若干规定》外，会计师事务所责任承担还额外适用《审计侵权赔偿若干规定》。结合相关规定与在司法实践中会计师事务所责任承担的常见情形，本书提出如下业务建议：

第一，细化重要风险科目的执业标准。相较于在审计实务中可能出现的多样情形，审计准则的规定较原则和笼统。据了解，国内头部的会计师事务所通常会制定内部执业标准。因此，本书建议会计师事务所根据最新会计规则以及业务变化情况，细化并及时更新内部的执业标准，使履行勤勉尽责义务有规可循。同时，对于合理信赖保荐机构和其他证券服务机构专业意见的程度和边界，建议会计师事务所根据实践中常见的业务情境，制定相应的判断标准与程序，最大限度降低合理信赖的风险。

第二，加强会计师事务所的内部控制机制，加强对项目底稿的管理并增加内部复核程序。据了解，目前部分国内会计师事务所在IPO项目执行七级复核机制（从签字经理的一级复核一直到事务所的主任会计师），也设置了"内核"环节对项目底稿和报告进行审核。部分会计师事务所报告在报出前需经签字合伙人、项目以外的独立合伙人、资本市场部等审核，如果遇到复杂或者不确定的会计处理，还需经专门的独立技术部门进行审核。因此，本书建议会计师事务所全面梳理内部控制机制，在确保已有内部控制制度有效性的情况下，增加设立独立审核机构，对业务中可能存在的重大疑难问题进行查缺补漏，并在过程中加强对项目底稿和报告的复核工作。

第三，加强从业人员保持和发展专业胜任能力的机制建设。大量司法判例和监管处罚案例在函证、走访等基础调查程序均已存在异常，但因业务人员的疏忽或专业能力不足而未引起关注，最终导致违法违规行为的发生。因此，本书建议会计师事务所建立起完备的业务培训和指导机制：一方面，在函证、走访等具体工作开展前，应由更高级别的人员指导业务人员保持职业谨慎，做好信息收集及分析工作，以保证程序合规性；另一方面，会计师事务所还可以建立起日常培训机制，建设知识库/案例库等，加强对从业人员的业务培训，及时向业务人员宣导最新规则与业务中常见的疑点、难点问题，以便业务人员结合新的监管情况与行业情况来综合判断项目风险。

第四，进行会计师事务所的管理模式和激励机制的变革。目前，国内会计师事务所主要以团队制为主，项目依附于合伙人个人而非事务所，该模式不利于会计师事务所对项目风险进行标准化把控，加大了会计师事务所可能承担的风险。虽然会计师事务所是特殊普

通合伙企业，具有鲜明的人合属性，但公司化管理机制或有助于会计师事务所有效地控制项目风险。因此，本书建议会计师事务所应根据行业的趋势变化，适当地进行项目管理模式和激励机制的变革，实现风险控制和高效发展的平衡。

三、针对律师事务所核查工作的业务建议

目前，律师事务所承担虚假陈述赔偿责任的公开生效案例较少。该类案件数量较少的原因可能在于大多数的证券虚假陈述案件是源于财务数据造假，而非法律事项。但随着证券虚假陈述责任纠纷案件数量增多，目前已有大量投资者在证券虚假陈述案件中选择将律师事务所列为被告之一，尤其是在涉及"发行人独立性"等法律相关虚假陈述行为时。结合《虚假陈述若干规定》的规定以及律师事务所在证券业务中的核查工作特点，本书提出如下业务建议：

第一，律师事务所在执业过程中应严格对照法律法规、部门规章、监管规则、执业规范等规定，认真编制核查与验证计划。在尽职调查过程中系统、完整地查验需要核查、验证的事项，并视业务实际情况予以适时调整。此外，律师事务所还应针对调整方案制作翔实、合规、合理的论证记录，并形成专门的工作底稿记录予以保存。

第二，建议律师事务所建立统一的尽职调查标准和合理信赖的核查标准。2023年10月，证监会和司法部对《律师事务所从事证券法律业务管理办法》进行修订。此外，证监会还于2022年公布了《监管规则适用指引——法律类第2号：律师事务所从事首次公开发行股票并上市法律业务执业细则》《公开发行证券公司信息披露的编报规则第12号——公开发行证券的法律意见书和律师工作报告》等规定。前述规定明确了律师事务所从事证券法律业务的核查方式和核查责任。建议律师事务所以此为指引，细化内部执业准则，并针对合理信赖的标准制定调查和复核程序。此外，建议律师事务所厘清注意义务的类型及范围，对于处于交叉地带的核查事项（如关联交易等），拟定专门的核查规则，并要求执业人员在工作中与其他相关证券服务机构保持密切沟通，必要时应对重大疑难事项进行额外核查，以最大限度降低执业风险。

第三，建议律师事务所建立独立的内部审核机制。由于业务性质的不同，过去律师事务所通常不会专门设立质控和内部审核部门，内部审核可能依赖于不同团队的交叉复核。面对日渐增大的虚假陈述赔偿风险，部分律师事务所已设立专门的内部审核部门，负责项目的审核工作。此操作虽然在短期内会增加律所的管理成本，但从长期来看，有利于律师事务所证券业务风险的整体把控。

第四，建议律师事务所探索管理模式和激励机制的变革。与会计师事务所类似的是，大部分律师事务所也存在以合伙人、团队为核心的人合属性。通过对律师事务所进行公司化管理机制改革，进行管理模式和激励机制的变革，将有利于律师事务所从全所层面把控

证券业务风险。

四、针对其他证券服务机构核查工作的业务建议

其他证券服务机构主要包括资信评级机构、资产评估机构、财务顾问等。财务顾问通常是由证券公司担任，因而，本部分主要是针对资信评级机构和资产评估机构核查工作的业务建议。与律师事务所类似，在此前的证券虚假陈述案司法实践中，其他证券服务机构承担赔偿责任的情况较为少见，但近年来其他证券服务机构面临的赔偿风险已显著增加。在"保千里案"等实践案例中，资信评级机构、资产评估机构等均被判决承担一定比例的连带赔偿责任。对此，本书针对其他证券服务机构的业务特点，主要提出以下业务建议：

第一，资信评级机构等其他证券服务机构应根据监管规定和行业规则的要求，建立完善的业务制度。以资信评级机构为例，《证券市场资信评级业务管理办法》第15条即规定，证券评级机构应建立包括信用等级的划分与定义、评级方法与程序、评级质量控制、尽职调查、信用评审委员会、评级结果公布、跟踪评级、信息保密、业务档案管理在内的业务制度。每一环业务制度均是资信评级机构作出公允评级结论的重要保障，尤其是与项目核查密切相关的评级方法与程序、评级质量控制与尽职调查制度。本书建议各资信评级机构结合行业协会制定的实施细则、评级业务行业管理以及既往项目经验，对各项制度进行及时细化与更新，以为业务开展提供依据。

第二，资信评级机构等其他证券服务机构应严格落实监管规定与行业规则中关于尽职调查的规则，并结合行业惯例进行细化核查。监管规定与行业规则往往是判断资信评级机构等其他证券服务机构是否存在过错的重要依据，因此资信评级机构等其他证券服务机构应严格履行上述规则中的要求，包括制订现场工作计划，收集尽职调查材料以及多方核查材料及时性、真实性和完整性，并对其他专业机构的专业意见在一般知识水平和能力范畴内进行真实性和准确性评估。此外，考虑到项目实际情况的复杂性，资信评级机构等其他证券服务机构在业务开展中往往会面临尽职调查规则未明确的事项，本书建议相关机构亦应参照已有行业惯例以及在展业中积累的经验情况，对内部尽职调查规则进一步细化。例如，对于资产评估事项，中国资产评估协会即制定了一系列资产评估专家指引，对项目中常见的资产评估核查计算方式进行了细化规定，对资产评估机构具有较高的实践指引功能。

第三，资信评级机构等其他证券服务机构应对风险因素进行充分核查分析，并在相应报告中作以充分提示。与其他证券服务机构不同的是，资信评级机构需对评估的主体和债项作出概括的评级结论，而在司法实践中多有原告主张正是基于该等评级结论买入相应证券。为此，资信评级机构需格外关注对风险事项的尽职调查和量化评估，并在评级报告中明确、详细地作以提示。尤其对于非自身专业领域事项，应明确提示相关结论来源情况与自身核查工作核查情况，避免投资者对其他证券服务机构的核查义务与责任范围产生误解。

第三节

诉讼仲裁的业务建议

随着《虚假陈述若干规定》的正式施行,提起虚假陈述诉讼的前置程序正式取消,提起虚假陈述诉讼不再受限于行政处罚与刑事判决的认定,大大降低了投资者起诉或提起仲裁的门槛,如何有效应对潜在虚假陈述诉讼/仲裁成为各方主体共同面临的紧迫问题。本书认为,应对潜在虚假陈述诉讼/仲裁既要在纠纷发生前提前做好准备,防患于未然,也要在纠纷发生后有条不紊,稳步推进各项应诉工作。

一、纠纷发生前的提前应对建议

(一)合同仲裁条款的设置

如本书第二章第三节所述,《虚假陈述若干规定》已对证券虚假陈述案件规定了专属管辖规则,各方当事人难以通过合同约定的方式选择诉讼管辖法院。但在目前的司法实践中,各方当事人仍存在通过约定仲裁主管的方式选择争议解决机构的可能。

1. 仲裁条款约定的文件

就股票而言,本书建议将拟适用于证券虚假陈述侵权民事赔偿案件的仲裁主管条款写入股票招股说明书(尽管这种做法目前还比较少见)、《认购协议书》或公司章程中;就债券(包括公司债、企业债、银行间债券等)而言,本书建议将仲裁主管条款写入募集说明书、《债券受托管理协议》中;就资产支持证券专项计划而言,本书建议将仲裁主管条款写入专项计划资产管理合同中。

特别说明的是,就债券而言,本书不建议仅将仲裁主管条款写入受托管理协议或承销协议,原因在于受托管理协议仅由发行人与受托管理人签署,承销协议仅由发行人与承销商签署,合同签署主体既不包括投资者,也不包括其他中介机构。基于仲裁合意仅约束签署条款的各方当事人的原则,法院或难以认可投资者可依据未签署的仲裁主管条款提起仲裁。即便提起仲裁,该等仲裁条款也难以涵盖其他中介机构。同时,承销协议仅约定与债券销售行为相关的权利义务，与发行文件的制作和信息披露并无任何关系；而受托管理协议约定的是债券成功发行后存续期的管理事宜，其适用的时间范畴也明显不包含债券发行过程中的虚假陈述行为。因此，若仅以受托管理协议或承销协议中的仲裁主管条款作为债券发行过程中的虚假陈述责任纠纷的主管依据，或难以得到法院或仲裁机构的支持。

2. 仲裁主管条款的表述方式

各方主体的目标如为尽可能适用仲裁主管条款，相应适用范围的表述则应尽量宽泛。在实践中常见的"因发行人违反本协议项下义务所产生的争议""因履行受托管理协议所发生的或与受托管理协议有关的一切争议""双方（发行人与投资者）之间所产生的任何争议""发行人、债券持有人与债券受托管理人对本次债券违约和救济所引起的任何争议"应提交某仲裁委员会进行仲裁的表述，均不可取，极易因为限定了适用主体的范围，限定为违约纠纷或限定为与受托管理事务相关等而被认定为不能适用于证券虚假陈述侵权案件或不能适用于对中介机构提起的证券虚假陈述侵权案件。

因此，本书建议表述为："与本债券/股票/资产支持证券专项计划有关的违约纠纷、侵权纠纷等一切争议，均应提交某仲裁委员会，根据该会届时有效的仲裁规则进行仲裁。"虽有前述建议，本书仍然有必要作出如下几点提示：

第一，鉴于证券虚假陈述责任纠纷的仲裁程序在我国还处于起步阶段，仲裁经验不够丰富。故在目前阶段，本书认为由人民法院审理证券虚假陈述责任纠纷案件比由仲裁机构审理更具有专业与经验优势。故本书建议相关主体慎重考虑选择以仲裁方式解决证券虚假陈述责任纠纷。

第二，对于招股说明书、募集说明书中的仲裁主管条款能否适用于证券虚假陈述责任纠纷，能否适用于除投资者和发行人之外的其他机构，目前的司法实践仍存在意见分歧，尚未形成清晰统一的裁判思路。因此，前述建议仅从尽量促使证券虚假陈述侵权案件适用仲裁主管条款的角度作出，最终能否成功适用还受到投资者提起侵权案件的对象，中介机构以何种方式参与招股说明书、募集说明书等文件的签署，受理主管异议的人民法院对该问题的倾向性意见等因素的影响，具有极大不确定性。

（二）日常工作的留痕

对于从事法律工作尤其是诉讼法律工作的人士来说，具有证据留痕意识是基本的专业素养，但对于大量从事投资银行业务、审计业务、评级业务的中介机构工作人员以及发行人的董监高等人员而言，大多未意识到证据的重要性，或者即便知道证据的重要性，也并不清楚哪些属于有用的证据以及应当如何留存。一旦发生纠纷，应诉团队搜集证据时常面临有效证据有限的困境，进而导致客观事实与法律事实之间存在巨大偏差。法院系依据法律事实作出认定，故一旦证据缺乏，法律事实无法接近于客观事实，就算是再优秀的代理律师也难以在减免主体责任上发挥作用。因此，本书建议，各方主体在日常工作中可从以下几个方面做好证据留痕工作：

第一，对于业务过程中的重要决策的形成过程、重要事项的沟通过程以及重要推进节点的达成，均应通过可重复展现的方式予以保留。所谓可重复展现的方式主要包括书面函件往来（需保留好寄送凭证）、电子邮件往来、微信聊天记录、视频会议录像。此外，本书不建议通过电话方式沟通该等重要事项。即便已留存电话录音，但如该录音证据为孤证，也极易因录音未取得对方同意，录音内容未包含各方身份信息，录音清晰度不高等原因而无法被司法机关采纳。

第二，对于重大决策作出或重要观点得出所依据的基础性材料，均应做好纸质版材料或电子版材料的归档保存工作。各方主体应遵循尽量保存原件的原则，由专人专岗负责档案整理、保管或在内部建立专门电子系统进行资料上传、保存。

第三，对通过书面方式寄送的沟通往来函件，建议在填写寄送信息时写明寄送文件的全称，及时跟踪函件送达情况，保存网络查询的送达过程截图，并保存载有寄送信函单号的寄送凭证原件。

第四，寄送函件或发送电子邮件时，应确保收件人为对方的有权接收人，通常应为正式签署的协议中确认的联系人。若没有此类人选，则可向对方法定代表人发送。若向上述人选以外的对方其他联系人发送，函件的接收地址应为交易对方的办公地址。同理，电子邮件接收人的邮箱也应优先选择后缀能体现对方公司信息的工作邮箱，而尽量避免发送到收件人的私人电子邮箱。

第五，内部承办人员如离职，各方主体应督促其在离职前做好与项目有关的档案交接工作，包括但不限于保存在该离职人员处的前述4点提及的纸质材料、电子版材料、电子邮件资料、手机中保存的微信聊天记录等。必要时，应在员工离职前联系公证机关做好公证，以对重要证据进行固定和留痕。

第六，相关主体的法律合规部门应负责就上述事项在内部进行有效宣导并督促落实。

（三）类案分析与经验总结

目前，与证券虚假陈述责任纠纷相关的生效判决案例越来越多，例如引起广泛关注的"中安科案""康美药业案"。各地法院近年来也针对证券虚假陈述责任纠纷评选典型案例或出具相应的白皮书，如深圳市中级人民法院和广州市中级人民法院即于2022年发布了证券虚假陈述责任纠纷十大/八大典型案例。此外，围绕上述案例进行分析、说理的研究类文章也越来越丰富。这些都为各方主体研究同类案件提供了丰富素材。

因此，本书建议，各潜在责任主体均应高度重视对类案的研究与学习，充分了解司法机关的裁判理由与裁判尺度，深刻体会裁判文书背后所蕴含的裁判逻辑与法律基础，做好归纳总结，从中提炼出风险点、争议点，深入思考应对措施，并在内部做好宣导、培训与法律合规风险预防工作。

二、纠纷发生后的工作机制建议

（一）充分谨慎评估案件

各方主体在收到司法机关发送的应诉材料后，应根据其内部制度的相关规定尽快推动应诉工作开展，主要包括收文、汇报、批示、会议沟通、分析研究、再行汇报、再行指示等，其中最重要的环节即为对案件的分析、研究和评估。通过分析研究，综合考量各种因素，选择对己方最有利的诉讼策略，并尽快启动法律文书起草和证据搜集工作，充分做好应诉前的准备。该项分析研究可以由内部的法律部门来推进，亦可聘请专业律师团队开展。

一般而言，对案件的分析、研究及评估需要考虑以下方面：（1）对方主张的事实；（2）我方掌握的事实；（3）对方提供的证据；（4）我方可提供的证据；（5）法律规定与类似案例检索；（6）是否存在非法律因素的干扰，如投资者的投诉等。对前述因素的综合考量既需要充分，又需要谨慎，宁可保守也不要盲目乐观。此外，写给决策层的分析评估报告应做到客观、全面、充分，既分析案件有利因素，也如实指出不利影响，以便决策层了解真实案情，并作出正确决策。

需要强调的是，对案件的分析研究评估应贯穿争议解决全过程，根据案情变化随时进行，以指导争议解决策略的调整及完善。

（二）及时聘请专业律师

由于证券虚假陈述案件为复杂性程度较高的诉讼类型，对代理人的诉讼经验、法庭应变、法律专业性、与法官的沟通交流等方面均有较高要求，本书建议各方主体聘请专业律师团队处理。在该类案件发生后，相关主体应认真筛选律师库内外具有类似案件处理经验的律师，并采取（至少）三方选聘的方式选择合适的专业律师代理团队。采三方选聘方式的，建议由相关部门组成3人以上选聘小组，通过面谈或电话会议的方式开展律师选聘。在进行律师选聘时，应综合考量候选律师团队（并非团队所在律所）过往类似案件处理经验及代理结果，出庭律师过往诉讼经验及成果，对案件出具的初步法律分析意见的质量，面谈表现，过往服务评价等因素，在综合评分后择优选择。

（三）证据收集

"打诉讼就是打证据"，足见证据对于争议解决结果的重要影响。证券虚假陈述责任纠纷案件发生后，鉴于举证期限的要求，应诉方应在做好案件初步研究分析评估后尽快启动内部证据收集工作。同时，对于确实无法在举证期内完成举证的，应及时向裁判机关提交延期举证申请并说明理由，以争取更长的举证期限。本书建议通过以下几个阶段推进证据收集工作：

第一，应诉团队通过公开途径检索与证券虚假陈述责任纠纷案件相关的公开信息，具体包括证券发行信息、上市公司公开信息、证券后续管理信息以及相关责任主体处罚信息等。

第二,应诉团队应及时获取被诉主体留存的相关底稿材料或其他工作留痕文件,并与被诉主体的业务人员进行充分沟通,了解案件所涉侵权行为的客观事实。

第三,应诉团队根据所获取的材料拟定初步证据目录,其中需由被诉主体提供的证据可交由被诉主体业务部门或相关部门进行收集、整理。

第四,应诉团队对被诉主体拟提交的证据材料进行评估,并对证据目录作出补充、调整,推进第二轮证据收集。其中,对于暂时欠缺但可以通过其他方式补充获取的证据,应诉团队应及时指导业务部门或其他相关部门进行证据获取和证据固定。对于需要司法机关调取的证据,应诉团队亦应及时拟定申请书提交司法机关。

第五,上述阶段可以重复进行,直至证据目录和证据材料定稿。

第六,根据对方提交补充证据的情况以及证据交换或开庭情况,应诉团队应评估是否需要补充提供证据,并重复前4个阶段,直至补充证据目录和补充证据材料定稿。